A Heart of Rabindranath Tagore Left in China

泰戈尔落在中国的心

郁龙余　魏丽明　主编

中央编译出版社
Central Compilation & Translation Press

"泰戈尔在我心中"有奖征文比赛及《泰戈尔落在中国的心:"泰戈尔在我心中"征文比赛获奖作品集》的出版,获得杭州佛学院的全力支持。特此鸣谢!

2013"泰戈尔在我心中"有奖征文比赛

颁奖典礼暨《泰戈尔落在中国的心》首发式

Award Ceremony of 2013 "Tagore in My Heart" Essay Contest
& Book Launch of *A Heart of Rabindranath Tagore Left in China*

深圳大学,2013年10月26日 (Shenzhen University, Oct. 26, 2013)

泰戈尔、尼赫鲁与谭云山在泰戈尔国际大学 (藏于深圳大学谭云山中印友谊馆)

Rabindranath Tagore, Javāharlāl Nehrū and Tan Yunshan at Visvabharati
(A collection in Tan Yunshan Sino-India Friendship Museum, Shenzhen University)

普拉纳布·慕克吉总统出席泰戈尔获诺贝尔文学奖100周年庆祝活动开幕式,
泰戈尔国际大学，2012年12月 (照片由邵葆丽教授提供)

H.E. Pranab Kumar Mukherjee, President of India, attending the Centenary Celebration
of the Award of Nobel Prize to Rabindranath Tagore: A Curtain-raiser, Visvabharati,
Dec. 2012 (photograph provided by Prof. Sabaree Mitra)

时任印度驻华大使苏杰生博士出席泰戈尔诞辰150周年纪念大会暨系列文化活动启动仪式，中国人民对外友好协会，2011年5月

Dr. S. Jaishankar, then Ambassador of India to China, attending the Commemoration Conference of Tagore's 150th Birth Anniversary & the Start-up Ceremony of a Series of Culture Activities, Beijing, Chinese People's Association for Friendship with Foreign Countries, May 2011

"理解泰戈尔：新视野和新研究"国际学术研讨会，北京大学，2010年8月

Understanding Tagore: New Perspectives and Reseach, Peking University, Aug 2010

启动"泰戈尔获诺贝尔文学奖100周年"庆祝活动,深圳大学,2012年11月
Start-up Ceremony of the Centenary Celebration of the Award of Nobel Prize to Rabindranath Tagore, Shenzhen Unviersity, Nov. 2012

庆祝泰戈尔获诺贝尔文学奖100周年学术研讨会"泰戈尔跨文化交流的遗产",德里印度国际中心,2013年11月
Centenary Celebration of the Award of Nobel Prize to Rabindranath Tagore: Tagore's Legacy of Inter-Cultrual Interaction, India International Centre, New Delhi, Nov. 2013

《泰戈尔落在中国的心》编委会

顾　问　刘安武　董友忱
主　编　郁龙余　魏丽明
副主编　朱　璇　王　璧
委　员　(按姓氏笔画)
　　　　毛世昌　王　燕　王春景
　　　　陈泽华　杨晓霞　尚劝余
　　　　黄　蓉　蔡　枫　蒋慧琳

携手追寻民族复兴之梦

对印度文明，我从小就有着浓厚兴趣。印度跌宕起伏的历史深深吸引了我，我对有关恒河文明、对有关吠陀文化、对有关孔雀王朝、贵霜王朝、笈多王朝、莫卧儿帝国等的历史书籍都有涉猎，特别关注印度殖民地历史以及印度人民顽强争取民族独立的斗争史，也十分关注圣雄甘地的思想和生平，希望从中参透一个伟大民族的发展历程和精神世界。泰戈尔的《吉檀迦利》、《飞鸟集》、《园丁集》、《新月集》等诗集我都读过，许多诗句让我记忆犹新。他写道，"如果你因为失去了太阳而流泪，那么你也失去了群星"，"当我们是大为谦卑的时候，便是我们最接近伟大的时候"，"错误经不起失败，但真理却不怕失败"，"我们把世界看错了，反说它欺骗我们"，"生如夏花之灿烂，死如秋叶之静美"，等等，这些优美又充满哲理的诗句给了我很深的人生启迪。

中华民族主张的"天下大同"和印度人民追求的"世界一家"、中华民族推崇的"兼爱"和印度人民倡导的"不害"是相通的，我们都把"和"视作天下之大道，希望万国安宁、和谐共处。

——习近平主席在印度世界事务委员会的演讲
2014年9月18日，新德里

In Joint Pursuit of a Dream of National Renewal

I have had a keen interest in Indian civilization since childhood. The fascinating history of India had me deeply captivated when I read books about the Ganges civilization, Veda culture, Maurya Dynasty, Kushan Dynasty, Gupta Dynasty and Mughal Empire. In particular, I have read a lot about the colonial history of India when the Indian people fought arduously for national independence and when Mahatma Gandhi lived and conceived his ideas. By so doing, I was hoping to get insights into the evolution and character making of this great nation. I have read Tagore's poetry, such as *Gitanjali*, *Stray Bird*, *Gardener* and *Crescent Moon*, many lines of which remain fresh in my mind. He wrote, "If you shed tears when you miss the sun, you also miss the stars", "We come nearest to the great when we are great in humility", "Wrong cannot afford defeat but Right can", "We read the world wrong and say that it deceives us", "Let life be beautiful like summer flowers and death like autumn leaves", etc. Such beautiful and philosophical lines have inspired me deeply in my outlook on life.

The Chinese concepts of "universal peace" and "universal love" and the Indian concepts of "Vasudhaiva Kutumbakum" (the world being one family) and ahimsa (causing no injury) are very much alike. Both China and India consider harmony as the way toward a better future for the world and hope that all countries will live in harmony and peace."

Speech by H.E. Xi Jinping
President of the People's Republic of China
At the Indian Council of World Affairs
New Delhi, 18 September 2014

2014"泰戈尔在我心中"评委会名单

名誉主任：
罗征启 (梁思成、林徽因授业弟子，深圳大学原校长)
杨　义 (中国社会科学院学部委员、文学研究所前所长，澳门大学讲座教授)
刘安武 (北京大学资深教授，《泰戈尔全集》主编)
谭　中 (国际知名印度学家)
陈跃红 (北京大学中文系主任)
董友忱 (中央党校教授，《泰戈尔作品全集》主编)
王邦维 (北京大学东方文学研究中心主任)

特别顾问：
章必功 (深圳大学教授，深圳大学原校长)
古普德 (Prof.Sushan Tatta Gupta) (印度国际大学校长)
祁念曾 (《投资中国》杂志社社长，深圳经典文化研究院院长)

主　任：
郁龙余 (深圳大学印度研究中心主任)
孟昭毅 (天津师范大学文学院前院长)
陈　明 (北京大学南亚系主任)
狄伯杰 (Prof.B.R.Deepak) (印度尼赫鲁大学中国与东南亚研究中心主任)
邵葆丽 (Prof.Sabaree Mitra) (印度尼赫鲁大学教授)
黄永健 (深圳大学文化产业院教授)

副主任：
魏丽明 (北京大学亚非系主任)
孙宜学 (同济大学国际文化交流学院教授)
张　冰 (中国高教学会外国文学专业委员会副会长兼秘书长)
黄金鹏 (深圳大学文学院中文系主任)
侯传文 (青岛大学文学院教授)

毛世昌 (兰州大学印度研究所教授)
张思齐 (武汉大学文学院教授)
颜治强 (浙江湖州师范学院教授)
苏永旭 (河南师范大学教授)
梅晓云 (西北大学文学院教授)
王　燕 (苏州科技大学人文学院教授)
吕景芳 (福州大学副教授)

成　员：
杨晓霞 (深圳大学文学院副教授，印度文学博士)
蔡　枫 (深圳大学印度研究中心讲师，印度文学博士)
黄　蓉 (深圳大学印度研究中心讲师)
朱　璇 (深圳大学印度研究中心教师，印度文学博士)
秦建鸿 (上海大同学院教授)
尚劝余 (华南师范大学外国语言文化学院翻译与文化研究室教授)
黄迎虹 (中山大学亚太研究院博士)
王春景 (河北师范大学副教授，印度文学博士)
张　玮 (安徽安庆师范学院副教授，印度文学博士)
李美敏 (江西师范大学副教授，印度文学博士)
蔡　晶 (河南理工大学副教授，印度文学博士)
李亚兰 (北京外国语大学印地语教研室主任)
邸益芳 (西安外国语大学印地语专业主任)
曾　琼 (天津外国语大学副教授，印度文学博士)
曹辰睿 (云南民族大学印地语专业讲师)
冯就宜 (上海周浦高级中学前校长)
王　璧 (深圳大学印度研究中心科研秘书)

联合举办
深圳大学印度研究中心
北京大学东方文学研究中心
杭州佛学院
《新教育》

2014 "Tagore in My Heart" Essay Contest
Members of the Rating Committee

Honorary Director:

Luo Zhengqi (Student of Mr. Liang Sicheng and Ms. Lin Huiyin, the former president of Shenzhen University)

Yang Yi (Faculty member of Chinese Academy of Social Science, the former director of Institute of Literature of Chinese Academy of Social Science, Chair Professor of University of Macau)

Liu Anwu (Senior Professor of Peking University, editor in chief of *Collections of Rabindranath Tagore's Works*)

Tan Chung (International famous Indologist)

Chen Yuehong (Director of the Department of Chinese Language and Literature, Peking University)

Dong Youchen (Professor of Party School of the Central Committee of C.P.C., editor in chief of the *Full Collections of Rabindranath Tagore's Works*)

Wang Bangwei (Director of the Research Centre of Eastern Literature, Peking University)

Special Adviser:

Zhang Bigong (Professor and the former President of Shenzhen University)

Sushan Tatta Gupta (Professor and the former President of Visva-Bharati, Santiniketan, India)

Qi Nianzeng (Chief of *China Investment*)

Director:

Yu Longyu (Director of the Centre for Indian Studies, Shenzhen University)

Meng Zhaoyi (Former Dean of the College of Literature, Tianjin Normal University)

Chen Ming (Director of the Department of South Asian Studies, Peking University)

B. R. Deepak (Professor and Director of Centre for Chinese & South Asian Studies, Jawaharlal Nehru University)

Sabaree Mitra (Professor of Jawaharlal Nehru University)

Huang Yongjian (Professor of Institute for Cultural Industries, Shenzhen University)

Deputy Director:

Wei Liming (Director of the Department of African and Asian Languages and Cultures, Peking University)

Sun Yixue (Professor of International School of Tongji University)

Zhang Bing (Vice-president and Secretary of Chinese Higher Education Association the Specialized Committee for Foreign Literature)

Huang Jinpeng (Director of the Department of Chinese Language, College of Arts, Shenzhen University)

Hou Chuanwen (Professor of College of Arts, Qingdao University)

Mao Shichang (Professor of the Centre for Indian Studies, Lanzhou University)

Zhang Siqi (Professor of College of Chinese Language and Literature, Wuhan University)

Yan Zhiqiang (Professor of Huzhou Normal College)

Su Yongxu (Professor of the Centre for Literature and Art Studies, Henan Institute of Education)

Mei Xiaoyun (Professor of College of Liberal Arts, Northwest University)

Wang Yan (Professor of College of Humanities, Suzhou Science & Technology University)

Lv Jingfang (Associate Professor of Fuzhou University)

Member:

Yang Xiaoxia (Associate Professor of College of Arts, Shenzhen University, Ph. D in Indian Literature)

Cai Feng (Lecturer of the Centre for Indian Studies, Shenzhen University, Ph. D in Indian Literature)

Huang Rong (Lecturer of the Centre for Indian Studies, Shenzhen University)

Zhu Xuan (Faculty of the Centre for Indian Studies, Shenzhen University, Ph.D in Indian Literature)

Qin Jianhong (Professor of Shanghai Datong College)

Shang Quanyu (Professor of the School of Foreign Studies, South China Normal University)

Huang Yinghong (Lecturer of the Centre for Asian-pacific Studies, Sun Yat-sen University)

Wang Chunjing (Associate Professor of Hebei Normal University)

Zhang Wei (Associate Professor of School of Foreign Language, Anqing Normal University, Ph.D in Indian Literature)

Li Meimin (Associate Professor of Jiangxi Normal University, Ph.D in Indian Literature)

Cai Jing (Associate Professor of Henan Polytechnic University, Ph.D in Indian Literature)

Li Yalan (Director of the Department of Hindi, Beijing Foreign Studies University)

Di Yifang (Director of the Department of Hindi, Xi'an International Studies University)

Zeng Qiong (Lecturer of Tianjin Foreign Studies University, Ph.D in Indian Literature)

Cao Chenrui (Lecturer of the Department of Hindi, Yunnan University of Nationalities)

Feng Jiuyi (Former Principal of Shanghai Tongpu Senior High School)

Wang Bi (Research Secretary of the Centre for Indian Studies, Shenzhen University)

Jointly sponsored by
Centre for Indian Studies, Shenzhen University
Centre for Oriental Literature Studies, Peking University
Hangzhou Academy of Buddhism
New Education

爱和平、护正义、求真知者心心相通

——序《泰戈尔落在中国的心》

李肇星

泰戈尔1924年访华后动情地说，他的心落在了中国。他爱中国人民。

1953年，刚读初中一年级的我就被泰戈尔的十几行儿童诗迷住了，永远记住了这位当时已谢世12年的"外教"。新千年我退休后，专门去拜谒他在加尔各答的出生屋，向他的相片三鞠躬。我和他相距天高地远，却真像"忘年之交"。

泰戈尔出生在饱受殖民主义压迫和剥削的印度。穷人的孩子早当家，穷国的好儿女早成才。他刻苦向自己的民族文化学、向乡亲们学、向前辈和小辈们学……他作词兼作曲的两首歌后来成了两个独立国家的国歌——这是至今无人打破、将来恐怕也难打破的世界纪录。

他还是杰出的戏剧家、小说家、儿童文学家、史学家、翻译家、国际形势观察家……他的作品源于基层生活，又着力反映老百姓和弱势群体的心声，读者遍及许多国家。

深圳大学2013年首次主办"泰戈尔在我心中"征文活动，参与者踊跃。从来自大江南北、海峡两岸的文稿中不难看出作者们多么爱国敬民好学；他们穿越时空，与泰戈尔心心相通。

泰戈尔最令我崇敬和感激的一件事是，1937年7月7日卢沟桥事变后，他不顾高龄，拍案而起，愤怒谴责日本军国主义发动全面侵华战争，主持公道。公理无国界。如此大义凛然的壮举让我联想到卡尔·马克思对英帝发动鸦片战争的批判、维克多·雨果对英法联军火烧圆明园的怒斥、列夫·托尔斯泰对八国联军入侵北京的抗议、马克·吐温对美政府当年歧视华工的指责，以及"横眉冷对千夫指，俯首甘为孺子牛"的鲁迅先生和我国国歌《义勇军进行曲》的作曲者，逝世时年仅22岁的聂耳……

在和平与发展为主题的新时代，风华正茂的深圳大学再次举办"泰戈尔在我心中"征文活动并出版《泰戈尔落在中国的心》，肯定会广受欢迎，进一步点燃读者，特别是青少年读者爱和平、护正义、求真知的激情，深入贯彻习近平主席关于学习各国人民优秀文明成果的号召，坚定为祖国和全人类进步事业好好学、多贡献的决心和信心。

2014年11月12日

于中国翻译协会、中国公共外交协会

目　录

获奖作品

万世的旅人	纪　悦	1
寄泰戈尔	张利伟	6
光明海上的颂歌	陈秋宁	10
泰戈尔在我心中		
——我的大学与缪斯之旅	孙凤玲	14
花香袭人	蓝永庄	21
与神对话		
——我的自问自答之旅	朱一鼎	27
泰戈尔在我心中		
——父亲的"诗"	唐小林	32
灵魂师尊泰戈尔	彝鑫（王林）	37
追梦·南归的小候鸟	方孟姣	43
与天壤而同久，共三光而永光		
——读泰翁诗作有感	张执中	46
一尾竹笛	武淑冉	51
水芙蓉梦里的高贵囚徒	张西芳	55

圣地尼克坦之梦	王伟均	60
云 使		
——作为诗人的泰戈尔	张亦芃	66
火 鸟	丁一凡	73
我的黄金时代	陈 烁	80
飞 鸟		
——记一次西藏之行	张洪超	86
泰戈尔在我心中		
——对话集	李采薇	92
关于泰戈尔诗中几组意象的组合的想象	陈淑仪	97
为你再读一首诗	林巧思	103
正如夏花烂漫时	王惠璇	109
天边的星星	贺可熙	114
生命与泰戈尔	卢雄海	119
泰戈尔在我心中		
——漫步人生路	薛 冰	123
守 护	赵 卫	128
走过沉沉阴雨	许梦琪	132
心弦上不逝的诗人	孔 颖	138
问 梵	邓 倩	142
《飞鸟集》给予我的生活智慧	张爱玲	145
泰戈尔的思念	王梦圆	150
致榕树	邓 艳	156
为你盛开的心莲	张家欣	158
不忘初心，方可抵达爱的彼岸	孙晓玲	161
飞鸟的小调	唐海伦	165
爱的使者：我心中的泰戈尔和冰心	黄思齐	169

泰戈尔在我心中
　　——与你相遇在素锦年华 ············· 芮小婷　175
泰戈尔与我
　　——以诗歌之名缅怀 ··················· 徐　青　179
泰戈尔在我心中
　　——奏响生命的那抹湛蓝 ············· 洪佳雯　185
金色花的故事 ······························· 李溪月　190
生死时速 ···································· 朱徐也　195
溪流淙淙　我心飞扬 ························ 王　慧　200
寻光集
　　——给泰戈尔，我亲爱的外祖父 ······ 王乾宇　204
泰戈尔在我心中
　　——追寻用音乐和旅程建构起"爱与美"的史诗 ····· 康富强　212
来自婆罗多洲的访客 ························ 贺　颖　218
泰戈尔在我心中
　　——亲爱的世界，谢谢你未曾因我的怀疑而凋谢 ··· 冯　欣　221
遇见泰戈尔 ··································· 李娇婷　225
泰戈尔与我
　　——不谢之莲 ·························· 胡云怡　229
柑橘地里的"诗者" ·························· 向云霞　236
泰戈尔在我心中 ····························· 丁逸雯　240
以诗的方式对话、倾听
　　——泰戈尔在我心中 ··················· 刘　静　245
未来艺术家
　　——孩子们与泰戈尔小说 ············· 林　馨　252
爱的"真形" ································· 邓青卓　257
泰戈尔在我心中
　　——《吉檀迦利》中的泰戈尔 ········ 谢勇征　262
给你一朵三叶草 ····························· 康　健　265

遥远有多远	孙　超	269
泰戈尔与我		
——寄以诗歌给一位智者	胡启文	276
泰戈尔在我心中		
——初恋这件小事	张呈敏	281
自由之后，才有歌唱	苑梦月	286
诗意的温暖	孙婷婷	290
这一次，请听我为你唱歌		
——献给我心中的泰戈尔	李　硕	296
泰戈尔在我心中	陈佩云	302
你是命运对我的恩赐	李婷婷	307
盛开在心中的莲	荣慧洁	313
泰戈尔落在中国的心		
——"新月"洒下的清新世界	张依萍	318
乌云背后的幸福线		
——以结构主义浅析《喀布尔人》	陈颖婧	324
心灵烟火		
——致罗宾德拉纳德·泰戈尔	栗俊俊	329

评委特别推荐稿

一生以繁星寻你	姜婉莹	335
寻找泰戈尔	谭心怡	339
发现泰戈尔：西方与东方的相遇	沐钰(刘燕)	350
北极星将会发光		
——诗意流年	秦建鸿	356
泰戈尔在我心中		
明月映故乡，秋思落马来	郑昭昕	363
黄昏后	黄　靖	367
中国在泰戈尔心中	颜智婷	371

目 录

永恒旅客的漂泊之歌

　　——读泰戈尔《飞鸟集》有感 ……………………… 詹青青　374

泰戈尔在我心中 ………………………………………… 王伟力　380

泰戈尔：一半是女人，一半是梦 ……………………… 刘婉秋　386

读泰戈尔诗集之感 ……………………………………… 马晓敏　389

你

　　——我心中的泰戈尔 ………………………………… 邱　宁　393

论文学翻译中的创造性

　　——以冰心译本《吉檀迦利》为例 ………………… 陈婵敏　398

寄语泰戈尔 ……………………………………………… 郭美辉　404

岁月安好否？

　　——致挚友 …………………………………………… 邱宗珍　408

泰戈尔之于我的三重境界 ……………………………… 贡子君　413

海上飞燕 ………………………………………………… 黄　莹　417

草之梦 …………………………………………………… 马娜娜　423

黑暗里来的执灯人

　　——读泰戈尔故事诗集有感 ………………………… 许　磊　427

泰戈尔为媒 ……………………………………………… 欧阳德彬　430

孩子的诗 ………………………………………………… 陈艺敏　434

流星划过，我遇见了泰戈尔 …………………………… 孙　珍　437

原是你暮歌中的归鸟 …………………………………… 吴文倩　441

花韵墨迹

　　——读泰戈尔随想 …………………………………… 舒泠萧　445

魅而不惑的泰戈尔宗

　　——泰戈尔宗教哲学的美善及其虚幻 ……………… 张　涛　448

慈父泰戈尔 ……………………………………………… 覃小林　452

合家欢 …………………………………………………… 谢玫玫　456

泰戈尔眼中的世界 ……………………………………… 谢志鹏　460
泰戈尔在我心中
　　——人生如渡 …………………………………………　462
金色花 ………………………………………………… 李勤余　464
泰戈尔在歌唱 ………………………………………… 王方慧　468
我与泰戈尔超越时空的对话
　　——探讨《飞鸟集》的现实意义 ……………… 于永生　474
老林里的灯 …………………………………………… 张　希　477
触摸生命中的你 ……………………………………… 霰忠欣　479

附录一　2014 泰戈尔在我心中有奖征文比赛获奖名单 …………　483
附录二　杭州与泰戈尔有缘 ……………………………………　489
附录三　相信你的爱 ……………………………………………　492
后　记 ……………………………………………………………　496
2014 年"泰戈尔在我心中" …………………………………………　500
Letter of Invitation 2014 "Tagore in My Heart" Essay Contest …………　502

获奖作品

万世的旅人

纪 悦

亲爱的，你是否发现，白纸上的淡墨，横竖参差的线条，勾勒着一幅地图的模样。他以笔指挥公路随金色的夕晖延伸，运墨晕染彩蝶舒翼、流萤点点，绘线勾勒穿越时间和空间的大门，一种隐秘的魔力，密布分叉的曲径，总是让我感到轻微的晕眩，尾随是走出迷宫的薄荷清凉。

我是一个旅人，背着时光沉淀之下欢愉苦楚的沉重行囊，穿越过空间中流淌的时间，跋涉过时间里静默的空间，行走在文字的地图。这一路，馨香萦绕、云蒸霞蔚、笛声悠悠的路径，一切都让我心着迷，惊喜。

且让我的眼眸、我的身体、我的灵魂，追随那飞鸟掠过的痕迹，那是空中的投影，在大地上，形成若隐若现的路线。风景流转，我用眼神拍照；睿智哲光，我用心神丈量。

新月之国

穿越书卷，穿越时间和空间，我看见晨光点点和童真梦想。

在一串无尽的黎明中，我漂洋过海，脚步和咸的海风一起下了船。晨光微露，光从云阵的对抗里，找到了她彩色的宝库。天穹披上橘色的沙丽，同一个太阳在新国土里诞生。充满天空的光，在深靛浅蓝的微波里寻求极限，一寸寸像海岸逼近。

海边许多天真可爱的孩童在聚会，噢，原来这是大千世界的海滨。他们用沙子建造房屋,他们用空贝壳游戏,他们用枯叶编成小船,微笑着把小船漂浮在茫茫大海上。他们和金色的黎明玩耍,他们和银色的海浪玩耍。

一个叫敏妮的孩子的铜铃欢笑随风入耳:"你们知道吗,我家看门的拉蒙达雅,管乌鸦叫'五鸦'。他什么都不懂,你说对不对?""普拉说云里有一只象,从鼻子里喷出水来,天就下雨了……"孩童们一边聊天,一边和海浪做起了游戏。波浪微笑,跳着舞涌过去了,浪花飞溅地撞在女孩的裙兜上。

微凉的海水轻挠着敏妮的肌肤,而敏妮的天真烂漫搔痒着我的心腔,这样的天真烂漫,我好像渐渐地遗失在时间的河里。

"每一个孩子出生时都带来信息:神对人并未丧失希望。"

浪花,群星,柔云,天宇是都是那特有的神奇、美妙的世界。儿童的心灵澄澈无瑕的、最健全的,可以脱去一切羁缚,不受任何尘俗的无染,那些成人世界中的所谓理智,早已把海童天真童趣的风筝飞放。秀嫩天真的儿童的新月之国,是孩童的理想国。我仿佛又重新回到坐在泥土里以枯枝断梗为戏的时代,在海边以贝壳为餐具,以落叶为舟,以绿草上的露点圆珠破晓的酣睡的美梦。

飞鸟留痕,深情馈赠,诗之叶子妥妥的从飞鸟嘴中落入我的双手——

"人是个天使的孩子,人的力量是生长壮大的力量。"

但愿我在纷繁浮世,依旧拥有会流泪的眼睛,依旧怀揣纯真和童心。

爱之恒河

穿越文字,穿越时间和空间,我看见粼粼波光和纯纯爱情。

秋日的晨光照耀着涨满了水的恒河,日光给它披上一层迷人的纯金和橙黄。白天的光明和夜晚的阴影日复一日地投在台阶上,女子的微笑、船夫的舢板、捣衣声声都流连在被青苔温柔守护的台阶之上。我抚平裙裾,坐在这精美的会唱歌的石头之上,想听听那恒河水拍打台阶的微波,想读读那昔日动人的故事。

"古稀,库什,拉古稀,库苏姆……"我轻轻地唤,和着恒河水波动的节拍,和着日光的精灵在浪尖上轻灵的舞步。

苦涩的爱情,欲言又止的彷徨,爱着的人心中埋藏着多少话语想要倾诉给那被爱的人可是面对爱情，如此惶恐，如果你不爱我，会怎样对待我的表白，我不敢，怕的是在爱人面前失去尊严，怕的是那可能心碎的声音，怕的是秘密打碎以后的支离。我怕我是唇齿的战栗，无力危机四伏的蜕变，我怕我是井底蛙鱼，无妄万丈深渊的湮没。

波涛涌入我的双眸，我该如何去爱？

"切勿惧怕瞬间——永恒之音如是咏吟。"

恒河东岸的天边就升起红日，殷红的霞光映着朵朵彩云，黑暗就像含苞待放的花蕾的一对外皮，慢慢地绽开，向四面退去；而那鲜花般的红色霞光，一点儿一点儿地染红了天池，染红了少女心。春天终究会耐不住冬的苍白和严寒，如期而至。"尊师，他就是你呀。"他就是你呀，是啊，我爱的，就是你呀。我惋惜苦行僧给库苏姆的只有宗教，但我更敬佩库苏姆微小却炽热的爱。恒河的水洗灌着庙堂，也洗礼着圣洁的爱恋。恒河的怀抱拥抱了库苏姆，也包容了勇敢的真情。爱是自由的鸟，爱是海中轮渡，爱是吉卜赛之子，不容幽禁，也不需谁来统治。库苏姆在我耳畔轻轻地说：眼睛为他下着雨，心却为他打着伞，爱吧，不要后悔。

飞鸟留痕，诗之叶子落入我的双手——

"雾，像爱情一样，在山峦的心上游戏，创造出了种种惊人的美丽。"

"爱是亘古长明的灯塔，它定睛望着风暴却兀不为动，爱就是充实了的生命，正如盛满了酒的酒杯。"

哦，让自由的爱飞到林中去吧。

修行之林

穿越文字，穿越时间和空间，我看见悠悠神光和内心力量。

我闯入的这一座被盘虬卧龙围绕得无路可走、神秘莫测的大森林，像时间一般古老幽深。进入森林，仿佛跳进了一个绿色的海洋，立刻便被它吞没了。森林里那一顶挨一顶郁郁苍苍的树冠葳蕤，搭了天篷，枝叶蔓披，只有稀疏的星星点点的微光和斑驳的影子闪烁着。森林在安睡，空无一人，偶尔几声鸟鸣在回荡。我迷茫，我孤独，我彷徨。

不远处，一袭虎皮缓缓移动，游荡在在山岭草甸。视线渐晰，我竟于雪山之外遇到了苦行之神湿婆！湿婆遍身涂灰，缠发椎髻，头戴新月，颈绕长蛇，第三只眼睛尤其犀利凛冽。

我不禁心生疑问山中行，山中住，山中坐，山中卧，此生岂不无尽孤独？

神明洞察一切，林中一个粗犷的声音在回旋："人生本修行，孤独处亦开花，孤独处亦起舞。"

忽然一阵强劲的寒风掠过树顶，沉睡了一夜的森林立刻从酣梦中苏醒、战栗。那擎天巨树梢头的碧叶，连成一片，摇曳万里，波涛如海。宇宙舞者湿婆开始舞蹈，头发随着他的舞蹈狂乱飘散，右手的沙漏状小鼓飞动，节奏有若宇宙初生的心跳之音。左手持一朵花火，随时又可以将宇宙化为虚无。时序之钟，时光之轮，随舞而转。草木枯荣，日夜交替，一缕微薄的光是界限，一边是深夜月牙，一边是启明星光；一边是孤独修行，一遍是荣光万丈。

舞毕。"人独自在自己的奥秘中流连，没有旅伴。"语罢，大神跌坐在虎皮之上，双眼半闭，悄然入定。

远方笛声悠悠，诗韵缠绵："谁来操琴演奏那支雄浑、壮丽、优美的乐曲？激励心儿翩翩起舞，陶醉中忘记自己。一阵狂喜挣脱困锁，新的旋律，新的战歌，心海上升起一轮明月，唤出新生的希冀。"

人生本修行，在这人生苦旅中，有着诗人热切的盼望，有着长久的等待，有着深刻的焦灼，有着无限的激情，有着深情的歌唱，又有着虔诚的祈祷和宁静的合一。彷徨难免，不如心静；孤独难免，不如起舞。

飞鸟留痕，诗之叶子落入我的双手——

"世界以其痛苦吻我的灵魂，我报之以歌笛。"

愿我能起舞在生命的每个日子，不辜负。

诗人之园

跨过时代的小径，穿过思维的山岭，叩过陌生的门扉，我终于来到你的花园前。

满园馨香，飞蝶流舞，云蒸霞蔚，笛声悠悠。我惊讶地发现花园里每一片叶子、每一瓣花瓣都居住着诗的精灵，缠绵着笔墨幽香。

"啊，我唯一的朋友，我最亲爱的人儿，我家的门户都是洞开的。千万别像梦一样的过门不入啊。"哦，那是一位慈祥的白发老人，一片雪一样的发须让其有如童话出境的智者。岁月摩挲的痕迹刻在脸上却掩饰不住眼神的睿智，传递着一种令人折服的力量。

我来了！我终于来了！我终于来到期盼的殿堂，我怎么舍得离去呢。

"但是，我要走了，乘着这落日的余晖，今天，我是你的诗人，我为你写诗。"老人微笑着，隐没在花丛，隐没在群岚，隐没在字里行间。

起风，骤然漫天的叶子在打着转。无数的诗句轻如蝉翼飞旋，唯美的韵律合奏着亘古动听之绝唱。

你离去的时候，你的思想来到我的身边，正如那夕阳的余晖，映在寂静星空的边缘。明明又没有离去。

呵，原来已是百年风云，可我却深切地感受着你，十分神秘地，在我的体内化为另外一个我，你，在我的生命中，给我超卓的这里，让我忘却苦痛，慰藉我心灵的寂寞，为我引路。

原来你是万世的旅人，栖息在诗歌的园林，逗留在读者心田。

原来你是睿智的开路人，文字雕刻时光的智慧，描绘心灵的地图。

原来你就是你啊，泰戈尔，你从未离去。

我信赖您的爱，我感激您的爱——让这话作为我的最后一句话吧。

(作者单位：福建师范大学文学院)

寄泰戈尔

张利伟

我在没有阳光的阳光下，读你的颂歌，穿越恒河、星辰、月光、娑罗林……后来，发现我不是在追寻你的行迹，而是在寻找自己，寻找自己心灵的成长。谨以此诗献给给过我启发的伟大诗人泰戈尔。

相见欢——感遇泰翁

何处月光怜留景，又照镜台复临伊。此身若为花千亿，秋霜落后何物随。
黄页曼妙点秋景，丹青执笔写琴棋。昔日梦里幽巷行，油纸伞儿浅青衣。
今朝眼前无意趣，竹簟诗书半心烛。清风吹袪惹诗意，檐燕忆归披云浮。
夜半星晴长凝驻，良宵感怀不肯休。少时依稀长痴笑，经年等闲叹心孤。
灯影摇摇人入梦，残芯忽忽忆昨宵。伊人咫尺天真貌，木槿万里黄昏瑶。
君居锦州客惆怅，我自邯郸独萧萧。鸡鸣啼近梦渐消，蛩吟人寂对何聊？
度日踟蹰不知路，暂看月缺月又盈。可堪花期零落尽，相将诗书步幽庭。
古诗意意惜情情，人间茕茕怜伶伶。情至深处成缱绻，无言无语对月明。
人浅笑薄白露雨，梨花落尽清明坟。青冢无人耽相忆，白云停驻雨燕魂。
尚想旧日音容貌，呵手梳头寻常埋。叶落空庭影飘摇，花谢朝夕梦绵连。
人歌人哭人后默，我思我念我蹉跎。今读君书释闲愁，方知思念花开陌。
望月遥寄远行客，花开一枝赠心佛。君若长河流不尽，吾言暂得片纸薄。
昔日懵懂向花间，悲悲戚戚怀旧年。今知岁月不待人，愿扬长鞭骋马先。
菩提遥寄诗人远，竹笛漫洒念君衫。心若星月归净土，三千大千一纸间。
月白天青娑罗树，流年暗度湿婆园。晨幕妙曲舞鸿雁，金船心感化青莲。

吉檀迦利祈神祇，平民布韦世上贤。流萤采月盈照眼，般若醍醐映花环。
是心自可为天地，即胜人间万户侯。七情六欲集四谛，便乘世人万苦愁。
贪恋欢愉话不得，此情混若星与月。提笔万言终一字，歌至情处即自然。
了却人间闲惆怅，泰翁铁笔马戈前。随君行行复行行，吾心旷旷又安安。

长歌行——记泰戈尔过中华

桃花潭水载君至，竹梅二友待松回。
青衫仙人归乡意，银发文斗中华谊。
当时寻常话文事，谁料轻谩与颂齐。
如今长天望又望，不见诗才竺震旦。
吾闻垂暮痛日寇，方解君心一梵天。
诚知此思人人有，又忆中印东方贤。
生如夏花美绚烂，止如秋叶静翩然。
苍穹无痕飞鸟过，碧波已乘菩提言。
今生今世今寻君，人迹杳杳唯识神。
无边无岸无涯际，忽见梵天在吾心。

水月菩提

秋雨连绵处，花残影摇风。
叶落云缥缈，隐修寂无声。
笛声娑罗林，赤足即为僧。
情思柔难断，恋彼世间人。
何为著书万，化彼愁哀怨。
自古诗家苦，心载天地宽。
莲花知君意，感此落佛旁。
翩翩飞鸟至，淡淡流萤光。
辰星垂荷露，暮月点秋霜。
诗雨清凡事，布施真梦幻。
时念泰翁言，聊发敫感怀。
今生天地间，路途何其艰。

青春都一晌，浮云何处藏。
花开花又落，过客止复行。
生死安足论，刹那化烟云。
我居石门秋，惶惶始知惆。
何为著书言，叹彼世人愁。
离忧亦别恨，阴晴本圆缺。
贪欲复侵略，乱世皆欲王。
世事皆幻象，何必苦逐名。
得欢当作乐，闲暇寻友邻。
暗夜无星月，尘世心为灯。
云辇载行僧，飞花过佛身。
至心归片宇，何处惹尘埃。
心若怀大爱，破衣自可足。
繁华归一瞬，太虚好了歌。
不须长戚戚，君子心乐乐。
壮哉天下志，怀忧苍生心。

后记：

　　后来，明白泰翁膜拜的神灵，不是单纯的神和佛陀，而是人心中的一点梵。在他心里，人人皆可为佛，你身边的人就是上帝或者佛带给你的智者。我们总要学会以爱示人，哪怕世人不识，亦应该坚持自己的道路。世界以痛吻我，我要报之以歌。纵使世界就在梵天的一梦一醒之间，卑微的每一个人都应该用心感受这个世界，感受自然，阳光雨露，风霜雨雪，还有人的情，万物的情。以情为心，即为泰翁。我终是以吾之稚心，感受一个伟大人物的孤独苦痛与由痛苦涅槃而来的新月初生之乐。月下读你的新月流萤，白日吟你的金船归鸿，悲伤时读你的吉檀迦利，欢欣时读你的最遥远之距离。曾见几番你于竹笛声中、娑罗林下，望见照眼的纱丽花环；亦曾多次思念你的草原我的心田之隔，究竟是长天浮云还是鱼与飞鸟的距离……你跟我说，当错过太阳，就不要错过群星。我说，即使错过群星，也不要错过心灵。而你的诗，在我心灵飞过……

暂以吾之薄言小诗,寄于世上所有像泰戈尔一样伟大的诗人和世人。你们的伟大不只在于著书立说,而是在于为天地立心,为生民立命,为万世开太平。

(作者单位:河北师范大学文学院)

光明海上的颂歌

陈秋宁

金色的阳光洒满我的庭院，我合上了你的诗集，缓缓地步入满园的花朵中，捧着开得正盛的迎春花，忽然想起百年前的你说过的话："你是什么人，读者，百年后读着我的诗，我不能从春天的财富里送你一朵花，天边的云彩里送你一片金影。开起门来四望吧。从你的群花盛开的园子里，采取百年前消逝了的花儿的芬芳记忆。在你心的欢乐里，愿我感到一个春晨吟唱的活的欢乐，把它快乐的声音，传过一百年的时间。"品味着你清丽隽永的诗句，我就像那迎春花瓣般渗透了你鲜花的芳香，心中洋溢起对生命的热爱。我不禁想问，是谁赋予了你诗的神韵，给了你这般崇高追远的情致，让我每每游历在你诗海中时，都被你深邃而又神秘的哲思折服。我愿意跟随你驱车经过大地时留下的辙痕，一同寻找你心中那神圣的殿堂。

茂密的树林里传来如画眉鸟歌唱时悦耳动人的颂歌，我循着声音，穿过了曲折迂回的小路，跨过娇嫩可爱的小花丛，不小心惊飞了还在花丛里食蜜的蝴蝶。终于我看到了你，站在一棵挺拔的大树下，尽情快乐地唱着颂歌，你的赞歌就像一只欢乐的鸟，折翼穿出树林，飞越了海洋，到达你思念的远方。大树为你撑开它茂密的枝叶，投下一片凉爽，微风轻柔地抚摸着你的发丝，而你的眼眸中充满着泪水。我不明白你是为谁而歌唱，是谁让你激动得饱含泪水，是谁让你陶醉在他为你设下的音乐漫天大网中，成为他的俘虏。正当我沉浸在你醉人的歌声中时，一只金鹿闯了进来，它长着一对树权形得鹿角，鹿角下藏着喇叭似的耳朵，褐色的明眸像夜空中的星星般闪烁着光芒，细长的小腿像金手杖一样，全身还发着金色的光。你停止了歌声，凝望着那只金鹿，它向你略有深意地点点头，啼叫了一声后便踏着它轻盈的步伐，转眼就消失在丛林深处。你似乎是明白了什么，紧随它离开了。我叹息着站在原地，四周空寂无人，夕阳的余晖独将我的影子拉得细长，我只能一个人踏上了归途。

一天，我正在房里歌唱，你叩响了我家的门，我打开门，你焦急地询问我是否知道那只金鹿在哪，我指了指远处高山上金碧辉煌的庙宇说："它可能在那吧？"你瞟了一眼远处的庙宇，摇摇头，自言自语道："不会的，它不在那。"我鼓起勇气问你："为何要追赶它？"你像是回答自己一样说："我要在外面漂流，穿遍广漠的世界，最后找到心中最深的内殿。"我还是不解，低下了头，你转身，缓缓地登了车，去追逐在绿叶中嬉戏的光明。我也赶紧整理了行装，顺着你留下的辙痕，跟随着你的步伐。

我看见你撇下了礼赞和数珠，走出了幽暗孤寂的殿角，穿梭在衣衫褴褛的穷人之间。你脱掉了衣袍，和他们一起在广袤无垠的田地里耕作，和敲石造路的工人一起敲击着石头，无论是炙热的夏日还是寒冷的冬夜，不曾停歇。你额上豆大的汗珠渗入大地的尘土里，快乐地伸放出无数片芳草，迸发出繁花密叶的波纹。我望着你的笑容，轻声地说："那就是你要寻访的心中的圣殿吧！"你笑而不语，披上沾满灰尘的衣袍后拂袖而去。

天气突然骤变，清晨的静海突然狂躁起来，海鸥都匆匆地归巢，只剩波浪在海里翻腾，而你却在这个时候说要起航，开着船驶出了安全的海港，空中雷声怒吼，天色变得昏暗，云雾遮瞒了天空，还下起了磅礴暴雨，汹涌的波涛和雨水拍打着船只，像是要把船只撕碎，你勇敢地抓着舵盘，任海风吹倒了桅杆，船只在无边的大海中漂泊不定，但你无所畏惧，仍坚决要寻觅你的心中的神。终于发怒的大海恢复了平静，乌云都欢快地消散了，金色的阳光洒满海面，白浪相互追逐打闹，波光反射，像舞女舞蹈蹁跹时，罗裳缀有千万颗的宝石。

你把船停泊在海岸边，筋疲力尽，但仍然在路旁等候瞭望，你相信他总是不停地在向你走来，每日每夜。在四月芬芳的晴天里，他会从林径里走来，七月阴暗的雨夜中，他会坐着隆隆的云辇前来，也或许他会派他的天空使者带信来，向你致意，指引你向前引路。太阳的光变得刺眼，蝉在阴凉处叫唤，枯叶炎风种飞舞着，缓缓地落了地，牧童在榕树下做着他的美梦，你来到水边卧下，在草地上展开了无力的四肢，最后疲倦地闭上困乏的双眼。在梦中，你似乎也听到了他静悄的脚步声，你渴望他的按抚，因为他抚摸能够去除你的愁闷和疲倦。但梦醒了，他还是没来，他用秘密的脚步躲过了正在守望他的你，我看见你凝望遥远的阴空时眼里的孤寂，你叹息他是否完全把你抛弃，你的心开始和不安的风一起彷徨悲叹。我想上前安慰沮丧的你，但我还是选择静静地在一旁看着。

你起身来到池塘边，碧波荡漾，那正是莲花盛开时节，花瓣守护着花蕊，开得正美，但此时你心魂飘荡，无心观赏。风中时时吹来莲花的淡淡香气，但这清新的气味却引起你的心痛。我不明白为什么

你所敬畏的神总是不断地拒绝你，你懈怠拖延，他不出现指引你，你急于找寻他，他还是忍心地躲藏起来。但你却仍愿意为他歌唱，因为你对他爱得深沉。

终于他坐着金辇来了，从宝座上下来，来到你的草舍门前。你在一生都在追寻"你在哪里？"时流下的热泪融化在他那句"我在这里的洪流中，一同泛滥了全世界。"他与你并肩相坐，你的心在他双手不朽的抚摸下，消融在无边的快乐之中，他消除了你的羞涩和困穷，使你干涸的心灵得到了雨水的滋润。他成了指引你的灯塔，在你欲望熏心的时候，他赐予你方向和力量，使你永不抛弃穷人也永不向淫威屈膝；在你心灵贫乏的时候，赐予你勇气能清闲地承受欢乐和忧伤；在繁杂的工作相扰的时候，赐予你和平和安息。在清晓的密语中，你们相约去泛舟，在无边的海洋上，你静听他的微笑，你和着他的曲调，为他再一次的歌颂，好像海底的鱼儿般自由自在。在每一个早晨，你的合着的眼，只在他的微笑中开睫，他的眼光成为你每天觉醒时灵魂最初的欢愉。他成为了你的巢穴，用颜色、声音、香气来包围了你的灵魂，他把你的眼泪、叹息和歌曲都变成了云彩，带到他的身边。你的生命因为收到这爱抚而变得光荣。从此你的欢乐向决堤的洪水般，欢快的奔腾在山川之中。

终于有天，他又乘坐着他的金辇，悄然消失在了天际，在这些闲散的日子里，你看似虚度着光阴，但其实是他把握了你的每寸时光，你想与你的光明结合，相互交融，在黑暗中或者是灿白晨光的微笑中，在净化的清凉中，溶化消失。但你的光阴是有限的，在苦苦寻觅他的道路上已消耗了大量的时光，最后死亡派来了他的仆人，度过不知名的海洋来到你的门前，

来传达他的召令。我擎着泪，不愿你就这样在人世渐渐地消失，不想你向生命默默地告别。

白日悄然路过，暗影笼罩这大地，繁星第一次射出灿烂的光辉，却有一颗星星走失了。夜色变得深沉，你端起灯，打开门，站在门外鞠躬欢迎他的使者。天空里晨光辉煌，你回想起刚跨过此生门槛的时候，你在光明里看到了自己像一朵嫩蕊，在你母亲的怀里开放，现在在死亡里你看到凋谢的花蕾正孕育着下一次开放的花苞。你爱你的今生，但你也一样爱你的死亡。你渴望死于不死之中，甘愿变成一支苇笛，奉献给你的神明，奏响你永恒之歌。我看到你像新生的婴儿，当从母亲右乳中松口的时候啼哭，又马上在左乳中得到了安慰。

我终于明白为何你要在丛林独自歌唱，你苦苦寻觅的殿堂，是那样的朴素而充满着力量，他穿着破敝的衣服行走在穷人之间，赐予他们力量，他潜藏在万物的心中，培育者种子发芽，蓓蕾绽红，花落结实。他是原野上孤独的行者，是街道上歌唱的行吟唱者，是大地上漂泊的游方僧人，甚至是小舟上弹着琵琶的陌生人。他总是屹立在那儿，沉静得象一株树。他从未离开过你，也从未停留在哪里。他赐予你的爱是无形的，总是用坚决的拒绝来拯救你，用刚强的慈悲紧密地交织你的生命，你对他的爱亦是永恒的，当你向他合十虔诚地膜拜，他便存在于你心中，你就像一群思乡的鹤鸟，日夜飞回他怀中的巢穴。他的爱给你了勇气，即使是面对死亡时，你也能从容地向这个你热爱的世界告别。但你的诗句仍同你的神一般存于万物之中，生生息息，永不停歇。

百年的我有幸品读到你的诗句，就像是在茫茫的山野中遇见一朵盛开的奇葩，在茂密的树丛中饮到一泓清泉，在酷暑中陶醉在吹来的阵阵微风，在岑寂的夜空中望见璀璨的星辰，我能感受到生命的激情和幸福，最后在一簇簇群花中听见你文字里的欢乐穿过百年时间的嬉闹声。

(作者单位：福州大学至诚学院)

泰戈尔在我心中

——我的大学与缪斯之旅

孙凤玲

在我的书柜里,有着近百种全世界各地不同诗人的各种诗歌选集/全集,但有一本诗集,却将我青春泪渍斑驳的印痕,一点点烙在那红白相间的封皮上。这本白色背景图四周辅以红色边框封面的诗集,我珍藏了十多年,封面上斑驳磨损的渍痕,一如我十几年坎坷多磨的青春求学与缪斯之旅。十几年来,多少感动,多少辛酸,似乎都可以从这本厚厚的《泰戈尔诗选》中略窥端倪。在季羡林先生的序言下方,十几年前我写下的几行小字,依稀如初:

身在囹圄,志当凌云
　　　　　　——八木若云　2002 年 4 月 15 日
生如骄阳般炙热　死如夜之静美

时间,像一只沙漏,无情地流逝了年华,流逝了青春十几年种种的记忆,但心灵深处刻骨的回忆,却依然历历在目。我在倍感韶华易逝时,也深深感恩那无处不在的"我的上帝、我的主、我的朋友、我的情人",他以摄人心魄的自由之歌、光明之海,梵我合一的心灵力量,伴我走过了苦涩、坎坷多磨的青春,使我此刻骄傲而幸福地静静坐在桂子山下,写下这篇埋藏在心底、酿制了十几年的青春手记:《泰戈尔在我心中——我的大学与缪斯之旅》。

镜头,缓缓回溯,滑回到十六年前的那个九月。那一年,我 16 岁,雨季花一样灿烂多梦的年龄,我却徘徊在人生的歧途——出生于世代为农的家庭,文盲出身的父母无论如何不愿意送我去学校读高中。席卷大江南北的打工之潮，使父母迫切地希望我能像姐姐们一样，到城市打工，每月能将那充满血汗与屈辱的微薄工资按时交给他们。在经历了暑假 2 个月父母愚昧的暴力鞭笞与斥骂之后，在持续的饥饿感与绝望中，那年 9 月 30 日的下午，我最终含着泪水，一个人悄悄捆扎好行李，从刚刚入读了二十几天的流芳高中悄然离去……

此后的人生，一如父母所愿，我加入到庞大的打工队伍中，来到武汉这座当时还不算繁华的城市，开始四处漂泊的打工生涯。一次次，从城市的一个角落漂向另一个角落，忍受着老板随时的斥骂，忍受着所谓城里人的冷眼讥骂——尊严、自由、隐私、青葱的校园、朗朗书声……这些遥远而陌生的词，只存活在小学初中的教科书中，当我踏上这条艰辛的打工之路时，一切都已被埋葬。

充满屈辱、单调、闭塞的打工生涯，就这样，在老板的斥骂声中，在油腻的托盘，令人作呕的酒精呕吐物中，一点点艰难地捱过。打工的生活虽然艰辛、屈辱，但内心深处，总有一个躁动不安的因子，一次次在夜深人寂时，在蒙着被子哽酸涌泄的泪眼中，或远或近地呼唤，呼唤着我内心深处尚未窒息的心念——我要读书！我要读书！通过读书改变这种蒙昧无知没有尊严没有自由的生活，让青春不再空空地虚耗。一次次，夜寂时，我遥望着城市的灯火，略带哽酸地回忆年少时手挽着放牛绳，在空旷的田野里高声朗诵着各种诗歌时的那种惬意、幸福。一次次，我追问自己，年少时在心底已经擘芽的文学之梦，缪斯之梦将何处重寻？何处重觅踪迹？

在几分迷茫几分蒙昧几分酸楚中，我频频一个人偷偷逛书店，逛地摊，用少得可怜的零花钱，买回一本本或崭新或泛黄的书，来告慰那略显早熟却又躁动不安的青春。

已经记不清楚那天买书的具体情景了。只依稀记得是一个上午，自己一个人偷偷从菜市场溜出去，骑着一辆破旧的自行车，来到中南财经政法大学后门的一只小书店。带着几分胆怯几分寒酸，站在一排排书架前，轻轻抚摸着一本本装帧漂亮整洁的书。我无法回忆起当初目光是如何落在那本红白相间的《泰戈尔诗选》上的。泰戈尔？何许人？我从没听过。只是清楚地记得，当初挑选这本书的理由仅仅只因封面上写着"教育部《中学语文教学大纲》指定书目——中学生课外文学名著必读"。一切，仅因这是教育部指定的中学生必读书目，22元的单价，对于当时的我，是一笔不小的开销。那时的我，每天跟随父亲一起在涂家沟高架棚临时搭建起来的一个菜市场卖菜。父亲每天早上四点左右就出门去蔬菜批发市场，晚上九点左右才拖着疲惫不堪臃肿的脚步回家；而我则每天早上六点左右出门去涂家沟菜市场，晚上七点左右将没有卖完的各种菜全部用自行车拖回来。我不记得当时内心经历了怎样的挣扎，才最终买下了这本书。也许，是长期单调沉闷的生活，使我迫切地希望能通过一本好书的阅读，来释放青春种种的不快、辛酸、孤寂与蒙昧。

此后的日子，生活依然单调沉闷，我依然每天早上6点左右骑自行车去菜市场，唯一不同的是，每天下午一点多到四点多，菜市场没有人时，我会拿出《泰戈尔诗选》，高声入迷地朗读背诵其中的各种诗篇。

> 五河环绕着的英雄之国
> 辫子盘在头上的锡克
> 响应古鲁的号召站起来了——
> "阿拉克．尼朗姜"——
> 一声欢呼拉断了
> 奴隶脚下的铁锁、绳缰
>
> ——《被俘的英雄》

> 地上躺着一位贫穷的妇女，
> 身上裹着一件褴褛的破衣，
> 她走来跪在比丘莲花足前
> 双手接足顶礼。
> 妇人躲进树林，从身上
> 脱掉那件唯一的破布衣，
> 伸出手来，毫不顾惜地
> 把它抛出林际。
>
> ——《无上布施》

《故事诗》中，《被俘的英雄》那荡气回肠悲壮激昂的民族赞歌，《报答》如莲一样纤尘不染守望真爱的纯洁女郎，《无上布施》为了心中至高的信仰，毫无保留贡献仅有褴褛破衣的妇人，让我枯塞寂寥的青春，第一次深深感悟，什么是真、善、美，什么是虔敬、信仰、忠贞与爱！

　　　　这是你的脚凳，你在最贫最贱最失所的人群中歇足。
　　　　灯火，灯火在哪里呢？用熊熊的渴望之火把它点上罢！
　　　　只要我一息尚存，我就称你为我的一切；
　　　　只要我一诚不灭，我就感觉到你在我的四围……
　　　　在那里，心是无畏的，头也抬得高昂；
　　　　在那里，知识是自由的；

　　　　赐给我力量使我的爱在服务中得到果实。
　　　　赐给我力量使我永不抛弃穷人也永不向淫威屈膝。
　　　　光明，我的光明，充满世界的光明，吻着耳目的光明，甜沁心腑的光明！

　　　　　　　　　　　　　　　　——《吉檀迦利》节选

　　《吉檀迦利》中，那时而舒缓柔丽时而急遽遒劲的语言，那铿锵激昂的光明之歌、自由之歌，梵我合一的爱之歌，一次次让我深深感动，让我心潮澎湃，使我苦涩枯烦的青春充盈着希望与爱，我心中沉睡多年的对知识、自由、光明与爱的渴慕之情慢慢苏醒，并唤醒了我心中沉睡已久的缪斯女神。

　　那年初夏，在萧寂困窘的菜市场朗诵泰戈尔的诗，成为我青春记忆里最美的华章。频频的朗读与背诵，我也一次次因情而动，在诗页的边角用生涩的语言写上几行小诗，或是有关人生善恶美丑的小感悟。那曾经黯然孤寂的青春，因为泰戈尔的诗而变得鲜活起来，丰盈起来。

赞　诗

　　　　为着一份久违的激情
　　　　我双手捧着你

我用心聆听着
你的低吟浅唱

我愿把那朵晚开的白莲
献在你莲花似的脚边
只因
我在心底顶膜着你

哦!《吉檀迦利》
心中的献诗
永恒的爱
人类精神的无量佛陀

哦!泰戈尔
我心中的阿波罗
你以犀利的耳目
力透纸背的笔刃
引导我前进

在通往圣地的途中
我不畏荆棘危崖
只因
我沐浴着你的光环

2002年4月24日于涂家沟

我渴慕着
你的拥抱
梵我一如的惬意
我忍受着世人的冷落
只等待着你的拥抱

哦，我的吉檀迦利

2002 年夏

  此后十几年时间，泰戈尔和他明丽充盈着哲思与爱的诗篇一直陪伴着我，陪伴我依然青涩、多磨的青春，他那流淌着温暖与爱的诗句，是我单调沉闷打工生活中一剂不可多得的药方，一次次疗治我频频受伤的身心。

  为了追随《吉檀迦利》中那无所不在的自由之神、光明之海、爱神洒脱不羁的脚步，我选择了倍感辛酸与感动、曲折而又多难的自学之路。在艰辛流离失所的打工之余，我报名参加全国成人高等教育自学考试，从零开始自学新概念英语全四册，数次报名参加全国硕士研究生入学考试……在考研频频失败的挫痛中，一次次撕心裂肺痛哭流涕之中，我一次次用嘶哑哽咽的声调高声朗诵《吉檀迦利》中充满希望、光明与爱的颂歌，以此来疗愈青春求学途中频频受挫、创痕累累的身心。

  在多年艰辛漂泊的打工自学之余，在流连于大街小巷各种书店地摊之余，在广泛阅读世界各国伟大诗人不朽诗篇之余，我尝试着用诗写下自己漂离的打工生活，略显痛感的生命与青春。十几年的自学之路，诗歌创作之路，使我的诗最终从青涩的模仿，到今天逐渐成熟，渐成自己的语言意境风格，并得到国内一些知名学者、诗人的赞赏。我深深地知道，这一切的成长、成熟，都得益于十二年前，中南财经政法大学后门那片不起眼的小书店，那一场与泰戈尔和他的诗意外的邂逅！

  我的欲望很多，我的哭泣也很可怜，但你永远用坚决的拒绝来拯救我；

  "我以为我的财富与权利胜过世界上一切的人……一觉醒来，我发现我在自己的宝库里做了囚人。"

  你穿着破敝的衣服，在最贫最贱最失所的人群中行走，骄傲永远不能走近这个地方。

——《吉檀迦利》节选

  泰戈尔充满人生智慧与哲思的诗篇，成为我此后十几年人生的砥砺与坐标，激励我不断向上向善，抛除心中狭隘的小我，学会爱，爱自己，爱他人，爱每一个生命，无论尊卑贵贱。

此刻，一个人坐在华中师范大学桂子山上，静静地回忆着与泰戈尔和他的诗意外邂逅的种种，以及此后十几年艰辛漂泊的打工生涯中，他和他的诗曾给予我的感动、希望、爱与心灵力量，喉管里时时哽咽酸涩，眼角的泪花时时会不自觉地涌动！

桂子山的金秋，每个广场、教学楼、每条林荫小道上，都弥漫着桂花淡淡的清香。回想十几年坎坷多磨的青春，艰难的自学之路，那让人心潮起伏的缪斯之旅，内心不禁感慨万千：当年若不是有幸在财大那片小书店意外邂逅泰戈尔和他不朽的诗篇，我心中沉睡多年的求学之梦、缪斯之梦是否会苏醒？或者，是否会永远在那单调涌动着酸臭、愚昧与暴力的菜市场沉睡？虚空地耗空我蒙昧浑噩的青春，然后，寂寂地老死……

(作者单位：华中师范大学比较文学与世界文学专业2014级硕士研究生)

花香袭人

蓝永庄

一

多年以前,我应学校的邀请做了新生军训的教官。

那是南国的秋天,寒意迟迟未现,烈日炙烤着大地,空气中飘散着植物散发出来的奇怪气味,让人感觉到莫名的烦躁。学校安静地躺在山脚下,湖水也泛不起丝毫波纹,仿佛在等待一阵秋风将它们唤醒。

军训那天,我早早着了军装前往操场。那里早已排满了迷彩小兵,他们稚嫩的脸上堆着憨笑,天真无邪。

我一眼看到了12连,这是我带的连队。我从他们身旁经过,细细打量着他们。他们也睁着明亮的眸子怯怯地看着我。队列中,有一个女生轻轻地翻起衣领,还把军帽摘下来扇风。我呵斥道:

"把衣领放下,戴好帽子!"

女生一愣,很不满地瞪了我一眼。这是一个十七八岁的女生,白皙的皮肤,带有淡淡的花香,灵秀的双眼,忽闪着令人捉摸不透的孤傲,长长的睫毛自然翘起,有点像波斯人。

念在初犯,我并不打算惩罚她。但是她轻慢的态度,已深深扎进了我的脑海里。

我决定让他们集体绕着操场跑十圈,以儆效尤。他们刚起跑,旁边的带班陈老师就招呼我过去坐下。

二

陈老师把这班学生的信息资料交给我。

我翻了一下信息表,发现大部分生源都是外省的。那个违纪的女生,来自新疆维吾尔自治区,名叫木兰。

木兰,好特别的名字。我抬眼看着在操场上跑步的12连,她跑在最后面。

"这群孩子初次远离父母,思乡情切,"陈老师怜爱地摇摇头,指着我手上的信息表,"木兰这孩子坐了三天两夜的火车,一看见我,就泪奔了。"

陈老师希望他们尽快适应这里的生活,结交新朋友。这就需要我余出更多的时间来,让他们互相交流,促成友谊。

我想了想军训日程,时间还算充裕,就答应了。

经过三思,我决定在他们操练的间隙,教他们念《泰戈尔诗集》。让他们领略印度大哲的思想,学会与自然对话,与生活玩笑,感受生命之美。

我的计划是,操练完毕,同学们就坐在草地上,吹着风,伴着鸟语,随性而为,跟我走进泰戈尔的诗境中去。读完后就让他们互相探讨背诵,感悟诗中的真谛。

我放开声喉,与泰戈尔对话:

"鸟儿愿为一朵云,云儿愿为一只鸟……"

"我是谁呢,那样地沉默着?我不过是一朵花……"

我读诗时,木兰坐在最外围,手里扇着军帽,一语不发。

三

晨曦镕金,我念着泰戈尔的《榕树》:

"喂,你站在池边的蓬头的榕树,你可会忘记那小小的孩子,就像那在你的枝上筑巢又离开了你鸟儿似的孩子?……"

诵毕,我扫视了一遍同学们。他们抬着头,神情专注。可能是在看着我,也可能不是。于是我问:

"你们看到了什么?"

"我看到家乡的伙伴在大榕树下等我玩。"

"我仿佛在池塘边的榕树下与伙伴们玩过家家呢……"

同学们七嘴八舌,畅所欲言,稚气的笑脸像阳光一样调皮,照得我心里暖暖的。

"木兰,你呢?"我看着那个女生,她依然坐在最外围,默不作声。

同学们顺着我的目光望去。她显得有些不知所措,急得眼圈泛红。

男生哄地笑了:"大姑娘,扭扭捏捏不像样儿。"

木兰站起身,跑了。我知道她生气了,连忙喊住起哄的男生。

四

后来,我从几个女生处得知,木兰平时喜欢独来独往,冷酷少言,没什么朋友。

我心头一颤,忙打开陈老师交给我的学生资料,找出木兰的详细信息,细细查看。评价栏上,"高傲孤僻"四个字像把尖刀一样扎进了我的心头。

这个正值碧玉年华的少女,本应开朗活泼,阳光可人,却早早披上了"孤傲"的外壳,武装了自己,也封锁了心灵。

难怪泰戈尔的《榕树》会让她不知所措。想必是诗中的情景勾起了她窝心的回忆,戳中了她早已满目疮痍的心灵。

五

下午习完军体拳,我让他们自由休息。

同学们聚在一起闲聊,唯独木兰坐在草坪上喝水,慢条斯理,仿佛大千世界里只容着她一人。

我走过去坐在她身旁,问她:"你喜欢诗歌吗?"

她看着我,点点头。

啊!她喜欢诗歌!

我惊喜,却又不解。喜欢诗歌的女孩应该是热爱生活,对生活有着灵敏嗅觉的，又怎么会在老师的评价中留下"高傲孤僻"的痕印？

"有一次，我们梦见彼此是陌生人，醒来后，才发现我们是相亲相爱的。"

啊！她在背诵泰戈尔的《飞鸟集》！

我惊诧。不是因为她会背诵，而是因为她能把诗句读得如此清新静美，浑然玉成。

"教官，相信友谊地久天长吗？"

她的泪在眼眶里打着转儿，滴落草尖上。

我似乎明白了。是过往悲痛的经历，致使她宁愿只身单影生活在自己的世界里，也不愿接触这纷杂的人际。

"我不明白，为了那一只破表，她竟然污蔑我，让我在全班同学面前抬不起头，让我的朋友一个个离开我，她只要跟我说她想要那只表，我会毫不犹豫地送给她，可是为什么她要污蔑我……"

一向寡言少语的木兰，向我倾吐着她的委屈。到最后，已泣不成声。

"你知道为什么我要到这么远的地方读书吗？因为我想逃离他们……"

我静静地听着，无法安慰她。突然想到泰戈尔的一句诗：

"如果你因错过太阳而哭泣，那么你也将错过群星。"

木兰止住了哭泣，任凭余泪滑落。我看见她的刘海上，黏附着一叶小草，像一支自然赐予她的碧钗。但她没有发觉。

我知道，她是在回味这句诗。一个有灵敏诗性的人，总能在泰戈尔的诗中，感悟到美好，获得正能量。

六

军训日程渐短，我不打算中止同学们探讨泰戈尔诗集的计划，但如此一来，操练很有可能落后他人。

恰巧学校下发通知，阅兵仪式需要三个助兴表演，参加的连队能获得额外的检阅加分。于是我半恐吓半引诱他们：

"目前，你们的操练虽有姿势，但无实际，阅兵时若仅凭这个水平，连队肯定遭殃，现在有这么好的机会摆在你们面前，就看你们珍惜不珍惜。"

"珍惜！"

果然，不出我所料。

"木兰，就交由你负责了。"我鼓励这个有着诗一般心性的女孩，最近我看见她加入了同学们的讨论，封闭的心灵逐渐在开封。

"我，行吗？"木兰迟疑地看着我。

"我说你行，你就行！"我对她竖起大拇指。

这是第一次，我看见木兰眼里忽闪着惊喜。

七

阅兵大检，胜出的连队和教官都能获得殊荣。但此时，我有更值得期待的东西。

在各连队的操练紧锣密鼓地进行时，12连一如既往。只是休息的时候，同学们不再围着我念泰戈尔的诗集了。

现在，他们围着的是木兰。

木兰站在他们中间，讨论有关表演的事情，昔日的孤傲女子，摇身变成了热情女郎。我看见一朵朵友谊之花在军中绽放，诗兴骤发：

"你默默微笑着，不对我说一句话，但我感觉，为了这个，我已期待很久了。"

木兰在人群中冲我一笑。她分明有双爱笑的眼睛，你看，她眼神中含着满满的幸福。

八

阅兵那天，三个助兴表演相继登场。

我们是第三个。

主席台前，木兰身着迷彩军服，风姿潇洒，气宇轩昂。她站在齐整的连队前，俨然一位干练的女将。

表演开始，木兰手执令旗，施放号令。同学们踏着小碎步变换队形，动作娴熟，骤然而至。我看得清晰，他们在木兰的指挥下相继排列成"泰"字，"戈"字，还有"尔"字。

泰戈尔。我差点惊呼。

所有的形式在木兰的挥指横扫间，齐整有序地变换着，仿佛在自然之中，她正随心创作着属于自己的诗篇。

伴着美妙的轻音乐，泰戈尔的诗句像贴上了音符，从同学们的口中雀跃而出：

"心的无数无形的绿叶，千年万代一簇簇在我的周围舒展……"

"我千古不惑而不可见的绿叶的絮语，使我清醒的痴梦幻灭……"

我觉得，他们已经不是在读诗，而是在酿造着友情的新酒。字里行间，弥漫了他们感情的发酵，滋生了他们青春的甘霖。

这迷醉的天籁，触碰了在场每一个人的神经。

掌声雷鸣。

我看见迷彩丛中的木兰，眼里噙着泪水，笑了，像一朵含苞怒放的绿花。

九

多年以后，我脱下了军装，漫步在凉风有时，花香袭人的滨海公园。

我陶醉在一张来自西北戈壁的明信片上。正面是一位胸佩徽章的女教师，双眸明亮，笑容可掬。背面写着一段泰戈尔的《流萤集》：

"别让我对你的感激，从我的沉默中夺走更多的敬意……自由的鸟儿，你的歌声传到我沉睡的巢中，而我昏昏欲睡的翅膀却梦想着到云层的光芒中翱翔。"

落款处画着一朵木兰花，素艳相宜。

风来过，我仿佛闻到了那久违的，淡淡的花香。

(作者单位：广东省肇庆学院)

与神对话

——我的自问自答之旅

朱一鼎

楔　子

我，天蝎座，1990年代生人，独生子女，以自我为中心。

泰戈尔，出生于150年前印度的富有大家庭，坚持爱与信仰。

在拿起泰戈尔的诗集之前，对于这位在今天来说稍嫌"矫情"的印度诗人，我并不相信他能给我任何启发。他的那张著名画像里，闲散半躺、发皱的长袍、掩盖半脸的胡子，不如现今的东欧知识分子，在大特写下以深邃双眼望向远方、搭配略带风尘味的前额皱纹，对我来说有吸引力。

然而，放下他的几本诗集与散文集以后，他所塑造的，那完美、紧密联系、一切都显示出意义的诗国却已占据了我的心。他似乎拥有对于一切问题的答案，掌握着终极的真理，却又毫不讳言自己处于最平凡的现实。在诗歌的世界，泰戈尔既是与我们一样被种种问题困扰的凡夫俗子，又是神灵本身。

于是，我做出了一个大胆的尝试：我提出问题，然后从泰戈尔的角度去回答，想象依照他的思想与感受世界的方式，会给出怎样的答案。

于是就有了下面这场自问自答的思辨之旅。

一、环境与个人

我：哲人啊，在我的心中，您是一位纯粹以追求真、善、美而存在的人，您不同凡俗。然而，我却时时刻刻感到自己生活在尘世当中，当我与别人同处一地，就很难不去注意别人并非善意的目光、粗鲁的言语与不雅的举止。每当这样的时刻，我很难化解心中产生的厌恶之情。哲人啊，难道您从未有过这些凡俗的想法，难道您能一直维持对人的善意，保持自己高洁的心灵？

泰戈尔：年轻人，请容我提醒你，我从未觉得至高无上的神对我青眼有加。每个人最终达到的境界固然存在差别，但是，当我们把目光投向刚刚出身的孩子，你会发现，他们都有着同样的纯真。只是后来，他们模仿着不同的成人而变为不同的样子。所以，年轻人，你应该对每个人保持宽容。你只需记住，在最初的时候，他们都与你一样。

我：可是他们已非幼童，他们已经失去了昔日的纯真，且永不可能找回。对他们幼年童趣的追忆、不幸遭遇的同情并不能抵消他们今日对我的恶意。

泰戈尔：年轻人，不要把自己当作超脱尘世之人，世界是一个整体，人与人有着同样的感情，而且彼此之间相互影响。这正如同一颗大树上的绿叶，固然每一片所处的位置、吸收的阳光与长成的模样不同，却要同时萌绿与枯黄。如果其他的叶子因虫害而枯萎，你也难以独善其身。你可以试着回想，当你因为他人的恶意而产生怨恨，难道你不也变成了与他一样的模样，那时的你其实已经失去了善良的心灵与高贵的品质。你要记住，知识的累积、礼貌的保持与品味的培养最终是为了让你洗净身上沾染的尘世铅华，重新获得自己的童年。你可断不能把它们当作鄙夷他人的资本，否则只能让你离最终的目标越来越远，反而不如那些蒙昧而无法自主选择生命的人们。要知道，骄傲的孔雀不会比一只谦卑的麻雀更容易接触纯洁的白云，最高的枝丫到达的高度永不如最低的根所能探索的深度。

我：哲人啊，除了宽容，难道我们就不能以离群索居、远离人群的方式保持心灵的完整，孤独地寻求最终的永恒吗？难道我们不应该追求更高的阶层、更文明的礼貌，与粗鲁的人保持距离吗？这样，我们不就可以永远与怨恨绝缘，保持自己心灵的纯洁了吗？

泰戈尔：年轻人，我曾到过连绵不绝的喜马拉雅山脉，感受过俯瞰层云引起的缥缈圣洁；我也曾在金色的恒河河岸，通过长时间的冥想体验坐生望死的玄妙之境。但是，相信我，对于我来说，最重要的是心弦与宇宙万物的和谐共振。在我的眼里，没有什么是微不足道的，离我们最近的事物之中就隐藏着宇宙的精神。而且，当我最后离开的时候，我真正想要拥有的是那些我曾经轻视的东西。年轻人，永远不要对你身边的人表示轻蔑，永远不要怨恨你的阶层，英国人的华丽晚宴对我来说是多么的廉价，他们的礼貌是多么空洞与做作。对我来说，古老的印度才是丰富与真实。

年轻人，我所以一生追求友谊，其实是因为幼年时受到了严酷的压抑，于是我加倍追求与人坦诚的交流；我所以对于艺术孜孜不倦，进行持续一生的创作，其实是因为少年时期在学校里失败，被家人看作没有希望的缘故。这才激起了我奋发向上的动力。年轻人，世界的一面牵动着另一面，背后存在着深奥的关联、神的意旨，你切不可以直觉来反应，而要深入思索背后的意义。

二、此刻即永恒

我：哲人啊，我曾无数次地制订计划，不仅针对一生、一年，甚至具体到每一天、每个小时。我希望能够严格遵守这样的计划，读书、思考与写作，过一种真正严于律己的生活。我以为只有以这样的方式，知识才能逐步累积，我才能解除如今的焦虑，获得充实与平静。我希望以一种真正完美的生活方式存活于世界之上，我相信只有如此，才能到达永恒的境界。但是，我发现，这样的计划难以付诸实施。我陷入了不断的拖延与更大的懊悔之中。有时候，即使我真的能按照计划行事，到了规定好的时刻，我只会想办法把那段时间敷衍过，而不能获得我预计的全身心的投入与平静。哲人啊，你也曾有过这样软弱的时刻吗？

泰戈尔：年轻人，我曾与你一般执著地追寻，结果，我只是陷入筋疲力尽当中。我也曾全身心地等待永恒降临的时刻，结果，只是不断懊悔虚度了时间。

其实，永恒是悄然而至的，在某个睡梦中，我梦见了他，然后在他的注视下醒来。那时，我感觉光明充满了世界，我的全身好像变得透明，融入了金色当中。后来我明白了，其实永恒无处不在，无时不在。只是我们的眼睛被一层薄雾遮住，看不见世界真正的样子。这层薄雾就是过分的执着，当我们能够将自我去掉，就能了解，世界与我们自己都不过是他的投影，我们与他同在。正因为如此，在最初的时候，我只能在睡梦中感应到他，因为在梦中，我的思想完全是无意识的流动。

我：那么，这是否意味着我们可以放松一切的限制？我们是不是可以放任自己充分去感受一切？不需要克制自我的欲望。

泰戈尔：不，你歪曲了我的意思。放下执念并不意味着懒散与放任，相反，这是一种更加难以做到的节制。人可以因为欲望而逼迫自己做种种事情，这不仅仅证明人的意志力有多么强大，更是证明欲望本身有惊人的力量，足以将人性的另一面消灭。年轻人，你对永恒的追求其实是一种欲望的变异，它只是取了一个好听的名字来蒙骗你，你追求的并非真正的永恒，而只是一种虚荣。它与商人追逐金钱、酒色之徒追求女人没有本质的区别。

放下这种贪欲吧，你需要把自己重新发现，静静体会每一个瞬间带给你感觉上的触动。你是在咀嚼的那一刹那体会就体会到了美味，还是当别人在餐后问你时，你才勉力回味刚才食物的味道？你是在闻到了花香以后才能分辨这是曼陀罗或者紫罗兰，还是在看到了之后才去体会花的香气？要记住，慢比快更难，因为慢意味着一种丰富的感受方式，而快只是以自我的意志贯穿了所有的事物。永恒就发生在那慢慢体会中，在那外物与内在的贯穿的一瞬间，分不清是我发现了它、还是它唤醒了我的时刻，世界以一个整体的方式出现在我们的眼前。

这样的对于事物的感受方式就必然会带来节制，因为我们充分体会了事物的每一细微之处，那么我们就不会再用无止尽的物质来填塞自己的欲壑。

三、爱深埋在一切存在的背后

我：哲人啊，我发现我们有一种本质的差异，您信仰神的存在，因而，您能为一切做出圆满的解释。比如，当我不能理解环境的意义时，您说，这一切背后自有神的意旨，而我们只需静静等待因果的神秘转换，等待糟糕的环境在我们身上转变为对改变的渴望；当我不能依靠自己的力量追寻到永恒时，您说，无时无处不是永恒，我们需要的是静候它悄然显现在眼前。正是因为这种信仰主宰了您的一切，您的世界才变得封闭而圆满，一切都具有意义。

哲人啊，可是我是一个出生在20世纪90年代的青年，我并无任何信仰。如果让我放下一切去静待因果的转变，我只会陷入绝望与焦虑。

泰戈尔：年轻人，请凝视着我的双眼。你能记起昨天早上你吃了什么吗？或许你还记得，但是你能回忆起它的味道吗？我看到你的眼光闪烁不定，看来你已经忘了。你记得的只是一个抽象的名词，而非生命具体的感受。年轻人,你知道我从你的灵魂里看出了什么吗?是贫乏,是对生命的厌倦,你并不喜欢这个世界,你只希望能够尽快离开。永恒便是你希望借以避居的场所。

年轻人,在我们那个时代,不是没有对于神的怀疑,但是我却丝毫也不动摇自己的信仰,因为信仰就是爱,而我确信爱是永远无法否定的。我们会爱,是因为相信我们的爱会让它变得更好。这种相信是爱的前提,但是爱也是使信仰能实际发挥作用的力量所在。年轻人,如果你问我为什么有信仰,我想问你,你有真正的爱吗?

我:哲人啊,请你相信我一定有过。我知道,爱的生发是极其自然的,但是一旦收不到效果,人就会心生怨恨。而我讨厌这种怨恨,于是干脆封闭了爱的大门。

泰戈尔:年轻人,你又犯了过于执念的老毛病,你希望爱能收到结果,这意味着你在爱中掺杂了私利。其实,真正的爱中是没有自我的。当你把心门打开,让世上的人群涌入你的心灵,你们彼此问好、帮助,这才是无私的爱。在那一刻,别人与你的界限已经消失了,当你的帮助没有收到效果,甚至招来嫌恶时,你只会为之遗憾。因为在那一刻,你不仅是自己,你更是他,你体会到了他所有的感受,了解了他的痛苦与痛苦背后的局限。

年轻人,重新把你爱的大门打开吧,让你超越自我的局限,与世界相连。

尾 声

《吉檀迦利》里有诗云:你的爱情竟消融在你的情人的爱情里,而且你竟以我俩合而为一的美满形象显现。这句诗是表现泰戈尔与神合而为一,你中有我、我中有你的思想境界。正如这场对话到了最后,当我写下最终的答案,我发现平常生活中许多细琐的心结都慢慢解开了。可能是泰戈尔的思想说服了我;更可能是如那句诗中表达的,他的思想已经融入我的心灵,我依靠着他的思想进行思辨,直到我的逻辑所能达到的边缘。

于是我不再执着。

(作者单位:福建师范大学文学院)

泰戈尔在我心中

——父亲的"诗"

唐小林

很久以后我才读懂了父亲的"诗",那是风中飘散的花香,是飞鸟经过落下的羽毛,是从草尖上滚落的露珠,是回荡在云层中辽远低哑的尾音。

(一)

我的心是旷野的鸟,

在你的眼睛里找到了它的天空。

父亲不是诗人,他不会写诗,但他却有一本精装的泰戈尔诗选。那本泛黄的书尽管旧,却没有一丝破损,父亲把这本诗集锁在一个小小的木箱里,从来不让别人触碰。每天清晨,父亲都会在捧着这本书诗集在院子里朗诵。乡里人没读过什么书,邻居因为父亲"怪异"的行为窃窃私语,邻居张奶奶因为此事跟母亲商量过,想让父亲停止在院子里朗诵泰戈尔诗歌。可是母亲还没来得及去找父亲谈话,父亲就早在院子里大声喊道,不让我读诗,还不如让我去死!母亲听了便再没有说什么,随父亲去了。

我不知道父亲的那本泰戈尔诗集从何而来,我曾问过我父亲,父亲对此只字不提。母亲见我问急了,就跟我说,等醉了吧,等他喝醉了,你再问。

父亲平时也喝点酒,但从不贪杯,在如果不是因为我成为村子里第一个考上大学的人,父亲是不会喝醉的。

但那天酒席上父亲确实喝醉了,我按照母亲的方法,终于知道了泰戈尔诗集的秘密。

"那是很久以前的事了，"父亲的脸上泛着红光，他喃喃自语的时候带着孩子般的微笑，"那年我才上高中……"

（二）

时忆已过午，
和竹枝在风中簌簌作响。

那年父亲上高中，也赶上"文化大革命"。一个从北大下放到我们这儿的女老师被分配到父亲所在的班里教书。说是女老师，其实她也不过刚上大一，我想那一定是个美丽的女老师，她来的时候一定穿着最朴素的衣裳，但即使如此，仍遮蔽不了她的迷人的气质。请恕我妄加揣测，否则父亲的秘密便会因为时间的掩埋而黯然失色。女老师每天教父亲和他同学们读泰戈尔的诗，那一句句深邃优美的诗句被女老师读出来后变得动人心魄。父亲说，他从来没有听过如此动人的诗句，那一刻他爱上了泰戈尔的诗，然而我猜想父亲爱上的同时还有那位美丽的女老师。

女老师在被我年少父亲暗恋后的第二天就被抓起来批斗了，原因是有人揭发她每天都洗头发，夜里也洗，资产阶级小姐作风！尽管被抓起来批斗，但是回到教室里，女老师依然用沙哑动听的声音朗诵泰戈尔诗歌，就是这样，对学习一向不上心的父亲竟然能背几首泰戈尔的诗歌了。三年后文化大革命结束，女老师调回北京，临走时把泰戈尔诗集送给了全班唯一一个会背泰戈尔诗歌的父亲。父亲泪流满面，发誓要考上北京大学去找那个女老师。1977年恢复高考制度，父亲作为第一批参加高考的考生却只有三个月的时候复习功课，学校发下来英语书给大家复习，但是因为之前一直没有学过英语，父亲最后落榜，其实父亲所在的高中毕业班没有一个人考上大学。就这样，父亲留下了泰戈尔诗集，回村里当了乡村老师。

那天晚上，父亲喝醉酒吐了一床秽物，母亲一直忙着清理，给父亲熬醒酒茶，彻夜未眠。

"原来那本泰戈尔诗集里藏着这样一个故事，那你不吃醋吗？"我问母亲。"吃什么醋，我知道你爸的心。"母亲淡淡地回答，自信而从容。

（三）

　　鸟儿愿为一朵云。
　　云儿愿为一只鸟。

　　两年后我也考上了Z大学中文系，父亲知道我爱读诗，在我离家去远方的大学读书时，父亲竟然把那本泰戈尔诗集送给了我。父亲看着我惊讶的表情只是淡淡地说了句，好好学，将来做一个大诗人！母亲后来偷偷告诉我，父亲自己手抄了一本泰戈尔诗集，现在在教她念诗。我问母亲你又不识字，怎么念呢？母亲在电话那头幸福地笑了："你爸一句一句教我念啊，我听不懂诗，但是你爸念的时候开心，我就跟着开心。"

　　听到这句，我为之动容。更令我想不到的是，这本我每次拿出来如捧着三代单传的婴儿般的诗集，竟然还藏着另一个故事。这件事多年后父亲亲口告诉我的。

　　家里曾经发生过一次小小的火灾，这个我是知道的，火灾并没有给家里带来重大损失，除了父母卧室其他房间并没有受到火灾太大的侵袭。父亲告诉我，那次火灾把自己藏的书都烧了，只有那本泰戈尔诗集还完好无损。那归功于母亲，是母亲奋不顾身从烈火中抢救出了那个宝贵的木盒子，里面装着父亲心爱的泰戈尔诗集。

　　母亲眼角有一处明显的疤痕，我知道是那场火灾导致的，却不知其实是为了那本诗集而留下的遗憾。

　　"你不后悔吗？"

　　"后悔啥？我就喜欢看你爸念书，我知道那本诗集怎么来的，但我还是想把它从火灾中抢救出来，不为别的，就因为那是你爸心爱的诗集。"

　　母亲依旧淡然从容。我想那烈火灼吻我母亲的眼角时，母亲才显示出她最美的一面。

（四）

　　当她用急步走过我的身旁，
　　她的裙缘触到了我，
　　从一颗心的无名小岛上忽然吹来了一阵春天的温馨。

在外地求学孤独煎熬，但也有美好的时光。大二的时候我爱上了一个美丽的女子，我不敢当面跟她表白，也不敢冒昧写情书给她，于是我每天抄写一首泰戈尔诗歌，在每天清晨用一盒纯牛奶压在她自行车框里。

三个月后她坐在了我的自行车后。那是漫天柳絮翻飞的日子，我每天载着她一起穿过校园里到处垂落的柳枝去上课，风中传来迎春花湿漉漉的香味。那时候我跟她讲那本泰戈尔诗集后面的故事和秘密，在每一个露水将降落的黄昏，我们相互依偎一起朗诵那滚烫的诗句。

在我大三那一年，父亲被查出有严重的肾衰竭迹象。我请假回到家里，看见原本高大的父亲在一夜之间变得瘦小，一直在父亲身边忙碌的母亲更是愁眉紧锁，添了不少白发。父亲问我那本泰戈尔诗集是否还在，我把女友的照片拿给他看，调皮地对他说，以后她就是我的诗集了。父亲咯咯地笑了，他把目光投向正在晾衣服的母亲，你母亲才是我的泰戈尔诗集咧。

(五)

"我相信你的爱。"
让这句话做我的最后的话。

母亲没有听到父亲这句深情的告白，但在母亲的悉心照料下，父亲的病很快稳定下来了。我回校后，母亲打电话告诉我现在她也会背几首泰戈尔诗句了，她让我下次把我的"泰戈尔诗集"也领回家看看。

很久以后，我问过父亲，"你还想不想当年北大那个女老师？"

"想啊，怎么不想，是她教我念诗的，不是她我也不会回来当乡村老师。"

"那，那你爱她吗？"

"哈哈，"父亲笑了，"怎么能呢，我爱的是你的母亲啊。"

"那你怎么把那本诗集看得那么珍贵？"

"那本诗集是一个凭证，那个北大女老师临走前对我们说过，她以后还会回来，到时候谁把泰戈尔诗集全部背会，她就带谁上北大去读书。"

"那女老师后来回来过吗？"

"没有，再也没有回来过。"

我一下子释然了，我猜想那女老师一定是随口开玩笑对她的学生说的，父亲也未必不知道这只是一句玩笑话，但父亲依然几十年如一日地把玩笑当做誓言，一定是那本泰戈尔诗集中有让父亲坚信的理由，泰戈尔已经住进了父亲的心中，也走进了母亲的心中。

翻着那本泰戈尔诗集，我永远只是一个不会写诗的孩子，但是这父亲的"诗"，在母亲那里押下最美丽的韵脚，传到我这落在我的心中，换来一份幸运的爱情。泰戈尔何尝不在我的心中呢，那美丽的诗句如同玫瑰花瓣般片片剥落，它唤起了人间最宝贵的爱，这爱温暖着每一个阅读它的人。

(作者单位：郑州大学新校区文学院副刊编辑部)

灵魂师尊泰戈尔

彝鑫（王林）

今年"八一"建军节，是我35岁生日，当天，从贵州主办的第24届书博会上传来好消息，我正式当选为由国家新闻出版广电总局主办，中华读书报承办的"全国十大读书人物"。喜讯传来，思索着往昔所走过的苦难岁月，心中庆幸有泰戈尔这位灵魂师尊的激励，才使我飞扬起人生的豪迈。于是，千言万语化作一首诗：昂扬激励北极星，长路芳菲天竺情。真爱循环意不老，灵魂师尊伴一生。

一、昂扬激励北极星

"我的欲望很多，我的哭泣也很可怜，但你永远用坚决的拒绝来拯救我，这刚强的慈悲已经紧密地交织在我的生命里……"这是父亲去世前所念的泰戈尔诗，我知道父亲希望我坚强，可是，面对着生活的困境，作为家里唯一的孩子，我早些成家，也成了父母亲最真挚的渴望。而作为一名在京打工者，要想成个家，也确实很难，所以，那段日子里的我，心里的天空是灰暗的。

2009年春节，我回山东老家跟母亲团聚。那年春节，我的心情很不好，因为已经过了而立之年的我，依然是孑然一身。在此之前的2008年2月，父亲永远地离开了我。转眼之间，时间又过去了一年，忙碌了一年的我，又孑然一身地从北京回到了山东老家，那个时候，我的心灵是寂寞的，我的未来是黯淡的，我看不到前行的路上，还有哪怕是一丝的光亮。

在村里，像我的这种情况，村里人叫作"绝户"，每每看着比我岁数小的年轻人，都已经结婚生子，母亲的心里很不是滋味。当我走在村里的路上时，我能感受到别人在我背后指指点点，说着那些嘲笑的话语，可是我却不敢反驳，因为事实就是如此。其实，别人嘲笑我，我还能接受，最让我不能接受的是对母亲的担心，都已经快60岁的人啦，还要忍受别人背后的嘲讽，我的心里很难受。为了我的婚事，母亲愁白了头，望着她的白发，我感到很无奈很无助，因为作为一名在京打工者，我又有什么办法呢？

那年除夕前夜，我与母亲坐在炕上看电视，在一档电视栏目中，我看到了节目对泰戈尔的介绍。尽管，对于泰戈尔，我已经非常熟悉，可是电视上对泰戈尔的介绍，却是那样的不同，电视栏目里，将泰戈尔的生平作了全新的诠释，而在主持人充满磁性的声音中，我又一次感受到了泰戈尔不同的魅力，那些诗歌灵动到我的心里，让我感受到前所未有的震撼。

那次在屏幕上，看到灵魂师尊泰戈尔后，我的心里久久不能平静。我知道泰戈尔是一名民族主义者，而我也是一名民族主义者，而只要是民族主义者，哪一位不把家族的传承，看得很重要呢？联想到自己孑然一身，我想到了家里的族谱，族谱是一张图，上面记录着每一代祖先的名字。从明朝洪武年间始祖王尧迁到村里开始算起，到了我这一代，已经是第十八代啦，难道老天爷注定我们家到了我这里，会断了这个传承吗？不，我不要这样，我要像泰戈尔一样，尽管暂时还处在英帝国主义的黑暗统治下，也要让传统的华彩绽放光芒。因为，一代代的先人，就是一首首动人的诗歌，他们所传承下来的历史，就是壮丽大气的豪迈之歌，我不但要传下去，还要舞动起家族的荣光和气派。

除夕夜来临前，我从柜子里恭敬地拿出了族谱，然后认真地挂到了正房的墙上。这是我们老家的习俗，只要是过年，都要把族谱请出来，供在正房的墙上，接受子孙的叩拜。望着那族谱上祖先的名字，回想着父亲去世前的样子，我再也控制不住内心的情感，任凭泪水划过眼帘。流水划过，我在心里一遍遍地默念着：我一定会传下去的……

新年钟声敲响的时候，我按照老家的习俗，我跪倒在炕前，恭敬地给母亲磕头，头刚挨地的时候，我心里默念着父亲去世前朗诵的泰戈尔的诗，泪水又一次流了下来，我哽咽着对母亲说：妈，您放心吧，我对着家谱上的祖先发誓，咱们家绝不了……

在那一个除夕夜,感叹于泰戈尔这位北极星对我的帮助,我在心里暗暗发誓:一定要像泰戈尔一样,用一种昂扬的精神,去书写人生的豪迈……

二、长路芳菲天竺情

再次回到打工的城市北京,我就像变了个人,工作中的我格外卖力,生活中的我除了阅读泰戈尔的诗,就是努力创作,因为我希望通过自己的努力,让家里的日子好起来。令我没有想到的是,我遇到了人生中又一个困境……

我在原先那家单位已经工作了十年,因为新的劳动合同法规定,如果连续工作十年或者连续签约两次以上,就可以要求签订无固定期限合同,可是,单位为了规避责任,竟然要求我更改派遣公司,这样,我的劳动期限,就永远到不了十年,也永远达不到签无固定期限合同的条件。面对着单位的无理要求,我拒绝了,等待我的结果可想而知,我被开除了。

在被开除的日子里,我的心里特别难受,因为这家单位,我曾经爱的是那么深沉,我是多么期待能够成为这家单位的正式工,可是得到的结果,却是无情的开除。

在待岗的那些日子里,我的心灵受了很大的伤,一个人躲在出租屋里,也不出门。每每在出租屋里,看着墙上的泰戈尔画像,我的心里就会感受到很委屈。尽管师尊泰戈尔的诗,曾经无数次给过我精神上的鼓励与帮助,可是,再一次遭逢困境,我的心里还是非常难受,感到前路一片茫然。

想到自己的困境,我的泪水何止流过一次啊!为了早些走出人生困境,我就常常翻阅泰戈尔的诗,最让我印象深刻的是《飞鸟集》里的"生如夏花":我相信自己,生来如同璀璨的夏日之花,不凋不败,妖冶如火,承受心跳的负荷和呼吸的累赘,乐此不疲……

朗诵着这首诗,我的心里温暖了很多,是啊,尽管工作没有了,可是我还有手还有脚还有未来。于是,我赶紧从屋里跑到街上,走到了附近的天竺公园。此时,正是夏季,我在天竺公园里踱着步,感受到前所未有的清新,因为人生的际遇,没有比这更坏的了。我想,泰戈尔来自印度,而在中国古代的称谓里,印度又称为天竺,此时,双脚行走在公园的小道上,感觉这好像是师尊在点化我。

我决定去找一份新的工作，可是，找工作却又是那么的难，我屡屡碰壁，此时，屋漏偏逢连阴雨，家里又急需用钱。于是，我把身上仅有的两千块钱寄给了母亲，当月连房租也没钱交了。

每当我找工作碰壁的时候，身心俱疲的我就到天竺公园坐一下。对于那时的我来说，天竺公园似乎成了我唯一可去的地方。有一天晚上，忽然下起了雨，从出租屋被赶出来，又没处可去的我，竟然在公园的亭子里待了一晚，那个风雨交加的夜晚，前路茫然的我做出一个决定：明天就回山东老家，再也不回北京了。

第二天早晨，迷迷糊糊的我睁开双眼，看到天空中竟然挂着靓丽的彩虹，我的内心不由一震，泰戈尔轻灵的诗句又飘在心间：般若波罗蜜，一声一声，生如夏花之绚烂，死如秋叶之静美，还在乎拥有什么……

带着一丝疲惫，我沿着湖边散步，就在双眼望向池面的一刹那，我突然看到了一株并蒂的莲花，就是那一株并蒂莲，那份难得的美好，竟然让我又坚定了继续留在北京的念头……

打那以后，工作地点虽然离天竺公园远啦，可只要偶有闲暇，我就会来到这里，一手捧着泰戈尔的《飞鸟集》，一边坐在湖边的石凳上畅想未来。

每每此时，湛蓝的天空，碧绿的湖水，都让我的灵魂得到了净化，心里也更加感谢师尊泰戈尔。因为如果不是泰戈尔，或许我早已离开了北京，所以，我感恩师尊的点化，感恩师尊给我漫漫人生路上，注入了坚持的力量……

三、真爱循环意不老

"爱情若被束缚，世人的旅程即刻中止。爱情若葬入坟墓，旅人就是倒在坟上的墓碑。"工作稳定后，我又在追问自己，我的爱情在何方，有的时候，我默念着泰戈尔的诗句，往往感叹老天爷对我是不公平的……

令我没有想到的是，也是在师尊泰戈尔的指引下，我终于收获了一份难得的爱情。那时，一位广东的战友，在得知我还没有成家的事情后，就将他的堂妹介绍给了我，一开始我认为这不可能，可是在我们网络交流的过程中，我们却聊的非常不错，因为我喜欢泰戈尔，所以，我就常将泰戈尔的诗发给她，令我没有想到的是，她竟然也喜欢泰戈尔。

她在QQ里跟我说，透过泰戈尔的诗，她读懂了东方文化的睿智与婉约，也从泰戈尔的诗句中，找到了古印度哲学的精华，更看到了佛陀的影子。听到她这么说，我们两个人的好感也在逐渐增加。我与她相约，等到她到北京的时候，我一定要带着她，到北京西单的图书大厦去玩，因为我的很多泰戈尔的书，都是从西单图书大厦买来的。

尽管网络上聊得很好，可是毕竟是没有见过面，所以，现实生活中的我依然是孤独的，感觉到眼前的一切都是虚幻的，如果用一个词来形容，那就是网络爱情吧。

有的时候，在出租屋里，面对着墙上泰戈尔的画像，我会想，在大师有生的年代，肯定无法想象现在网络的交流方式，可是仔细想想，又觉得睿智的师尊，肯定会有很多超越时空的想象，因为大师毕竟是大师，他能写出那么有哲理那么灵动的诗句，又怎么不会穿越时空，与自己心仪的人，用超时空的方式交流呢？想到这里，我就觉得，大师肯定想到了现代的交流方式，因为他在我的心里，是智慧与佛陀的化身。

令我没有想到的是，在网络交流三个月后，女友竟然真的从外地来到了北京，而我带她去的第一个景点，就是西单图书大厦，在图书大厦里，我买了一本泰戈尔的代表作《四个人》送给了女友，等到我们出来的时候，女友竟然回送给我一本泰戈尔的小说《家庭与世界》，这令我非常高兴，彼此之间不但没有网络爱情所谓的"见光死"，反而有一种长相厮守与相见恨晚的感动。

以后的日子里，我们结婚生子，当儿子出生的时候，爱人问我取什么名字，我说，乳名就叫他东东吧，因为我想，印度与中国分别代表着东方文明的两朵奇葩，更重要的是，东方的文化永远是泰戈尔所喜爱的。

每每看着儿子，想到家族有了传承，我的心里都会非常地高兴，因为泰戈尔就是我的媒人，所以，我不但在北京的出租屋里挂上了泰戈尔头像，还在老家山东的卧室里，挂上了泰戈尔头像，因为泰戈尔也是我与爱人共同的偶像，更是我们俩真爱循环的载体……

四、灵魂师尊伴一生

因为家族有了传承,所以,工作与生活中的我更加努力了。现在,我又一次突破了自己,获得了"全国十大读书人物"这个荣誉,我在心里由衷地感谢泰戈尔这位灵魂师尊,因为他所给我的精神力量,将伴随着我的一生,我也将用泰戈尔所赐给我的力量,去绽放更多积极的正能量,用自己的努力,来写好人生这一首大诗……

(作者单位:北京朝阳高碑店文化新大街1368号华声天桥民俗大舞台)

追梦·南归的小候鸟

方孟姣

大学那阵子，同学四处忙着找工作，后知后觉的我则独自一人沉浸在边远山区的自然风光之中不能自拔。幻想着有一天背起行囊，带上我最心爱的《飞鸟集》拥抱大山，爱上那群可爱的山里孩子，光着脚丫在大宁河的沟沟壑壑里找到生活的真谛。但现实与梦想总是在时光的交错之间无声划过，就像天边遥远的星星，远得无法触摸。多年以后，当我站在繁华的三乡街头，于霓虹的闪烁中眺望那一片书声琅琅的校园，突然感叹事实的多变，心中不由得涌起千思万绪，对诗人的思念也就更加着迷。

坚持参加三乡镇暑假小候鸟夏令营活动，三年了。每一年，都是不同的孩子，被太阳晒得通红的小脸上，有着山里孩子特有的真诚和朴实。虽然一大群孩子中，真正来自大山深处的孩子没有几个，但却总能找到那么几张与众不同的脸孔。我爱他们，当骄阳穿越地平线，他们如花般的笑脸便深深地烙刻在我的脑海。三年中，我给我爱的孩子们读《飞鸟集》，摘抄那些美得令人心醉的诗句，看着孩子们眼中晶莹的灵光，感受着诗人带给天使们灵魂的触动，人生因此而充满诗意。

小候鸟的年龄从6岁到16岁不等，三十来个人的班，我常为开设什么课而思考到深夜。毕竟这学习的机会来之不易，他们从一个城市飞到另一个城市，他们的父母为这个城市付出太多太多，我怎能不尽全力让他们的孩子感受到爱和温暖呢？语言艺术营的课程大标有相声、小品、故事、诗歌等几个大块。绞尽脑汁，我给8岁以下的孩子开设了诗歌、童谣、故事；给8岁以上的孩子开设了相声、小品、故事。短暂的五天时间里，我们要推出四个以上主持人，要排练出一台汇报节目。虽然有些小小的担心，但是我相信我的孩子们。看着我心爱的孩子们，看着这群来自他乡的小鸟们，我对自己说：加油！孩子们很棒。他们真的很棒，从见面的那一刻起，他们纯真的笑脸就深深感动着我、尽管他们的普通话天南海北或还带着浓浓的乡音，可在我的耳中听起来却是那么的温暖和甜蜜。他们都是上帝派来的天使，紧紧在围绕在我的身旁，能和他们相遇，我是幸运的，我是快乐的，我是幸福的。

　　第一天，孩子们和我之间还有些羞涩。当我带着孩子们轻轻吟诵："夏天的飞鸟，飞到我的窗前唱歌，又飞去了。秋天的黄叶，它们没有什么可唱，只叹息一声，飞落在那里。"整齐的童音飞出课室，飞向蓝天，飞向大地，孩子们渐渐打开了，羞涩消失了，脸上漾起甜美的笑容，那笑容如春天的花朵一般灿烂，我的心里瞬间溢满了爱和温暖。多情的夏季，我的小候鸟们从祖国不同的地方飞到中山，飞到三乡，他们不会没什么可唱，也不会叹惜一声。因为，世界对着它的爱人，把它浩瀚的面具揭下了。它变小了，小如一首歌，小如一回永恒的亲吻。

　　中午饭的时候有几个孩子没有离开课室，我轻轻走到他们跟前，他们笑着告诉我说："他们晚一点才走。"其实我知道，他们带着中午饭呢，父母忙着上班，中午没时间来接他们，就要他们在课室将就。我于心不忍，联系了楼上的图书馆，要孩子们中午去图书馆安心地休息一会儿。可孩子们却懂事地向我保证，他们不会在课室大吵大闹的，要我尽管放心。有一个孩子还悄悄告诉我，课室比家里好多了，课室有空调，家里没有空调睡不着，课室趴在桌子上一下子就睡着了。我的心在微微颤抖，多么懂事诚实的孩子啊！

　　镇文化站帮我配了一位爱心妈妈义工，当她了解到孩子们的情况之后，每天中午放学就带着不能回去的孩子们去图书馆，下午上课时再提前几分钟把孩子带来课室。看着她不中午不休息，带着孩子们我的心里很是过意不去。我跟她说：你都两个中午没休息了，换我吧！她笑着对我说："你一个人上一整天课，嗓子都嘶哑了，中午就我来吧！"转身回头的瞬间，她轻轻在我耳边说："我儿子也在你班上，他很喜欢小孟老师，他说你是他见过的最温柔的老师，我的儿子爱你，请让我为你分担一点吧！"看着她带着孩子们离去的背影，我的眼睛竟然不争气地湿润了。就像诗人说的："谢谢火焰给你光明，但是不要忘了那执灯的人，他是坚忍地站在黑暗当中呢。"

从来没有想过自己为什么那么喜欢泰戈尔，喜欢他的诗，喜欢诗人，却总是在不经意的感动之中找到喜欢的原因，哪怕是泪水过后才有的甜蜜，也值得我好好珍藏在记忆深处，时时翻阅，珍爱一生。曾经有同学笑着问我，你怎么就那么喜欢学校啊~！从学校出来，又进了学校。我想也没想地回复："追梦！"人生应该有一个梦，这个梦不需要有多伟大，也不需要有多辉煌，只是在心灵深处有一个温暖的角落，静静守候，独自等待，他就是人世间最美好的梦。

已经记不起有过多少次感动，孩子们手里抓着一颗糖来找我，孩子们带着自己喜欢的玩具来找我，孩子们给我讲他们在家里的趣事，孩子们和我一点一点地诵读《飞鸟集》中的精美诗句："小草呀，你的足步虽小，但是你拥有你足下的土地。"幼花的蓓蕾开放了，它叫道："亲爱的世界呀，请不要萎谢了。"就那样一点一滴珍藏在记忆深处，堆积成人生最珍贵的财富。

爱和幸福总是令人迷恋，短暂的五天夏令营时间就要结束了，周五下午的汇报演出在三乡镇文化艺术中心的五楼进行。我早早地来到了课室，带来了糖果，我希望能把最甜蜜的味道留给我的小候鸟们，愿他们在祖国的大地越飞越高，越飞越壮。汇报演出上，孩子们的诗歌朗读将演出推到了高潮，那饱含深情的童音吟诵的《飞鸟集》赢得了阵阵喝彩和掌声，就像我事先料想的一样，他们每一个人都很棒，我相信他们，他们也绝不会给老师和父母丢脸。尤其是五位主持人，就在上午演出前的彩排上，他们还记不住台词，可当灯光音响一打，他们华丽的转身背后，有着多少付出和成长我看到了，我也感受到了，我爱你们，我的孩子们！你们真的很棒！

汇报演出结束，我是悄悄地走后门离开的，因为我不想让孩子们看到我被泪水打花的脸。来的时候只带了诗人的《飞鸟集》，走的时候我却带走了三十九个孩子最美的笑脸，多么幸运，多么幸福，我们能能够相遇，我们能够一起爱上诗人，爱上《飞鸟集》。亲爱的孩子们，展翅高飞吧！愿你们纯净的心灵永远如诗人一般，无论是在祖国的哪片天空，老师都永远祝福你们。

(作者单位：广东省中山市三鑫学校)

与天壤而同久，共三光而永光

——读泰翁诗作有感

张执中

仆尝闻天竺有一不世出之大哲人、诗人，名曰泰翁戈尔。泰翁蓄长须，仙风道骨隐存于眉间；通英文，东西掌故皆运于笔下。渠可谓融通内外，梵我合一，堪称近世少有之顶天立地大人格也。泰翁之诗与仆颇有缘，愚幼时尝从父学泰诗，感其义理周详深邃，词句隽永才沛，其肤可学而骨难效，其形可循而意难逮。余亦尝仿其语调，作诗数首，赠予亲友，顾常见笑于大方。然初学之作，于己可贵，既已散佚难寻，时而心有戚戚。值此中印友好交流之嘉年，泰翁诞辰之盛事，仆为文一篇，聊表拳拳之心，抒缅想之情。拙作诚文白不通，然泰翁之人格高山景行，非典雅庄重之文言不能尽道。若为白话，虽可随心所欲，则亵玩之意仍不可去。小子敢竭鄙怀，抛砖引玉：

余自呱呱坠地，体弱异于常人，常卧床不能行。学堂所授"体育"课程，余动辄得咎，学业难有精进，独诗文管弦可解孔疚，遂辍学一年，居家自学。方五岁，从父学诗。愚性驽钝，不通字义，不谙句法，欲习古人之文而不得，唯白话诗歌可熟读成诵，有所悟于中心。曩者，余读志摩君之《再别康桥》，以为甚合己意，吟咏百遍，欢喜不可自胜。乃语父曰："徐君志摩之诗，甚得吾心，不知其所宗何人也？"父曰："志摩之诗，妇孺皆可成诵，绮辞华章，尽是儿女情长。春日秋水，咸为靡靡之音。汝不思上进，竟耽于此，哀哉哀哉！不想家传竟丧于吾手！"余大惊，谢于座前，低头顺遂，不敢视其目。待父愠色少解，乃复道曰："儿素知学浅志疏，难堪大用。今人新体诗虽不入炬眼，但其传情达意，如万里长瀑，直泻心间。不拘于格律平仄，心之所往，言之所向，齐成于笔端。亡囿于铺陈扬厉、巨丽宏阔，荦荦大端，毕现于眼前。儿虽不敏,求请师之。"父叹而立,沉思半晌,久久不语,见余起坐不定,神色游离,乃曰:"居!吾语汝新体诗之正宗。近人所谓新体,多挟洋以自重,专词迭出,佶屈聱牙,非行内人士不可卒读。唯印度诗仙泰翁戈尔,诗风飘逸不羁、自然清新,有如熏风拂面,荡涤性情,虽用西人之语,仍表天竺之意。然其诗非空悬无物,思辨笃慎,有释迦之风。文质兼美,有仲尼之气。尔若能学其一二,志摩望舒之辈,何足胜道哉?且志摩尝为文盛赞泰翁之访吾国,仰慕之心,膜拜之情,皆溢于言表。志摩尚如此,况尔曹乎?"语毕,余趋而退,暗自思忖,乃弃志摩诗于案前,不复观也。

及长,愚稍通西人文法音韵,方学泰诗原文。父喜愚业有所进,学有所长,特赠余泰翁英文诗集二本,一曰《飞鸟》,一曰《采果》,意在勉余向学,师法泰诗之道。初读泰翁《飞鸟》,辄感于其形短小而意无穷,句句精神凝练,有庄周意出尘外之态势;词词晓畅明达,有摩诘浑然天成之情状。余愈品则所获益多,愈思则所感益深。泰翁之诗,如天河之包罗万象,统摄群因,指人以康庄大道;又似微尘之细小难辨,义理精微,教人以殚思极虑。且夫泰翁之意,不在笔下,而在纸外。缥缈乎宇宙,寂静兮山林,皆为其所写,然景致或浩大雄博,或幽深沉谧,非一词一句可包举。泰翁之卓然,在于托景衬己,凭己观物,物我合一而内外不相悖也。静安先生曾曰:"有我之境,以我观物,故物皆着我之色彩。无我之境,以物观物,故不知何者为我,何者为物。"此言得之。泰翁之诗,亦有此风,如:"Sorrow is hushed into peace in my heart like the evening among the silent trees."(感伤沉潜犹如暮色之骤降于寂林。)此情非此景不能衬,此景非此情不得绘。泰翁此句,与秦少游所谓:"可堪孤馆闭春寒,杜鹃声里斜阳暮"有异曲同工之妙也。此为有我之造境,泰翁深得其意,茫茫万象,以己心忖度之,则万象与我咸为自然也,统诸法繁杂于一理,展一心微茫于六合,纸外之意具见于眼前。吾国古人多写有我之境,然泰翁之诗,仍不囿于此,其诗云:"The sun has his simple rode of light. The clouds are decked with gorgeousness."(旭日着素衣,层云被罗裙。)此乃无我之写境也,非心静不可见此景,无童趣难以致此意。造境、写境乃理想与写实二派所由分,泰翁不执于一,物我相融,忘言而得意,有陶潜"采菊东篱下,悠然见南山"之清丽脱尘。静安先生言曰:"二者颇难分别,因大诗人所造之境必合乎自然,所写之境亦必临于理想故也。"其所言岂非泰翁之诗邪？泰翁之诗境界非常，何也？境非独谓死物，喜怒哀乐乃人心之另一重境界。泰翁之高明在乎能为活景物，传真情义，故能独步于天竺，享誉于世界。泰翁有一名句举世皆晓，曰："Let life be beautiful lie summer flowers and death like autumn leaves."（生如夏花绚，死若秋叶幽。）此句精妙之处，在乎动静合一，造写之境兼备，多一字则失其形体美，少一字则丧其言外意。前句生机澎湃，似有不可止之活水汩汩奔出，似方巨山"尽处生机衮衮新，花情柳思已精神"之天出神语，常人仅可参其腠理，而不得入其骨髓。后句急转直下，气绪大变，若置人于冰涧深泉，清凉透骨；又似弃神于寂林幽谷，幽美疏静，有姜白石"淮南皓月冷千山，冥冥归去无人管"之清空骚雅，吾辈恍恍惚惚如嗅暗香，飘飘乎似臻化境。倘以艺术格调而言，能容东坡之豪迈与易安之婉约，内浩然之恬静与太白之洒脱者，近世天竺唯泰翁一人耳。

或曰："由此察之，则泰翁之诗与志摩、飞卿不同者几希矣。运词虽清高华丽，传情亦动人真挚，然于国于民又有何益？困于玄理而忘国殇，溺于太虚而罔民忧，此与清谈又何异？无非自遣哀愁，悲不遇之惶惑，亦倡优之词耳。"此言实大谬矣！泰翁之笔法，虽有梅圣愈前期之婉约典雅，亦有其后期重体证亲悟之风范，妙语频出，用意深远，非细品不可得其旨也。而其为诗，实则文质兼备。以文言之，则有稼轩东坡之横绝才；以质言之，则存子美屈平之忧国心。此两者非截然对立，反一统于泰翁短诗中。如泰翁诗云："Man is worse than an animal when he is animal."（人若为兽则残甚。）此句乃彰泰翁于人性体悟洞察之深切，非于人类全族有理解同情者不能言。静观之，孟轲之"人之异于禽兽者，几希"亦为此理也。人虽贵为三才，然德性不发，则智不通；灵性不启，则心不畅。弘一法师曰："与禽畜杂类比肩受苦，为丈夫者岂不羞哉！"人之异于禽兽者，无非四端。泰翁之佳句，启人性灵，遂四端得以善存，浩然运于宇宙天地间也。

司马温公《续诗话》曾曰："古人为诗，贵于意在言外，使人思而得之，故言之者无罪，闻之者足戒也。"《采果》一书，警句频出，常有言为肉食者所内。泰翁之诗，贫者见之则泣，闻之愈悲，于时有见，不可遍举。如："The world suffers most from the disinterested tyranny of its well wisher."（世界为善者承受苛政之苦。）又如："We gain freedom when we have paid the full price for our right to live."（吾人为生存而奋争，则自由不期可至也。）此二句，鞭辟入里，逻辑缜密，如秋霞清明，意高辞晶；似木铎出世，振聋发聩。若泰翁生逢明时，幸遇明主，则必当为治世之能臣也。余叹泰翁家国沦陷，山河为异族所掳，其悲愤哀叹之情，虽未尽出于诗行，然细心者自可悟也。如："The mountain remains unmoved at its seeming defeat by the mist."（群山为云蔽，终有见日时。）由兹观之，则天竺人民求自由、盼民主之心万不可见戮。且夫泰翁乃时代之先驱，民族之良心，天竺文坛之领袖，理想艺境之希望。先驱者，先人而觉，导人向善。良心者，不生不灭，义之与比。领袖者，一呼百应，赢粮景从。希望者，虽不能至，心向往之。此四者备于泰翁一身，方知其诗作地位之高，意义之广，未易一二为俗人言也。嵇叔夜曾曰："权智相倾夺，名位不可居。"言辞凄绝，似妇人哀啼。亦有韩退之"言虽多而不要其中，文虽奇而不济于用，行虽修而不显于众"之慨叹不遇，如稚子怨言。质言之，无非自顾哀愁，少有困阻，则弃黎民于水火，遗百姓与禽兽，求全身而扬扬。殊不知"欲洁其身而乱大伦"，此非丈夫之所当为也。泰翁则不然，毫锥在手，犹似陆放翁之侠气英魂；担当在身，堪比文履善之丹心铁骨；蜀犬吠日，众人掩面失色。世之滔滔，泰翁一人独往。

吾友陈君尝问余于校图书室，曰："仆观今日中原文学之气象，可谓惨淡哀戚。铜臭当道，娱乐至死。虽偶有嘉文美篇，亦齐藏于藕榭深处，得全美质，以待伯乐。世上岂无千里马？人中难得九方皋！吾国真文学大限将至，悲夫悲夫！依君之所学，可有良策？"余一时语塞，中心怛怛，似不能语。周遭书海，类魑魅魍魉，嗤笑余之才短。

顷之，泰翁箴言似白光乍现，自脑海具现于眼帘。余方知救世良策非独存于古人之书，而天竺经典亦可为我所用。若能取其精华，倾注于当世之情景，则吾国文化可得源头活水，复发生机，绵延万世，不可断绝。余喜而告之，曰："印度诗仙泰翁戈尔尝有教曰：'The best does not come alone. It comes with the company of the all'（佳物不独来，万物同相携。）《中庸》有言：'万物并育而不相害，道并行而不相悖。'与此义近也。吾国诗文博大精深，为世间少有，然万不可故步自封，亦不得妄自菲薄。吾辈需怀开明之心，与诸国文化切磋，常秉谦恭之意，同万邦珍珑并存。若此，文坛复兴，指日可待也。"友人似有所悟，问曰："然泰翁之诗意蕴精妙，常人恐难参悟，且为之奈何？"余笑曰："百姓如多闻，自当择其善而从；多见而识之，亦可有所获益。且夫君子尊贤而容重，嘉善而矜不能，修文德以来万民，此乃大丈夫之道义也，吾不敢有所怠倦。"陈君曰："荀子有言：'道虽迩，不行不至；事虽小，不为不成。'且大德未化，弟愿为之先。"余感其心澈意诚，特叙此事以勉之。

大哉，泰翁之为文！其诗远见于未萌而避危于无形，可谓世之真明者、智者。然人寿终有尽，泰翁亦然。太史公尝曰："人固有一死，死，有重于泰山，或轻于鸿毛，用之所趋异也。"泰翁之死，乃泰山一类，驾鹤西去而空留世人扼腕、读者慨叹。嗟乎！泰翁以降，天竺再无伟诗人。幸哉！诗作尚存，群灵能有大人格。悲哉！君子疾没世而名不称焉。泰翁倘可流芳千古，文传百世，余岂可自怜无为，守虚抱朴而求为鹄哉？大地之广袤，宇宙之无垠，惟泰翁之人格长存其间，与天壤而同久，共三光而永光！

(作者单位：福建师范大学文学院)

一尾竹笛

武淑冉

  温柔的黎明睁开朴素庄严的眼睛，清澈的晨光里，新鲜的绿叶静静地吐出碧绿湿润的空气，绚烂的朝霞像乍开的花朵层层铺展开来。手中的诗卷散发着淡雅的茉莉花香，书桌上薄巧精致的茶杯里，碧绿的茶叶优雅地漂浮在温热的水面上。我轻轻地翻过一页一页的诗歌，清凉的晨风里有干净悠扬的笛声飘来，像清澈的水流，流过我沉默困顿的心头，突然有一种静默但有力的触碰直抵心头。这是相遇么，多么幸运，在悠扬的竹笛声里，我能够隔着尘世，远远地与你凝眸。

  我想，在一个和今天一样的清晨里，阳光明亮如水，你虔诚地凝视着秀丽的朝阳和满天的云霞，你想到了天地之间无数个这样升起又降落的黎明，这照亮了无数眼睛的美。她过滤了世界的幽暗和恐惧，为天地间的生灵捧出平和与宁静。你以虔诚的心使之变得更加澄明，而非以占有的私欲使之黯淡无光。你用流畅的笔调把庄严的清晨铺展在画纸上，你把这庄重的美虔诚地描画。你起身的时候，把画作立起，留给人垂直的想象和启发：抛却善恶好坏的偏见去审视这个世界，把世界的局部融入恢弘谐和的整体中，才能窥见她神圣肃穆的美。

  是啊，我们能够为干净的晨光感动，却轻易地被挑剔和偏见阻挡了我们对人类的包容。自然之美即为真理之美，只有怀着宇宙般广博坦荡的胸襟，去包容一切狭隘的、残缺的、卑微的事物，我们才能体味到世间真正纯净的美，并与之融为一体。很多时候，怀疑和纷扰把我们澄澈的心灵侵扰，我们遗落了这世界的美，而专注于个人的困扰。你说，"不管喧嚣多么尖利，终归不会长久，恒远的是宁静。"我看见黎明慈颜圣洁，静穆地修接好昨夜断裂的琴弦，她以朴素的庄重遗忘纷争和苦难，轻抚琴弦，目容幽质。我的心突然变得很安静，你说，真正的安静中有竹笛的悠扬之声。

我静立在清晨的窗口，凝视着同样注视着我的世界，共作呼吸吐纳，在极为渺远的地方，我听到有清脆的笛音正舒缓地飘散开来，世界的角落里突然变得绿意葱茏。

午后落了一场雨，翠绿的树叶积了雨水，白云的影子投在雨水里，被浸得碧绿湿润。寂寂的秋千上落着纤细小巧的茉莉花瓣，是她浓黑的鬓发上插过的那朵吗？

林间飘来舒缓的竹笛，笛声在湿漉漉的风里显得温润辽远，仿佛在呼唤谁的姓名、寻觅谁的芬芳。你在寂静的风里，静静地等着远方的爱人，心灵在极度幸福中淡漠世事。四周没有声响，时光也不知流向何方。林影间突然有脚镯细碎的铃铛叮当作响，她像一朵娴静的云静立在时光静止的河岸上，蓬松的秀发垂落后肩，发梢上落着一枚白色的茉莉花瓣。你把她的手轻挽，并肩走在林中路上。风吹过翠绿的无忧树叶，发出簌簌的声响，把心中的语言无声地传达。相见了，却沉默了，只有耳畔的风和树叶的声音，洒洒哗哗，洒洒哗哗。这声音里有多少次相聚和分离，相聚和分离里有多少思念和牵挂，思念和牵挂里隔着几重青山和河溪，如今，这些阻隔和等待在她温柔的眼眸里融化，你静默地凝视着她微笑的面孔，想不起要说的话，却似乎又并不需要表达。这静默的爱情，融化于沉寂了的风中，与世界广阔的安谧，怡然相聚。

暮色模糊了远处的茉莉花，落满暮色的庭院里，华灯初上。她捧着明灯，把四周的幽暗照亮，乌黑的眼睛闪烁着神明似的光芒。灯火把彼此的脸庞照得略略清楚，在温暖的依偎中，依旧是无声的询问、无声的回答，这样的静默沉入无边的夜，在希波罗河上漂流沉浮，在湿婆神庙祭奠结束后开出洁白的茉莉花。远处，青色的笛音远远近近，舒缓悠长，把空气吹奏得湿润清凉。

我突然明白，真正的爱情并不张扬也不喧哗，它只是保持着朴素静默，在平和中达成心灵相会的默契，完成一场庄严的朝圣旅程，静默肃穆，庄重虔诚。

你把生和死看做一条干净的河，从河的这一岸涉水而过，昼夜静静升起又降落，在你的身上落下光影斑驳，亮光和幽暗的画笔，把你的身影生动地勾勒描摹。你平静地说，你已抵达，白日末端的黄昏码头。暮色苍茫中，你把一切祈求和原谅交到尘土的手中。恒河带着静默的思想，应和着远处的钟声，不断流向凡世，温柔的水声把身后的空间推向无限邈远，推向另一个世界。恒河上落满璀璨的星光，洁白的茉莉瓣在恒河上静静地起伏，你双手合十，默坐河畔。身后的时空随着喧闹的人声渐渐安静下来，恒河两岸树影婆娑，素雅的茉莉花静静吐露幽香，露水打湿的坚韧的蛛网在湿润的空气中轻轻摇曳，天地之间，一片寂静。你把静默的竹笛放在静默的脚边，温雅宁静地凝视着远处的茉莉花，洁白的花朵在黑夜里越来越清晰，把夜阑涂抹得清清亮亮，像一条荡漾的银河。

　　在生死之间，你想起了少年时期你惊喜的眼睛曾经注视过的湿润的绿原和碧空的新颖、阡陌纵横的田野上捡起金黄稻穗的身影、角落里听故事时文静腼腆的面容，以及你用思恋的纯净朱砂，在爱人的眉心落下的庄严的爱情。金色的阳光吻过你的双眸，你把行客的身影和人世的欢笑悲啼映在文稿里，谱成一段段空灵通透的笛音。哀泣或是欢乐从笛孔缓缓流出，悠长的笛音里是你恳切的同情和包容一切苦难的关切，你那么专注虔诚地伫望着、沉思着、深爱着。金色的阳光流畅如水，落在你青色的笛孔上，像一只只精致玲珑的鸟雀。它透过斑驳的树影把碎金似的光落在你的诗卷上，光影交错，像昼夜交替的念珠。它给予了千年万年，也原谅和包容了一切自私和苦难。

　　你翻过一页一页的诗歌，它们饱蘸在阳光里，捧出一颗一颗金色的心。你静默地微笑，这一生，你真诚地伫望过，认真地深爱过，为人类的福祉鲜出了全部的爱和虔诚。现在，夜阑将至，你看到生命终点的两侧延伸着两种辽远的静谧，中间没有对立、没有抵抗，而是显得温雅宁静、平和安详。你看到未跨入的另一半邈远而深邃，那是另一种真实。你在黑夜中把素雅馨香的茉莉花轻轻采撷，然后转过身静默地走向远处，在邈远中消失了自我，融入浩瀚的星河，化成星空遥远的思索。

　　诗卷旁小巧玲珑的茉莉花瓣落在展开的书页上，在微风中轻轻地翻飞，像一只只白色的蝴蝶。我突然明白，这一生，你虔诚地施予人们以最真的启示，以饱含深切的温厚给了人们明亮的爱和希望，而面对人生的黄昏，你温和平静地走进黄昏之后的黑夜,你留恋但并不恐惧,因为你知道,明天的黎明依然会如期而至,带着金色的晨光、带着永恒的爱,把人世间轻轻地问候。

我把散发着茉莉花香的诗卷轻轻合上,抬头时已是满天星光。我知道,天边那颗璀璨的星正是你透过尘世,凝视世界的眼睛。此时,青天之外,正有清脆的笛音,悠悠而来。

(作者单位:河北师范大学文学院)

水芙蓉梦里的高贵囚徒

张西芳

夜色四合，摇曳的芙蓉花醉了月光温柔的唇角。每逢这样的夜，当我凝望看似无情的星空时，总奢侈的幻想泰戈尔的诗歌会携带一支木质的芦笛，洞穿冰冷的钢筋水泥，静悄悄地蜷缩在我耳蜗的一角，喃喃低语，只一曲悠然，便将引入我沉睡的芙蓉梦乡。

芙蓉，是古印度的精神代码。芙蓉出淤泥而不染，正如印度哲学中对人性与高贵的追寻。而"七宝莲花"里诞生的泰戈尔大师，一如窃火者普罗米修斯那样，为真理而战，却又承受了无穷的压力与谴责，他的一生都在做着绚丽的梦，像个能懂百语的精灵，偷偷窃取万物最柔软的心跳声，却又因束缚在现实与理想的牢狱里，而一生都在苦苦追寻让芙蓉明媚盛开的夏日光华。

一百多年前的芙蓉梦乡，夏日浸染了冷色调的水粉。这时的国度，有这样一个思想家，一一记录下夜间精灵的秘密，破解了人类心跳的密码，却也难逃时代糟糕的恶作剧。他生在梦里，却活在冰冷的囚笼中。他，便是我心中的泰戈尔——芙蓉梦里的高贵囚徒。

游弋的木筏诗人

1881年的天空，想必也是有时微笑有时懊恼的。在英国文学和音乐熏陶下的泰戈尔奉父亲之命来管理祖传的田产。如果说家境富裕并沉醉在诗歌中的他之前都是活在理想的乌托邦，那么这一年的泰戈尔就真正开始慢慢破译底层人民的呐喊声了。一只木筏，载了一路欢闹的诗歌。养尊处优的王子不懂一个佃户的眼泪的味道，而泰戈尔却真实的体会了什么是撒旦的诅咒。在阶级分明的社会里，作为既得利益集团的一员，他不但没有为本阶级的成员们狡辩，反而能清醒的认知自己的阶级属性，这是一个多么难能可贵的领悟。我钦佩于他敢于直视自己，反思社会的勇气。无论是参加反英运动、丢弃英国爵士的头衔。他的木筏，佩戴着圣洁的素馨花，一起成就了这位悲悯天下的圣人。

拜读泰戈尔传记，可以察觉到：他的思想植根于传统的印度哲学，但是他的伟大就在于他不是盲目的信奉佛的道义，而是把重点着力于"人"的重要性。他一直在寻找真正的"神"，神在哪里？诵经唱经、沐浴焚香、晨钟暮鼓、拨动数珠，难道这就离神更近一步了吗？作为对神的求婚者，他一直在竭尽全力的参悟神的旨意。在《园丁集》、《采果集》等诗歌集中他都在用自己的语言诠释着他的神学观，即上帝在勤劳、仁爱的子民身边，无需拘谨的形式，只需你一颗包含真善美的心。

虔诚，如果可以用在诗歌的世界，那么泰戈尔一定是他当之无愧的信徒。庞德读泰戈尔的诗，说：泰戈尔诗歌深邃的宁静的精神压倒一切。静水流深，他的诗歌是饱含信仰的炙热和透析万物的睿智。所幸，英国的文学和音乐和印度哲学的交汇，让他的思想有了国际的视野。所有的所有，才成就了独一无二的泰戈尔。东方的肃穆深沉与西方的烂漫自由本没有太多的交集。可是东西文化方语言的隔膜，被他思索的目光穿过，悦耳的音符便透过这小小的罅隙流入另一个世界，另一种文化圈层。《吉檀迦利》的翻译传播，这本身就是他对诗歌国度最好的礼赞。

游弋的木筏，轻轻地在印度河上画出羞涩的涟漪，心中一直在向往这个意境，只因那只翠绿的竹节上弥漫着他的味道。

一勺温柔的诗意

泛黄的纸页，轻闲的挤出花瓣内在的纹路。那停止运转的血管，却依然有记忆里那砰然的心跳。他的诗是灵动的生命，每一个字都弹跳着愉悦的曲调。这种感觉，就像 G 大调的小提琴曲，复杂的指法里涌动着雄浑壮阔的乐章。

摒弃辞藻华丽的点缀，褪去爵士的华服，又如何让诗歌质朴而又不显得空白、单调，这真是个问题，所幸，再难的问题也终有破解的人，这便是泰翁。一个诗人，爱情是他们讴歌的永恒主题。一反印度文学那种等级鲜明、略带保守的风格，接受西方文学、音乐熏陶的泰戈尔潜意识里也已经有了追求自由、期盼热烈、纯澈的爱情，渴望改变的强烈诉求。他一直渴望干脆、清澈的爱情，无关风月、无关社会，他的爱要是"渗透生命的核心"让爱情浸润他整个干渴的心灵圣地，他要的是"充满和平而永葆安宁"，泰戈尔诗中爱情只能是答案为一的单选题。

读诗时，诗人总是在不自觉地塑造一个又一个的神奇国度，在那里他们便是唯一的至尊的国王。读泰戈尔的诗，便会发现：泰戈尔的诗运用的大量的"梦"，梦是美妙奇特。诡异莫测，却也是不真切的。正是因为现实的无奈，所以有关美好的存在却只能以梦的名义展示了，这不得不说是诗人无奈的悲哀。他总是把梦想象成可以行动的物体，例如新月集中描写到：睡眠的精灵乘着纸船航行，船里载的是装满梦的篮子。我要变成一个梦，穿过你眼皮间的细缝，溜进你的睡眠深处。他的诗歌是清爽的，丝毫没有摆弄文字的痕迹。这种感觉就像温柔的纱巾，轻轻拂动婴儿酣睡的侧脸。此外，"吻""花朵""孩子"等也频繁出现，并赋予了独特的意义，这都是泰戈尔对这个世界满满的爱。

诗意也不仅仅是虚无的浪漫。古印度的宗教一直给人一种神秘的气息。泰戈尔的诗歌则有一种浓郁的宗教色彩，他将古印度神话中的人物融入诗歌中，让他的诗歌浸染了岁月苍老而性感的嗓音。《集外集》中，一首娓娓道来的诗篇，简单的话语，却让干涩的纸张如乌尔瓦西般灵动起舞。

一勺温柔的诗意，细细咀嚼，再撒入一许真意，自有那不可言语的奇妙芬芳。

梦的世界与梦醒的我们

芙蓉梦，夜夜安恬。白昼的地球村，看似歌舞升平的表象，其实却各自暗怀鬼胎的。梦的世界可以美丽的惊人，可是梦醒之后的我们却仍要面对这无情的世界。

诗人多半是上帝派下来的精灵，所以泰戈尔是个不折不扣的哲学家，兴许是听懂了太多万物的秘密，所以便对溯源本末有了十足的兴趣。泰戈尔的诗，透漏的他心底的声音：寻找自我与呼唤自由的国度。

泰戈尔清楚地知道自己已经被社会困住了自我。所以他一直在不间断的寻找。寻找自我一直是个高深的哲学命题。人类的社会由黑白分明的单线条逐渐扭曲为交错重叠、色彩斑斓的一团乱麻。穿梭在孔隙之间的人类似乎总是在寻找什么，用布满鲜血的双手夺取的饰品来点缀华服，用虚伪的言语来掩饰贪婪的心跳，用一大堆高高在上的徽章来遮蔽如同蝼蚁的良知。太多的人，获得的越多，却越感到迷茫。正如泰戈尔清楚地知道，自己已经不知不觉地为自己筑了一圈高高的围墙，把"真我"圈禁起来。我们渴望认知自我，支配自我，却又惧怕发现弱小、懦弱、卑劣的自己。于是，在泰戈尔眼中，我们对自己又爱又恨，并无止无休于朝拜黑暗的路上。

自由之鸟与笼中之鸟的对话，实则是泰翁内心的冲突与斗争，身为贵族，从小就接受礼仪、谈吐的他实为笼中之鸟，高贵的身份背景限制了他，他希望能够随心所欲，可是又怕失去了固定笼子的支撑安稳的生活，竟又觉得天空太大而无栖息之所。即使他知道了自己的翅膀已经被时代感染了病毒，却也不知道真正的出路是什么。就像《肖申克的救赎》里的图书馆老人，渴望挣脱，却又畏惧涅槃重生的酸痛。而这种无奈与恐惧，这便是他看似无形的牢笼。

泰戈尔活在自己的梦里，那里四季轮回，朝飞暮卷，明媚依旧。梦再完美，也终究不过是心灵的一次游戏，而梦醒之后的世界就要的做一个螺丝钉规矩的转动，日复一日没有出路的挣扎。这是现实世界里泰戈尔心痛却于济无补的存在。所以他的一生都在创作中寻找真我的轨迹，聊以慰藉自己悲悯天下的一汪无私的爱意。

仰望星空，试想一百年前的夜色是否暗淡了几许？没有灵魂的高贵躯体受尽朝拜与尊荣，却也丝毫没有了当初的那一品最为关键的诗味。唯有品读他的著作时，才能偶然瞥见他偷偷的微笑。

一只载满诗歌的木筏，一勺温柔的诗意，一个梦的世界，这就是泰戈尔在我心中的映像。

1941年的芙蓉国度,陨落一位悲悯众生的诗人、哲人、社会家。而芙蓉梦里却住进了一个欢笑如孩童的囚徒,他长长的银白胡须,记录了岁月的轨迹,并将所有的秘密储存在诗歌里,静静等待着永恒的爱。

(作者单位:河北师范大学文学院)

圣地尼克坦之梦

王伟均

> 闪射理想之光吧,
> 心灵之星!
> 把光流注入,
> 未来的暮霭之中。
>
> ——泰戈尔

1

2013年春天,当深大荔园新枝吐芽、桃花含苞的时候,我却在一场考试中落选了,一个我奋斗几年的梦想突然被遏制在了最紧要的关头。当结果明了的那一刻,我自以为坚强的心并没有表现得如我想象的那么强大,人仿佛突然大病了一场,眼中所有的春意都失去了颜色。

在接下来的几个月里,我总是想要做一次暂时的离开,彻底摆脱我过于落寞的情绪,却被忙碌不断的毕业季深锁在校园。我在白天的忙碌里强抵着失落的侵蚀,却在黑夜里被未来的无可去向困扰,常常夜深难眠。

只有在偶尔的时候,我才会拣起我印度文学里的书籍,翻起苏尔达斯、伊克巴尔,还有泰戈尔,会再去读他们的诗篇,看他们的文章,翻阅他们的人生事迹。我告诉我自己,他们曾是我为之努力奋斗的梦想。

当我顺利毕业,暑期来临,却发现我其实并不需要一次离开,我需要的只是一场心绪的整理。因此，我决定回家。我想，没有什么地方能比故乡更亲近梦想出发的原点。随我返乡的还有《天竺诗人：泰戈尔》，那是我最钟情的泰戈尔传记，我爱里面泰戈尔无忌的童年和诗情。

远离了城市，回到故乡，心突然安静了下来。坐在院落，望着山腰间艳红的晚霞，听着不远处田间朗朗的蛙声，在昏黄的灯下读几页泰戈尔，喜马拉雅、大吉岭、圣地尼克坦，一个个熟悉的印度地名又浮现在我的脑海，那些曾经为之奋斗的梦也仿佛又要回到我的身边。

然而，花椒树在风里摇曳，星星在夜空闪耀，望着在厨房忙碌的母亲，我问我自己，是继续选择梦想，还是该冷静地停下来走一条现实的路？萤火虫四处飞舞，我依然无法回答自己，呆呆地站在晚风里，举棋不定。

我的父母自小在农村长大，都不善于言语，关于我考试的落选，他们都将遗憾放在心底。晚饭后，我和父亲坐在院落里歇息，我望着远处点点的灯火，父亲吸着烟，平静地说："去见见侯老师吧！他前几天来过，知道了你的近况，想要见见你。"我突然生起一阵羞愧，在夜色里点了点头。

2

侯老师是父亲的故友，在镇上教了三十多年小学，已临近退休的年纪。他待我如子，我也像敬重父亲一样的敬重他，每一次回家，见他是少不了的仪式。可是这一次，我的落选和我的毫无方向，让我第一次感到羞愧于见他。

然而第二天，我还是动身去见侯老师。一如从前，我在他简陋的书房见到了他，他还是老样子，坐在一大堆作业本前忙碌着。见到我的到来，他连忙高兴地招呼："你回来了？瘦了很多呦！"我边应答边向他问好，以为简短的寒暄之后，他一定会问及我考试落选的事情，但是他没有，而是亲切地对我说："今天就在这里吃饭吧！一年多没见了，跟侯老师好好聊聊天喝喝酒。"

还没等我点头答应，他突然神秘地对我说："过来，带你看看侯老师藏了十多年的宝贝！"他说着走到他的书柜旁，从书柜的底端抽出一个行李箱般大的木箱。我正要好奇里面都放了些什么宝贝，他麻利地扭开锁，打开箱子，我见到里面整整齐齐地放满了一扎扎书信和明信片。

"想不想读一读？都是我的学生寄来的！"他微笑着问我。

我感激地点了点头，一张张地抽看着，每一件都写满了学生对侯老师真挚的回忆、感激与祝福。我一直只知道侯老师受人尊重，到今天才发现他的受人尊重里有这么多的故事，我不禁从心底羡慕起他来。

他望着一脸沉迷的我，问道："怎么样？"

"很珍贵，值得一辈子珍藏！"我回答道。

"我也是这么认为的！"他像个小孩般接过话去。然后又问我："我记得你是研究东方、印度文学的吧？一定充满神秘与幸福！可惜印度我就知道泰戈尔，你觉得泰戈尔是个什么样的人？"

他这样突如其来的一问，弄得我有些不知所措，只得惯性地回答道："文学家，哲学家，诗人！"

"是吗？不过，在我的眼里，泰戈尔是一个一生都有着梦想，一生都为了梦想而不断行动的人！"他突然接过我的话，给了我一个超出我意料的答案。还未等我回过神来，他拍了拍我的肩膀问道："想不想听听我和泰戈尔的故事？和这些孩子的故事。"他指了指放满书信和明信片的箱子。

我的心底燃起了好奇的火焰，不自禁地点了点头。

3

侯老师在他的藤椅上坐了下来，慢慢地讲起了他与泰戈尔的故事来：

说来惭愧，我真正意义上认识泰戈尔时，已经30多岁了。我那时已经做了十多年的小学教师。人们常说，人过了30岁，对自己的事业就应当有所建树了。然而那时的我，心理上却十分的波动。或许是家庭的压力，又或者是工作上的一成不变，我的脾气变得很坏，教书的态度也很糟糕，动不动就吼骂学生，成绩不好就体罚他们……越是这样，学生们越害怕，听课越紧张，成绩越赶不上去，而我的脾气就越差。短短几年里，我和学生之间形成了一个恶性循环的局面，苦苦找不到做出改变的出路。

终于，因为我糟糕的表现，学校暂停了我的教学任务，将我安排在学校的图书馆，负责整理十几架寥寥可数的图书。这时的我才开始感到羞愧，开始想要挽回自己的落魄。倔强的我没有选择逃避离开学校，而是一门心思负责起图书馆里有限的图书来，期望以此将功补过，并且积极地阅读起里面的各国历史与名人传记来。

也就是在那些名人传记里,我真正遇见了泰戈尔。那一天,当我读到泰戈尔,读到童年的他模仿自己的老师,将池塘的亭栏当作学生,用棍子"训斥"这些"学生"的时候,我的心底掀起了巨大的波澜,我的脑海里不断回荡着我体罚学生、吼骂学生的情景,还有我羞愧地忆起我读书时励志要做一名受人爱戴的人民教师的情景……

我的心一下子沉寂了下来,放慢了阅读的速度。在那里,我慢慢地看着泰戈尔如何将他儿时摆脱传统教学方式的经历和愿望,逐渐演变作自己内心的一个梦想;如何在1901年,在他父亲沉思过的"和平之乡"圣地尼克坦的大树下,创办了那所他从事儿童全面发展教育实验的学校;又是如何在20年后,将它发展成为亚洲文化交流的国际大学;乃至在此后的20年里,他如何倾注其全部心血支助国际大学的成长与壮大;哪怕是在弥留之际,他依然恋恋不舍国际大学的未来前途。

我在那一刻恍然醒悟,感受到了梦想的力量,只有一个拥有梦想的人才会倾其一生为他的梦想努力不懈。泰戈尔就是这样一个有梦想的人,他拥有关怀人类教育事业的伟大心灵,也有为了他伟大梦想而不断行动的恒心。他用他的一生创造了一个"圣地尼克坦之梦",直到今天仍然有无数的人在延续着这个梦。

"那么我呢?我问我自己,我将我读书时的梦想都遗忘到哪里去了?"

4

侯老师突然停了下来,喝了口浓茶压了压自己激动的情绪,继续说道:

在读完泰戈尔的那几个夜里,我不断地思考着那几年里我的所作所为,思考着我是哪儿出了问题?思考着改变,哪儿应该首先做出改变?当这些思考变得清晰的时候,我仿佛又有了方向,年轻时的梦也仿佛回到了我的身边!

我决心从改变自己开始,以此继续自己年轻的梦想。

我向校长提出了恢复教学任务的请求,并做出了书面的保证,连同校图书馆的工作也一同担当,同时接受全校的监督。在我无数次锲而不舍的请求后,校长答应了我。

仿佛雨后重见阳光，我就这样开始了我教师生涯的转折，带着从泰戈尔那里得到的领悟，我开始了我梦想的新启程。在后来的日子里，我总是将学生放在第一位，不论他们来自哪里，出身如何；将他们的性格和爱好作为我关心的重点，引导着他们发展自己的个性；将他们的素质成长作为衡量他们发展的尺度，亲力亲为，和他们一同学习如何为人处世，和他们一起读书，共同进步……

他们渐渐地适应了我，也慢慢认同了我的改变，即便是多年以后，当一批批学生在几年短暂相聚后离开学校，他们都会来信告诉我，他们都认真地过着自己的新生活，努力实现着自己的梦想。

十多年过去了，这种信念和梦想已成为了我生命的一部分。这些年，我把我的心思放在了农村留守儿童的身上，他们是我们国家飞速发展所付出的代价之一，也是国家教育面临的新挑战。缺乏父母的直接关怀，又无法坚定地守护好自己的本性，他们能够依靠的就只剩下老师了，作为教师的我们有责任和义务去关怀他们。我知道我只是千千万万关怀他们力量中的一点星火，但他们却是我的教育梦的又一个延续，我愿意用我余下的教育时光做出我最大的努力。当'中国梦·教育梦'随着'中国梦'的主旋律在全国奏响的时候，我觉得我很幸福，我为我坚持了几十年的梦想，为了我还在坚持的梦想感到欣慰。"

5

"这就是我和泰戈尔的故事！是他教会了我如何从挫折中清醒过来，是他的伟大人格和对教育理想的不懈追求，鼓舞了一个30多岁的大龄'学生'如何捡起年轻时候的梦继续前行，并且一直坚持到了现在。"侯老师在凝噎而又自豪的声音里结束了他和泰戈尔的故事，我也在对侯老师的新认知和感动中明白了他要见我的真正缘由。

"现在，你知道侯老师为什么要对你说起这段与泰戈尔相识的故事了吧？"他果然问道，我连忙点了点头，他欣然笑了笑，"好了，晚饭应该准备好了，为了我们都认识的泰戈尔，我们今天要多喝两杯。"

当这一年的暑期悄然结束，我重新回到了学校，居住在同学好心安排的学生宿舍里，我决心继续我的学生生涯，继续我未完成的梦。每当窗外的红尘喧嚣随着晚风吹进我的房间，我的心想要悄悄地去观望为之跳动的时候，我总会想起侯老师的教育梦，想起泰戈尔和他的"圣地尼克坦之梦"，我会再一次轻轻地翻开泰戈尔的传记和诗集，让自己的心在他的人生故事里和那些美丽而空灵的诗句里安静下来，继续前行。

时光流逝，今天的我已经生活在了另一个校园，那个我曾为之努力奋斗了两年的梦想也已经尘埃落定。我遇到了一些新的老师和朋友，他们每一个人身上都散发着梦想的光芒，每一个人都在为自己的梦想努力奋斗，平凡而又伟大，他们是伟大"中国梦"的星星之火。我很骄傲也很感恩能在我的生命里遇见他们，并在他们的激励与帮助下编织着我每一个新的梦想，继续努力不息。

我想，在不久的将来，在某个难得的契机下，我会邀上侯老师，一起前往印度，前往圣地尼克坦。去寻觅泰戈尔当年走过的小路，亲证泰戈尔"圣地尼克坦之梦"——国际大学的灵魂所在。

这是我的"圣地尼克坦之梦"，我想，也会是侯老师的"圣地尼克坦之梦"！

(作者单位：暨南大学)

云 使

——作为诗人的泰戈尔

张亦苂

日来年往，就是他永远以种种名字，种种姿态，种种的深悲和极乐，来打动我的心。

——吉檀迦利

我的灵魂告诉我，他是从一位从神秘海洋彼岸到这个世界往来不断的信使。在露水浸润的秋天早晨，在芬芳扑鼻的春日夜晚，在我们心的最深处，我们时时能一眼觅得他的迷踪——有时我们抬头面向天空，听他放歌。

——一篇论音乐的文章①

一、云中来客

"一天晚上，芒代格优先生骑马经过印度一座森林时，他看见在一处旷野，有些人围着篝火坐着。他纵身从马上跳下，加入他们的行列，倾听他们的歌唱。不一会儿，一个瘦弱的孩子钻出密林，也参加进来。轮到他唱时，他唱了一首'歌词和音乐都比其他所有歌曲都要优美'的歌。当人家问他，

---

① ［印］罗宾德罗纳特·泰戈尔：《回忆录》，谢冰心译，东方出版社，2005 年，第159 页。原文是泰戈尔描述为自创曲调填词时感受到的乐曲的魅力，这里借用来表述我心中的泰戈尔，参考了贺小力译本（《让世上的人群匆忙闯入——泰戈尔散文选》，江苏文艺出版社，2013 年），并对人称和部分用词略作改动（"她"改为"他"；"芳踪"改为"迷踪"）。

这是谁作的歌时,他回答说,他也不晓得,'这些歌到处都在唱'。后来,芒代格优先生'在一个完全不同的区域',又听到了那首歌。当他再次问及歌曲作者时,他第一次听到了**罗宾德拉特纳·泰戈尔**的名字。"①

这段印度国务秘书芒代格优先生的亲身经历不禁令人思及"凡有井水饮处,皆能歌之"的柳词或是流波极广的乐天诗:"童子解吟长恨曲,胡儿能唱琵琶篇"。事实上"自长安抵江西三四千里,凡乡校、佛寺、逆旅、行舟之中,往往有题仆诗者;士庶、僧徒、孀妇、处女之口,每每有咏仆诗者"(白居易《与元九书》)和"加尔各答人口密集的大街小巷和孟加拉偏僻的乡村,具有淳朴感情的人们,也同样在陶醉地吟唱着他所创作的歌曲"这两种景况可谓相映成趣,像是某种历史拐弯抹角给予的暗示:这些跨越国界、时代的默契,正是基于人们对真正打动人心之物的自发反应。

而这只是他获得诺奖以前的事,1913年后泰戈尔更是声名鹊起。时至今日,他的作品和思想可谓惠施千万,泽被后世。恍若云中来客般降临并迅速获得普世赞扬和肯定,这天赐之人呵!谁能不爱他呢?

拿笔者来说吧,方值垂髫之年,便有幸看到冰心先生《繁星》、《春水》两部小集子,由着先生的介绍,小小的脑袋里自是记挂起了那异域的名字。然而埋下的种子,却要一直到新来的实习老师(说是老师,其实也只是和我现在差不多大罢了,也是热爱文学的人呢)再度引荐下,才终于长成该有的样子。记得她是讲梁启超先生吧?恰好顺路提及竺震旦这名字的典出并由此引出泰戈尔其人其事,当趣事来听,却发现故事的主人公原来正是想更多了解的那个,于是找老师借来书看,终是得见。这种缘起恐怕也称得上是峰回路转了。好在最终没有错过,幸甚至哉。这或许也可以说是一种念念不忘之后的回响吧?我想。难怪世人惯说,所有的相遇都是久别重逢。

二、十二万九千六百年

最先有幸接触到的,是冰心先生译的《飞鸟集》。随后发生的大概和很多人一样,是对泰戈尔诗歌魅力俗套的论证过程:甫一入眼便直达心底,于是

---

① [印]克里希那·克里巴拉尼:《泰戈尔传》,倪培耕译,人民文学出版社,2011年,第3页。

彻底陷入那些清丽的词句里。到现在也挺佩服自己的一点是,那时尚是不能求其甚解的年纪,却懵懂中就几乎本能地意识到了他文字间的好处,常年备着一个小小的黑色笔记本,一笔一画抄满了他的句子。还开始在各色文字作业 (除了作文这种常规项目,还有日记、周记、黑板报甚至国旗下演讲稿) 中引用不停。记忆犹新的是,有篇文章还获得了学校作文比赛的一等奖,比赛的主题不可确记,但大意约莫是"面对磨难",倒是常见的现场作文命题,可一时情急却是无从下笔,好在泰戈尔总是会来救场。几乎立刻就想到了他的许多句子,"只有经历地狱般的磨难,才能炼出创造天堂的力量;只有流过血的手指,才能弹奏出世间的绝唱"等等。最终选择"世界以痛吻我,要我回报以歌"——至今还心心念念的句子——做楔子,正文则举大量事例,间缀以抒情段落 (不免又引用旁的泰诗),然后以"世界以痛吻我,我要回报以歌"收束。今日想来也觉得是得意之作,似乎比我很多论文都更"结构清晰、条理分明"①。当时果然受到好评,获得嘉奖滋味美妙自不必提,这种于文字间受到的认同和肯定,想来也是为笔者今日攻读文学学士并始终以文艺女青年的面目示人打下了一个基础吧?嘻,谁知道呢。

  其实从小到大,我只经历过一般女孩会经历的事情,"普通的姑娘"嘛,多的只是女儿心事和白日梦。恐怕没处去用阅历、感悟这种词汇,然而其间心绪总会因为泰诗作点染显得有些不同:因为好奇雨水洗过的素馨花瓣上的游戏该是什么光景,会睁大双眼认真打量这个世界。而每当爱极了某处的风日,分分钟想到他的描写。恋上景时如此,爱人时更是发挥出所有的文艺细菌:曾暗恋过一个男孩,心里划过的是世上最远的距离②;热恋时开始写一封封浓情蜜意的手信,会不时化用两句,"眼睛为你下着雨,心却为你打着伞";而失恋后那些科学和啤酒都不能安抚的夜晚,重读他的诗句,《我的歌》,默念个三十遍,屡有奇效。

---

 ① 此为获得的好评之中最共性的一条。
 ② 事实上题为《世界上最遥远的距离》的诗虽被很多人认为是泰戈尔作品,但 24 卷全集等处中并不可查出,应为误传 (详参郁龙余教授的解释:http://blog.renren.com/share/231305218/423619252) 笔者当时未能辨别,误以为真,愧矣。但毕竟也是当时真实心境,故照实记下,还请莫怪。

倒是到了大学学了文学，却反而没有怎么再念叨。竟然像忘了似的。忘了初衷，简直不可原谅。然而其实是一直在心底的，所以东方文学课上偶闻征文消息时心里登时升起无数彩色气球，噼里啪啦又炸开，泛出一股子热望。全身细胞一起叫嚣：可算赶着了。其实是很感激有这样的机会的，能重新体味。不然也许他就会像滤镜一样，虽然覆盖一切并为之添彩增色，但却永不会被直接提起，那该有多遗憾啊。好在没有。我都写了这么多了我觉得我不会错过了。又是一次久别重逢。这种命运偶尔的温柔，真好。

说起命运，突然就想要相信邵雍的天道循环说：十二万九千六百年是一元，世间的一切都将重复。比如说，我现在在未名湖边读几页他的诗，那么，十二万九千六百年之后，我又会坐在那里欣赏同样的佳句与美景。风对发丝的拨弄不会变，我跷腿看书的姿势不会变，甚至此刻我因为这一设想略略激动的气息都不会变，如此的循环，这样的再见，这种命运慷慨允诺的可以重来的幸运，还真是让人觉得无比欣慰。毕竟，如此一来，有泰诗相伴的幸运大概就能一直保有了吧？

君诗炳炳，唯愿岁岁常相见，直至十二万九千六百年。

三、菩萨低眉

泰戈尔云中来客般地出现绝不止占据了我一个人的心。当然不可否认，彼时西方学者对其的认同该是包涵着一定意义上的误读，出于某些"浓厚的异国情调和对东方他者的赞美"。为泰戈尔在西方被迅速接纳贡献良多的叶芝自言在泰戈尔诗歌中看到了生平梦想的世界，那是怎样的世界呢？我想，大概是这样吧："坐在河心摇晃着的小舟中吹着横笛的陌生人，头顶瓦罐在夕阳的余晖下汲水的窈窕少女，熏风吹来芒果沁人心脾的馨香，洁白盛开的莲花，狂风肆虐的春天，香烟萦绕的庙宇"……正如有位批评家说过的那样，"在他的诗歌中弥漫着一种奇特的异域的芳香，就好像檀香木的气息，或跑了味的雪茄，或中国洗衣房的后屋发出的气味。他描写了寺庙的钟声、汲水的陶罐和沙漠：这一切是如此的美妙和富有东方情调！"① 这当然是他诗歌的魅力，但他诗歌的魅力绝不仅限于此。

事实上我们知道泰戈尔有无数种身份（诗人，小说家，剧作家，散文家，音乐家和教育家)，并在每一个位置上都贡献良多。然而在我看来，诗人始终是他首要的身份，即便是小说、戏剧创作或是文学评论的撰写他也都是秉着诗人之笔而为之，他的泛神论思想和作品中的神秘主义色彩体现的往往也是一种诗人的信仰。作为诗人的泰戈尔始终是最令人心折的。

季羡林先生曾经指出，泰戈尔的诗歌"既有光风霁月的一面，也有怒目金刚的一面"②。事实上这种二重性贯穿于泰戈尔的整个创作和生活过程中，他对此亦有自知。所以当年迈的他被人问及自己最大的缺点，他回答说是自相矛盾。而人又问起最大的优点时，他答，还是它。就好比《孟加拉剪影》中他写到，"奉献社会无疑是更高的人生境界，但我完全不是那样的人，从未有过这样伟大的志向。……世界在我眼中，既不是造物主的幻想，也不是魔鬼的圈套。我热爱并信任这个世界，只要像普通人一样生老病死就足够了，从不奢望死后成为虚无缥缈的天使"，这种于平安甚至平凡的追求、对太平的向往让人想起那支侏儒之歌③；而在另一些篇目中，他又如此慷慨激昂："只要能让我的这个受牵制的生命获得完全的无限的自由，我就要像狂飙一样向四方奔袭而去，一个又一个地到处掀起骚乱的轩然大波；我就像一匹野马似的，只是为了欣赏自己的速度就疯狂地飞驰而去！"。然动人心处在彼，亦在此。更何况无论何种面相，总归有一点善良和热爱世界的情性做根底，于是乎真矣美矣。

所以虽然《新月集》、《飞鸟集》、《吉檀迦利》这些更为大家熟读的集子里确实少有金刚怒目之相，然而光风霁月之深处，始终存着的是那些善良和热爱。哪怕偶尔"雷声在响，狂风怒吼着穿过天空。夜像黑岩一般的黑"，也

---

① Kilmer, Joyce. Rabindranath Tagore. America. America Press, 17 July 1915. 转引自刘燕、泰戈尔：《在西方现代文化中的误读》\，载《外国文学研究》，2003年第2期。

② 季羡林：《泰戈尔的生平、思想和创作》，载《社会科学战线》，1981年第02期。

③ 指芥川龙之介《侏儒之歌》，当然二者表意和倾向并不完全相同，但笔者阅读时确实有了此种联想。

云　使

是"用你的生命把爱的灯点上罢"。有时候他讲,"你和那最没有朋友的最贫最贱最失所的人们做伴,我的心永远找不到那个地方",则更是一股源出深挚的爱和慈的悲,恰似怕与众生目光对上于是低眉的菩萨。而这种恍若菩萨低眉之慈悲,也许更为适合泰戈尔。就像比起怒发冲冠的彪形大汉,慈眉善目的老者总是更符合泰戈尔的一贯形象的。我们熟悉的他是如此,熟悉的诗歌亦是如此:"我要从我的心中驱走一切的丑恶,使我的爱开花",这样的诗句,一副菩萨心肠。难道不值得世界褒奖以待?

而至于为何选择此种慈悲相?

他说,"但人们非常有必要了解这世上仍然有诸如慈悲和正义这样的事物存在"①。

此外,那些飞鸟、明月、夜的宁谧纯美显然迥异于现代主义的晦涩难解,是一种更加清新自然的美,无疑更令人喜爱。何况晦涩有时只是不够格诗人面对事物的无能,就如痖弦对台湾诗坛的某些故弄玄虚的现象曾作出的批评所说的一样,那种诗"从徒然的修辞上的拗句伪装深刻,用闪烁的模棱两可的语意故示神秘,用词汇的偶然安排造成意外效果。只是一种空架的花拳绣腿,一种感性的偷工减料,一种诗意的堕落。"而阅读泰戈尔的诗歌,我们永远无须感受此种不快,更不必担心被胳膊肘痛撞②,他展示和给予的世界,始终是最最美丽而善良的那个。

我们为何读诗?为何读他的诗?为何爱读他的诗?为何偏爱甚至只爱读他的诗?就在这里了。

毕竟,"谁还能告诉我们这只陌生的鸟的来来往往呢?"③

泰戈尔能。

---

① [印]罗宾德罗纳特·泰戈尔:《孟加拉掠影》,刘健译,上海译文出版社,1985年,第95页。
② 借自泰戈尔《现代诗歌》,原是诗人对现代主义的批判:"他们的心灵用胳膊肘撞读者。他们审视和展示的世界,充满颓垣断壁、堆积的垃圾和飞扬的灰尘。……"
③ [印]罗宾德罗纳特·泰戈尔:《回忆录》,谢冰心译,东方出版社,2005年,第159页。

结　语

使无数人喜爱的泰戈尔有无数种身份,但应被牢记的是,他首先是个诗人,并始终是个诗人。单就作为诗人的他来说,也有数张面孔(人群中的一个、老者、金刚、菩萨),尽管每张面目不一定都清晰,然而大都善意而愉快,令人观之便得见真善美。再次感谢东方文学课程以及这次征文活动,给我机会重温喜爱作家并再次感受那种纯真、热爱和美丽。

那么最后,请允许我引用这段作为暂别吧:

> 当我离别的时候,
> 让我作个话别,
> 我所看到的一切,
> 是无与伦比的。①

(作者单位:北京大学)

---

① [印]罗宾德罗纳特·泰戈尔:《吉檀迦利》,冰心译。

火 鸟

丁一凡

（一）

1950年的冬天，很冷。

火车行驶在坚硬而冰冷的铁轨上，发出有规律的"咔嚓、咔嚓"，仿佛一只粗糙的大手抚压一具干尸的脊骨而发出的关节错位的响声。月光照耀下，大雪纷飞，裹挟着呼啸的北风摩擦着车轮。杨金才斜靠车厢，看着从透气孔里射出的几缕微弱的光照在一个士兵的帽子上，也渐渐地合上了眼。

59师177团的战士们下火车时，天已晴了。四周都是雪，雪的下面，是冷冰冰的朝鲜国土。

李大饼又开始嚷嚷了："他娘的，外国打仗干俺们什么事！非要这么大老远地跑到这冷地方。"一边说着，他还把手缩回袖子里。

"就你话多！"连长沈七打断了李大饼，"来，抽烟。"

李大饼歪着头接过烟，一声不吭地擦着了火柴。

沈七又递给老马一根，本来也要递给杨金才的，但是杨金才说他不抽烟，沈七慢慢地把手缩了回来。

（二）

大部队徒步行军至柳潭里，七连接到命令要到8424高地驻守。连长沈七不敢怠慢，迅速带着91个兄弟爬上山头。当然，91个人里也包括他们的新指导员杨金才。

8424高地是一个土山包，不高，但足以俯瞰和控制南边的一块平原。泥土都被雪覆盖，工事很难修筑。坚硬的镐头砸在冻僵的地面上，就像砸在顽石上一样震得人手臂酸痛。休息的时候，杨金才坐到一边，哆哆嗦嗦地从怀里掏出一本已经翻烂了的书，默默地看着。

"瞅啥呢？"沈七在他对面坐下。

"书。"

"啥书？"

"泰戈尔《飞鸟集》。"

"说啥意思的？"

"是诗。"

"啥是诗？"

杨金才没有再回答了。沈七想说什么，但是却没有说。他向四周环视了一下，抿了抿嘴，又习惯性地掏出烟来抽，每吸一口眼睛都眯一下。

"指导员同志你好，我是一排长黄德明，额……大家都叫我黄鼠狼，嘿嘿。"这时，黄德明咧着嘴，从旁边凑了过来。

"哦，黄同志你好。"杨金才已经冻僵的脸上勉强挤出了一些笑容。

"指导员同志，听说你以前是中学教员，能不能帮咱写封给家里的信？"

"行啊，我有空来写。"

"哈哈，那好那好。哎，对了，指导员，你说你不去教书，为什么跑来当兵呢？"

杨金才顿了一下，放下书，用手背揩掉嘴唇上的冰霜："大概两年前，我们那里打仗，当时我在城里，第二天回村一看，房子没了，妻子和孩子也找不到了。"他每次谈到自己的妻子时总是称呼为"妻子"而从来不用"老婆"或者"媳妇"，让人觉得怪怪的。

"仗打完了，共产党来了，他们正好缺一个会算账写字的人，于是就把我找了进去。"杨金才忽然低头笑笑，"我也要吃饭的。"

"据说后来你被关起来了，这又怎么了？"黄鼠狼问。

"到了部队里，我一直想回去找我的妻子和孩子。可这仗从北到南一路打下了，一刻也没停过。49年年底，我实在忍不住了，半夜从营部跑了，结果天亮时被发现又给追了回来。上头审了我几次,最后判定我是逃兵,最后关了起来。本来说要枪毙我,然后就是朝鲜打起来了,于是把我派给你们七连当指导员。"

听罢,黄鼠狼拿起锹,腆着肚子慢慢往回走,自言自语道:"新来的指导员也不是个哑巴嘛。"

入夜,七连的战士们挤成一团,裹着单衣的身体已经冻的不再发抖了。

"谁来唱首歌?"沈七吼道,"都还没睡吧?"

李大饼接着话茬:"唱什么唱!妈的,冷都冷死了!"

此时,一直沉默的杨金才开口了:"我来给大家念首诗吧。"

这句话使大半个连队都活动起来了,甚至有的人坐起了身子。的确,对于这些听惯了枪炮声和军号声的军人们来说,诗是一件新鲜的玩意。

杨金才慢慢地吟诵:"绿草是无愧于他所生长的伟大世界的。"

他闭上了眼,继续说道:"你们想想,这雪下面有草的种子啊,那是生命啊!我的家乡,那里一到春天到处都是绿色,好多的草嘞!阳光照在大地上,草啊,花啊,都在长大;鸟啊,人啊,也出来了。河水化了冻,流过村口的石碑,流进田里,多好多漂亮!"

杨金才忽然不说了,他听到战士小韩的一阵啜泣。

(三)

第二天醒来,风刮得更厉害了。连里几乎每个人都冻得又红又紫,嘴唇发白。身上的单衣很僵硬,像穿着一层薄薄的冰铠甲。

"为什么不让生火?"一向老实卖力的老马也开始抱怨。

"傻啊。"沈七停下手中的活,回过头来说,"那火和烟十几里外都能看得见,这不明摆着让美国鬼子来打我们哪。"

老马觉得连长说的很有道理,便不再说话,摸出根烟,颤颤巍巍地点着了开始抽。

夜里,气温已经接近零下二十度。七连的战士冻得迷迷糊糊,但是睡不着。

杨金才习惯性地用手背揩掉嘴唇上的冰霜,说:"我再给大家念一首诗吧。"

很多人睁开眼看着他，他把头微微上扬："雨点与大地接吻，微语道：我们是你思家的孩子，母亲，现在从天上回到你这里来了。"杨金才呼出一口气，继续说道："我母亲早就得病去世了，我也有两三年没去坟前看看她了。她坟后面不远有棵樟树，很大，哎，你们见过樟树吧？嗯……这诗多好，让我想起小时候。"

没有人说话，只听见风在耳边尖叫。

"指导员，再给咱念一首吧！"李大饼突然打破了沉默。

"好，再念一首……"

从此，每晚念几首诗，成了这块苦寒之地上人们坚持下去的精神寄托。

（四）

已经有十一个人睡着后再也没有起来了，他们身上白蒙蒙的，结了一层冰晶，与雪地融为一体，远远看着像一块白布上皱了几道褶。

第四天，美军的先头部队和七连交上火了。但是冻死的人比战死的人还要多。

第五天，美军加强了进攻。

一天下来，阵地还在，只是人，剩下19个了。

第五天夜晚，所有人集中到一个战壕里，杨金才胳膊被打穿，黄鼠狼有一个手指被弹片削去了，但是最严重的还是李大饼，他腹部中弹，一道又一道纱布全部浸满了血。

"指导员，还给我念一首诗吧。"李大饼斜靠着坑壁，喘着粗气，两腿叉开，眼神里充满了一丝留恋和感激，"我想听，指导员，我想听你讲故事……"

"好，好。"满脸黑灰的杨金才此时有些语无伦次，他坐到李大饼的旁边，把他往自己身边拉了一拉，匆匆忙忙翻开书："死亡隶属于生命，正与出生一样。举足是在走路，正如放下脚步也是在走路一样。"今天杨金才显得有些激动，语速也加快了。

"大饼，大饼，你不要怕！你打过小日本，打过国民党，不是活得好好的吗！你不是说还要回家看你儿子吗？你振作一点啊！"杨金才几乎是在哭喊。

李大饼侧着头，憨憨地笑起来："我家……我儿子……要是有你这么个……老师……就好了。我……已经看到他了……"

杨金才的眼泪止不住地流下来，他的喉结耸动着，手指扣住李大饼的背，激动地说："好，我回去就教你儿子，我就教他一个人！我教他怎么念诗！"

风雪中，两人相拥，四周一片寂静。

第六天一早，杨金才默默地把李大饼拖到山后空地的大石头旁边，和其他战友的尸体摆在一起。

（五）

七连接到的命令是坚守8424高地整整七天。

第六天，美军出动了飞机赶来轰炸。山头上的土被炸的飞起来，又落下，反反复复，就像在大锅里炒栗子一样。冰雪被炽热的钢铁融化，地表像是被牛耕过一样松软，摸一摸还是温温热。

第六天夜晚，最后五个人——杨金才，沈七，黄鼠狼，老马，小韩围坐在一起，整理仅剩的弹药。黄鼠狼少了一条腿，小韩半边脸和眼睛严重烧伤，其他人也都身负重伤，只是能勉强移动了。

连长沈七说："还有几个手榴弹和一个炸药包，捆好了放一起给我，我在那大石头后面等着，美国人上来，就和他们拼了。妈的，临死也要赚几个！"

"放屁！"老马这时突然冒了一句，"说什么丧气话！明天打退敌人的进攻，咱们回去找营长请功哩！"

"咱们这样子，哎，回得去吗？"黄鼠狼说话已经有气无力了，"大饼在喊我们呢……"

又是死一般的沉寂。

今夜无风，更加剧了这种诡秘的氛围。天气依旧冷得可怕。

"来，来，来，今晚的诗我还没有念。"杨金才艰难地挪动身体，从兜里拿出来已被鲜血染红的《飞鸟集》读了起来："生如夏花之灿烂，死如秋叶之静美。"

听到这句，沈七的脸上浮现出一丝微笑，从容而安详。黄鼠狼捂着伤口，歪靠在一边，眼里闪着光，在大大的月亮下非常清晰。而小韩，依偎在战壕的凹里，身体蜷成一团，轻轻地对杨金才说："指导员，我冷。"

杨金才突然颤了一下，思索片刻，对沈七说："连长，火柴给我。"

"你不是不抽烟的吗？"沈七反问。

"你给我！"杨金才的语气显得异常坚定。

沈七慢慢掏出那盒压扁了的火柴，扔给了杨金才。杨金才颤抖着拿出三根火柴，一齐划着："七连已经冻死41个兄弟了，我不能看着小韩死！"说着，他把那本《飞鸟集》放在了火焰上！

"你疯啦！"沈七吼道，"那本书对你那么重要，怎么说烧就烧！"

"小韩就要冻死了，你他妈看不到吗！"杨金才第一次对他的连长如此粗鲁。

贪婪的火焰舔舐着纸页，逐渐把温度传给它。火柴的火苗终于激怒了纸张，整本书烧起来了！在这荒无人烟的茫茫雪原上，在这千里冰封的喋血战场上，有一团火升起，熊熊燃烧，发着光，发着热，发着能量！肆意跳动的火苗啊，就像浴火凤凰盘旋着身体，挥舞着翅膀，起起落落，上下翻飞。啊！那是飞鸟的魂灵！是的，飞鸟从书里飞出来了！如血的火焰，升腾，交织，飞跃！

五个人都凑过来了，痴痴地望着火在燃烧，珍惜这久违的温暖。"生如夏花之灿烂，死如秋叶之静美。"杨金才嘴里默默念道。"生如夏花之灿烂，死如秋叶之静美。"沈七也学会了这句。"生如夏花之灿烂，死如秋叶之静美。"小韩也跟着念了一遍。"生如夏花之灿烂，死如秋叶之静美。"这是黄鼠狼和老马一起发出的声音。随后他们一齐迸发出狂放的笑声……

火光温暖了他们即将逝去的肉体，也温暖了他们不朽的灵魂。

至少，他们温暖过。

那不死的火鸟啊，照亮了整个夜空，带给人们以意志和信念，也引起了美军炮兵观察员的注意。

五分钟后，炮火覆盖。

8424高地上的土又被翻了一遍，刚刚累积的雪很快就融化了。

（六）

第七天，美军登上了 8424 高地。

他们在一块岩石背后发现了 86 具中国士兵的遗体，整整齐齐地码着。

山头上，他们又发现了五具焦尸。

一个美国大兵踩到了一团灰烬，他用脚把灰烬拨开，发现里面有一张烧了一半的纸片。美国兵捡起来看了看，看不懂上面的中文。他骂了一句，又把纸片丢了。

其实那张纸原本是书里的一页。

纸片上面写着："生如夏花之灿烂，死如秋叶之静美。"

(作者单位：苏州大学唐文治书院)

我的黄金时代

陈 烁

我宿舍对楼的外壁上覆着榕树完整的身躯，秋日的斜阳，作着漫不经心的"沙画"，轻轻地漏过榕树的枝桠，将这株挺拔的百岁老人的光影滴落在砖红的墙上。画毕，我见到墙头树叶的线条伴着清风波荡，合着密密匝匝挥舞的树影，我应该是在树荫下的摇椅里，闭上了眼睛……

我仿佛享受到了人至暮年才有的从容，然而，我离着暮年还那么远，有什么资格思忖这样的自足呢？我又睁开了眼睛，拾起刚刚从腹前翻滚而下的《泰戈尔诗集》，顺带拍了拍沾上封面的土灰。

"你是什么人，读者，百年后读着我的诗？我不能从春天的财富里送你一朵花，从天边的云彩里送你一片金影。……"这是《园丁集》扉页里的文字，充满丰盈的想象，我看见伟大圣哲模糊的身影，他穿着镶金边的白袍，戴着五彩缤纷的莲花花环，携着两个微笑的孩童，驾着云朵从天边驶来，他们身后是千万条望不穿的彩带汇聚成的银河，波光粼粼的彩带织出音符般的诗文，如山泉倾泻，沁人心脾。

"是来自印度的诗人泰戈尔先生吗？"我把双手举到脸部前合十，表示敬意。对方没有回答我，却把他的双手斜向前摊开，似乎要拥抱什么，我刚要迎上去，眼前人却转瞬化成了幻境。幻境的横联上闪着"黄金时代"四个大字，每道笔画都泛着若隐若现的金光。我大概已入这所谓"黄金时代"的境界之中了吧？

茶色·恩情永存

　　我的孩提时代在城市里度过，我从不敢说自己的幼年体验过多大的欢乐，因为每当我捧起有关童年的书籍或是观赏乡村电影的时候，那些文字或影片中孩子们逗乐、游戏的情节总能让我不知不觉抿起嘴唇。我曾想，快乐是相对的，如果和那些与流水、泥土做伴的孩子相比，我的城市童年应该是不值一提，当他们在田间翻来覆去地寻找可制手工的玩意的时候，我的手里捏的是钢筋水泥时代的现成品，当他们成群结伙、喊笑山林的时候，我更多的是在"独立奋战"自娱自乐，偶尔谁来谁家窜了门，也是两个人躲在某一个房间里生怕被外界捕捉，于是，城市里玩伴的情谊总像隔了些什么，即使是一堵薄薄的矮墙，到底把孩子们分开了。因此那旧日距我不过十多年，印象却已极不深刻，给我的滋味更多是感慨时光匆匆，亲人已老。

　　……
　　但是我知道一件比这个更好的游戏，妈妈。
　　我做云，你做月亮。
　　我用两只手遮盖你，我们的屋顶就是青碧的天空。
　　　　　　　　　　　　　　　　——《云与波》

　　也许童年的价值不在游戏本身，当我挣脱厚厚的襁褓，自以为满天下任由我走时，回眸的印象里竟满是陪我长大的妈妈，那十指连心的依恋是与生俱来的罢。如今我在大学的校园，每次回家，我总会隐隐约约地觉察亲人的老去，忧闷时分，我拿起泰戈尔的《新月集》，不单为我渺小的童年，也为我永远眷恋的家。依然是《云与波》里写道"我是波浪，你是陌生的岸。我奔流而进，进，进，笑哈哈地撞碎在你的膝上。"我愿以泰戈尔想象的方式，就这样无拘无束地拥入妈妈的怀里，在她的面前，我承认自己是长不大的孩儿，在我的面前，她——永远年轻，我记得我的小手如何松开她的大手，一个被搀扶的幼女如何变身莽莽撞撞的小儿，未来，换我来牵她了，到时我的手就是她的拐杖，我要做她的屋顶，还要亲吻她哪怕暗黄了的脸庞，黏着她已然花白的头发。

> 太阳升到中天,早晨变为正午了,我将跑到你那里去,说道:"妈妈,我饿了!"
>
> 一天完了,影子伏在树底下,我便要在黄昏中回家来。
>
> ——《对岸》
>
> 河流唱着歌很快地流去,冲破所有的堤防。但是山峰却留在那里,忆念着,满怀依依之情。
>
> ——《赠品》

一千个读者的心中怕是难有一千部《新月集》,因为简朴的新月诗无疑只想唤起读者类似的感受,儿时的世界该是在无限的遐想间拥簇着纯真与母爱的。那世界令我享有"母亲,永远在我身边"的至高关怀,令我频频想见母亲的模样,掀开书卷的日子,我恍惚瞥见母亲时时刻刻牵挂我的神伤。那时,文字刚好伸出一双温暖的手抚摸我的肩膀。这双手是母亲的,不求回报,只缘于——爱我,从诗里捡拾零散而有味的依偎母亲的瞬间,它们远比黄金可贵得多。我再回头望望之前的"黄金时代",原来我的黄金时代包蕴着这样爱的童年!

绿色·青葱守望

我继续往前走,鞋底突然冒出一块草坪,接着绿草蔓延开来,装点了破碎的石子路面。

我是个20岁的女大学生,渴望"岁月静好,现世安稳"。我说不清自己的雄心壮志,17岁还是18岁那年,我曾做梦夜游民国的上海,坐在醉醺醺的灯光里听《玫瑰玫瑰我爱你》《永远的微笑》,浮躁的尘嚣在梦境中把我包围,醒来的时候,我诧异自己何以做这样迷乱的梦。我要自己迅速地回到现实中来,摒弃那些脱离实际还夹杂颓废的念头,我企盼的精神境界是要在蜻蜓点水间陶冶心灵的。

像泰戈尔《流萤集》里说的"天空没有留下翅膀的痕迹,但我已经飞过。"我愿奉此诗为人生的总旁白。人会经历青春,接着挥别青春,最后缅怀青春,我回顾自己人生的一个个小节点:读小学时,以为上了初中就会变成一个长大的人;上了初中,开始崇拜高中生看似不拘一格的形象,以为那就是真正的成熟;而到了高中,我又憧憬自由的大学独立生活,认定自己终于可以做自己的主人;可在大学里,怎么也没想到还有难以说明的不安,并且越"大"这不安感越是深沉、凝重。然而,让我穿越到五十年后,那时古稀之年的自己在回忆过去的时候,会不会好像什么都是自己的一笔财富,又会不会好像什么都算不了什么?大概在人生的尽头是这样的罢,明明有所经历,在时间的淘洗下,记忆却模糊了,许许多多的东西最终幻化成了一个气泡,轻巧玲珑、吹弹可破,望着望着,生命的筵席就随着泡儿一块儿散场了。

但有些哲理却铭记一生。比如,在泰戈尔的《飞鸟集》里,一些简洁而有力的诗句像火眼金睛的学者,"让睁眼看着玫瑰花的人也看着它的刺。""鸟翼上系上了黄金,这鸟便永远不能在天上翱翔了。""弓在箭要射出之前,低声对箭说道:'你的自由就是我的自由。'"它们隐喻着三种道理,分别是,有利必有弊,贪婪是旅途的羁绊,自由也是彼此解放。它们仅是《飞鸟集》哲理的一小部分。然而,洗练的语言,形象的表达,素朴的诗意,唯美的大道,迷人生动,回味无穷。花样年华会不乐意为精辟的奥妙所熏陶吗?我常对着泰戈尔笔下单纯而有意味的诗句感悟生命,那个诗人,亦是哲人、音乐家、画家、社会活动家,当年在中国的土地上讲演"人类第三期世界",对东方精神文明推崇备至,希图构建一个和谐统一的真善美世界,他的诗艺也反复张扬着与中国古代"天人合一"不谋而合的人神相融理念,于是他有感"我们在热爱世界时便生活在这世界上",传授人们保持一颗冷却杂念的轻盈之心,世界是可爱的,关键在于你如何爱它,有多爱它,否则,弥留之际,若是自己也快忘记了自己的痕迹,该聊以慰藉的财富是什么?答案是,生活的哲理,我不曾遗失,它们直到最后一刻也为我把握、践行,因为它们已被吸纳进我的整个生命,虚怀若谷,波澜不惊。大学之后是一条漫布荆棘的路,也是流光溢彩的人生旅行,愿泰戈尔的精神哲学伴我更好地理解青葱的生命。

我仿佛看见头顶有大飞鸟掠过,把白云戳穿,不过没一会儿,云朵又聚拢在一起,恢复了原样,天空依旧亲切美好,"黄金时代"也赫然在目。

金色·枕边辉煌

  热爱生活的泰戈尔勾画了令人自由穿梭的童年天堂,天堂里有孩童的娇嗔,有孩童对简单工作的向往,有他搏击暴风雨的梦想,有他保护妈妈的愿望。泰戈尔的诗赠予青年以生命的精华,纯粹分明,一语中的,人的七情六欲已然尽收诗人的眼底、诗里。

  "黄金时代"是想告诉我这些吗?我盼望每天醒来都能拥有一束阳光,褪尽我昨夜的阴霾,我盼望生活是白开水也要有所滋味。

  "美丽的诗人,我从你美丽的诗中看见了希望。还有什么是我未曾领会的吗?"

  他模糊的身影又以同样的打扮神秘地出现,"时代"的幻境倒淡了起来。

  我年轻时的生命犹如一朵鲜花,当和煦的春风来到她门口乞求之时,她从充裕的花瓣中慷慨地解下一片两片,从未感觉到这是损失。

  现在青春已逝,我的生命犹如一颗果实,已经无物分让,只等着彻底地奉献自己,连同沉甸甸的甜蜜。

——《采果集》

  "仁爱与付出……诗人,再等等!"我发现眼前绚丽的光圈连同洁白的云朵正在片片消散,四周完全暗了下来,忽然,有微光撕开了不见五指的天幕,仿佛一个崇高的巨人张开了眼睑。我的脑袋一阵晕眩,像是昏迷了许久的人大病初愈地醒来……

  "嘿,你穿越了吗?还是梦着什么大人物了?书掉了啦。"舍友靠着我的椅子,摩挲我的肩膀,调皮地笑了笑。

  我被她的声音惊回了神。"哎呀!"我瞧了瞧抽屉下的地板,"罪过!这是泰戈尔的诗集。"我赶紧俯下身捡书本。

  拿到书本,我若有所思地对舍友说,好像她一定会明白我的话似的,"我梦到我在对面楼的榕树底下,去了一趟黄金时代。"

  "王小波的《黄金时代》?"

"不,是我的黄金时代,诗意的、有爱有生气的黄金时代,嗯,这也是我心中的泰戈尔创造的时代。来,看这页。"我向她招招手,舍友会意地把头挪了过来,我指的是《园丁集》的扉页部分,我想它是始亦是终,"我给你念。"

我开始语重心长地诵读,读着读着,想到泰戈尔书写这段话的过去与他停笔后的将来,厚重的生命再度焕发出无限的光彩。"你是什么人,读者,百年后读着我的诗?我不能从春天的财富里送你一朵花,从天边的云彩里送你一片金影。开起门来四望吧。从你的群花盛开的园子里,采取百年前消逝了的花儿的芬芳记忆。在你心的欢乐里,愿你感到一个春晨吟唱的活的欢乐,把它快乐的声音,传过一百年的时间。"

(作者单位:福建师范大学文学院)

飞 鸟

——记一次西藏之行

张洪超

一

2013年的冬天,挺冷的。我从南京一个较有名气的医院走出来。很多人从医院门口走了出来,也有很多人走进去。确诊书下来了。不是啥大病。医生说很多像我这个年纪的女生都是这个情况。谈不上可否治好,调理吧。以后是否好的了,谁也说不清。

嗯,我也觉得不是啥大问题,只是子宫里长得那个小东西有可能剥夺未来我成为一个母亲的权利。医生还说不要有太大压力。压力在很大程度上是导致病症的原因。叫我开心点,有好处。

"生命,一次又一次轻薄过,轻狂不知疲倦,不知疲倦,不知疲倦……"回去的车子上,我默默地在心里念着泰戈尔,这位神的求婚者曾写下的句子。

二

2014年6月27日,期末考试最后一门结束的那个下午,我独自一人踏上前往西藏的路程。和家里人只说是想去舍友家住一段时间散散心。没由来的,我想去那儿感受"在那有生气的自由之地,我的生命将结成累累果实。有如秋阳下的稻田一般。"一个……饱满的灵魂吧?多么让人心动的句子。这为时一个月的"探访"不是去到某个地方,然后拍照,累着回去。我会住下来,和当地的藏民一样在晨曦中睁开眼，在树影在月光照射下越来越斑驳，越来越模糊时睡去。西藏，是没有夜市的。日出而作，日落而归。

我等待着那一片荡气回肠出现在车窗时，那种贯穿肺腑的开阔。或许，在海拔4000至5000米的神圣土地，我会写下祝福的话。那是铭刻在玛尼石上的信仰。我的目光停在《飞鸟集》上的那行小小的字上——"我曾经受苦过，我曾经失望过，我懂得什么是死，所以我乐意活着。"若容我随性的猜测一下，这大概会是看山还是山，看水还是水的一种心态了。很长一段时间内，我追求的生活都是激进的，甚至是有点苛求的。我把目标定的很高，拼命去达到，而现在我为发现一朵花的盛开而欣喜。不是宠辱不惊，只是多了份平和。

小的时候以为泰戈尔姓泰，拿着那本翻的破破烂烂的《飞鸟集》沾沾自喜的称呼他为"泰先生"。如今，如果这位"泰先生"还健在。若有幸可以在西藏和他相遇，真可好好谈谈这"受过苦"的过往。

三

清晨5点42分醒来。神智昏沉却再难睡着。火车上很静，白天纵情歌唱的藏族小伙姑娘们也都还在睡梦中。我所在的六人座位，除了我还有三个年纪大我不过5岁的男生。他们选择三个人挤一挤，让我可以在另一侧躺下，熬过硬座车厢最难熬过的夜晚。凌晨2点左右，火车经过海拔最高的唐古拉山脉地段，没有任何身体上的不适，我身上披着别人的大毛外套，脚上套着陌生人借我的厚袜子，在他们特地空给我的位子上睡得香甜。我们总是利用别人的善心行走在路上。

就像是一个清新亮丽的梦。我的火车在青藏铁路上快快地跑，什么喧嚣都赶不上。天色开始变亮。七月的天，那些山顶竟有大片的积雪！"世界已在清晨敞开了它的心胸，出来吧，我的心呵，带着你的爱去迎接它吧。我的思想闪耀于绿叶的扶疏；我的心灵歌唱于阳光的抚触"我喃喃吟诵。

当飞鸟飞过我的心，我便懂得了爱。这么多年后，我不期然的零星感悟算不算和泰戈尔有了些灵魂的共鸣？人或许还是该多出去走走。"可世界啊，当我死后，请给我在你的静默中保留一句话吧：我已爱过你了。"风没有动，幡也没有动。乐也可，悲也可，能活着已是幸福。

四

在青藏铁路上，更多的时候，你是不愿意去拍照的，照片永远拍不出它的美，我甚至想象得到，我拿着差劲的拍照技术拍出的照片，扯着别人一个劲地解释：哎呀，是我拍得不好，你看到没啊，那远处的黑点点，那是牦牛啊！一大群的，一大群的呢。然后那白白的，就是羊子呀，草原上到处都是呢。它们是连悬崖峭壁都可以到达吃草的呢。可是，你们所能看到的，不过就是一些黑黑的或是白白的点点而已。我着急的抓耳挠腮想要让你相信这特属于青藏高原得壮观，灵动，生机，却找不到合适的语言与证据。

你该是没有见过，细长的河流蜿蜒几千里不早不晚来到你所乘坐的火车下，像是在这片望不到边的绿色上酝酿了几百年，甚至更久只是为了在某个天也透彻，风也透彻的日子里，与你小小的结下一面之缘。"尽管走下去，不必逗留着，去采鲜花来保存，因为在这一路上，花自然会继续开放。"泰戈尔如是说。

透过你的火车车窗，先见到的是随着地势起伏几千里的白色围栏，围栏后，则是风吹草低现牛羊的美景了。可是又不单单只是这样。你看不到一棵树，仿佛树就不该出现在这里，一路上都是延绵的广阔平坦草原。深色的，浅色的草。远远的会看到橙色的里程碑或是火车标识。寂寞寂寞的，似孩童无意间落下的积木。悄悄告诉你，你正经过这片注定与众不同的土地。还有更远处小小的小房子，和圈牛羊的一处圈子。然后便是内地永远无法见到的高山，然后……便是天空。走在这里，天空安静又热闹。除了很俗的感叹自然的神奇，你再没了其他话语。

草原上的主宰永远都是牛羊与河流湖泊。青海湖，纳木错自然不用多说。单是随处可见的小小湖泊也像是镶嵌在旷野的夺目宝石。若是看到牦牛群与羊群，那就是天赐的福气了。我忍不住想象它们含泪的，纯粹的眼神。与天地同岁，吮尝着晨起的甘草上的露水。低头是它们最多的姿态。也有小牦牛使劲的蹦跶。牦牛群和马群奔跑的壮观景象会让人终生难忘。颈边扬起的鬃毛在阳光的反射下你可以看到晶莹的水珠。

在这里我是相信缘分和天意的。与每一种植物每一个人的邂逅都像是注定要发生的事情。18:18，天依旧很亮。云也不知道去哪了。只剩几朵，呆呆的忘了往哪走。哦，黑色的牦牛配上白白的长毛尾巴显得很滑稽。他说："在我辽阔的生命中，有些地方是空白的、娴静的，在我忙碌的日子里，便在那儿得到了阳光与空气。"

这里就有真正的阳光和空气。

五

拉萨的鸟总是傻傻的。不似家乡的鸟精明得很。它们气定神闲地飞过布达拉宫前的广场，飞过宗角禄康公园的花坛。我躺在西藏大学的草坪上，一只在我身边走过。歪着脑袋也许在想我们好像在哪见过。我起身去追它，它低低的飞开一段距离又扭头看我。

天空太蓝了，白云很盛大。不曾来过西藏的人永远不会明白。那是婴儿刚学会笑的样子。与世无争，无瑕纯粹。这儿的阳光永远都不是晒人，不会让人心烦。纵使知道紫外线强烈，我也每天难以抑制的穿着花裙子骑单车四处游荡。

"夏天的飞鸟，来到我的窗前，歌唱，又飞走了。"我侧身去看它小小的眼睛小声问道："嘿，你是夏天的飞鸟吗？你认识泰戈尔吗？"它偏头又走开了。呵呵，这傻鸟，尽走路了。这可不就是夏天的飞鸟吗？不过它是我生命中的那一只，特有的那一只。

我不紧不慢的感受我的生活。仿佛一伸手就能握住时间的手腕。

我闭上眼，敬畏生命，歌唱太阳，认同泥土。成了一个懒姑娘。不再理会心里一小簇一小簇的疙瘩。我的灵魂抱着我自己，低声呢喃：我很好。花问太阳："太阳啊，我要怎样对你歌唱和崇拜呢？"太阳回答："用你纯洁简朴的沉默。"所以此刻我在世界的浮动中寻找美丽。犹如那帆在风与雨中的雅致。一分一秒，时间和行走静止。

六

  用身体和精神去感受这个千年城市经脉中渐渐涌入的热闹和变化。但终究西藏用它不可超越的海拔向前往的行者暗示其中参悟不透的秘密。

  我来到这个离天最近的地方晒太阳，放逐内心深处柔软，敏感，忧郁的自己。飞鸟不见，但留痕迹。用我们中国人的思维似乎可以理解成：风来疏竹，风过而竹不留声；雁渡寒潭，雁去而潭不留影。在路上我不属于任何一座城市。一个辗转而过的路人只需发现自己，看清自己。

  当内心迷雾重重时，就把自己丢到广袤天地中，在旷野里找回自己。

  选择西藏，莫过于泰戈尔吟唱的那样——我最喜欢那阳光，那天空，那绿色的大地。

  拉萨不大，北京中路和青年路相对繁华。听到江苏路时还小小的激动了一下。街道宽不似南京小巷众多。身着民族服饰的三轮车夫叮叮叮地摇着铃飞速从你身后闪过，车面上是西藏风景画。大多是花和面目慈善的菩萨。随便走到哪都有转经回来的阿妈格拉们，即使是公交车上也转着转经筒，念念有词。我比较喜欢去的还是八廓街。一样样的看那些精致的铜佛、转经筒、经幡旗、琵琶、唐卡、藏毯……从早到是晚总有数不清的转经者匆匆走在这条路上，用脚步积累他们的功德。

  "玛吉阿米"酒吧，相传就是当年仓央嘉措与玛吉阿米相遇的地方，他曾在此地写下流传至今的著名诗歌《在那东方的山顶上》，我喝着酥油茶，在一个午后重温了《生如夏花》。"我相信一切能够听见，甚至预见离散，遇见另一个自己，而有些瞬间无法把握，任凭东走西顾，逝去的必然不返。请看我头置簪花，一路走来一路盛开，频频遗漏一些，又深陷风霜雨雪的感动。"细细念着，唇齿生香。

七

  我回来了。

  我依旧无法理解那些朝圣者用几个月甚至一年的时间来到大昭寺只为一

睹释迦牟尼佛像尊容的举动。我在那个藏民族虔诚叩拜的终点以一个外来人的眼光单纯的为他们的信仰感动。但至少我明白旅行是心灵的修行。了解自己这件事，比了解世界更重要。但愿西藏记得一个曾在念青唐古拉山下追逐落日的女孩。

现在回忆起来，这段为时 31 天一个人的西藏之行，美妙的有些不太真实，仿佛游园惊梦，一番阅览，而后掩卷熄灯，就此遁入静默。可是那些细腻，开阔，感动却总在我眼前浮现。我知道，关于生命，关于自然，关于爱的诗篇和勇敢，坚定，自信的精神会永远伴随我走下去。

我也早就断了药物的保守治疗。翻遍了很多的偏方，咨询了很多的人发现我的这种情况，药物虽有一定效果，但有很大的副作用。很多人吃西药好了，很多人年复一年地吃着中药也好了。更多的还在与疾病的斗争中。它带来的不仅是未来可能当不了母亲的隐患，随之而来的，还有青春期女生肥胖，皮肤粗糙等很多问题。但人们往往忽略了心情。解铃还须系铃人。

回来后我按照惯例平静的配合医生的检查。然后……她惊讶的恭喜我。问我怎么做到的。我也吓了一跳。我大概说了一下平时我的生活习惯，我的旅行。那个慈祥的老医生陷入了沉默。

我痊愈了。

疾病来得那么突然，也去的那么突然。

有时候我会想其实疾病最初只是上天给你的提醒，你该休息了，你该改变了，你该珍惜自己。

医院里的人还是那么多。有人进来，有人出去。

生命一次又一次地被轻薄过，但我也相信自己，生来如同璀璨的夏日之花，不凋不败，妖冶如火。

(作者单位：盐城师范学院文学院)

泰戈尔在我心中
——对话集

李采薇

我来到这个世上,是为了看看天空,和远方。我的梦想来自深夜之深,我看着白昼和长夜,我听着你讲述的故事,因眷念而沉默。若你问我去过哪里,我答走过了许多个明天,成为披星的远行者,和居住于故梦里的人。

一些时间之后,我终于带着我的谜走到你的面前。远处,一位花白胡子的老者站在菩提树下,若有所思。他身着宽松大袍,浓密胡子和银白头发相互映衬,一股仙气荡然而出。血液中不宁静的流动冲击着早已不淡定的大脑,不用走近,看着他的身形我想,我已经知道他是谁了。

我不记得在一个地方停留了多久,伫立了多少时日,但是你只要数一数草木的年轮、石子的苔痕,就会知道。只有木石怀抱葳蕤枯荣,目睹流逝与芳存。而此时所有的等待,早已跃升为我的黎明。如今,除了微笑和感恩,我这双手空空的人,还能得到什么馈赠?

(我小心翼翼地走近他,生怕破坏和谐的宁静)我:"泰戈尔先生,你好吗?"

泰戈尔(侧身,带着智者的语调):我很好,孩子,噢,你是怎么来此的?

我:我走过大雁和马头琴的故乡,打捞古老的河流和潮声,在山川昼夜里遇见绵延千里的星辰和光亮,带着逃逸出身躯的心来到这里。

泰戈尔:大地汹涌,你勉力走在其中。霜雪无常,你仍认出了永恒。灯火寥寥,总会给你指明方向。唉,老人总是回忆的读者,少年总是眺望未知的远方。孩子,你一定是带着迷惘来到这里的。

我(惊讶并欣喜):是的。正如每一个人的诞生词都是哭泣,最后全都归于沉默一样。在生命周而复始的循环里,我们应该怎样活出自己的生命?看到您在 1911 年生日庆祝会的讲话,似乎从中对生命的轨迹对生日这种平凡的日子得到更多的启示。好比原来,总是希望生日是灿烂的耀眼的,好像一个盛大的生日才能得到全世界的祝福,何谈祝福?其实只不过是满足自己为中心是焦点的虚荣想法。虽然达不到明星万众瞩目的效果,却也生动地安慰了自己。虽然,总是这么渴望过却从没有身体力行的实施过。在到后来,年岁渐长,越觉得所谓的疯狂派对所谓的各种惊喜所谓的恨不得全世界都知道你生日的想法,非常的幼稚可笑。又愈发的庆幸还好没付诸行动。呵呵。

泰戈尔:如果你因为我的演讲,对生命中众多的日子有了新的理解,那么我觉得我的演讲就是成功的了。是阿,我重新认识了生日,在那次庆典上,这唤醒了我对远去往事的回忆。比起其他的日子,生日并未过分地在我面前显耀。

我:这一天也与其他的 364 天一样,并没有什么特殊意义。可是我们为什么要欢庆它呢?我不懂为什么那么多人想把生日过成众所周知的节日,所有的认识的不认识的熟悉的不熟悉的都得奔走相告,最后永不过时地说声生日快乐。祝福应该有,可是用得着普天同庆吗?

泰戈尔 (触碰一叶菩提子):我们欢庆,是因为这是对新颖的认知。每一次的欢庆,都是在期盼一个新的自己。我们会用新的目光认知自己,这会激起新的兴致,将至未来,以新的姿态去迎接,好像超越了过往的每一天。

我 (不安):那难道是我风烛残年了吗?我一点都没有冲动去欢庆这个日子,它只是三百六十五分之一呀,它只是一个数字,而这个数字背后也没有丝毫重要含义。它只是提醒我,我又向未来的我跨了一步。如果我们看待我们的生命是一场有限的不能透支的支出,那么它仅仅告诉我又有了一笔新支出,我离终点又近了一步。它也骄傲提醒我,母亲大人在这一天所承受的苦,女子本弱,为母则刚。它也更深刻的提醒我,这一天和我一见面就成为亲人的他们对我的无限期待。他们和颜悦色地对我说"今天是你的生日"。

泰戈尔:不,不是这样的,你是最新的。只要人的创新之路是畅通的,我们就会满怀希冀地庆祝。你不想欢庆,只是不想他们那样放浪无稽的欢庆。他们只是在寻欢作乐,昭示着天地间自己伟大的诞生。我相信,你是满怀希望的。只有别人对他不再抱有新的希望,那时他在我们面前,即使在欢庆也形同虚设，人生的诗美我们一点也看不到。"人生之路尚未确定，它的岔路伸向不同方向，泉水刚从地下流出，河水刚开始流淌，为找到合适的路转来转去，改变流向，"我想你总是在某个时刻幡然苏醒，带着无法描述的无限期望。

我 (安心)："生日之歌仍然再唱，欢庆之灯也不会熄灭。"

泰戈尔 (停下抚弄菩提子，转身)：我还想告诉你的是，"我们用眼睛看到，用耳朵听到、用手获得使用的有许多东西，很多都变不成自己的。"我们四周有无数人，可并都是我们的亲人，因为他们不是我们的亲人，所以他们感受不到我们的快乐。

我 (不理解)：所以，您还是赞成"只有在获得亲人的地方，才应举行生日庆宴"？

泰戈尔：是，但这里的亲人，含义应该更广。婴儿一出生，他的父母和家人立即获得一个亲人，从见第一面起，熟识便是永久性的。他从一个奥秘的世界坠入凡间，他轻而易举的进入熟稔之中，没有相互探寻、接触、会见，这样就成了亲人。婚礼上，陌生的两个人决心把对方当作亲人，这也值得庆祝的。生命无常，如果你因为得到了谁，让你感到无比幸运，让你感到无比快乐，那么这就是亲人。"你是我的亲人"并不可以每日之调说出，其间得倾注了多少情感啊。"因为你是我的亲人，得到你，我们更多地赢得了自己。"

我 (恍然大悟)：人一生只出生一次，如同种子，破土而出，继而发育成树苗，又成长为大树。亲人，是彼此之间深挚的关系。从此对亲人我不讲永远只讲珍惜！

泰戈尔：人一次次死去，也一次次走进新的人生——种子，树苗，大树。无不如此。人是可以再生的。一次从娘胎里生出，一次在自由的世界诞生。"在世上呱呱坠地，意味着肉体诞生的结束。"这是个体的结束。摆脱自己，投身于自由世界，这是在群体里诞生，是人性的诞生。

我：……

泰戈尔 (看着绵延山脉、原野)：在自己的世界，你是中心，其他的都只不过是几何世界里无意照看的各种点线。在公众的世界，你不是中心，你只是几何世界的一部分。"只有当你的生命融于整体的生命之中，整体的好坏，就是你生命的好坏。"孩子，我知道这很难，将自我和大众拴在一起，可是这样也不能停止啊。你要知道，我们跌倒次数始终多余我们的步数。你会受很多罪，你会有很多的牺牲。做出牺牲，是不容易的。你会质疑牺牲的意义，你会陷入矛盾状态，你要不停和自己作斗争，但是你也要明白，即使微小火苗也能变成华灯长久的光芒。

我：我知道了，"得像婴儿去搂抱世界，而不是像成人去占有。"

泰戈尔：南风携来春天的福音会传遍森林每个角落，即使有些树木也已枯萎，不能去响应春天的号召，但是心田的甘泉会匆匆流过枯萎枝丫，接受春天的礼赞。春日的阳光也会温暖坚硬的皑皑白雪，白雪溶化后的溪流会使花果飘香。

> 青堰和云朵缓缓生长，湖和睡莲相继老去，总有河流不知疲倦地带走了星辰、梦境和背影。一声布谷带来诗意的东方，拂晓的东方。一声夜莺带来油墨的西方，迟暮的西方。

我：你来过中国是吗？你看，现在的中国和之前的中国是不是两个世界？

泰戈尔(欣然又一丝忧虑)：是啊，发展得很快。

我：一张机票、一列火车、一节车票，就可以到达世界各地，好像每个城市都可以成为国际大都市。可是令人痛心的事实是，现代比邻的境地却把我们分割的更开了。你曾说到"我们走上同一条路，或互相陷害，或互相躲避。人与人相遇，或匆匆扫一眼他人的生活轨迹，或乔装打扮故作关心。"似乎，我们正在这条路上一去不返呢。

泰戈尔：有些人说，心地善良不是人的本性。古往今来，自然界普遍规律昭示，强者征服弱者。"我们无法否认他们列举的事实：强者统治人类世界，但我们拒绝承认这揭示了真理。"善良谦和的秉性是不会随着科技的奥秘而消失的，就如春种秋播的自然规律不会随着千年时光而改变。孩子，你得相信青川采蓝是乌云之后的故事，只有耐心地等待。至少，我们在进步。

我(焦心不安)：可是，现在的进步好像是以糟粕妨碍我们的心灵，我觉得很倦息。我们进步是想朝着完满的方向，我们进步是想在国际上有更多的话语权与尊重，是想过得更尊严，但是现在好像背离了。是什么在逼迫在催促我们扭曲地进步？我们向往进步，可是我们也在进步中迷失了自己。

泰戈尔：孩子，我来中国时在清华园对学生的讲话中曾渴求你们"不要让泛滥的粗俗的势力的召唤、敛财的幽灵、亿万资金毫无意义却无穷尽的膨胀吸引过去，背朝着我。"你要知道只要人心强健，人就可以依靠自己的力量，发掘自己的潜能。孩子，你要知道所谓进步，"如若与内在理想无关而与外在诱惑勾连，那其实就是对无穷利欲的满足。"

我：那进步是……．

泰戈尔（散发着先知的光芒）："进步更应该是尽责的力量和快乐。"你甘愿吃苦达到完满，那就证明你没有被绑架。

我（仍不解）：靠自己的力量所得实在是过于有限，况且不一定会有结果啊。时常在想靠自己努力所取得的，和别人一样甚至还不如，那么吃苦的意义又在哪里呢？

泰戈尔：孩子，我曾说过"人最大的特点是，他是创造者。"我们在自己的创造力中达至完满，我们在过程中品味酸甜苦辣。我们感受到光荣和福祉。反之，若无劳作的法则，我们就是动物。只有通过劳作，我们才能逐渐掌握我们的命运，有自己的天地。倘若失去自我创造、自我控制，那就意味丧失了一切。而努力的意义则是，你青云直上，每一步都脚踏实地，他漫步云端，其实如履薄冰步步惊心。

我（坚定）：不开花，不结果，形同槁木。

泰戈尔：我一生致力于教育事业和创建合作社。从最初只有五六名儿童逐步扩建成可以进行国际交流的大学，我不能说这是成功，但是这是力所能及的。人们总爱问"我能做什么？"可是他最该问的不是这个，而是"我在做什么？"愿你清除精神的疲乏，使艰苦开出果实。

我：谢谢你，先生。我明白了。

燕儿带来秋风携来的种子随意散落在书上，合上书，又是一季黎明。日出从熹光到跃升，夕阳从衔山到日落，世间事大抵如此，当周遭已旧，你仍需要为远方和天空疲惫行走。感谢在失途的河流中遇到爱与诗行，感谢等待后送来的千里光亮。因为这是光，是一场又一场的重生。

（作者单位：澳门科技大学）

关于泰戈尔诗中几组意象的组合的想象

陈淑仪

（一）

黄昏的云片片烧入天际，
赤红的余晖抚过石柱崖脚，
退向瑟瑟的海的深处。
穿过层层暗云，黑色的天幕，
吞食了太阳虚弱的光，
苍白的月色笼罩了大地。
凛风扑入岩隙，啸啸作响，
送上夜宴的序曲。

夜的触角贴地穿行，
融化了岩的影，柱的影，树的影，
敲响了王殿的门。
这是怎样的宫殿呵！
它的光芒可与天宫媲美，
也不曾败在暗夜的影中，
柱与穹顶严丝合缝，
穹顶之上错以金彩，缀以宝石，
仿若天穹的星子，颗颗闪烁其上。

星子照耀之地，都砌以光滑的玉石。
宫殿的前庭，设有珍馔美酒，
中庭高台起筑，边角鎏金，乐师列坐。
王端坐宝座，俯首静观——
角斗快要开场！

铸金的笼子里，
走动着饥饿的虎。
它步履沉着，环顾四周，
又伏下身，喉头滚出赫赫吼声，
与它对峙的，是东方的奴隶，
目光如刀，由头至尾，将它打量，
蓄势待发，誓要一击毙命。

（二）

奴隶与虎脖颈相拼，手脚相抵，
迸溅的血液仿若浓烈的美酒；
烛光高照，醉饮的宾客赤红着脸，
肩挨肩，脚碰脚，高声喊叫。
血的甜腥，酒的香醇融成一条静默的溪，
蜿蜒流过乐师的高台，玉石的地面，
流进多利亚的曲调，卫兵的号声，
融入了夜的触角。

流风堕地，卷起层层白浪，
生于崖脚，亡于崖脚。
高高的巉岩，坐着一爿人影，
肩上立着一只鸟儿，寂寂地望向西方。
只听他开口道——

盛宴夜夜开场，日日迷狂，
美酒佳肴，鬓影衣香，
我本该把盏流连，将这美梦享。
可腥风吹我出了这角斗场，
你说，我该去往何方？

这时他肩上的鸟儿开口道——
我虽长在笼中，可我的先辈
曾翱翔山野，传下了彼岸的故事。
只要跨过这隆隆波涛，劈开层层巨浪，
逃过乌云的遮盖，旋风的吹鸣，
就能到达安静的海。
那里不再有腥风，
有的是宁静的夜空，柔软的白沙，
温柔的花朵，和奔流的瀑布。

（三）

整片大地还未醒来，
安静的海连着白沙、树和天，
白的绿的紫的。
黑夜业已退场，让路给
将升起的太阳。
涉险而来，对岸的勇士，
小心翼翼地，开始了他的旅程。

晨曦的薄雾披上了树梢，
四周悄悄，只有
风吹草叶，沙沙作响。
一颗露珠，在树梢，在叶尖，

风将它，轻轻托起，又
柔柔放下，摆在草的叶上，
狭长的、宽大的，在上面，在下面，
倒映出整个世界。
花也在露珠里，蜷缩的，绽放的，
各自散发清香。

勇士嗅入了些许清冷，
露珠的香气，树的香，草的香，花的香。
薄雾聚了，又散，
悬挂的瀑布苏醒了，放出自由的歌声。
清冷的空气沉入肺腑，
变作一团热烈的气，盘旋而上，
充盈胸膛，愈发炙热，快到喉咙顶上。
沙哑的歌声从心中迸发，如雏鸟初啼，
低低地缠绕在树底；
而后愈来愈轻，愈发高亢，
越过树梢，如云雀般直冲云霄，
又如苍鹰般俯视大地。
种种回忆裹挟着热烈的情绪——
与猛兽相搏、泼洒美酒，
还有多利亚的曲调，甜腥的风和汗珠。
待这些回忆统统撕成碎片，
宁静的海，露珠和清风，
成为了新的景。
勇士的歌声
唤醒了林间的鸟儿，
鸟儿也齐声啾鸣，
与瀑布一道儿，为他伴唱。
肩上站立的笼中鸟儿，

也挣脱了脚链，
展翅飞翔云间——
我熟悉每个音符，无数支歌谣，
却从未像今天这般歌唱。

（四）

瀑布脱去了倦意，
和山石嬉戏，溅起了点点白花。
勇士拾起草毯上的落英，
仔细地编成一朵花环。
因为他遇见了一位姑娘，
晨曦染红了她洁白的双脚，
露珠沾湿了她垂腰的长发，
清风送来的，还有凤仙花的芬芳。
他望进了她的双眼，
仿佛看见了久远的时光，
成了永恒的少年王。
他不禁向前，单膝跪在她的身前，
开口说道——
我从遥远的对岸而来，
寻找彼岸宁静的海。
我曾对着露珠瀑布歌唱，
而又遇见您，我的女王。
请让我成为您花园的园丁，
成为您守夜的卫兵；
请让我成为您永远的诗人，
成为您永远的歌者。
我将为您汲水、巡视和礼赞，
永远敞开我的灵魂——

姑娘看着跪地的勇士，
用手轻抚他的额头——
我化作了林间的清风、草叶上的露珠，
和奔腾的瀑布。你甫一开口，
我就听见你的歌唱。
唉，远方的人呀，请你告诉我，
你要成为我的园丁、我的卫兵，
我的诗人和歌者，
又需要什么报酬呢？

勇士答道——
只要您允许我给您带上我的花环，
在您行路的时候，
用无忧花的红汁，染红您的脚底，
并让我永远伴在您的身旁。
姑娘答道——
你的诉求我已经接受，我的仆人，
你将永远地留在我的身旁。
请将这朵金色花别在襟上。

(作者单位：北京第二外国语学院跨文化研究院)

为你再读一首诗

林巧思

1

又是一个朦胧的夜。

桌子上摆放着的台灯正在用它暖色的光,一寸寸晕染着整个寝室。我小心地取出抽屉里的《泰戈尔诗集》,翻开一章,对着手机小声地读了起来。

"妈妈,让我们想象我们正在旅行,经过一个陌生而危险的国土。

你坐在一顶轿子里,我骑着一匹红马,在你旁边跪着。

在黄昏的时候,太阳已经下山了。约拉地希的荒地疲惫而灰暗地展开在我们面前。大地是凄凉而荒芜的。

你害怕了,想到——'我不知道我们到什么地方了。'

我对你说道:'妈妈,不要害怕'。"

2

我出生在一个四季温暖的南方小镇,父母是大学同系的师兄妹。

父亲是一个极具浪漫主义的人。我听母亲说,当时,父亲在追求母亲时,每天用信纸誊写一段情诗,赠予母亲。后来,父亲送给母亲一本《泰戈尔诗集》,母亲才发现,父亲赠予她的很多诗都出于此处。

父亲是不怎么写诗的,他总觉得自己不够专业,但父亲又是爱诗的,最爱的诗人便是泰戈尔。父亲痴迷泰戈尔也是很偶然。父亲一次夜市闲逛,无意在旧书摊上发现一本泛黄的书的封面上有这样一段话：

"当你死的时候，你对于我以外的一切，算是死了，你算是从世界的万物里消失不见了。但却完全的重生在我的忧愁里。"

父亲感慨良多，如获至宝般得买下了这本书，一回家便饥渴地读了起来，从此对泰戈尔的喜爱便一发不可收拾。

但是对于一直学习工科类的母亲来说，文学就像是一个谜，总是不如数字来得简单明了。父母谈恋爱的时候，父亲常常邀母亲在学校操场昏黄的路灯下一同坐着，轻轻读诗给母亲听。母亲刚开始觉得父亲奇怪得很，也不怎么爱搭理他。一次难却父亲的邀请，便赴约，在老远的地方便望着父亲坐在路灯下读诗的身影，直到母亲的影子投射在书上才发觉母亲的到来。母亲好笑地问道："你真的这么喜欢诗啊？"父亲有点慌乱地合上书，站了起来，不好意思地挠了挠头："对啊，就像喜欢你那么喜欢。"夜色氤氲，母亲望着面前这个大男孩害羞笑容，心里就突然开出了花。

母亲总是一次次不厌其烦地跟我说起年轻时的故事，脸上都是遮不住的笑容。可是，这个美好的笑容随着岁月的流逝渐渐地多了抹不去的褶子，也多了一份浓重的忧愁。

2003年的冬天，父亲约上几个好友，去观赏下满雪的北方的山。山高且险峻，路太湿太滑，父亲就这样被凛冽的寒风与飞扬的雪花带走了，永远地活在了母亲的忧愁里。

浪漫地很凄惨。

2003年，我12岁，母亲36岁。

3

母亲被查出患上阅读障碍症，是在2004年的春天。万物复苏，冰雪消融，一切都是新的，美的，但四季如春的小镇却始终无法切实体会到重生。

料理完父亲后事的母亲，或许是因为眼泪流的太多，就这样无法继续读书，甚至连父亲留下的曾经的情书也看不了。母亲不是没有努力过，只是文字的排列组合在她的眼里总是杂乱的。母亲看得眼泪流了出来，头疼得很，依旧没有办法。

父亲生前总爱给母亲与我读泰戈尔的诗。在母亲孕育我的时候，父亲便常常抚摸着母亲的肚子，声色并茂地读着《新月集》，然后笑着和母亲谈论着我出生后的事宜。父亲读到《告别》时，那句"是我走的时候了，妈妈，我走了"，引得母亲一直垂泪，父亲便笑着调侃母亲现在比自己还要多愁善感，孩子的路还长。只是谁能想到，我的翅膀都还没长硬，父亲就先走了。

查出阅读障碍症不久，一天晚上，母亲有些怯生生地敲开我的门，手上拿着那本早已泛黄的《泰戈尔诗选》，问道："巧儿，今晚有空吗？能给我读读诗吗？"

"好。"我知道她想念父亲。

那时候，我字认得不全，有时读错了字，母亲就赶忙纠正我的错误，告诉我正确读音。我不耐烦道："你自己都会背了，为什么还要我读？"

母亲神伤，轻轻地说："因为你像你爸爸。"

我不敢再拒绝。

至那以后，每天为母亲读泰戈尔的诗便成了我的任务。母亲虽不能阅读，但事业单位仍给她一个能顾及我们母女温饱问题的工作。下班后，母亲便做好饭菜在家里等候放学归来的我，默默等我完成作业，为她读上半个多小时的诗。

起初，我读的是父亲的情书，多半是《爱者之贻》，后来读《飞鸟集》、《吉檀迦利》等等。母亲听诗的时候总是很安静，一直浅浅地笑着。自从患上阅读障碍症后，母亲就很少哭。有时候念到的诗跟母亲的回忆有契合点，母亲还会不失兴致地告诉我旧时的故事。泰戈尔的厚厚的一本诗集，越读越薄。在春去秋来的更迭中，故事都流转了几轮。

可能是母亲把父亲种在她心里的忧愁都化作她身上蔓延生长的细纹，汩汩流淌的血液，父亲的浓情全都转化成诗的字里行间都长进了她的身体里，所以才会笑着将触及灵魂深处的回忆一一摊开来吧。

我也不敢再哭。

4

高三那年，铺天盖地的习题与应接不暇的考试接踵而至，我能抽出来的时间越来越少。

母亲并不埋怨什么，有时还会懊恼自己像每天都等着听故事的孩子那般，总是在耽误我学习的时间。那时候繁重的学业压得我喘不过气来，有时心绪太过烦躁，于是故意将学习的时间拖得很晚，想着母亲累了便会先睡去，这样也能给我省下一些时间。

母亲似乎也意识到我的拒绝，来主动敲我房门的次数渐渐减少。深夜时分，我完成功课，洗漱时瞅着母亲的房间总是静静地被黑暗包裹着，便也快速上床入睡。

如果不是一次我半夜起来上厕所，也不会窥见母亲偷偷瞒着我的小秘密。母亲就静静地坐在书桌前，身上披了一件单薄的外套，认真地看着她已努力看了不知多少遍的诗集，突然就抬手抹了抹落下来的眼泪。我才意识到母亲不管多晚都在等着我为她读诗，有时太晚，为了不让我担心，便偷偷关了自己房间的灯，假装已熟睡。

母亲怎么老得这么快呀，她的背渐渐佝偻，身形也越来越小。我脑子里突然就跳出泰戈尔的那首《英雄》，"不要害怕，妈妈，有我在这里"。

妈妈，这么多个难以入眠的夜晚，这么多个无法坚持下去的瞬间，你害怕吗？

第二天晚上，我主动找到母亲为她读诗，母亲弯弯的眼睛里满是欣喜。那天，我正好读到《金色花》。

"假如，我变成了一朵金色花，为了好玩，长在树的高枝上，笑嘻嘻地在空中摇摆，又在新叶上跳舞，妈妈，你会认识我么？

你要是叫道：'孩子，你在哪里呀？'我暗暗地在那里匿笑，却一声儿也不响。

我要悄悄地开放花瓣儿，看着你工作。

当你沐浴后，湿发披在两肩，穿过金色花的林荫，走到做祷告的小庭院时，你会嗅到这花香，却不知道着香气是从我身上来的。

当你吃过午饭，坐在窗前读《罗摩衍那》，那棵树的阴影落在你的头发与膝上时，我便要将我小小的影子投到你的书页上，正投在你所读的地方。但是，你会猜得出这就是你孩子的小小影子吗？

当你黄昏时拿了灯到牛棚里去，我便要突然地落到地上来，又成了你的孩子，求你讲故事给我听。

'你到哪里去了,你这坏孩子?'

　　'我不告诉你,妈妈。'这就是你同我那时所要说的话了。"

　　读罢,我抬头便望见母亲笑盈盈的眼睛,眼里满是荡漾着的柔波,一浪一浪地拍打进我的内心深处。

　　我谎称上厕所,背过母亲,克制了太久的眼泪一下子就涌了出来。

5

　　我如愿考上了心仪大学的中文系。假期时间,我帮母亲将所有的泰戈尔的诗录成磁带,以备母亲想听的诗的时候随时都可以放出来听。我与母亲约定,每天都会尽量抽出时间通话,聊聊大学的生活,再读一读母亲想听的诗。

　　临行前,母亲做了一桌子的菜,并一直叮嘱我上大学后要注意的事情。母亲很开心地说,父亲一直心心念念的中文让我学了去,也算了却了他的一桩心事。母亲今天的话显得特别多,她说父亲教会了她生命的本身。泰戈尔好多诗也是在他的亲人纷纷离去时所作,可怕的殷忧没有击垮他,却让他了解生命的真谛,再化作世界上最美妙的诗歌。

　　我知道母亲即使自己再苦再累地操持着整个家也从来没有真正埋怨过父亲什么。父亲被他所信仰的浪漫带走,母亲却不恨浪漫。父亲其实不曾离开我们,泰戈尔在父亲身上留下来的深深浅浅的印记,对爱的执着,对生命的感恩,父亲都潜移默化地注入我与母亲的体内,永远变成了精神支柱,变成了内心的硬盾,在浮躁的社会面前,有了休憩的港湾,在苦难的生活面前,有了笑对人生的坚强。就像泰戈尔的那句诗——让死者有那不朽的名,让生者有那不朽的爱。

　　而母亲,女儿已经长大,女儿会为你一次次读起熟悉的诗,会肩负起生活的重担,弥补你在那段缺失父亲的艰苦岁月里的不安,还有默默咽下肚的眼泪。

6

　　"草地上刺蓬蓬地长着针尖似的草,一条狭而崎岖的小道通过这块草地。在这片广大的地面上看不见一只牛;它们已经回到它们村里的牛棚去了。

天色黑了下来，大地和天空都显得朦朦胧胧的，而我们不能说出我们正走向什么所在。

突然间，你叫我，悄悄地问我道：'靠近河岸的是什么火光呀？'

正在那个时候，一阵可怕的呐喊声爆发了，好些人影子向我们跑过来。

你蹲坐在你的轿子里，嘴里反复地祷念着神的名字。

轿夫们，怕得发抖，躲藏在荆棘丛中。

我向你喊道：'不要害怕，妈妈，有我在这里。'"

(作者单位：福建师范大学文学院)

正如夏花烂漫时

王惠璇

如墨的寂静的夜，随着几声"噼里啪啦"的爆鸣，一簇柿子红的鞭炮花"咻"的一声在空中绽开，霎时绚烂无比，瞬间又齐刷刷往无尽的黑夜里钻，不过短短几秒，刚才的一声"咻"还俨然在耳边回响，鞭炮花早已消散殆尽，如口袋般盛满绚丽金光的黑夜又回复了沉默！底下好些个孩子看到烟花都欢庆着鼓起掌，而一旁放烟花的几个人却只是缄默。无尽的夜吞噬了他们的眼泪，也吞噬了如夏花般绚烂的烟花。

1920年，一个夏雨时节的午后，在北京念书的秋叶抱着印度诗人泰戈尔的《飞鸟集》迈进白云客栈参加湖南同乡会，一进门就看到许多人拥着挤着在大声喊着"新思潮，变制度，中国有我，不亡！不亡！不亡！"一米六不到瘦小的秋叶瞬间被埋没在人潮中。她不停地踮起脚尖看前面人们到底在干嘛，却始终看不到，只有一条条从长袍宽大的袖口里伸出的条条雪白而坚韧的胳膊。不一会，一素色长袍的年轻男子走上台摆着手让大家安静。待众人情绪稍平息之后，便开始发言。

随着人潮的疏散，秋叶也被挤到了靠近门边的一张桌子上，她整整裙子，坐了下来，手撑着头，侧身坐着望向台上。看着台上那青年的慷慨陈词，秋叶心中未免思绪满怀。想想自己跑了大半个中国来到北京求学，面对前方一片忐忑不安，仍旧坚定自己所认为的用笔来救国的想望。尽管是满腔的热血与报国热情，却始终未能明志笃行，更别说有如他这般意气风发的气力来投入实际的工作中来。想到这不禁懊丧不已。不多时，看到手中的《飞鸟集》，却又有了满满的信心。总希望自己终有一天也能够成为泰戈尔那般人物，能够为自己的民族国家书写罪恶的封建殖民思想以及鞭挞落后腐朽思想,就做一名真正的民族诗人,自由平等的民族诗人,而不单单是女诗人。

看到一旁呆坐着的秋叶,结束了发言的高奉远走下台来,拍了拍秋叶的肩膀。忽然被拍了肩膀,沉思中的秋叶吓了一跳,红涨着脸站起身来,看到是刚才台上发言的青年,睁大双眼无不一脸惊诧,并腼腆地点了点头。

"你好,高奉远,邵阳的。"说着就像秋叶伸出手来。

看着剑眉星眼、唇红齿白、年轻干净的高奉远挂着大大的微笑,秋叶略微迟钝后便强作镇定与之握手,并扯着微颤着的嗓门大声说道:"你好,叫我秋叶,长沙的。"

"秋叶,姓秋?"

"哦,本名汝碧,因爱慕一位诗人作笔名秋叶。"说着指了指桌上的《飞鸟集》。

"原来你也喜欢泰戈尔。太好了,这下子我又多了一个同道的朋友。不过,倒是秋叶对你这年纪过于清冷,倒不如叫夏花。"

看着高奉远认真的样子,秋叶只得低着头微微侧过身子咯咯地笑。高奉远见秋叶两颊微微泛起红晕,以为是场内气氛过于高涨的缘故,便邀着秋叶往白云客栈后面的湖去。据高奉远说,这叫偶然湖。因之是自己偶然发现的缘故。

两人念着诗安然地并肩走着。没有种荷花的湖,偶然地一个人也没有。傍着雨后湖面吹来的阵阵阴凉,两人只觉神清气爽。两人绕着湖走了一圈又一圈,倒不觉累,倒是越发觉得志同道合,越谈越投机,而愈发珍爱对方视作知己。过后,又常互通信谈思想抱负。秋叶向高奉远倾诉自己内心多么矛盾,身作女性,自己想要的是社会的正视,身作青年,又苦于寻不到救国的出路。高奉远立马回信,为之分析当代青年之普遍内心苦闷,究其根由还是在于社会制度的不合理。同时又会不断鼓励秋叶要坚持创作,秉持该有的信念:"天空或许没有翅膀的痕迹,但我已飞过。""我的心是旷野的鸟,在无边无际的天空中飞翔""尘土承受屈辱,却以鲜花来报"。但每当高奉远念道"夜之黑暗是一只口袋,盛满了发出黎明的金光的口袋"的时候,不知缘由,每当这时候,她的眼眶总是湿湿的,又是暖暖的。当高奉远为了与家里的矛盾而愁眉紧锁时,秋叶也只能暗自落泪,感叹包办婚姻下不幸的奉远,更痛恨自己民族的振兴之路上的这一道梗。

满树的知了嚷响了沉寂的校园，从女高毕业的秋叶受聘于自己的母校的附属中学担任国文教员。不多久，在逐渐回复平静的树荫下，秋叶收到了高奉远的一封信。信很薄，又是用的毛笔写的字。一拆开，发现只是一片火红的枫叶。枫叶上，是高奉远的两行字：满山秋色关不住，一片红叶寄相思。面对这突如其来的信，秋叶不是欣喜更不是反感，有的是满怀的愁思与纠结。这不禁让自己又想起自己曾经的悲痛。当年还不谙世事的秋叶经不起秦昱林的疯狂追求，与之有了一年半的恋爱。看似温柔英俊的秦昱林对自己尽管百般呵护，可再美好的幻想在谎言面前是多么一文不值。原来这秦昱林早已有妻有儿，不为什么，只为着自己的尊严，秋叶看也不看他一眼甩头就走了，自此不再见。想想当年的自己幼稚却又坚决，而现在是自己钦慕的高奉远，自己怕是承受不起，愿只愿纯洁地守候，只能用自己终身不嫁的决心来守护内心的这份爱。在经历了5天的思想斗争后，她挥着微颤的手坚决地在红叶上写了回信：枯萎的花篮不能承受这鲜红的叶儿。

1924年，北洋政府对北京城内共党员进行大搜捕的时候，身为共产党员的高奉远也落入逃难的虎口。逃难前一夜，他找到秋叶，告诉她自己一回到老家立马解除婚约。那一夜，他没有再多说话，两人在无半点星光的偶然湖旁，对着冷月，他开始念诗："在影子追逐的地方，夏雨来临的时节，在路边等待和观望，是我的幸福……我知道我一看到你，那幸福时光便突然而至……"

在独自一人的时候，志忐中多少又有些苦闷。下了课，不想写作的时候，她总喜欢点火柴。一根小火柴在盒子上一划，"呲"的一声，瞬时火花咋现，就看着火一直烧着，直到快烧到手的时候立马丢掉，接着又点起一根。这让她感到自己的生命是真真切切在燃烧的，如绚烂的夏花般，而不是死一样沉静的。

又是一年满山红艳时，秋叶又来到偶然湖，颤抖着手拆开了信。那是他用那待了象牙戒指的手寄来的。信里是泰戈尔的《古檀迦利》，书中夹着又一只象牙戒指，戒指上系着一张字条，他告诉她自己已经离了婚。收到这一封信，秋叶两眼噙着热泪，颤抖着手套上了戒指。也许，在此之前，她曾经疑惑过自己的决定，但就是在这一刻，她才坚信并庆幸自己终身不嫁的决定。

她只愿纯洁地守护这份泰戈尔诗那般清新的爱情。

　　来年春天,高奉远回到了北京。尚未正式投入工作,由于多年的艰苦生活以及长年的情感积郁,他瘦弱的身体实在难堪重负,住进了医院。每天,秋叶都会去医院陪他谈心、念诗。在花园的长凳上,夕阳温和地抚摸着人的脸颊,这时,他们念得最多的是泰戈尔的《园丁集》。"你是朵夜云,在我梦幻中的天空浮泛,我永远用爱的渴望来来描画你……""我捉住了你,缠住了你,我爱,在我音乐的罗网里。你是我一个人的,我一个人的,我永生的梦幻中居住者……"

　　春天的花还没有开尽,新土的气息尚且很浓厚。26岁的秋叶早已双眼塌陷,瘦得两颊的皮几乎陷入喉咙,想起是十一个月前埋葬高奉远的场景,仍旧有止不住的泪哗哗地往下流。再次翻起当年与高奉远的一封封早已被翻烂的信,竟是满心的自责。想想自己这二十几年来究竟没做出什么事来,除了写几篇文章卖弄心情外,实在没有可以向人讲起的事迹来。倒是高奉远的大好前途,她早说过,就凭着他的那股劲,他一定能成大事,而现时愈驱紧张的局势下,正是需要这样的人才啊!说到底,还是自己误了他的一生,欠他的实在太多,若当初的自己不那么脆弱,宁可任性一些,也不至于让对方遭受这么多折磨。可这折磨未必是无辜的,天底下这样的苦人儿实在太多!

　　萧萧的秋叶在月下的影子印在玻璃窗上,看得秋叶呆呆瞪着两眼,满满的忧思在眼睛里越陷越深。恍惚间,秋叶眼珠子晃动了一下,像是看到了一束烟花在眼前划过。于是,她展开信纸:

　　"'夜之黑暗是一只口袋,盛满了发出黎明的金光的口袋。'小隐,我死了,你把我骨灰做成烟花,就在偶然湖上放。我这一生太苍凉了,不该做秋叶,该做夏花了。

　　　　这是一朵偶然盛开在偶然湖的夏花
　　　　穿过湖底淤泥伸展在阳光下的
　　　　在那时,我遇见了他
　　　　我戴上了婚礼的花环
　　　　在晨光中,走向长着刺蓬蓬野草的草地上
　　　　我们一起接受日月星辰的祝福

一起行走在十月浓雾的沉重阴影下
一起扯破遮住晴空的厚重的纱幕
再做绚烂的夏花
　　　　　——感谢泰戈尔在我心中！就让我以此作为告别吧！
　　　　　　　　　　　　一九二八年九月三十日晨"

　　我不敢说生命是什么，更不敢说生命是不是有长短，我想只要生平里有过许多快活日子就够了。不管是只鸣一夏的知了，或是年复一年绿了又黄黄了又绿的大树，抑或是穿过悬崖峭壁的滚滚沙石还是斜阳芳草下的细细平沙，你的存在，正如夏花烂漫，便是生命的一个永久的奇迹了。

　　　　　　　　　　　　　　　(作者单位：汕头大学文学院)

天边的星星

贺可熙

在群星之中,有一颗星星指导着我的生命通过不可知的黑暗。(泰戈尔诗)
——题记

  又一次在萧瑟的十月走在这熟悉的马路上,逝去的岁月像蛛网一般密密麻麻的编织了起来。从小学到大学每次在家与学校之间来回穿梭总要走这两公里的路到站牌坐公交车,十几年过去了,虽然泛黄的土路早已被柏油马路所代替,但用脚步所丈量的青春年少却在记忆的漩涡中翻腾不息,小学时的每天回家变成初中的每周回家,高中的每个月回家,大学的半年回家,最后变成研究生的一年回家一次。回家的频率虽然减少,心灵却更接近故乡澄澈的灵魂。每当夕阳西下、暮色四合时,我总会抬起头仰望天边的星星,如此时一样,凄冷的秋风刮着枯黄的玉米秸哗哗响,瘦衰的枯草在坟头乱舞,我不害怕,因为天边的那颗星星正照向这里,这里面躺着我那亲爱的热爱泰戈尔的姥爷。

  记忆的河流冲洗着泥沙,将曾经的往事凸现出来。我家在一个偏远的小山村,一天只有两趟公交车,每次回家天都黑了。父母工作很忙,姥爷怕我走夜路害怕,每次姥爷都到车站接我,不管刮风下雨、寒冬酷暑,总看到姥爷那瘦小的身躯在车站边张望,当看到载着我的那辆公交车来时,脸上的皱纹都笑开了花。小时候的我不懂事,总是将那沉甸甸的书包丢给姥爷,高兴的时候就叽叽喳喳的和姥爷说起学校的事情,不开心时就默默的牵着姥爷的手走着,姥爷将我送过那座漫水的小桥,然后自己再回家。听妈妈说姥爷家是那个时代的小地主，年轻时的姥爷就是一个吃喝玩乐的公子哥，整天忙着喂鸟养花、看书喝茶，也不用为吃饭的事发愁。但是时代变了，一时间姥爷也和其他人一样要下地干农活，从没干过农活的姥爷不知道怎么撑过去的，只听说姥爷变得越来越沉默，性格也越来越乖戾。但是即使在那最艰难的时候，他也总在昏黄的油灯下偷偷地看书喝茶，似乎此时的他才是真正的他。我依稀还记得小时候摇曳的灯光下一位胡须渐白的老人一边品着清茶，一边对着光亮看书上那蚂蚁似的小字，而此时淘气的我总是拽着姥爷的衣角问"姥爷姥爷，你在看什么呀？""我在看书啊。""看的什么书呀？""看的关于你的书呀。""关于我吗？讲的什么呀？""讲的你这个小淘气和妈妈捉迷藏的事呀，你变成了一朵金色花，在树枝上看妈妈劳作。"我嘟起了小嘴说："妈妈忙，妈妈没时间和我捉迷藏，妈妈总是在劳作。姥爷最好了，姥爷和我捉迷藏。"姥爷竟认真起来说："妈妈很爱你的，但妈妈要劳作才能养活你。你不知道有些事情你看着容易，其实是很难做的。就像种麦子，要在秋分过后雨量适中的时候才能种。耕地时不能太深也不能太浅，一定要牵好牛，扶好犁才能均匀……"不擅农活的姥爷不知道在什么情况下才会记住这些，但随着时间的流逝，姥爷又开始侍弄起他喜爱的那些花花草草和鸟儿鱼儿，在夏日午后或者白雪皑皑的冬日会静静的读书品茶，慢慢咀嚼过去的经历。沉默的他也慢慢变得开朗起来，将过去各种经历也唠叨给我听，在送我回家的无聊的路上或在皓月当空的夜晚，他总在有一句没一句的讲起曾经的往事，我却神游般地听着他说着抗日战争、草鞋、绑腿、知青、文革、开放、泰戈尔等词语，自顾自地问着傻傻的问题。

记得小学三年级时因为忘了小数点而错了几道题导致我没有拿到奖状，委屈的我看到姥爷就呜咽地哭了起来，姥爷心疼地抱起了我，拍着我的背安慰我。等我哭够了，姥爷问发生了什么事，知道我因为没拿到奖状而哭时，他说出了一个深刻的道理"如果错过太阳时你流了泪，那么你也要错过群星了。"解释道"刚才的夕阳非常美好，彩霞满天，但因为你刚才一直在哭，所以你没有看到。你抬头看看天空，是不是星星很漂亮？如果你现在还在哭，那么你也将错过这么美丽的星空。"那时的我虽然没有那么明白其中的道理，但知道姥爷说的非常对，而此时的我也渐渐发现星空是那么美好，小花小草似乎也更美丽了。那时姥爷还跟我说了很多我不理解的东西，像"群星不怕显的像萤火虫那样。小草啊，你的足虽小，但是你拥有你足下的土地。……"

初中时开始住校，一周回家一次，姥爷依然如往常一般计算好我回家的日子来接我。那时的自己也长高了，开始懂事了，不再将沉甸甸的书包丢给姥爷，也不再缠着姥爷讲故事，而是帮姥爷浇花喂鸟，照顾好他那些花花草草，也越来越喜欢他那花园似的小院子：华贵的牡丹，娇艳的玫瑰，花团锦簇的芍药，优雅的紫罗兰，清新的凤尾竹，高雅的君子兰，浓香的桂花，害羞的含羞草，高洁的睡莲，馨香的茉莉等，还有很多不知名的花儿草儿，姥爷总能叫出她们的名字和她们最适宜生长的环境，每周我都盼望着早点放学回去看她们。初三时面临着中考的压力，越来越多的时间都用来做习题了，即使周末也不能自由的到姥爷家玩耍。在一个秋高气爽的九月底，姥爷依然颤巍巍地在车站接我，虽然爸妈和我都多次不让他过来，但他依然在那里等待着我回来。西下的阳光照在姥爷满头的白发上，闪闪烁烁的如针般刺着我的眼，曾经花白的头发现在已全白，瘦弱的身体更加颤颤巍巍，没有拐杖就不能顺利地站起来……眼泪瞬间在眼眶中打转，我迅速将它们擦掉，微笑的扶着姥爷走向那条陪伴我们无数次的路。姥爷慢悠悠地说着他所经历的很多事情，说他这一生享过乐也吃过苦，害怕过也追求过……有人侮辱过我，我依然感谢他们……黑暗的日子星星依然眷顾我……天空中没有翅膀的痕迹，但我已飞过……只愿生如夏花之绚烂，死如秋叶之静美……我无法从字面上理解姥爷所说的事情，但第一次深深的感伤萦绕着我，让我猛然发现了什么叫忧伤。在那个衰草连天的十月，心绪不宁的自己望眼欲穿却也看不到车站里那个瘦弱的身躯，匆匆忙忙飞奔到姥爷家却发现姥爷安详地躺在病榻上，看到我回来他高兴地抓着我的手说："我病了，没能去接你，你不害怕吧？"我哽咽的说："我不害怕，你说过星空很美，星星会陪伴我回家。""我也会变成一颗星星的，我会在远方的天空陪着你回家，你就不用害怕了。"眼泪不自觉地就流下来了。"别哭，孩子，要像泰戈尔一样，微笑着面对世界，爱这个世界，世界才会美好。"我哭着说："我会的。""桂花好香呢，我累了，休息一会儿。"姥爷就在桂花香中安静的睡着了，永远的睡着了，如桂花的叶子般宁静、美好，陪衬着细碎的花香。

没有姥爷的日子，世界变得很忧伤。总是时不时地听到妈妈在厨房摘菜或者阳光下洗衣服时喃喃地说着"生如夏花之绚烂，死如秋叶之静美"，姥爷的音容笑貌总是浮现在我眼前。多少个夜晚姥爷陪我走过那条黑暗的道路，多少个黄昏姥爷在车站等着我回来，寒冬腊月的刺骨冰水中姥爷背着我渡过漫水桥，酷暑高温中姥爷顶着太阳一步步走到车站等我，时间混淆的时候宁愿多走一次也不愿错过，身体瘦弱却依然挂着拐杖挪着……回忆像看不见的毒蛇一点点啃食着内心的痛苦，可是我要像姥爷说的那样，微笑地面对世界，要爱这个世界，也让妈妈微笑着坚强起来。姥爷不在的日子里妈妈和我相互鼓励，一起想着姥爷与我们一起的美好时光，一起回忆着我们共同经历的风风雨雨，相互安慰着度过那最艰难的日子。

多年以后我进入了文学系，一个秋日的下午在图书馆的书架上猛然发现了《泰戈尔诗选》，穿透记忆的尘埃，竟然想起当年姥爷在昏黄的灯光下所读的书就是这本，如锁在妈妈抽屉里的那本一样，只是更加泛黄褶皱，如姥爷那微笑起来的脸。多少个深夜妈妈独自在灯下翻着这本书发呆，回忆着关于姥爷的点点滴滴。一股忧伤又弥漫心头，借完书回宿舍的路上，天空的星星闪闪烁烁像姥爷对我的思念，幽香的桂花在寒露中温暖着心灵，越来越想念故乡的妈妈，头发早已花白的妈妈越来越喜欢品茶看书，如当年的姥爷一般在昏黄的灯光下翻着手中的书，皱纹悄然地爬到了脸上。抓起电话就给妈妈打电话，"妈妈，我们学校的桂花好香好香，像当年姥爷养的那些。"妈妈怔了一下，深沉地说："当年你姥爷是那么喜欢桂花，整个院子都是桂花，即使在家里经济不好的时候，他宁愿卖牡丹芍药，也不卖桂花。你姥爷就像桂花，当春天百花争妍时，他用翠绿点缀姹紫嫣红；当秋天硕果累累时，他为别人的丰收而发出醉人的清香。你姥爷的一生为别人付出了很多却没有什么回报，但他能安静地走了，也算是死如秋叶之静美了。""我看到这句诗在《泰戈尔诗选》中。"从来不敢在妈妈面前提起这本书，怕妈妈忧伤。妈妈深深地叹了一口气，说："这是你姥爷最喜欢的一本书，在那个黑暗的年代里，也只有这本书陪伴着他，支撑着他继续积极乐观的微笑着面对世界，继续爱着这个世界。好好读读这本书，它值得我们珍藏。"不喜表露情感的妈妈竟然这么坦然的和我谈起姥爷，也许妈妈也越来越像姥爷一样热爱泰戈尔，理解这个世界，理解生活，不再忧伤，而学会微笑着面对一切。

又一次在肃杀的十月回到家乡，夕阳下依旧不变的农田、村庄和质朴真诚的乡亲父老，夕阳的最后一抹微光照着我走下站台，走向熟悉的那条道路。

远方的星星闪烁着绚烂的光芒,似乎在欢迎我的归来,陪伴着我走过这段夜路,指引我回到家的怀抱。裸露的黄土地上零星的散着几片未收走的花生秧,偶尔矗立的玉米秸迎风而立,荒败的枯草在土地上紧缩着,我知道那片就是姥爷睡着的地方,那是我从来不愿踏过去的忧伤。今天有天空的星星做伴,我竟慢慢地走到它的面前,坟头的枯草覆盖了整个土堆,好像一层棉被一样,想着姥爷的一颦一笑,我慢慢跪下来为姥爷磕头,眼泪默默地流下来。再仰望星空时,似乎整个星空都是满满的爱意,不止是姥爷,还有泰戈尔,以及无数爱我们和我们所爱之人都在漆黑的夜晚闪烁着光芒指引我们走过荆棘,跨过崎岖,走向光明的未来。我们所要做的就是微笑着面对世界,面对生活,牢记那些黑暗中为我们执灯的人。

(作者单位:华东师范大学)

生命与泰戈尔

卢雄海

生命·自然

穿过境界上的地平线,眺望着这苍蓝色的海域,海风清新,传递着生命的气息。你抚触着朝霞,露出前额,带着幸福的虔诚,和着晨鸟的欢唱,期待第一抹晨曦的赐福,此时,曦日初起,静影澄碧,浮金萦纤,碎在这泛起阵阵涟漪的碧波里,海域的涛声依旧轻吟,奏上了一曲九天滴音,任谁也要醉倒在这自然的柔波里,醉了,醉得安然,醉得惬意。迷离双目,恍惚间看见大海的碧波涌起,起风了,吹散了你些许迷离,耳畔响起沙鸥的翔鸣,指尖流转着微草的气息,苍茫的海域,生命的融集。欢腾的柔波是大海的纹理,是生命在大海铭刻下的苍蓝印记。生命入海,浩瀚无垠。自然,与你,因此而无尽。

我在你曾漫溯的星光下驻足,我在你曾沐浴的晨光间祈祷,我在你曾漫步的原野上侧耳,似是无知无觉,游荡于世间风景,偶然路过了你的世界,你是一株站在时光之间的树,立于尘世之中,行走在人世边沿,心,再没有小心翼翼,无谓得到失去,不知聚散悲喜,空灵,化入自然的倒影,肆意享受着自然纯净的温柔,你,是被它宠爱的孩子。你说"绿草是无愧于它所生长的伟大世界的",因为,当我们大为谦卑之时,便是最接近于伟大之时。

忽闻莺鸟在绿叶的晨光中,吟唱你的名字,因为你的名字便是快乐。思维随着这些闪耀的绿叶而闪耀着,心灵接触着这日光也唱了起来,你的生命偕了万物一同浮泛在空间的蔚蓝、时间的墨中。在一抹新绿间,品出生者须死，荣者必枯真意，须知任何悲伤都是喜悦，任何失去都是得到，一个人对自己的慈悲，也是对万物的慈悲。

生命·爱

我在路边行走，也不知道为什么，时忆已过午，竹枝在风中簌簌作响，横斜的影子伸臂拖住流光的双足，布谷鸟唱倦了，你依旧在轻吟，"生命从世界得到资产，爱情使它得到价值"……阴影更深，牛群归栏，冷落的牧场上日色苍白，我缓步归去，不知道为什么……

我在寻找那得不到的东西，我得到我所未找寻的东西，犹如一个过客，扬起达达的马蹄，欺骗了三月的春帷，没有说出他的心事，"只是来了又走了"，但它落了什么在我心上，"像是她的身躯的叹息和她心灵的低语"我问，"这是爱情？"你说"这是爱情！"爱是"从踌躇的眼泪里，从沉吟的微笑里，从甜柔的羞怯里"，把心里的秘密告诉你，爱的欢乐和痛苦是无边的，它的需求和财富是无尽的，它和你亲近得像你生命一样，但你永远不能完全了解它。"

曾经有一个时候，生命像一朵蓓蕾，它所有的芬芳都储存在花心里，现在它已远远的喷溢四散。我的心不容许我只给一个，它是要给许多人的，你乘着爱的夜云在梦幻的天空浮泛，轻吟"生命因失去爱情而更丰富"。

我独自在横跨过田地的路上散漫，夕阳像个守财奴似的，正藏起她最后的金子，白昼更加深沉地投入黑暗之中，那已收割的孤寂田地，默默地躺在那里。你静静颔首站立于这片原野的静谧，被岁月摩挲过的爬满皱纹的脸上，写满了安详，深吸一口气，一步一步坚实地，在田野上镌刻下自己的足迹，忘我的伸开双臂，用尽全力去拥抱夕阳之上的崭新，你像村里最年轻的人一样年轻，也像最年迈的人一样年迈，隔着夕霞，守望生命，将亲吻散掷于晨阳，却带着雨夜的脚步，与初始一道，微笑着踏入金色的秋季。

风暴在无路的天空中浮游，船舶在无轨的海上破碎，死亡在猖狂，年轻的身影却在游戏，在无边世界的海滨，在盛大的聚会着。醉花在他们膝上撒下花影斑驳，新叶亦在肩上婆娑，金色花海泛出了阳光的气息，与年轻的身影一道，端坐花间庭院，一卷《罗摩衍那》，一壶茉莉花茶，一句轻叹：最美不过孩提。纵使现世安稳，岁月无际，仍愿自己能解脱一切束缚，在横过孩子心中的道路上游行，在孩子的世界中占一角清净地。这纤小的新月的世界里，遍是乐土，不知哭泣。

生命 · 梵

当清晨第一抹金光静洒在大地花草，当朝霞的身影蜿蜒在澄澈的天宇，清风忽起，骤然掀起漫天花雨，你亲吻着这一切，匍匐于自然的静谧，风息，昼间之花，落下那被遗忘的花瓣，在黄昏中，暮着雾和雨，我在心之孤寂里，感觉到它的叹息，犹若离群漂泊的飞鸟，啼鸣啭啭，终究远去，而静秋之黄叶，飘零无觅，在叹息处归尽。你道：使生如夏花之绚烂，死如秋叶之静美。我言：死生无碍，心花自开。

刹那间，突然对自己，对宇宙，对生命产生一种强烈的感觉，"意识在人类的超个人世界中猝然扩张"，生命在须臾间蔓延，似乎曾经沿着吠陀时代远祖的道路前行，思绪与彼岸相交，犹若天启。你不由呢喃轻语"若你是真正的追求者，你会立即见到它，在一瞬间与之相遇"，此刻，天际一半艳阳，一半风雨，恍惚间见你在屋顶凉台轻颂《伊莎奥义》"动与不动时，近与不近处，它在万有之内，它在万有之外……"，空灵中，一种对"它"强烈的渴求感顿起，感觉中，"它是生命的生命，呼吸的呼吸，它使我纯净如一，它将带领你我，穿过白昼的拥挤，抵达黄昏的孤寂之境"造物在它之中，它在造物之内，相异而又合一，它是超越有限，无限的纯粹唯一……只要我一息尚存，我就称它为我之一切，只要我一诚不灭，我就感觉它在我四周。

它在生命中镌刻了无尽痕迹，在人世间撒下了无数碎若微尘的身影，它把名为创造的锁链带起，他和我们大家永远联系在一起。"它是谁"我问，你答"它是你，是我，它是新月，是流萤，它是梵，至高无上的梵……"

生命 · 涅槃

生命犹如渡过一重大海，我们相遇在同一窄船里，死时我们同登彼岸，又向不同世界奔赴，一旦命运要你繁华，便美得漫漫扬威，一旦命运要你荒凉，便荒得满地皆灰。

　　生命是一种信仰，只有经过地狱的磨炼，才拥有创造天堂的力量，只有流过血的手指，才能弹出世间绝响，我们只有献出生命，才能得到生命，在生命之外漂流过后，才能走到生命最深处的殿堂。

　　恍惚间，我立于渐渐弥散的孤独之中，目光映辙着生命的最远，良久，闭目"原来你在这里，我的泰戈尔"，似若有觉，你拈须轻笑"原来你也在这里"……终有一天，我会遇见我内心的生命，用信仰抹去生命的尘埃，感受岁月的呼吸。

(作者单位：河北师范大学文学院)

泰戈尔在我心中

——漫步人生路

薛 冰

柳暗花遮，蝉栖于梢头，撑一叶轻舟，我独奏高山流水，低吟浅唱，来赴与你的文字之约。

为着你的到来，多少个春秋里我焚膏继晷，溺醉在黛墨书行，从你群花盛开的园子里，采取百年前消逝的花儿芬芳记忆。铺一张素笺，盈一脉心事，写一纸明媚。只等你乘一叶扁舟驶向我面前，轻轻地向你倾诉。

就这样，对你痴痴地崇拜着、憧憬着，渴望与你相见的情愫在心间滋生蔓延。

是你吗？从遥远的天际向我驶来，一抹身影迤迤然肃立在船头，一袭淡淡鹅黄色的长袍，白发苍苍，谜一样黑暗且深邃的目光，凛然有威。风袭来，飘飘乎如遗世独立。找不到世俗半分的铜臭味，好一个不识人间烟火的诗人。

在那氤氲的薄雾中，我远远的朝你挥手，你眯起眼睛，试图看清、看真切重重迷雾中模糊的我，拨开那层层缠绕的阻碍，我们终于相见了。你说，大千世界，你我相遇便是有缘人，愿为我指点迷津、解答疑惑。

于是，你我踏上了一条追求人生真理的旅途。

徜徉花海，寻下一片柳暗花明

我与你踱步在姹紫嫣红间。一缕花香袭来，陶醉了清风。甘露眠于花心，一晌贪欢，散落，跌碎了满园姣花照水斑驳的缠绵。

你爱这满园的美景。本就天赋慈悲，将自己的灵魂化为花草虫鱼，融入日月山川，渗入寸寸土地；你以敬畏之心感悟生命，你以敬仰之心体会生活；感恩自然馈赠的美好，感谢大梵给予你的精神。你愿在自己婴儿的世界中心，找到一角清净之地。掬水月在手，弄花香满衣，任所有的轻柔绵长在天地间轻舞飞扬。

静谧安恬，花香似锦，一地月光，一帘美景，一处宁静。我站在花丛中，醉在蝶舞间，花事熏染了心念。久久地伫立，徘徊，徘徊，不肯离去。

你似乎看穿了我对美景的贪婪。唇角含着一抹缱绻的笑意，手拈一枝荼蘼花，轻言道："此可谓良辰美景，但，只管走过去，不必逗留着采了花朵来保存，一路上花朵自会继续开放。"

我在心里默念了几遍，顿时醒悟，你可否是在告诉我，不要贪恋眼前的旖旎风光，眷恋于水湄，浅溺在花涧。时光短浅，花开花落，季节变换了颜色，余有一季的落红。想要让芬芳年年岁岁萦绕在心间，还要踏上新的征程，去找寻更长久的馨香，更美丽的花影斑斓。

我不再出声，只是静静地随你走着。

当城市四周流动着聒噪和浮夸，身边越来越多的人爱上灯红酒绿，恋上纸醉金迷，陷入了繁华所设下纵横交织的陷阱。我更愿投入自然的怀抱，感受自然的奥妙，聆听生命的可贵。

当我眼前充斥着繁花似锦的诱惑，我学着将眼睛的视线放在前方，焦点在下一站，放弃包裹堕落懒惰的糖衣炮弹，抛弃取得小小成功的得意洋洋，用积极向上进取的态度，找寻下一片柳暗花明。

若行若梦，我一直在找寻自己

我和你驾一叶扁舟游于江渚之上，江上烟雾朦胧袅娜，听着长篙划出的水波声，沐着霏霏细雨，汩汩而进。就这样，在一圈一圈的水晕里，我们飘来飘去游荡了一路。

盈盈水畔，揽一弯黛月，温柔了海的微澜，妩媚了夜的寂寥。你说你爱这纯净的月光，这一线镇定而纯洁得光像是孩子童真的世界，每一个住在里面的孩子都是天使，光明、甜美、真诚，用至善至真的魔法感染着喧嚣纷争的世界。

这是你向往的世界吗？是孩子嬉戏在脚底纷飞的沙子，是"金色花"投在母亲的书页上捉迷藏。多么难得！一生，你都没有丢弃那颗童真的心，以最真诚的视角打量变了的人，变了的世界。

月光将影子拉得很长，很长。海风吹着你银白色的长须，一头蓬乱的灰白头发。你衣袂飘飘，紧蹙着眉沉重的问我："孩子，你认识自己的影子吗？""影子？"我一时迟疑，竟不知怎么回答。"你看不见你自己，你能看见的只是自己的影子"讲到这里，你注目远方，若有所思。

我低下头，看着我的影子，它仿佛在舞动着，呐喊着，在召唤着我的灵魂。但是，原谅我的笨拙，当时的我不懂你在向我警醒什么。

当我陷入世间纷纷扰扰的漩涡时，我才重新打量我的影子。眼睛让我看到了三百六十度的世界，可是发现，我却不能看到我自己的内心。生活的舞台上，真假、美丑、善恶，一一如走马灯般快速经过，我看见了世界上最丑恶的嘴脸、最肮脏的思想、最善良的故事、最圣洁的面孔，可是我却认不清我自己的本质。

影子呈现了模糊的轮廓，或许里面有一份心如磐石的豪情壮志，或许蕴藏一份清新灵动的安然寂静，或拙劣，或怯弱，或庸俗，或柔弱，或倔强，或坚贞，或刚毅……是自谦吗？也许带点妄自菲薄；是自信吗？也许有些好高骛远。

浮生如梦吗？还拥有儿时那颗纯真无瑕的心吗？是天使还是魔鬼？我一直在寻找自己。

轻渡惆怅，潇潇洒洒顺其自然

我和你静静走在绵绵地沙滩上，我惊喜地发现一颗隐约透着月光泛白的鹅卵石，它早已磨去了桀骜不驯的棱角，变得光滑平坦，像是颗遗失在大自然绚烂璀璨的碎钻。

我轻轻地捡起它，细数卵石上的纹路，时光在上面镌刻了岁月的年轮，大圆圈，小圆圈，一圈又一圈竟那么清晰。我感叹道："锤炼其者，可谓巧夺天工"，你淡然一笑，停了下来，反问句是吗？想了足足有半分钟之久，才用暗哑的声音道："使卵石臻于完美的，并非锤的打击，而是水的且歌且舞。"

当时的我懵懵懂懂，似看得真切又难以深究。后来，当我人为地改造事情，也会有高处不胜寒的无奈，也有无力力挽狂澜的遗憾时，我才换个角度思考：何不顺其本性，任其自由发展，也许有意想不到的收获。

世界是流动的，既然无法改变，何不顺其自然？如同那卵石一样，是大自然水的载歌载舞使它趋于晶莹剔透，何必违背自然强加改造。在天性面前一切都变得苍白无力，在自由面前一切都势不可挡。

你的一生都是自由的，儿时厌恶刻板的学校生活，青年时放弃前途似锦的学业，中年时投入义愤填膺的爱国运动，之后，你喜欢上了漂流，如浮萍般摇曳在世界各地，追寻着你解放的天性。

你以自由之心对待世界，生活便充满自然，失败便看得淡然，态度便保持悠然，境界便达到超然。

追寻着你的脚步，顺之本性，放之自由；遇事处之泰然，得意之时淡然，失意之时坦然，便可微笑看世界，潇洒过人生。于得失、舍弃、跌撞间，破茧成蝶，凤凰涅槃。世界有千般变化，万种风情，一句"顺其自然，追其自由"浓缩了千言万语。

落叶归根，忆一段幸福小时光

怀揣眷恋的步伐，我和你回到旧地重游。

叶子恍恍惚惚摇曳几片，铺在落寞的枕木上。月光透过层层包裹枝叶间仅剩的罅隙穿凿而来，投影在地上星星点点的光斑。一如儿时做游戏时的桃花源，这条曲径通幽处啊！承载了你太多太多数不清的往事。

陈旧低矮的阁楼里，你小心翼翼的捧出一本泛黄的相册，金色的榆木封面早已褪色，但，这是有你最美好的青春岁月，这里有你和她凄惨的爱情故事。你的指间在拼命不断地颤抖，迟迟不肯翻开那段不羁的岁月。好久好久，你终于下定决心，用力狠狠咬了咬下嘴唇，像是刚刚打胜了一场没有硝烟的心战。轻轻拭去封面上的灰尘，你还是翻开了那本相册，连带着也翻开了心中那段尘封已久的爱情。

你告诉我她叫安娜，鸢尾一般轻灵的女子。看着她唯美的侧脸，沉思、发呆、微笑。当回过神来，才发现，一滴温润的泪水顺着脸颊缓缓地滑下，模糊了视线。照片上的她笑靥如花，明眸善笑，柔美婉转，脉脉娇羞挽腮边，令周围的一切景物都黯然失色。就是那样的一张照片，就是这样一个女子，让你情不自禁，让你悲喜交加，让你不知所措，让你痛彻心扉。

看着你，一颗对爱虔诚的心，我迷惑不已，不禁发问道："何为爱情？"你神色黯然，思考了很久，才从喉咙中哽咽出来："她微微地笑着，不同我说什么话。而我觉得，为了这个，我已等待得久了。"

"爱，难道逾越了生命的保质期？"我抑不住好奇追问。"爱情若葬入坟墓，旅人就是倒在坟上的墓碑。"

这是你和她的爱情吗？无花无果，在这如梦如痴的红尘中投下一颗种满相思的红豆。

这是爱情吗？是孤芳自赏的你多了一个观众；是义无反顾的接住伊甸园里掉下有毒的爱之果；是在流年辗转浮沉后愈加的爱上你褶皱容颜。

日出掩盖了月亮的光影，追逐着海岸线的延伸，染红了银装素裹的大地，呈映出幸福浪漫的颜色。你，也渐行渐远。我痴痴地想着你留给我的最后一句话，"我们热爱这个世界时，才真正活在这个世界上"。你因为世界上的爱而生，爱让你变得更为富足，让你懂得知足常乐的安逸，让你学会"以歌报痛"的奉献，让你"不凋不败，妖冶如火"的意气风发。你爱这个世界，这个世界同样以爱来回报你。

你说年轻时的你，生命有如一朵花。逝者如斯夫，回望那已逝去的白昼和黑夜，我站在原地，蓦然回首，才明白，我不是四季不变的常青树，时间让昨日轻狂任性的少女，洗去了稚嫩，披上了成熟。时光漫溯，岁月不待人，没有谁可以凭栏听风雨，笑看江湖事。尘世迢迢，一切生命都在坚韧且温暖的活着，做着喜怒哀愁的梦。

天空不留痕迹 鸟儿却已飞过。我和你一路走来，一路相伴。你是我人生中匆匆的过客，片刻的停留，还没来得及告别，曲终人散。但你教会我的一切都弥足珍贵，"让生命有如夏花之绚烂，死亡有如秋叶之静美。"将这段探求人生真理的旅行写在日记里，在扉页上重重地写下上你的名字——泰戈尔。

先生，感谢你的引导，给了汪洋大海中的我一条船，我愿在你的文字中，撑一支长篙，载着真诚、自由、博爱之心，向人生更远处漫溯。

(作者单位：山东省淄博市张店区)

守 护

赵 卫

  他慌了，怕了。那可怕的白色魔鬼，一直在冲击着他的心理防线。魔鬼出现在白色的床单上，在墙壁上，在一切白色的地方出现，仿佛要将病床上那苍白的人儿拉进那白色的世界。

  已经半个月了，他快要崩溃了……

  他是个顶天立地的男人，是一个家的支柱，是两个孩子的爸爸，也是那个苍白女人的丈夫。

  女人是私立学校的小学老师，是很有文化的先进分子，干净的布包里常装着那本《泰戈尔诗集》，去哪儿都带着，她很爱惜，包了好几层的书皮，都放了好几年了，却仍旧没折一个角。那是学校里组织征文比赛，她作为第一名获得的奖励。从此，她便喜欢上了这名伟大的诗人。她喜欢泰戈尔的诗，喜欢泰戈尔对生活的态度。泰戈尔的诗正如他的人一样，里面包含了对生命的热爱，包含着世间最美好的光明与微笑。

  男人至今都记得，没结婚之前，他去她的学校偷听她讲课。当时，她站在孩子们中间散发着天使般的光芒。讲的正是泰戈尔的诗：

  "夏天的飞鸟，飞到我的窗前歌唱，又飞去了……"

  "睡仙坐在船里，带着满载着梦的篮子……"

  那个在讲台上自信、大方的女孩子，大声地为孩子们朗诵这美丽的诗句。孩子们都迷醉在诗的海洋中，争先恐后地要看老师手里那本神奇的书，那里装着一个美好的世界。

  那时的他，是一个阳光的男孩子；而她，也是一个人见人爱的可爱姑娘。

守　护

男孩怔怔地站在那里，不知望了多久，心想：他一定要让这个美丽善良的人儿做他的妻子。从此男人的心上便印着这样一个天仙般的人儿，再也没有抹去过。

他打听了很多人，得知，女孩最大的爱好便是泰戈尔的诗。当时的他，文化程度很低，没上过几年学，他跑了很多地方才找到那样一本书，跟女孩喜欢的一样，一模一样的书。他用了一个月的时间，仅仅一个月的时间，读完。不会的字就去问，标上拼音；不懂的地方，问了记在一旁。男孩也深深地爱上了这些无比可爱的诗，爱上了写出这些美妙句子的诗人。

那天，男孩下定决心，把女孩最爱的诗念给她听，同时也把自己的心声让女孩知道。他来到女孩回家的必经路上，他一遍一遍地念着女孩喜欢的句子，同时也是他所钟爱的：

"我的歌将成为你的梦的翼翅，它将把你的心移送到不可知的岸边。当黑夜覆盖在你路上的时候，它又将成为那照临在你头上的忠实的星光。我的歌又将坐在你眼睛的瞳仁里，将你的视线带入万物的心里……"

不知是这诗，或是这情，早已打动了女孩的心。

就这样，他们有着相同的爱好，都爱上了泰戈尔的诗，有了泰戈尔这位人生的导师。他们相识，相知，相爱，看起来如此的顺其自然。每当生活中遇到什么问题、挫折，他们就会用心地去领悟诗中的每一丝真理，去激励彼此共度难关。

"如果你因为失去了太阳而流泪，那么你也将失去群星了。我不能选择那最好的，是那最好的选择了我。"

就这样，女人一直是一位小学教师，培育了一代又一代的孩子们。男人有辆卡车，为别人送些货物挣钱。日子不算富裕，但在村里也是极好的。他和女人也常吵架，无非就是一些鸡毛蒜皮的小事。或许是时间长了，生活趋于平淡，总是会感觉缺少些激情，殊不知最初的爱情，在经过生活的洗礼后，已不知不觉的转化为了最真挚的亲情。

似乎老天总会跟幸福的人儿开个玩笑，或许也是让大家把忽略掉的一些东西重新拾回来。

半个月前的那一幕，仍旧在他的脑海里挥之不去。那天，女人回娘家给刚去世不久的爹上坟。当天下午，他突然接到电话，说女人在坟上昏倒了。

他心急如焚，比救护车更早的赶到了女人身边。他看到女人躺在他大姐的怀里，口吐白沫，白色的羽绒服已经沾满了污渍。男人一个站不住，跟跟跄跄地蹲在女人身边，他不敢接过女人，怕会弄伤她。终于，救护车来了。他从大姐手中接过女人，小心翼翼地放到救护车上，男人坐在他旁边，看着女人，看着女人没有一点生命迹象的脸，抓着女人的手，他的眼泪流出了眼眶。不知道何时到了当地的县医院，只知道女人被推入手术室时的那一刻，他拼命地抓着医生的手，拜托他救好自己的妻子。

那是一个漫长的过程，男人感觉过了一个世纪。医生出来了，跟他说："节哀吧，病人送来的太晚了，脑动脉瘤破裂，我们这里治不了。"男人发疯一样，大喊着："不可能的！明明上午的时候还是好好的！怎么会这样？"他坚持把妻子送到更好、更专业的医院。

就这样，女人昏迷半个多月，一直持续保守治疗，却不见好转。你无法想象这半个月来，男人是怎样度过的，他整宿整宿的无法入睡，没有安稳的吃过一顿饭。每当他看到有死去的人被推走时，会吓到站不稳。眼看着，男人一下子苍老了很多。唯一支持他的是女人依旧跳跃的脉搏，还有对女人持之以恒的守护。还有女人枕头旁的那本《泰戈尔诗集》，这诗激励他们度过一次又一次的难关，这次也不会例外。这诗集是女人不会离身的，自然被他带到了医院。

每当他觉得自己快要坚持不下去的时候，他会打开书读一读，尤其是那两句：

"上天完全是为了坚强你的意志，才会在道路上设下重重的阻碍。"

"只有经过地狱般的磨炼，才能拥有创造出天堂的力量；只有流过血的手指，才能弹的出世间的绝唱。"

他觉得他并不痛，这些经历只是在考验他与妻子的真情，考验他守护妻子一生的信念，妻子已经成为他生命中的一部分。

男人收回思绪，站在病床边，男人脑中一直回旋着医生说的话："您的妻子脑动脉瘤破裂后，淤血已经堵塞了血管，很难苏醒过来，再拖下去，恐怕……。唯一的办法是做介入手术，在破裂血管处做一个支架。但由于患者昏迷已久，手术风险很大，成功几率很低。"男人毫不犹豫的决定做手术，他不想放过一丝一毫的机会，他坚信妻子会好起来的。尽管，巨额的住院费、医药费、手术费三座大山，早已把这个曾经天不怕地不怕的中年男人，吓到腿软。

他坐下来，拿起那本妻子常看的《泰戈尔诗集》，这些年来，这本书已经成为夫妻俩密不可分的朋友。掀开书，男人看到好多句子被标注出来，那是他们彼此相爱的见证，是表达爱的诗句：

"你默默地笑着，不对我说一句话，但我感觉，为了这个，我期待了很久了。"

"我这一刻，感觉到你的眼光正落在我的心上，像那早晨阳光中的沉默落在已收获的孤寂的田野上。"

男人读着，读着，哭出了声。他感觉到女人在做一个很可怕的噩梦，她一个人，她很害怕，醒不过来，她在呼唤他……

男人抓住女人的手，坚定的心在传递一种力量："别怕，我在，我会陪你。"

书本上，那一页，正写着："生命犹如度过一重大海，我们相遇在一艘狭船里，死时，我们同登彼岸，又向不同的世界各取前程。"

男人看着妻子被推进手术室，他说："我会等你，会一直念你喜欢的诗。"

时间一分一秒地过去了，男人还在念着，念着。但是掌心的汗水出卖了他，他紧张、害怕，怕等不到最爱的人儿，怕她听不到他给她读的诗……

终于，手术室的灯灭了，门开了。医生走出来，跟他说："手术很成功，相信很快你的妻子就会好起来的。"男人松了一口气，瘫坐在地上。

果然，在男人悉心的照顾下，妻子很快便康复了，医生们都说："这是一个奇迹，爱的奇迹！"男人却说："是泰戈尔，他连同他的诗、他的精神，引导我们两个找到了回归光明的大道。"因为女人跟他说过，"她做了一个梦，梦里是一个美丽的世界，鸟语花香，是爱的海洋。她坐在草地上，男人站在那里给她念她最爱的诗句。"大概是他们的真情感动了上苍，亦可以说是那些美好的诗沟通了彼此的心。

"生如夏花般绚烂，死若秋叶之静美。"男人和妻子站在窗前，窗台上放着那本《泰戈尔诗集》，窗外是鸟儿落在枫树上、欢快地歌唱着。

(作者单位：潍坊学院文学与新闻传播学院)

走过沉沉阴雨

许梦琪

一

乌云聚拢的时候，天空都是绵绵的阴雨，将整颗心淋得透湿。模糊了过去，也看不清未来，高城望断，灯火已黄昏。

那时候，天空风暴肆虐，父亲的魂灯已熄，我们的家在风中颤抖。像走入了孟加拉长长的雨季，而我竟看不到尽头。仿佛见到了几米笔下的幸运儿，拖着沉重的翅膀，在森林中穿行，无所荫庇。

母亲带着我，搬了一次又一次家，颠沛流离，在尘世中辗转。守岁时鞭炮声中的热闹与冷清，清明时节空气里的碎屑与烟尘，在泥泞里前行，母亲咽下心酸，却用笑容撑起整片天空。那时，我才真正明白，一个人的离开，有时，是一个家庭的灾难。

"蟋蟀的唧唧，夜雨的淅沥，从黑暗中传到我的耳边，好似我已逝去的少年时代来到我的梦中。"

在深夜里，窗外的灯火已灭，"绝望的思绪，从世代荒弃的蜂巢飞出，漫天而舞，围绕在我的心头嘤咛吟唱，觅求我的和声"，世界早已陷入沉睡，记忆却伴着长江隐约的涛声，翻涌而来：

乡间的清晨，父亲牵着我走过田埂，用蹩脚的普通话教我念"黄河远上白云间"。凉州词里一片荒芜，而我们的四周都是青翠，雾气里，露珠划过草间。

划船的下午，湖水泛着青黄，在阳光下闪烁着波光。两岸的树，湖心的小岛，摇着桨的父亲，坐在船上的我。木船摇摇晃晃，太阳强烈，水波温柔。

昏黄的灯下，父亲进门，刚好听见我告诉奶奶想买书。不久，从旧书摊上淘来的《牛虻》到了我的手中。后来，我才知道在其中特意找一本书有多么不易……

思念匆匆赶来，而我因近乡情怯，无所适从。

有谁从小康之家而堕入困顿的么？家中积蓄已尽，父亲的医药费无以为继，我才第一次懂得，若一直挣扎在底层，前行的路是多么难走。

启程时，人人都说："请放心，没有什么可怕的。"但是，当前行路上风雨不期而至，黑云压城让人无力抵挡时，才发现我们如此渺小，难以与天地抗衡。

阴雨绵绵，陷入消沉的时候，却听见泰戈尔在身旁低低劝慰：

我们生来都是旅人，假如万能的天帝强迫我们在无尽的路上跋涉，假如严酷的厄运攥着我们的头发向前拖，作为弱者，我们有什么法子？启程的时候，我们听不见威胁的雷鸣，只听见黎明的诺言。不顾途中的危险、艰苦，我们怀着爱心前进。虽然有时忍受不了，但有爱从四面八方伸过手来。让我们学会响应不倦的爱的召唤，不陷入迷惘，不让惨烈的压迫用锁链将我们束缚！

是啊，风暴来时，母亲不顾自己而护住我，四周的善意在不断地给我们力量。在雷鸣电闪中，亲人的陪伴，朋友的帮助，甚至是来自陌生人的关怀，无不都让人感受到爱，让人不忘黎明时阳光的温暖。一如泰戈尔在百年前写下的、此刻又传入我的耳中的话语。

他说，"世界何等宏大，何等辽阔，何等壮丽！洋溢着阳光、生命、热情。人围绕地球，审视着，思考着，创造着。人的活力、思考和想象的乐园绝不会凋敝。"

他说，"人要是麻木，消沉，必然要丢失手边的东西。近处的财富，就得历经艰辛到远处寻找，找到了再不肯放手。我们一切旅程勾含的真正目的，就是每走一步都高声宣告，客观实体不会泯灭；它以心灵的爱抚旧为新阔步向前。"

的确，若是一个人连自己都被自己打败了，那生活的意义又何在？若真是恰入万山圈子里，一山放过一山拦，除了去不断地攀登跨越，我们又能如何？更何况，除却陡峭的山路、湿滑的苔藓、咬人的蛇蚁，在山间，我们不也可以感受山泉的清冽、野花的幽香、佳木的繁荫吗？

世界如此辽阔，"切勿惧怕瞬间——永恒之音如是吟咏。"人不会永远停留在今日，也不可能永远把脸俯贴在死亡上面。正因为父亲倒下了，所以我才更应该站起来向前走。只要家在那里，只要母亲在那里，哪怕是在沉沉的黑夜中，勇敢地坚持下去，也一定能看见明日希望的曙光。

二

起身前行的那日，阴雨稍霁，太阳颤巍巍地露出小半张脸。草叶上残留的宿雨未干，路面泥泞而湿滑，面向未知的前路，我踟蹰着，举步不前。

却看见泰戈尔静静地坐在晨光里。黎明在他作品的四周崭露。原野的鲜花，云霓的色彩，凉爽的晨风，残存的睡意，在他的书页里浑然交融。朝阳的爱抚在他手迹周遭青藤般地伸延。

晨光熹微里，往者不谏，来者可追。即便生命如梦幻泡影，如露亦如电；即便去者日已疏，生者日已亲；即便人生无根蒂，飘如陌上尘；即便在岁月长河里，我们一代又一代的流逝，淹没于历史的洪流……但是生命毕竟存在过。

存在本身，就是意义。

不远处，泰戈尔在唱着一首亘古，亘古而悠长的时间之歌：

——我听见时间静悄悄的脚步，他正在走来，走来，一直不停地走来。

四月芬芳的晴天里，他从林径中走来，走来，一直不停地走来。

七月阴暗的雨夜中，他坐着隆隆的云辇，前来，前来，一直不停地前来。

生命零落，流星坠跌，人生短暂而时间永恒。就同奥勒留反复诉诸笔端的那样：时空无尽，人世代谢，被记住或者被遗忘的人，连同记住或遗忘他们的人自己，也终会湮灭。

人生代代无穷已，江月年年只相似。时间以其生生不息铸成一个永恒，若说史铁生活在从山洼里欢蹦着跑上来的孩子身上，泰戈尔活在与他具有同样思想的一代代的人们身上，那么，我的父亲，又为何不可以血脉连着血脉，活在我的身上？

泰戈尔曾说："我旅行的时间是很长的，旅途也是很长的。"在这漫长的人生旅途中，既然古佛燃灯已矣，那么为什么不好好活在现下？从此岸到彼岸的遥遥光景里，唯有当下在自己手中，也唯有此刻可以把握。

我不由地想到泰戈尔的笔下的喀什布尔人罗赫莫特。曾经欢蹦的小女孩已经长大，米妮带着新娘娇羞的笑，再不是当初那个活泼的孩子。而喀什布尔人在仍停在原地，岁月在他的脸上刻下皱纹，却不曾在他的心中留下辙痕。面对着成为新娘的米妮，他不禁想，自己失散多年的女儿，是不是也到了米妮这般的年纪？

罗赫莫特坐在加尔各答的巷子里，冥想着阿富汗光秃秃的群山。从他胸脯摸出的又小又脏的纸片上的、小小的手印，在八年甚至更长的时间里，熨帖着他被离愁折磨着的心。此时，罗赫莫特的名字，更应叫父亲。

有的人离开，岁月，就永远停留在他离开的那一刻。他的样子不再改变，十年、十五年、五十年，时间在他的身上静止，纵使百年后，也还是曾经的模样。

那么，若是我的父亲还在，又会是什么模样？

"海水啊，你在诉说什么？

是永恒的疑问。

天空啊，你在回答什么？

是永恒的沉默。"

但是，生命永远不会孤单，爱把它和这个世界连接，一个生命走向终结的同时，又会有另一个生命蓬勃地生长、延续。昨日的风雨洗礼，恰恰促使着我们去拥抱明天的朝阳。

此刻，天光已亮，黎明前的最后一抹黑暗在褪去，生活里的阴云犹在，但我的心中已经放晴。已折的翅正慢慢长出新羽，我听见泰戈尔沉稳有力的声音，从我的内心传来：

——从今起在这个世界上我将没有畏惧，在我的一切奋斗中你将得到胜利。你留下死亡和我做伴，我将以我的生命给他加冕。我带着你的宝剑来斩断我的羁勒，在世界上我将没有畏惧。

这一刻，阳光终于穿透了云彩，照亮世间。

三

天空放晴,更多的时候,无风无雨。"从别的日子里漂浮到我生命里的黑云,不再落下雨点或引起风暴了,却给予我的夕阳的天空以色彩"。阳光洒下来,在桌角上微眯着眼。百年前,可仍是它,扑进泰戈尔的怀里撒娇?

有的人,走近了,才会发现自己之前的浅薄。

离得远的时候,我不禁想,花朵、绿叶、阳光、飞鸟、海洋、流萤……这一切的意义在哪里?如此平凡的事物,如此朴质的语言,而又是什么,使它们流传世界、代代相诵?

然而走近了,才发现那些平实的文字背后充溢着的,都是对这个世界的爱。它构筑了泰戈尔作品中的基色,那么厚重,那么广博。

泰戈尔是庄园主的儿子,却对贫苦佃农们充满了深深的同情。他心系祖国,关心印度农民问题,大声疾呼,要拯救"大地的大而孤弱的孩子"。洪水来时站在水中刷碗的妇女,背井离乡的农人,遭到成人虐待的儿童,无不引起了他深深的悲悯。

泰戈尔不仅与中国结缘,而且在他的身上,可以看到佛教,看到英国文化和印度文化的冲突与融合。一个人的身上竟可以有那么多的思想,浑融而又和谐。泰戈尔曾说,他所信仰的"既不是一个正统的虔诚的人的宗教,也不是一个神学家的宗教,而是一个诗人的宗教"。在我眼里,泰戈尔是爱的教徒,他的信仰,是对整个世界的深沉的爱。

他只在等候着爱,爱最终把泰戈尔交到他手里。

泰戈尔曾以野花自比:

> 我像一朵野花
> 自生自灭,无始无终
> 年年岁岁
> 　开放在青林

泰戈尔不仅开放在青林,更开放在阳光下。他以笔为犁,耕耘出一片沃泽的原野，给人以鲜花的慰藉。如郑振铎先生所言："他是给我们以爱与光与安慰与幸福的，是提了灯指导我们在黑暗的旅路中向前走的，是我们一个最友爱的兄弟，一个灵魂上的最密切的同路的伴侣。"

即便如太阳一般照耀世人的泰戈尔，也曾自问，"我的青春，你是否被自己的岁月所囚禁？"

但他的青春，他的生命，是那么的热烈而绚烂！到喜马拉雅山旅行，去英国留学，出访中国、意大利、加拿大等国，他看过无数的山水；从甘地、爱因斯坦、萧伯纳，到徐悲鸿、徐志摩、梁思成，他结交过无数的人。

泰戈尔被甘地称为"时代最伟大的诗人"。不仅如此，谱曲、绘画、参加社会改革、投身民族独立运动，泰戈尔为印度的自由独立而奔走。获得诺贝尔文学奖时，泰戈尔把奖金全部捐赠给他办的学校，以抵制殖民当局以津贴为借口控制学校的企图……就如同印度文学评论家克里巴拉尼所说："幻想从未使泰戈尔闭眼不正视现实，理想主义者的泰戈尔双脚是坚定地站在崎岖的现实土地上的。"

泰戈尔以自己以前的诗作为死亡的葬歌："前面是宁静的海洋，放下船吧，舵手，他们将是永远的同伴，把他抱在你的膝上吧。在'无穷'的道路上，北极星将要发光……"

一如泰戈尔所求的那样，世界在沉默中替他留下"我已经爱过了"这句话。而泰戈尔，也当得起司汤达的墓志铭：

他活过，他写过，他爱过。

(作者单位：河北师范大学文学院)

心弦上不逝的诗人

孔 颖

小鸟，泰戈尔飞吧，飞到年轻人的心里，去找泰戈尔栖息的地方。

——题记

诗动心

春日的清晨，东方日出渐白，江河东流，我捧读泰戈尔，青春的热血随日月涌动随江河奔流，"白驹过隙"、"逝者如斯"，我握牢青春稍纵即逝的发辫，不敢停驻跋涉的脚步；夏日的午后，林间花香似蜜，我吟哦泰戈尔，世界的盎然随艳丽芳姿绿影华盖富有生机。秋日的黄昏，园中果实熟透，黄叶簌簌飘落，我感受泰戈尔。冬日的夜晚，我默诵泰戈尔，远处的灯火，刺破夜空，那是夜的眼睛。纸上文字是一颗种子，膨胀、升腾，在如漆暗夜，在我心中，以其强大的生命力，生长、燃烧、燃烧、生长。

我读泰戈尔多年，日升日落之间看世事变化，泰戈尔也给我无尽的智慧，他将阳光撒到我的心田。读它，我懂了很多。

生活的道路漫长曲折，感谢泰戈尔，在我柔弱的心灵上烙下很多深刻的印记，领我一次又一次走过情感的沼泽地。当我遇到挫折，独坐一隅黯然涕下时，我用泰戈尔诗句"如果错过太阳时泰戈尔流了泪，那么泰戈尔也要错过群星了"，激励自己化悲伤为动力。当我成绩优秀，自视高人一等时，我用泰戈尔诗句"当我们大为谦卑的时候，便是我们最近于伟大的时候"，鞭策自己戒骄戒躁，谦虚谨慎。当我厌倦学习，自卑感袭来，希图寻求一个不费心力的人生。这时泰戈尔附耳低言："小草呀，泰戈尔的足步虽小，但是你拥有泰戈尔足下的土地。"我想，我何不做一株小草呢？于是我自珍、自尊，低头冥思，认真做好每日课程；当我处于人生多幕剧的低潮，经受生活的砥砺，认为自己处处受阻，处处碰壁时，泰戈尔歌声骤起："樵夫的斧头，问树要斧柄。树便给了他。"我想，我何不做一棵树呢？于是我不怨、不躁，静心享受着灯下漫笔的从容。当我深感日子太平淡，在饱食终日无所用心时，"日月掷人去，有志不获聘"，于是我清晨即起，孜孜以求，夜深人静，伏案疾书，既舔尝到创造的辛酸，也品味到收获的甘甜。

"你为什么这么喜欢泰戈尔？"一个朋友问，她捧着我放在书堆中唯一的一本课外书，一双眼睛里闪着希冀。在我的影响下，渐渐地，她也爱上了泰戈尔，时而抄录捧读《飞鸟集》，如同我过去一样，我深感高兴。我说："书具有两种功能，一是为人们带来乐趣，一是教导人们如何生活。我从泰戈尔那里不只得到乐趣，更要做一个智者，慢慢学会参悟自然，学会生活。"

初相识

在成长中一个很重要的阶段，曾经有泰戈尔陪我度过。

在初三之前，我未读过外国诗，而就是第一次阅读泰戈尔的《飞鸟集》，我得到了前所未有的乐趣。

捧一本《泰戈尔诗集》，在阳光下细细研读，体会泰戈尔所表达的爱和自由。对自然的赞美，对美好的向往，对丑恶的抨击，对人性的昭著，如在青天白日下将一个人的一切暴露无遗。美的、丑的、善的、恶的，犀利的言辞把这些抽象的东西形象化，在阳光下分析解剖。泰戈尔的诗充满阳光，他用阳光来洗刷一切。

泰戈尔用简洁的语言，构造了一个真理的殿堂。男女间纯真的爱情，母子间温馨的亲情，人与自然间微妙的感情，一切人类可以体会的情愫，都被泰戈尔原原本本，又及其含蓄地表达出来。

泰戈尔尤其崇尚爱情，他毫不吝惜地运用了大量比喻来赞美爱情的伟大与永恒，就像他写的那样："我相信你的爱，就让这作为我最后的话吧。"他把爱与真理恰到好处地放在生活这架天平的两端，没有丝毫的偏差。他用宏大的笔触将星光比作恋人的足镯，然后在夜晚合起开放的花瓣，用金色的诗歌把忧伤铸成自己孤单的形象放在心里。当村庄在午热中入睡的时候，他凝望天空，把爱和自由编织在蔚蓝里。

后来读到了泰戈尔的散文，真诚而不失精细，有种不经意的雕琢。从他的文章里，我开始知道恒河来自湿婆的长发，摸足礼是印度对极为尊贵客人的方式。《鸦片射向中国的死亡之箭》我看到了一个正直的泰戈尔。他回忆童年的篇章《悠悠往事》就像是踏着月光的行板，舒缓，优美，别是一番滋味在心头，很欣赏他温厚又出其不意的幽默感，不卖弄却可以让人读过之后有会心的微笑。那些包孕哲理的句子更是耐人咀嚼。印度的哲学有种特别的绵密和深邃，我最喜欢泰戈尔的《新月集》，不比《吉檀迦利》纵横天地间自由打破时空界限。泰戈尔给逝去的女儿写的小集子中有太多美好的回忆，真诚、动情、稚拙古朴。难得有人可以把孩子的视角还原得那么彻底。《告别》中高超的表现技巧和孩童的赤子之心完美结合，高中时候班级里作诗朗诵，读《告别》几次都要流出眼泪，泰戈尔真是个好父亲。

之后就接触到了泰戈尔的小说。泰戈尔的小说富诗情画意，结构简单线索单一但人性形态描写自有一种诗美，小说全然打破了人与自然文体之间人与人之间的界限体现出一种罕见的浑融之美。小说《戈拉》的经典之句数不甚数，读完了之后我不禁拍案叫绝，在妇女地位极为低下的印度，泰戈尔却把最大的肯定最完美人物的类型留给了女人，我真正体会到了泰戈尔的善良和公正。我曾为泰戈尔小说《喀布尔人》文中洋溢的温情与父爱而泪流满面。也就是从那时起，我把泰戈尔当成了理想中的父亲。泰戈尔不是蜘蛛，没想过要织什么网，可一度，我还是被泰戈尔罩上了。

意更深

人说泰戈尔的名字是太阳。我更觉得泰戈尔像皎洁静谧的月亮。

我无法从春天的财富里为泰戈尔送去一朵鲜花，从远方的云里为泰戈尔送去一缕金霞。

打开门向四周看看，从泰戈尔繁花盛开的园中采撷百年前消失的芬芳记忆。泰戈尔的诗中，总能出现许多现实中的或大或小的事物，太阳、月亮、花朵、小草、鸟儿、大海、老者、幼童、主妇、渔民……即使再不起眼的事物，在他笔下也变得美好、细腻起来。

有的人，善于堆砌华丽的辞藻，营造虚幻缥缈的意境，内容却空洞苍白，无病呻吟；有的人，善于长篇大论，洋洋洒洒数千字，读来却晦涩枯燥，毫无文字之美感。泰戈尔的《飞鸟集》中，句子简单精练，自然清新的感受。纵使多么冷漠的人，也难以抵抗这默默无声的爱和清灵洒脱的智慧。大爱无声，泰戈尔用他沉默的文笔勾勒出对自然的爱，对人生的爱。在自然中追求真理，在人生中崇尚高洁，这是泰戈尔超出常人的智慧。

恶势力像风暴一样把他卷走，把他的一切都拿去，把他的精神变成可怜的空想。但他仍然高傲地说："唱完最后一支歌就让我们踏上归程吧！梦是永远不会被捉住的。"他依然在赞美着爱与自由。

世界上的一队小小的漂泊者啊，请留下泰戈尔们的足迹在我的文字里。他记录了这个纷繁复杂的世界，记录了千变万化的经历。"使生如夏花之绚烂，死如秋叶之静美。"他道出了生存的真谛，人性的价值。

"我投射我自己的影子在我的路上，因为我有一盏还没有燃点起来的明灯。"他反省自我，谦虚谨慎。"我不能选择那最好的，是那最好的选择我。"他耐心追求，无怨无悔。

他的一生都用来热爱生活，热爱自然，热爱和平，热爱自由，就连哲理诗也表现了爱所有人，爱一切美好事物的思想。他不愿老是附在腐烂的静止之中，他要去寻找永驻的青春，一切与他生命无关的、所有不似他笑声轻盈的，他都要完全抛却。他奔驰着穿越时间，在炮火声中，他以诗人的形象背负着爱与自由在舞蹈。他抛开一切烦恼和疑虑，去追逐那无家可归的海浪，因为战争给人们带来的苦难对他发出声声呼唤。他不顾一切地迎风扬帆，在汹涌澎湃的水面乘浪而行，去追逐爱和自由。

合上书本，如同被洗涤了一般，心灵变得那么纯净，多想一直这样下去。闭上眼，仍能寻找的我的心灵所在。推开窗，闻到的都是人间烟火的味道。自由纯净，无限生机。

(作者单位：宝鸡文理学院)

问 梵

邓 倩

青苔问红叶，何物是斜阳。

——题记

我在人前夸说我认得你。在我的作品中，他们看到了你的画像。他们走来问我，"他是谁？"我不知道怎么回答。我说，"真的，我说不出来。"他们斥责我，轻蔑地走开了。你却坐在那里微笑。

我把你的事迹编成不朽的诗歌。秘密从我心中涌出。他们走来问我，"把所有的意思都告诉我们吧。"我不知道怎样回答。我说。"呵，谁知道那是什么意思！"他们哂笑了，鄙夷之极地走开。你却坐在那里微笑。

——泰戈尔

所谓梵，仿佛是一个关于永恒的说法，看不见形状，闻不到芬芳，却肆意流淌，是诗人从此的羁绊。它是世间顽皮的精灵，时而藏在苇笛吹奏出的永新的音乐里，时而化作一缕幽愁在夏日的莲花里开放，时而在七月霪雨的浓阴里哀愁……他时而是遗忘了旅行的流浪者，时而是街道上歌唱的行吟唱人，时而是暴风雨里孤独的行者，时而是大地上漂泊的游方僧，时而是静夜时分抚琴的歌者，时而是乡村道路上奇异而亲切的过客。他穿着朴素的衣衫，在贫穷的人群中歇足，和流离失所的人们做伴。如果人生注定是一场苦旅，那诗人便是幸福的苦行僧，一路寻着他的陈迹不停地奔忙，长久的盼望又焦灼着，急切又深情地歌唱，甘之如饴……如果世界上最遥远的距离是不能抗

问 梵

拒的生命，那这，便是我们爱他的理由。

梵是什么？"我的主人、我的万王之王、我的朋友、我的兄弟、我的情人……"诗人这样回答。梵在哪里？诗人说："他在美妙的自然风景中、在人类生活的地方、在我的心里……"《吉檀迦利》中，泰戈尔不停地肯定也不停地追问，汲汲地寻求着和梵之间的联系，却没有得到准确的答案。他将人的生命分为有限的生命和无限的生命，有限的生命是人类不可抗拒的欲望、哭泣、懈怠、虚伪、丑恶，仿若尘埃在圣洁的万丈光芒下，卑微、脆弱、摇摆，无处遁形，这是诗人的"小我"，我们厌恶它，却又热爱地把它抱紧，它是人的债和失败，耻辱秘密而又深重。而无限则是凌驾于有限至上的真理，是"最高真实"、"最高存在"，诗人强调的不是神的绝对权威，而是神的人格、神的人性，他的神其实就是一个理想的人，一个完美的人，一个伟大的人，一个真善美的象征。它是诗人的"真我"，也就是《吉檀迦利》中所歌颂的"梵"，它存在在一切人和事物中，，隐匿无形，明灭不定、行踪遥遥无期，它不属于任何时代而属于永恒。然而绝对的无限蕴藏的绝对的空无引发了人的最根本的痛苦。在神缺席、退避的日子里，诗人在苍茫的天地之间伫立远望，凝神地谛听，没有了这生命与精神的依托，见不到神圣者的颜面，诗人几乎丧魂失魄。在一片求之不得的虚妄中，诗人朝复暮地等待着，痛苦而深刻地思索，痴心不懈地苦寻着，他的渴望，像一群思乡的鹤鸟，日夜飞向它们的山巢。诗人双手合十，长久地膜拜，祈求："让我全部的生命，启程回到它永久的家乡。"以此得到永生。

生命之于生命，是那样一个至高无上而又感知微茫的存在，那缥缈在浩瀚星海里的歌声，你会突然在生命的某个时刻真切地听到它的回答，像灯火照亮迷途般，解除你的羞涩与困穷，因着这一声回答，你必将获得热泪盈眶的感激之情。诗人便是如此这般地用有限去追寻这样遥远的无限，对于爱和真理永不停息勇敢的诘问着，无论是在粮袋已空，衣裳破裂污损的时候，还是在心已坚硬焦躁，干枯冷寂的时候，都不改初心——假如我今生无份遇到你，就让我永远感到恨不相逢……让我念念不忘，让我在醒时梦中都怀带着这悲哀的苦痛。这样的伟大，使我们心驰神往又心生畏惧。

作为宇宙瀚海中的一粒尘埃，生命对于我们是吝啬的，因为它总是让我们失望："离你最近的地方，路途最远。最简单的音调，需要最艰苦的练习。"一念起，天涯咫尺，一念灭，咫尺天涯。它总是在当你最接近希望的时候告诉你无期的等待。可是生命又是这么的慷慨，总会在失望后给予我们拯救："你没有听见他静悄悄的脚步声吗？他正在走来，走来，一直不停地走来。每一个时间，每一个年代，每日每夜，他总在走来，走来，一直不停地走来四月芬芳的晴天里，他从林径中走来，走来，一直不停地走来。七月阴暗的雨夜中，他坐着隆隆的云辇，前来，前来，一直不停地前来。"因着这样的吝啬和慷慨，我们必须虔诚骄傲地活着，为了这无限的喜悦、快乐和荣光。

渺小的我们，降临在兵荒马乱中的尘世，还未来得及看清世界的真貌就已淹没于命运的洪荒之中，这一切从一开始就注定了生命本身的不完美，因着这样的不完美，奔跑在短暂的命运里那些朝生暮死的悲喜，也注定要成为装点生命的勋章。然而，无论我们有着多么不同的生存姿态，多么疼痛的生长蜕变，多么迷茫的彷徨，我们仍然坚持相信那些千姿百态的理想和悲哀，并且终将踏过命运的沼泽，凭借着命运罅隙渗出的一点光明，在时间的沧海桑田的变幻里，坚强地从蒙昧中走出，活出生命的丰盛，和诗人的执念相比，这何尝不是另一种殊途同归的伟大。

在问梵的旅途上，诗人既可见证灵光降临的狂喜，也必将走过晦暗、失神的黑夜。通过极端痛苦的忍耐与期待，在"有限"中证悟"无限"的喜乐，最后达到"神人合一"，是泰戈尔追求的精神境界，也是他宗教诗歌创作的主题，诗人用他那激烈而深沉的爱向我们昭示着：生命虽然是有限无常的，但我们对生命的那份爱是无限的。假如我今生无份遇到你，就让我永远感到恨不相逢——让我念念不忘，让我在醒时梦中都怀带着这悲哀的苦痛。而我们，粗鄙的凡人，只能跟随其后，想象着那些浸透在字里行间千般姿态万种情怀。

这段旅行的时间是无限，路程是无尽，结局是永恒。告别了四月芬芳的晴天、六月的莲花便开放了，潮声渐喧，河岸的荫滩上黄叶飘落，诗人却在原地等待而又流连。他用他诗人的舟渡过生命的海洋，苦苦执着地寻神，充满激情地颂神，满怀虔诚地求神，去彼岸与神对话，与神会合，让生命永恒。《吉檀迦利》中饱含着生命的激情与爱的文字，从诗人内心深处奔涌而出的永远追慕的歌唱是对永恒和绝对的一种直观的、充满激情的把握。

春风流蔼、夏至雨来，他的笔尖，划过岁月的川流不息，永驻我心……

(作者单位：福州大学至诚学院)

《飞鸟集》给予我的生活智慧

张爱玲

有人说,"印度和尼泊尔是被同一文化分开的两个国家","印度和尼泊尔是一种超越肉体的精神关系"。而我对印度的认识,大多是来自泰戈尔这位伟大的诗人。2013 年,我有幸作为一名汉语教师志愿者赴尼泊尔山区支教,这让我和印度教文化有了一次亲密接触。尼泊尔和印度在语言、宗教、文化、饮食、服饰等方面的确有着惊人的相似之处,这让身在尼泊尔的我又恍惚置身于印度。每当漫步于尼泊尔的田野,或看到辛勤劳作的老农,脑海总会浮现印度文豪泰戈尔的散文诗句,他的《飞鸟集》,也成为我的友人和导师,陪我度过异乡的岁月。

初读《飞鸟集》,便被那三句两行的袖珍诗所吸引,它们是如此的短小精悍,从不给人任何阅读压力。带着轻松愉悦的心情再进一步"交往",大脑又会不自觉得飞度运转,想穷尽这三言两语背后的所有秘密。如同探宝一般,不同的时间、不一样的心境、准备不一样的工具,挖掘到的宝贝也会迥然相异。不一样的我,在不一样的时间,会偶遇不一样的《飞鸟集》,心灵无不为之折服,碰撞出不一样的火花。和《飞鸟集》的不期而遇,我如一个亟须灌溉的禾苗,如饥似渴地汲取着它的智慧,贪婪地聆听它的教诲。如同虔诚的印度教徒在困难时向湿婆神请求指点迷津一样,《飞鸟集》给予我无限的生活智慧,这是一场精神的洗礼,它告诉我在与自己相处的日子里该如何善待自己。

都说社会是一本大书,里面有无尽的学问。但我认为,相比处世之道,人们很少能掌握的一门更难的技术是,如何与自己相处。良好的心态是成功的一半，遇事如何调控自己的情绪显得尤为重要，把心安置好，其他的种种问题也会变得迎刃而解。

泰戈尔说"你看不见你的真貌，你看见的只是你的影子"。有多少人自认为阅人无数，殊不知，他很可能连自己是谁都说不清楚。每个人都有两个自己存在于世，一个是本真的我，一个是带着不同面具的我，而很多时候的这个我都不是真的我。我们或走在父母早已铺好的路上，惶惶前行；或于迷茫中挤入了人潮涌动的大马路，迅速被大众化，丧失了本真的个性；或迫于生活的压力，将本我"封杀"，从此走上一条写满"背叛"的不归路。不论是哪一种情况，我们都很难找到自己本真的影子。看不清或不愿承认自己的本真模样，却不遗余力地为那个想象出来的自己设计着种种可能的未来。这样，忙于赶路的自己只能是疲惫不堪的。选择走一条什么样的路固然很重要，但更重要的是多花些时间认清赶路人是什么模样，他到底适合走一条什么样的路。看清影子背后那个真实的自己，听从它的安排，让它指引你走好未来的每一步。

"你的存在，是生命的永恒奇迹"。泰戈尔用这两句话告诉我们，每个人的存在都有其不可替代性，谁都不能否认自身的存在价值。青春是一首没有谱好的曲子，下一句选择什么样的音符，难免迷茫。通往未来的路总是会关卡重重，当我们多次满怀希望地闯关，却都以失败告终时，不免会悲观失望，垂头丧气。不管是饱经沧桑的老者，还是涉世未深的年轻人，这些经历都是不可避免的，没有谁的一生是风调雨顺的。屡遭挫折后，有的人会怀疑自己，不知道下次还会不会有初生牛犊不怕虎的勇气；也不乏有些人甚至会怀疑自己的存在价值，他们往往经历坎坷，学业、事业、家庭婚姻诸事皆不顺，认定自己就是上帝的弃儿，他们悲观惆怅，找不到自己存在的意义，甚至会萌生轻生的念头。而这样的例子又不在少数，高考落榜者、求职失败者、情场失意者等等，由于一时的失利就看不到生命的意义，于是自愿去驾鹤西游的人大有人在。殊不知，世间万物，存在即是合理的。"星星从不怕像萤火虫那样显现"相信自己是那颗深藏不露的星，不要被暂时阴沉的天空蒙蔽了双眼，是金子总会发光的。珍视自己，漫漫人生路，难免会有种种不顺，只要有一种不放弃自己的信念，不妄自菲薄，总有一天，我们会实现自己的人生价值。

倘若你仍纠结于悲伤的过往，怀疑自己的存在是否有必要，泰戈尔会告诉你,"你要是一直落泪,看不见夕阳,也会看不见繁星的"。对于过往和已成定局的事实,死盯不放也无济于事,不如洒脱地放手。收拾好心情,放眼远眺,不远处会有更加迷人的风景。当不太乐观的事情发生以后,很多人会不自觉地采取消极的态度对待,沉浸于自己的悲伤小世界难以自拔。悲观是一扇可怕的大门,它不仅使你处于阴暗地带,还擅自将各种美丽的风景挡在你的视线之外。人们倔强地和自己的悲痛深深相拥,渴望能探寻到问题的症结所在,结果却发现,问题不但没有解决,悲伤却已然逆流成河。然而任何事情都是两面甚至是多面的,所以我们为何不擦干眼泪,揭开问题的面纱,去发现它那能带给我们惊喜的另一面呢?再多的眼泪也不能挽救既成的事实,时间也不会因你的悲伤而停留片刻。沉浸于悲伤而无法自拔的消极情绪,不论其持续时间长或短,从某种意义上说,都是一种变相的慢性自杀。因为在这段时期内,你不但没有继续创造任何价值,浪费了生命,不良情绪反而对身体造成了或多或少的损害。于是,每当不顺心的事发生,我又控制不住要"慢性自杀"时,就会想起泰戈尔的这句小诗,理智便会独居鳌头,深呼吸,精神抖擞地去迎接下一个挑战。

我们的悲伤也许很难找到具体引爆点,也许只是对某人某事的羡慕心理,求不得,便黯然神伤。不是自己的又何必去强求,这时泰戈尔会告诉你,"飞鸟希望变成一片云彩,云彩希望变成一只飞鸟。"你站在楼上看风景,看风景的人在楼上看你。当你羡慕别人的幸福时,殊不知那人也在羡慕身处别样幸福中的你。

初到尼泊尔时,我便立即被大山里孩子们那热情又满是羡慕的目光包围了。我的衣服、鞋子、眼镜、手机,在他们眼里每一样东西都无不闪耀着大都市的光芒,他们的眼神告诉我他们对现代化和时尚生活是多么的渴望。尼泊尔山区的生活水平大致和中国上世纪七八十年代相当,有的甚至连温饱问题都不能解决。大山里吃水困难,冬季停电时间最多长达16小时;孩子们上学都要走很长时间的山路,衣服很多不是这少一块就是那磨出了洞;午饭都是在学校解决,一袋方便面几个孩子一起分享,边吃边疯跑着打闹却也不亦乐乎,那是一种现代都市人很难体会的简单的幸福。在尼泊尔人眼里,中国人的生活是如此幸福的:中国有充足的水电资源,便利的通讯和交通设施,时尚的服饰,各种美食,还有花不完的money。他们不知道中国人有多大的生活压力，看似光鲜的生活背后也有说不尽的无奈：被工厂烟囱带走的蓝天白云很少再露面；乘坐高铁离家的子女成了老人永远的思念和牵挂；山珍海味却吃不出以往小伙伴们抢一包方便面时的幸福味道；人手一部的多功能手机竟能让共处一室的一家人半日无语。大山里尼泊尔人羡慕的目光将我这个中国人包围，而如今在中国北方呼吸着雾霾空气的我，在梦里又回到了那个依偎着雪山、蓝天白云几乎每天都会光顾的大山。

  我们总是这样，羡慕别人手中自己没有的那样东西：穷人渴望得到富翁的金钱，富翁希望可以像穷人那样每天有家人的陪伴；女孩儿渴望像男孩儿一样英姿飒爽、镇守边疆，男孩儿羡慕女孩儿能歌善舞；乡村羡慕都市的繁华热闹，都市贪恋乡村的泥土芬芳和稻田飘香；尼泊尔人民羡慕大中国的富足和时尚，大中华人民思念袖珍国的淳朴民风和蓝天白云。可以说，相对于自己的对立面来说，自己永远都是一种遗憾。但是，换个视角，换种心态，我们又会发现整个世界都是幸福着的：富翁有花不完的钱，穷人有更多自由的时间；男孩儿勇猛帅气，女孩儿娇羞美丽；城市繁华便利，乡村风景秀丽；中国人民丰衣足食，尼泊尔人民悠闲自在。人们之所以痛苦，就是因为总在追求那些根本就不可能得到的东西，既然有些东西不属于我们，我们又何必为难自己。每个人每件事都有其独到之处，都是独一无二不可复制的，而其存在也是有其科学的合理性的，倘若真的如人所愿，强制实施"拿来主义"，谁又知道不会导致"消化不良"呢。但这并不意味着要停下追求美好的脚步。泰戈尔告诉我们，在孜孜探索却终究求不得的时候要有知足常乐的乐观心态，别再把目光只定在别人身上，抬头欣赏自己的这片天空，你必定会收获意外的风景。

  既然上帝不会让每个人拥有同样的东西，那就去开发专属于你自己的那片田野吧！然而追梦的路又注定是孤独的。每当这追逐略显疲惫又倍感孤独时，耳边就会响起泰戈尔的这句"绿草在大地上寻找她的伙伴，树木在远空寻找他的寂寞。"绿草和大树有着两种截然不同的生活方式。小草因为贪恋身边的花儿蝴蝶等小伙伴，不肯离开地面，所以她永远都不能像大树那样高大挺拔；而大树却不甘平庸，渴望与蓝天共舞，所以他拼命地向上伸展枝叶。然而，在到达目标之前，大树的旅途注定是孤独的。对于大树而言，旅途上的孤独根本不会成为他停下脚步的理由，因为想要和蓝天相拥的心会赐予他无穷的力量。如果你拥有一个不平凡的梦想，那就不要害怕那追梦路上的坎坷与孤单寂寞。倘若你想要看到最美的日出，就不要贪恋一时的安逸，带足装备，向最高的山顶进军吧。那里虽然有逼人的寒气，但山顶上的你会邂逅世界上最美的太阳，你将会是第一个和太阳打招呼的人。你不但邂逅了太阳，更征服了自己。做学问何尝不是如此，既然要完成几万字的论文，就要做好一人长期奋战图书馆的准备，尽管会有纠结与惆怅，不安与惶恐，但结稿的那一刻真正到来时又必定是鼓舞人心的。相信就有可能，趁我们还年轻，大胆地去做更高远的梦。追梦的路上偶尔会有妖魔当道，就算孤独苦闷也休要彷徨。倘若真的失败也不要惊慌，只要奋斗过就会有最合理的结局。待你银丝满头再转动时光的年轮时，会发现，那段孤独的青春岁月散发着最闪亮的光芒。

良好的心态是成功的一半，而成功路上，最大的敌人往往是我们自己。在与自己相处的过程中，我们是否真的了解自己。我们能否不妄自菲薄，听命于本真的自己，以一颗积极的心态，不畏艰辛与孤独地去做一个知足常乐的追梦人呢。翻开《飞鸟集》，泰戈尔会给你答案。

(作者单位：河北师范大学文学院)

泰戈尔的思念

王梦圆

以前，我总固执地以为这个世界上有故事的人很多，但活在故事里的人却很少，也总以为这个世界上傍晚黄昏时辰的晚霞总不如朝阳来得绚丽、热烈。直到后来，当我真真实实地感受到一场诗意的爱情就栖居在我的身边时，我才开始明白：原来，即使是一朵不起眼的花，也会拥有一段浪漫的情怀，承载一段美丽的故事。

（一）

爷爷是一位人民教师。

他退休以后，总觉得生活中少了点什么，整天皱着眉头，不是滋味。为此，奶奶没少在他面前数落小孩似的数落："你呀，就是闲不得，一辈子的劳碌命。你就不能学学邻居老张，养养鸟，种种花什么的？你当年的情怀哪儿去了？"这个时候，爷爷总会摘下老花镜，放下手中的书瞅着正在忙活的奶奶说："小女子家家的，你懂什么。"然后偏过头去，装出一副倔强的模样，不再看奶奶。

"好，我不懂，你懂，你懂。"奶奶虽然每次都满脸不服气，只把眼角的余光落在爷爷身上，但嘴角仍然噙着幸福的笑。

这样孩子气的对话，在我上初中的时候几乎每一天都会在家里听到。那个时候，我却并未曾留心奶奶嘴边总出现的那一抹笑的含义。

后来，也不知怎的，爷爷真的乖乖听了奶奶的话，在宽敞的小院里种了一些小野雏菊。彼时，年少的我并不知道那种花的名字，只是打心眼儿里觉得那些花看起来普普通通，闻起来也没有香味。总之，无论是从颜色上还是从外貌上来看都没有值得观赏的地方。于是，我"颇有微词"地跑到奶奶面前"告状"："奶奶，您看爷爷都种了些什么花啊，一点也不好看，还不如种些牡丹、玫瑰什么的呢。"本以为奶奶会跟我站在一边儿，可奶奶却有些嗔怪地点着我的鼻子道："小丫头，少管点事儿，快做功课去。"我不情愿地挪开步子，却在不经意地回眸间撞见奶奶脸上那抹少女般的娇羞。

那些花，究竟承载着什么特别的意义呢？我的心里一直困惑着。

（二）

某一天，我放学回家的时候，还未进院子就听见一阵熟悉的嗓音。

"花儿落在尘土里也没有采集起来求你接受。你亲手调整的琴弦已经松弛，失去了音调。我睡在你花园的浓阴中却忘了替你灌溉花木⋯⋯"爷爷的声音，沧桑而饱满，热情而顿挫。

"爷爷您在读什么呀"，我好奇地凑上前去，问道："总看见您拿着这本泛黄的书在翻，里面写了什么好故事，也跟我说说？"

"丫头，孤陋寡闻咯！"爷爷缓缓地摇着藤椅，慈爱地拍了拍我的脑袋，然后乐呵呵地继续品咂着他手中那一本薄薄的书。

"泰戈尔诗选？"我的眼光扫过爷爷手中的书封面。那个时候，我还不知道有泰戈尔这样一位诗人，只是直觉告诉我，那些简单而纯朴的文字对于爷爷来说肯定有着一番特别的意义。

经过院子的时候，我看到院里那些被移栽过来的花已经被浇上了水，显得生机勃勃，一片灿烂。我走进厅堂，看见奶奶正坐在小椅子上择菜，她那布满沟壑的双手断断续续地在菜篮和空中交错着，眼光却不时地望着门外。

"奶奶，您在看什么呢，那么专注？"

"在听你爷爷念诗啊。"

"哈，奶奶，原来您也喜欢泰戈尔啊。"

"嗐，奶奶我大字不识一个，哪儿认识什么泰戈尔啊，也就是听你爷爷瞎念。"奶奶随口说着，布满皱纹的脸上却隐现出一抹似有若无的红晕。

那个时候，我想，奶奶和爷爷之间一定是有故事的。

（三）

为了探究泰戈尔背后的秘密，某天，我趁爷爷奶奶都不在的时候，悄悄潜入了爷爷的小书房。刚走到书桌边，我就发现了爷爷手里经常拿着的那本《泰戈尔诗选》。我小心翼翼地打开这本书，无意中在书的扉页发现了一行用蓝色钢笔书写的正楷小字：致我心爱的姑娘。1958年7月。

心爱的姑娘？谁呀？1958年？时间怎么这么久远？看着泛黄的书页上已经有了些许模糊的字迹，我微微皱了皱眉头——这字，怎么这么像爷爷的？带着满脑子的问号，我继续往下翻读着。

"鸟儿愿为一朵云。云儿愿为一只鸟……现在我把我的诗，紧密地装在这本子里，像一只挤满了鸟雀的笼子一般送去给你……我曾在百种形象百回时间中爱过你，从这代到那代，从今生到他生……"我断断续续地读着泰戈尔笔下细腻柔糯如水的文字，开始隐隐约约地感受到一位异国诗人带着一颗水晶般的心，踏着步子向我慢慢走来。他细腻而温婉，含蓄而热烈。真挚地，不断摩挲我的心，在我的耳边呢喃。而那些镌刻在书卷上清新动人的文字，就如同雨后路边的野花儿，清甜温馨。

我似乎开始渐渐读懂爷爷与奶奶之间的古老爱情了。

我继续翻动着手中的书，突然间，一张发黄的老照片映入了我的眼帘。照片上，一个身穿碎花小褂的女孩儿笑容灿烂地站在一棵大树下，她的头发上插着一朵小小的野雏菊，胸前还梳着两条好看的麻花辫。

这个人是谁？我专注地望着照片上的姑娘，总觉得好像在哪里见过她。

对了，是奶奶！

照片上的奶奶，年轻着，美丽着，同时也幸福地微笑着。

我惊讶地再次拿起那张灰色照片，一瞬间脑海里忽然再次浮现起了数日以前奶奶嘴角边的那抹笑。

是的，我好像离爷爷和奶奶之间的秘密不远了。

（四）

当我仍然沉浸在寻找"泰戈尔的秘密"时，奶奶却因为一次意外事故突发脑中风住院了。

某个周末，当我和爸爸妈妈一起去市中心医院看望奶奶的时候，爷爷正在给奶奶换洗床单被褥——因为中风的缘故，奶奶的下半身已经无法移动，有时候甚至连大小便都会失禁。我静静地坐到病床边，握着奶奶苍老的手，泪水止不住地往下流。

"丫头，别哭呀，你奶奶会好的，啊。"爷爷站在床的另一边声音颤抖地安慰着我，却又在转头望向窗外的那一刻用手肘边的衣裳轻轻蹭了蹭眼角。

我知道，爷爷哭了。

后来，在奶奶住院的一个多月里，爷爷执意拒绝了爸妈要照顾奶奶的请求，一个人不分白天黑夜的陪在奶奶身边。有一次，我去医院探望两位老人，却在走到奶奶病房门口的时候，听见了爷爷哽咽的声音。驻足在门口，我看见爷爷缓缓地拉过奶奶的手，轻轻地放在脸庞边摩挲着，对依然躺在病床上双眼紧闭的奶奶说："老婆子，你什么时候能醒过来呀，我还等着你给我做饭呢。吃了几十年你做的饭，一下子换成孩子们做的口味儿，我还真不习惯呢。"讲到这里，他突然孩子似的小声地啜泣了起来："老婆子，你什么时候醒来啊，你还记得我给你种的雏菊吗？都开花啦，你好歹起来陪我看看，回忆回忆啊！……"

听到这里，我悄悄地背过身去，抹了一手背的泪。

……

（五）

我从来不知道有这样的故事。

这个浪漫而美丽的故事，是妈妈告诉我的。

妈妈说，那是很久很久以前的事了。那个时候，她和爸爸都还没有出生；那个时候，爷爷还是一个部队里的年轻小伙子，时常穿着草绿色的军装；那个时候，奶奶也还是某某庄里的一个农家丫头，梳着两条又长又粗地大辫子。而他们的相遇，是在一个欢迎部队兵的群演舞台上。也就是在某一刻，当晕黄色的镁光灯打在了舞动着的奶奶麦色的含笑的脸上时，坐在人群里的爷爷的心瞬间被融化了。

  那个时候，还不像现在这样，男女之间可以大胆地以各种方式表白，可以在谈情说爱时送芬芳艳丽的玫瑰。那个年代的爱情，真挚而纯朴。所以，后来的一天，爷爷鼓了很大很大的勇气，手捧着一束从附近田野里摘来的野雏菊，穿戴的整整齐齐的，在一个星光璀璨的夜里，悄悄跑到奶奶家后院的窗户边，带着满腔的勇敢和羞涩缓缓地开口：

  "我把写出我的秘密的情歌送给你无定的心灵
   我感到羞怯，恐怕它的
   意义和韵调被忽略了。

   我要等到那个同情的夜晚
   一段幸运的时间
   你的眼光沉浸在湿柔的朦胧之中，
   我的声音在真理的
   深深宁静中达到了你。

   我要从我的低语中把我的秘密
   在你心的寂静的一角
   转来转去，
   就像蟋蟀在寂静的娑罗树丛中
   夜的珠串里
   旋转它的唧唧的单音的念珠。"

  尽管那样的年代，泰戈尔还并不流行；尽管那样的情感，许多人都还羞于表白；尽管，那段萧瑟的时光有太多太多的尽管。可是爷爷却还是用他的一颗赤诚的心感动了奶奶，最后，让奶奶不顾家人的阻挠嫁给了一贫如洗的他。

（六）

再后来，奶奶终是没有再好起来，在一个黄昏，安静地走了。

奶奶去世后的第二周，我和爷爷一起去墓地看她。那一天，天空下着细细密密地小雨。落在人的脸上，仿若流不尽的泪水。

临行前，我带上了那本爷爷送给我的《泰戈尔诗选》。

到了墓地，青石砖的墓前已经堆满了鲜花。奶奶在鲜花前灿烂地笑着，笑容依旧像以前一样，羞涩而美丽。

"奶奶，我和爷爷来看你了。你看，爷爷带来了你最喜欢的花儿。"我搀扶着爷爷放下他怀中的那束野雏菊，泪水悄然打湿了眼眶。爷爷蹲在奶奶的墓前，双手轻轻拂过奶奶的面容："老婆子，孙女已经从她妈那儿打听到咱们的故事啦。你瞧，现在的孩子啊，真是……"爷爷的嘴角挂着一丝微笑，脸上却已是一片湿润。

我静静地走上前去，哽咽着对着墓碑上祖母的笑容，说道："奶奶，我知道您喜欢泰戈尔，您不用骗我。您看，今天我把他给您带来了。来，我来给您读上一段：

> '爱是亘古长明的灯塔，
> 　它定睛望着风暴却兀不为动，
> 　爱就是充实了的生命，
> 　正如盛满了酒的酒杯。'
> 　……"

远处，一只青鸟从天空中飞过。

是的。我想，奶奶已经听到了，听到了那来自泰戈尔的思念。

(作者单位：惠州学院中文系)

致榕树

邓 艳

从吠陀经的线缝中，
掉下一粒榕树籽。
我该如何梵唱，
你生命里的明媚与忧伤，
啊！这般华光！

我迷恋你那金色花般的嫩色，
悄悄拓下段段调皮的阴影，
织成爱的纱丽，
稚气地想隔断岁月偷觑的眼，
不褪眉间朱砂。

你答应过我，
榕树永远不散柠檬的叶。
为了这履行了的诺言，
我谨以报答的恩墙予你扶持，
补缀兄弟阋墙的破裂针脚。

深夜里，河边的台阶太湿太滑，
素苾含着一夜的孤独，

苦苦不能言语。
那过河的人儿哪，
你可懂我无声的叮嘱。

款摆的水草啊，
快快绊住女乞丐涉水的脚踝吧。
就算还了借债，
还是求不得解脱，
最终落得个骷髅面目。

终于，太阳出来了！出来了！
乌云散了！散了！
加冕仪式终究成为泡影！
红莲花亟待沐浴重生！
一切都将是新的！自由的！

待你化作虬龙盘枝的妆，
来欢迎世人时，
唯有那须眉皓然的老者，
才懂你，
以死哺生般蜿蜒的丰沛啊！

请允我以额触地，
拾得你的根下尘，
侍奉于人世庭中。
只求以一茎灯火，
供养这万千浮生。

(作者单位：河北师范大学文学院)

为你盛开的心莲

张家欣

盈一份水意轻柔,静听素心的吟唱;衬一盏清茶茗香,笑揽迷梦的情思。拾起记忆的碎片,看时光仓促的流转在生命的长河里,读诗字深刻的镌写在温暖的心灵间,映衬你白发祥和的容颜,与时光对饮,与你共赏,诗意的芬芳。在心底,为你,漾出心莲一朵朵;在诗中,听你,梵唱人世最美的柔音。人生的守望,生命的绽放,爱的礼赞,那一首首如心莲般清新脱俗的诗,都在我的心间静静地流淌。

人生之莲,飞鸟的守望

当我,还在人生的十字路口中徘徊,在现实与梦境的迷茫中彷徨,当我,还在为挫折与苦难而悲伤无奈,还在为梦想与光明而追寻拼搏,当我,还在守望着成功之花的绽放,编织着泪与喜悦的交响曲时,而你,却化作了飞鸟,告诉我:"只有经过地狱般的磨炼,才能创造出天堂的力量。只有流过血的手指,才能弹出世间的绝唱!"随着你的思绪,点亮了我的心灵,在你的指导下,我渐渐地忘记了黑暗和阴霾,在这种快乐的凄美中看透自己的灵魂,读出了一个不甘寂寞的人生。你用自己对生活的热爱,巧妙地隐去了一些苦难与黑暗,将所剩的光明与微笑毫无保留地献给了读者。在你的眼中,世界需要爱,人生更需要爱,正如你在《飞鸟集》中所写的一样:"我相信你的爱,就让这作为我最后的话吧。"人生黑夜的迷茫,曾使我在困顿中迷失,而你如天空中璀璨的北极星一般,让我在人生的前行中感受到了人间爱的温暖与守护,理解了如果我因失去了太阳而流泪,那么我也将失去群星了。人生的守望,为你,在心底盛开一朵心莲,微笑着去生活,为人生开创另一个天堂。

生命之莲,夏花的绽放

时间匆匆,在生命之轮里逝去和流淌着,我不知"生如夏花之绚烂,死如秋叶之静美"的恬静,在尘世间还有那样一股清泉在流淌着,促使人与它舞动着的生命融为一体。一直在探寻生命存在的意义,总觉得生命是如此的脆弱,一个弱小的生命,在祝福与关爱中成长,却也在贫穷困苦和难以预料的灾害中永远消逝,或是安静的、沉默着,作别了世界。而你却说"我的存在,是一个永久的惊奇,而这,就是人生。""死之流泉,使生的止水跳跃。"不知为何,从你的诗中,我又有了新的感触而难以言语,也许,对生命,对存在,我又有了新的定义,也许,我不再迷茫,明白了生与死,不是遥远的。或许生与死之间,没有明确的一种界限,而是在命运的兜兜转转中,把情感和思想融为一体,就如你所说的"生来如同璀璨的夏日之花不凋不败,妖冶如火,承受心跳的负荷和呼吸的累赘,乐此不疲,死时如同静美的秋日落叶,不盛不乱,姿态如烟,即便枯萎也保留丰肌清骨的傲然。"只要真正的爱过、活过、珍惜过、感恩生命、心怀真情,那么,生命的价值将永远存在于世间。生命的绽放,为你,在心底盛开一朵心莲,挥舞灵魂的羽翼,浅唱生命的不朽。

爱之心莲,赞歌的浪漫

身为印度诗圣的你,那为爱而唱的赞歌,拨动了我心弦的那一声声回响,一丝丝悸动。静卧诗的海洋,聆听着你爱与自由的青春恋歌,体味着那清新与芬芳的青春味道,感受着你一丝丝烦恼与悲伤的痛彻心扉,在收获爱的同时播撒着爱,让这个世界,都弥漫着爱的气息与浪漫。听你"眼睛为她下着雨,心却为她打着伞,这就是爱情。"的真谛,读你"爱就是充实了的生命,正如盛满了酒的酒杯。"的感悟,悟你"生命因为付出了爱,而更为富足"的表达,于心底,体会爱的感动,领悟爱的意义。泰戈尔,你的诗,虽没有普希金的雄健壮阔,没有海湿的甜蜜梦幻,没有拜伦的气悍心魂,没有雪莱的浪漫如风,但却是燃放着炽热的精神火花,凝聚着智慧思想的广度,温暖了你我的心扉。你的爱,也是浪漫而深邃的,你爱着国家,爱着人民,爱着世间的一切,并将这份爱撒向了世界。爱的礼赞,为你,在心底盛开一朵心莲,聆听爱的真谛,镌写人生的瑰丽。

浮生若梦,触动着岁月的半夏锦年,搁浅时光,摇曳着流年的浮光掠影,我愿以情为笺,以心为笔,书写,生命倾诉凝成的诗篇,品读,灵魂碰撞酿成的箴言。

人生的守望,生命的绽放,爱的礼赞,愿为你,盛开一朵朵清新芬芳的心莲。泰戈尔,你将心落在了中国,而你,也将永远存在于我的心间。诗词千阙,芬芳溢美,情愫轻旖,一世柔香,墨守朵朵心莲花开,听你梵唱绝世心韵。

(作者单位:潍坊学院文学与新闻传播学院)

不忘初心，方可抵达爱的彼岸

孙晓玲

翻开泰戈尔的诗集，我恍惚看到了百年前那位白袍长须的慈祥老人于我微笑，"你是谁，读者，百年后读着我的诗？"我一时无从回答，只知跟随他的脚步，随他走进了里面那个充满智慧而清透的诗歌世界中去。

我推开第一扇门，四处张望，这是群花盛开的美丽大自然穿过百年的芬芳记忆。

"鸡带着跳舞的尾巴，将它们细心的足印印在那洁净的软泥上。黄昏的时候，长草带着白花，邀日光在长草的波浪上浮游。""飘忽的旋风，穿过许多遥远的田野芳香，一阵阵飘扬过来，鸽子不停地在浓荫里啼叫，一只飞到我房里的蜜蜂，嗡嗡地诉说遥远的田野消息。"

我兴奋地跳进其中，与小动物追赶在温暖湿漉漉的软泥上。树枝上嬉戏的小鸟，草丛中跳过的蚱蜢和小昆虫，都让我目不暇接。仰头看见被昨夜雨水洗礼过的天空，是似水般的透明纯澈。微风轻轻吹拂在脸颊，凉风习习，原本紧绷着的神经一下就放松了。迈着轻盈的步伐，看着一望无垠的绿色棉田在微风吹拂下荡起一层碧波，静静地呼吸着这野外清新的空气，青草和花朵的香气交杂在一起，组成和谐的旋律，在键盘上奏出一曲轻快的乡间小曲。听到山间涓细泉水的流过，雨丝洒在树叶上的响声。一切一切，都让我在夕阳斜照下静静思索，静静感受。

"你在想什么？"我听到老人问，便睁开眼睛，心中有欢喜，亦有惆怅。

"它们很美，但是娇嫩的花朵终究会在绵软的土地上垂败枯萎。"

"我的孩子，"老人微微笑道，"即使花儿萎谢，但是戴花的人不必永远悲伤。"

我似懂非懂地点点头。

老人摘下身边的一朵洁白的小花,插在我的鬓边。

"一朵花谢,另一朵花就会盛开。你可以明白吗?"

我看着满地盛开的小小花朵,那些个五瓣的、轻巧的、伸着细长花蕊的尤物,有娇嫩的、清雅的柠檬黄,也有那种初潮的、害羞的胭脂红,在夕阳的映照下美丽而坚韧,她们都是大自然用神笔调配出的生命的闪亮。她们于我相望,仿佛细细声地对我说:"别伤心,我们还会再开。"

我点点头,牵着老人的手,随他走进下一道门。

第二扇门推开,看到的是一位英俊的青年拜倒在美丽女子的裙下,等待着她吹出最美妙的音乐,吹出最美好的爱情。

英俊青年低下了骄傲的头颅,将采来的清丽花朵献给心爱的姑娘。"静静地听,我的心呀,听那世界的低语,这是它对你求爱的表示呀。"

我在旁边看着很是憧憬。美丽纯洁的爱情总是那样的迷人,让坠入爱河的男女都有着别样的闪耀光芒。

"期待美好的爱情,是因为我喜欢花开的过程,等待花苞绽放的过程不会太着急,心中更多的是忐忑和期待,为美好的事情等待是永远不会觉得疲惫的。"我一脸艳羡地说。

老人慈爱地笑了:"权势对世界说道:'你是我的。'世界便把权势囚禁在她的宝座下面。爱情对世界说道:'我是你的。'世界便给予爱情以在她屋内来往的自由。爱情的确是美好的,但是你有想过其中的痛苦和难过吗?"

我看到这时的英俊青年却是阴郁沉默。"你在我瞳仁里投下倩影,蹰蹰归去的时候,可曾隐约地听见,我心弦奏出的忧愁?我诉说着掐不断的思念,如新叶对朝霞低语。"分离相思的折磨和产生误会的痛苦,正使相爱的情人辗转回想,思绪万千。夜幕中的他们各处一方,月光暗淡了星的光芒,乌云遮住了月的明亮,朦胧了尘世里情人们的身影,合着他们徘徊的思念和思绪,组成夜的灰色。

我低头沉思,爱情的苦涩和煎熬,有时却掩盖了相爱的甜蜜,冲刷掉了当初的信心。爱情,会因此消失吗?

"不,不,我不怕离愁。我用忠贞的甘浆把它注满。泪水中濯洗得纯净,我把它织入思恋的花环，挂在胸前。这是爱情的专一，不可撼移。"我看到相爱的人们蓦然抬头，原本紧锁的眉头已然舒展。经历过别离的考验和误解的消除，才能与相爱的人执手一生，走过沧海桑田的变换和红尘变迁的岁月。

"我的孩子，你看到了吗？在彼此的眼里看清现世，在彼此的身上发现自身——共忍穿越沙漠的艰辛。有着共鸣的思想和灵魂，扎根于同一块根基上，同甘共苦、冷暖相依。才是可以战胜苦难的真正爱情。"老人抚摸着我的头缓缓地说道。

我释然了，便走过那些相依偎着的情人们，与老人一同跨过最后的门槛。

映入眼帘的，是一个有着明亮眼睛的小男孩，在阳光之下奔跑，闪耀着金色花般的光彩。

看到这个小男孩用信纸认真折成一只纸船，在上面写上大黑字，并放上一朵小花，然后像是造物者完成一件完美作品一样，满足喜悦之情溢满脸庞。接着，他小心翼翼把手中折好的白色纸船放在溪水上，看着它在水面上泛起层层涟漪，随水流走，那纯纯的眼眸里尽是期待和憧憬，似乎和他的纸船一起开始了漂泊之旅。

"小孩子的世界就是快乐，一张纸都可以是很好的玩具。"我开心地说。

"孩子眼中，无论找到什么便去做他快乐的游戏，我们长大后却把时间与力气都浪费在那些永不能得到的东西上。"老人轻轻叹了一声。

我愣住了，不由附和道："我们竟也忘了自己也是在那里做游戏了。"

这时的小男孩已在夜色的伴随下美美地沉睡着，嘴角有着一丝满足的微笑。他是梦见了他的纸船在星光中缓缓流去，让另一个孩童发现了这个秘密，让纸船和自己在历经千辛万苦后，重新获得了新生吗？我想问他，却又仿佛看见他那顽皮的笑脸，"我不告诉你，妈妈。"

"每一个孩子出生时都带来信息说：神对人并未灰心失望。"老人告诉我。

我迷惘："老人，你的世界有大自然的轻灵，有爱情的礼赞，也有童真的甜柔。但是，人生真的如此美好吗？你眼中看到的一切，为什么都是充满着爱呢？"

"别难过，我的孩子。"老人笑了，"在群星之中，有一颗星是指导着我的生命通过不可知的黑暗的。那颗星，是我的初心。保持着它，哪怕是终止于衰竭的'死亡'，但依然会看到'圆满'终止于无穷。"

我闭目沉思，这些话语在脑中回旋反复。待我睁开眼睛时，眼前已是一本厚厚的泰戈尔诗集。诗集封面上印着的那小小船只，耳边回荡的"不忘初心"话语，似乎将要一同引领我到达那爱的彼岸。

(作者单位：华南师范大学)

飞鸟的小调

唐海伦

  我要去哪里寻找白昼和黑夜、溪流和海洋、自由和背叛。推开窗门我是否能听得到那只歌唱的飞鸟。我左顾右盼，怎么捡回跌落峭壁的爱情。伸出手来接受沉默的花的拥抱。久违啊我献出后又获得的生命。我要祈求那些散落一地的思绪，给我万千霞光。

  飘摇在大海的船只，感受狂风骤雨后的天晴，抚摸斜照进心灵的光，我有一个清晨，淡泊清亮。是这样吧，你有静静的秋叶，内心情感滔天。

  飞鸟的小调，是心向往之，歌声温柔。

  该期待一种自然，少年读诗时清亮平缓，在我心底腾起莫名思绪，却并不知晓什么叫做思慕。诗歌教会我们爱情。当我正年恰，双手会颤抖着捧起韶华浇灌催生的新芽。飞鸟成群飞过，诗歌的爱情是我本以为你不会回头。"我这一刻感到你的眼光正落在我的心上，像那早晨阳光中的沉默落在已收获的孤寂的田野上"。这给了爱情勇气，少年啊你该摘下我的思慕，我也怕它会萎谢了，掉落在尘土里。我并不愿卑微地再开出花来。我也守候着爱，双手颤抖着捧起。

  这是最好的东西吗，爱情开放的那天，在我自己心灵的深处开放。我会满心以为这就是全部，渴望将一切不论是不是我的都奉献给爱情。热恋的爱将花朵用力压在我的心上，诗人说，花朵谢了。请宽恕我的欢乐，我也曾经为了你的微笑等得久了。晨光熹微，我以为爱情独自而来，精心准备好了茶点却发现他们欢歌笑语。不愿控制的情感将我自己摔了满地。可是你看爱情的同伴将我细细拼好了。

"最好的东西不是独来的,它伴了所有的东西同来。"

飞鸟的小调,是目之所及,倾尽天下。

又不单单只是爱情,我顺从地被爱和诗俘虏。飞鸟的诗歌从紧紧拥抱的人们怀中迸发倾泻出来,谁的心,同着它的歌的拍子舐岸的波浪,渴望着要爱抚这个阳光熙和的绿色世界。是否是爱,让失家的白骨生花。是否是诗,给无主的魂魄弥撒。请允许你的目光追随飞鸟,那里山水慈悲。我知道慈悲,慈爱其并给予其乐,称为慈;同感其苦,怜悯其并拔出其苦,是为悲。因此感知,"不要因为你自己没有胃口而去责备你的食物",此中深意。

这个世界镌刻下万物的深情,神色温柔,风情万种。小心翼翼地我落下了一颗心,随着千山万水的步伐印在一片诗歌里。我唱着,所以世界欣慰地给了我一个永恒的吻,耳边是潺潺的乐声。请静静地听啊,静静地听啊,我再问你爱我吗飞鸟,你爱我吗大树,你爱我吗沙漠,流水、太阳、月亮……我爱你,不因为你教会我欢快的歌,不因为你带给我清脆的绿,不因为你送给我热切的情。"我不能选择那最好的,是那最好的选择我"。

面朝大海,你就是春暖花开。"您的阳光对着我的心头的冬天微笑着,从不怀疑它的春天的花朵。"谁能不相信心存善念,雨露就能越过不毛之地的沙漠使之欣欣向荣呢?这个诗里的世界是爱的成形,那么我们的爱也可以帮助着它。

飞鸟的歌,是以哲封缄,言浅意深。

一个人的信仰能带他走到哪里,走过多远。等到超越灵魂,我只能万般徒说。等到寂寞乘着芦苇涉过大海,徒步走过流云天空。等待着的是永恒的疑问,永恒的沉默。你背着的行囊,是不是装满了愿望;你喋喋不休的话语,是不是说透了贪婪。愚蠢的愿望,傻笑的贪婪,世界的歌声里竟然忍下了这嘈杂的喧嚣。让我们只是静静地听着吧,怎么能拒绝这不拒绝生命,而说出生命之本身的歌呢。

怎么样的诗歌零碎地铺了满地哲学,极度的信仰,天然的美感,你给我意会,我不能言说。但是我收到了礼物,它挺起我的脊梁,指着前方告诉我如何做生活的强者,如何对待遇到的困难。尽管步履蹒跚,依然能坚定地走下去,圆一场曾经悄然破碎的梦。诗歌这么唱:"终止于衰竭的是'死亡',当'圆满'却终止于无穷。"

飞鸟的小调

该用坚韧的自己挑起的世界，去礼赞无名的花朵，萧萧的树叶。笼罩着那些微思，欢悦地低语。降下的天亮，光和影的纵横交错，你把灯放在哪里，你就在哪里。你看不见自己，你看见的只有你自己的影子。我们为自己发着光，微渺但不怕显得像萤火虫那样。因为"小草呀，你的足步虽小，但是你拥有你足下的土地。"。

飞鸟的小调，是行有所止，清音呢喃。

我们歌唱着，我们跳跃着，我们拥有一切美好，紧抱阳光。只请牢记别忘记心存敬畏。"上帝的右手是慈爱的，但是他的左手却是可怕"。君子有所为有，所不为。我们的这么说子曰："君子有三畏，畏天命，畏大人，畏圣人之言，小人不知天命而不畏也"。如履薄冰啊，谨慎谦卑啊，我们低着头，王冠却不会掉落，"当我们是大为谦卑的时候，便是我们最接近于伟大的时候"。

我不得不相信"当人是兽时，他比兽还坏。"心存敬畏方能俯仰不愧于天地。于是对飞翔的敬畏使得飞鸟远渡重洋，来我窗前歌唱。点滴之间，敬畏不至孟浪。我被这庄重感动，疑心这莫非是世上最好的礼物，于是我将双手洗净，接下并一起歌唱。

我说晨光里的飞鸟写作了一首满是生命的诗，从泰戈尔的心上唱了出来。

这一地琐碎的集合，真善美的思绪，写作飞鸟，读作慰藉。慰藉那些迷途的旅者，慰藉那些失落的人们。诗歌里的温度，刚强而柔软，我道这是祭品，满怀诚意向生命祭奠。向生命进献的诗歌必然燃烧着清秀的美好和热切的关怀，坚定地探索和不懈的追求。泼墨而出的画面，神秘绚烂的世界，这里的神隐藏于青山秀水中，规劝着人们走向梦想和真理；这里的枝繁叶茂微小却不致卑微，欣欣向荣时刻不忘报答和感激。诗人千里奔赴，最终一笑而过。留有孩童的纯真，点起烛火照亮世界，才是最后的选择，不管不顾世人说。

谁能使生如夏花之绚烂，死如秋叶之静美。谁能受过苦，失望过，体会"死亡"，然后更加以在这伟大的世界里为乐。我们在他的诗歌里找到足迹，领着他走到我们沉寂的心里，燃起休憩的启明星。这个天真无邪的诗人，跳跃着绘画了一个童话，给了白天不能错过的太阳，给力黑夜飞翔的漫天繁星。泰戈尔的一颗心，爱和恨，像那个一样天真的诗人冰心说的一样，如同海波一样，荡漾开来，遍及了全世界。

我将真理和情感、希望和光明、敬畏和欢乐妥当收藏。永恒之声告诉我绝不害怕刹那。我牵着火焰的手找到了执灯的人。我闭目倾听大树祈祷的声音。心上是受到损辱的尘土的报答。神在我的黄昏的微光之中敲响我的门。这是诗歌，这是信仰，你又探什么究竟。信就是了。

　　鸟的歌声是曙光从大地反响过去的回声。即便你听到的仅仅只是一只小小飞鸟的小调，也足够我们在你的目光下虔诚地拥抱整个世界。

　　我相信你的爱。

(作者单位：福州大学至诚学院)

爱的使者：我心中的泰戈尔和冰心

黄思齐

新学期又开始了，同时，我们的学习任务也来了。初一语文的课堂上，李老师布置了一项作业，让我们购买并阅读冰心的《繁星·春水》，选取自己最喜欢的一首，写出感悟，并要求每个人都要在课堂上发言，这可是展示我们个性风采的时刻。我翻开《繁星·春水》，一眼就被《春水》中的第34首所吸引：

青年人！
从白茫茫的地上，
找出同情来罢。

诗中的"同情"二字令我怦然心动，我很快就写下了自己的感悟。课堂的发言轮到了我，我站在前台，娓娓道来："冰心的这首小诗看似虽简短，却点明中心，道出了世上缺少'爱'这一主题。她希望现在的年轻人要对他人、对自然、对社会充满爱心。但丁说过：爱是美德的种子；雨果说过：人间如果没有爱，太阳也会熄灭；泰戈尔也说过：爱是理解的别名。可见'爱'这一个字如启明星，看似近在眼前，却又遥不可及。但我们往往对'爱'字理解不够。在中文繁体字中，爱写成'愛'，我们可以清楚地看到中间有一颗心，可是现在我们有意无意地把这颗心简化删节了。例如，一旦有老人不小心摔倒躺到了地上，路过的行人很少会伸出援助的手，大家都担心被敲诈勒索；我们人类对自然万物缺乏同情心，污染环境，破坏生态，屠杀珍稀动物。

还有，一些不法商人生产假货（尤其是假奶粉、假食品），坑害老百姓，就是因为他们心中缺乏爱心，对他人的关怀与慈悲，只想到自己发财。其实想到我自己，在许多方面也做得很不够，有时，我会瞧不起来北京打工的乡下人（我们小区打扫卫生的人或捡垃圾的人），觉得他们没有文化，土里土气，显得戆头戆脑。读过冰心和泰戈尔的诗后，我深受感动，我发现'爱'是他们二位作家的共同主题，我认为他俩都是爱的使者。"

闻言，老师倏然问道："那么，你知道冰心与泰戈尔之间有什么关联吗？"

教室里一片缄默，我点点头道："冰心受到了印度诗人泰戈尔《飞鸟集》的很大影响，走向了写作道路。她在上大学的时候，偶然读到了《飞鸟集》，于是开始模仿泰戈尔的小诗风格，写下许多短小隽永的诗句，记录在一个小本子上，后来在她弟弟的建议下，取名为《繁星》出版。"

同学们以惊奇和羡慕的眼光看着我。老师有点不敢相信我，问道："你是怎么知道的？"

我只好如实说来："是我妈妈告诉我的。她曾经让我读泰戈尔《飞鸟集》《园丁集》，还让我背了其中的一些中英文对照的诗句，特别美。"

李老师笑呵呵地问道："你可以背几句给我们听听吗？"

我脱口而出："我最喜欢的一句是：你看不见你自己，你所看见的只是你自己的影子。英语是：What you are you do not see, what you see is your shadow。"

"你为什么喜欢这一句呢？你对这一句有什么样的见解呢？"

"泰戈尔的诗富有哲理，玄之又玄。我之所以喜欢这句诗，是因为它准确描绘出了人类的浅陋与有限。人总是都自我感觉良好，总以为很了解自己，而他们所能能知晓的，所能看见的，只是自己的一小部分，一个虚幻、缥缈、不符实际的影子，一个肤浅的表面罢了。我记得有句名言说：'认识你自己！'如果我们不认识到自己的有限与无知，我们就摆脱不了自己的影子。"

"哇噻，太棒了！"老师和同学们惊讶极了，我竟然能说出这么深奥、充满哲理的话来。

"那你能给我们介绍一下泰戈尔吗？"李老师似乎要把我当成她的替身了，不想让我下讲台。

"泰戈尔是我最崇拜的人之一。我觉得他是个比天才还要天才的人！他从小生活在印度一个很富裕的家庭，接受了良好的传统文化的教育，打下扎实的基础之后，在17岁的时候又去英国留学，他的英语当然很棒了。《吉檀迦利》就是他自己翻译成英语的，后来他因为这本诗集而获得了诺贝尔文学奖。我妈妈告诉我，一百年前，泰戈尔是东方第一个获得诺贝尔文学奖的作家；一百年后，中国的莫言是第四个获得诺贝尔文学奖的东方作家，另外二个是日本的川端康成和大江健三郎。"好像还没有说够，我继续补充道："泰戈尔多才多艺，他还是个画家和作曲家，印度的国歌就是他撰写谱曲的，不仅如此，他也是个教育家，创立了印度的国际大学。"

看见同学们睁大的眼睛，李老师又继续考我："你能不能给同学们多多介绍一下他的诗歌特点？"

我点点头，脑中极力回忆着妈妈曾经给我讲过的话："泰戈尔的诗充满着真挚的爱与热烈的感情。他的《吉檀迦利》是献给神的赞歌，是对上帝的信仰表达；《新月集》里有许多献给母爱的诗，真诚感人；《园丁集》充满了哲理警句，抒发他对生命的热爱和感悟。泰戈尔信仰虔诚，追求真理，他敢于指出人类的种种缺点，善于使用比喻的句子，文字简洁优美，机智幽默。前些日子，我妈妈还给我看了习主席最近在印度的演讲词《携手追寻民族复兴之梦》，习主席竟然引用了泰戈尔诗歌中的许多句子，我记得其中有几句，也正好是我喜欢的：'如果你因为失去了太阳而流泪，那么你也失去了群星'，'我们把世界看错了，反说它欺骗我们'，'生如夏花之灿烂，死如秋叶之静美'。"

李老师和同学们听后，遽然热烈地鼓起掌来。我脸羞得低下了头，其实这要归功于在大学教外国文学课的妈妈；小时候，妈妈总给我讲外国名人的故事，泰戈尔就是其中之一；除了家里书架上摆放的《泰戈尔散文诗选》《吉檀迦利》等，她还特地从图书馆借了好几本图文并茂、装帧精美的泰戈尔的诗集给我阅读。妈妈总是告诉我，泰戈尔是第一个为我们东方人赢得世界声誉的伟大作家，为东方与西方之间的相互理解做出了杰出贡献，他有关母爱和儿童的诗歌特别适合我们这个年龄阅读。爸爸也时不时和我念叨几句："你要是将来像泰戈尔、冰心一样，写出感人的文学作品，老爸一定自费给你出版！"在父母的鼓励下，我从小学二年级开始，就在电脑上写作诗歌和小说了，不过大部分是不够成熟的习作。

在李老师和同学们热情的掌声和赞美声中,我深深地鞠了个躬,走下了前台,心中充满了对泰戈尔和冰心的感恩,因为是他们教会了我如何去表达"爱"和感恩。

下课之前,李老师又给我们布置了一个新的任务,模仿泰戈尔和冰心的散文诗风格,以"爱"为主题,每人至少写出二首散文诗。回家后,我赶快取下书架上的《飞鸟集》(那是妈妈送给我的12岁的生日礼物),寻找其中有关爱的诗句,结果发现了许许多多:"有一次,我梦见大家都是不相识的。/我们醒了,却知道我们原是相亲相爱的。""我的心把她的波浪在世界的海岸上冲激着,以热泪在上边写着她的题记:'我爱你'""我把我的心之碗轻轻浸入这沉默之时刻中,它盛满了爱了。""神爱人间的灯火胜过他自己的大星。"《飞鸟集》的最后一首是:"就让这个作为我的遗言吧/我相信你的爱"。"爱"是那么抽象那么难以言说,泰戈尔却用活泼的比喻、奇巧的想象、灵动的词语、鲜明的形象栩栩如生地表达出来,让人很容易理解,感受到他对神、人类和自然万物的一片挚爱之情。

我蓦然明白,这个世界是以爱为核心的,万物生灵都建之于爱的基础上;有爱我们的神与人,也有我们所爱的神与人。我想到了妈妈曾经经常告诉我《圣经》中耶稣的话:"要尽心尽性尽意爱你的上帝""爱你的邻居",甚至"爱你的仇敌",觉得泰戈尔的想法与耶稣的教义很相像。于是我问妈妈:"泰戈尔是一个基督徒吗?"妈妈回答说:"泰戈尔没有明确说自己是基督徒或其他教徒,不过他受到了基督教的深刻影响,同时也把印度传统婆罗门教和佛教中的'梵'、'佛'与基督教的'上帝'结合在一起理解人类的处境,有点自然神论的色彩。所以不同文化、宗教信仰的读者都可以在他的诗歌中获得共鸣,这也是泰戈尔的伟大之处。"虽然我无法完全明白妈妈的解说,不过,我觉得泰戈尔的诗歌充满着各种各样的爱(我们的语文教材中就选取了泰戈尔《对岸》《金色花》等有关母爱的诗),教会了我们如何去爱,给人正能量,而且写得很美很有智慧。

我慢慢品味《飞鸟集》中的每一首诗,为它们的奇思妙想、洞幽烛微所吸引,如:"'月儿呀,你在等候什么呢?'/'向我将让位给他的太阳致敬。'"这首诗意味深长:月亮在太阳面前是多么谦卑,多么知足。每个人都有适合自己的位置和天赋,如同太阳赐给我们温暖的阳光,月亮赐给我们温柔的梦乡。如果每个人都能够坚守自己的位置，人人平等，彼此尊重，这个世界一定会达到泰戈尔和冰心所提倡的美好与和平。另外一首也深深地触动了我。"瀑布歌唱着：'我得到自由时便有歌声了。'"这首诗幽默形象，极有趣味，它似乎在讽刺世间的人们缺乏自由，只有那些自然的生灵，才能真正体会出自由的真谛。妈妈曾经让我背过的一首诗："生命诚可贵，爱情价更高。若为自由故，两者皆可抛。"也是这个意思吧？一个人只有拥有了自由，才能发挥自己的才华，像瀑布一样自由奔腾发出歌声，随心所欲地创造。可想而知，"自由"比起生命和爱情的价值还要高，是人生最珍贵的两个字。

就这样，越读泰戈尔的诗，我越能够获得人生的智慧。那些关于爱、美、善、自由、尊严、幸福的美妙诗句成为我成长中的精神食粮。"鸟儿但愿它是一朵云/ 云儿但愿它是一只鸟"。我但愿变成泰戈尔笔下的鸟儿云儿，在天空自由快乐地飞翔。

最后，我要感谢泰戈尔爷爷与冰心奶奶在天之灵，赐给我心灵的清泉和创作的灵感，写下二首散文诗，献给我心中这二位伟大的"爱的使者"：

之一

现在是战争时期，地球一片混乱。

战争分为两派：双方战平，彼此仅剩一人。地球上的一男一女。

也许，他们从前是恋人关系，也许他们只是陌路人。

可是，他们现在是敌人关系。

女人说："要杀快杀，现在的我敌不过你。"

男人说："彼此彼此。"

他们同时轻轻一笑，同时朝着对方奔跑。但是，他们在差点一儿就刺刀对方的一瞬间，同时放下了剑，拥抱在一起。

女人落下了眼泪："为什么，为什么不杀了我？"

男人轻轻回应："没有了你，我的存在又有何意义？"

之二

地狱与天堂相爱了，可是它们中间隔着一道叫"上帝"的墙。

有一天，天堂对地狱说："你改邪归正吧，这样我们就可以不离不弃,永远在一起了。"

地狱想了许久,最后还是答应了。

从此以后,世上再没有了恶魔。

因为,爱将恶魔变为了天使。

(作者单位:首都师范大学实验学校初一(2)班)

泰戈尔在我心中

——与你相遇在素锦年华

芮小婷

今夜,独酌这一杯月色。

我看见,清许月光下须发皆白的你,络腮胡子,蜷曲长发。在恍惚朦胧的灯光烛影下,孜孜不倦地镌刻下一篇篇脍炙人口的绚丽篇章。

再抬眼时,目光里却是无尽的落寞。而天上,一弯静静的皓月,正悄悄地为大地披上一袭淡淡的银装。

寻寻觅觅,冷冷清清,凄凄惨惨戚戚。终于在茫茫人海中遇到你,还好我没有轻言放弃,在最好的年纪遇见你,也算没有辜负自己。

"只为感君一回顾,使我思君朝与暮"

曾记否?与君初识——《飞鸟集》。只因那一句"生如夏花之绚烂,死如秋叶之静美。"我便深深折服于你的才华,自此沦陷,难以自拔。"生如夏花,死如秋叶"那是藏在岁月深处的一份多么珍贵的美好呵。微醺里,我感到无边的岁月,像这秋夜里的潮水,远远的奔腾而来,冷不丁的袭上心头。

悄然秋至,叶子踏上秋的征程。漫天的飞舞,翩然落下,秋意瞬间朦胧。蔓延了一春一夏的绿意花红,从张扬到素静,于沉稳中,一点点褪掉五彩华丽的罗衣,直至安然谢幕,诠释了一整个生命的悲欢离合,最后落下句点。而天空下的日子,依旧有风有雨,有日落日出,恰恰彰显光阴的无情,不会因万物转变而停留半步。

恍然间,我仿佛听见夏花般绚烂的生命,在悄然绽放;我仿佛听见秋叶般静美的岁月,在匆匆流逝;我仿佛听见浪潮般汹涌的热血,在青春的身体里躁动。不安于这个喧哗与躁动的时代,我是古典情怀的守望者。捧茗焚香,静翻书卷,着两重心字罗衣,轻盈地呼吸着这睿智、清新的空气,然后舒展腰身,轻舞飞扬。

若真能如此,我愿一生,漫步于你的智慧花园,畅游于你的哲理海洋,翱翔于你的自由天空,轻道一声,如此甚好。

"众里寻他千百度,蓦然回首,那人却在灯火阑珊处。"

曾记否?与君相知——《吉檀迦利》。那年,你获奖归来;昔日,我拂卷而过。稍一回眸,便成就了我对你相望的守候。此岸,一抹淡粉的娇羞,晕满容颜,拂袖处,屡屡温柔;彼岸,一纸豪情的自由,溢满指尖,挥墨间,款款情深。你的诗,惊了我的梦,本无心,却独醉梦中。月满西楼,心念君,点点愁,为君倾尽此生温柔。

我向往你赞颂的自由的爱,敬畏你歌颂的神,艳羡你讴歌的伟大而无私的情。诗中激扬的情感,如金色瀑布般倾泻而出,久久不绝;灵动的神韵,如滑落的露水般玲珑剔透,盈盈闪耀;浪漫的辞藻,如同清澈的小溪般静静流淌,潺潺不息。

翻一页诗篇,凝一脉心香,融在水墨里,便成了荡气回肠的一个个缩影。浅唱低吟中,盈一怀诗意,纸笔间,生命的领悟,提炼的精华,那么承载的一笔笔经年,便可于磨砺中,一次次净化开阔心境。光阴走过,品尝着苦与甜,跌跌撞撞里,一个经历,痛而不言;一次领悟,笑而不语;只管让生命入到平凡中,给心容纳自然,空间便可呼吸。唯有懂得品尝,快乐,才会一点一滴,体现在现实生活的小细节里,且行且珍惜着……

寻觅于字里行间,我感悟,你对生命的礼赞,对现实的哀愁,对理想的渴望,对宗教的崇尚,对大好河山的热爱,对劳动人民的歌颂和对传统文化的喜爱和推崇。开始懂得,行走于岁月的洪流里,要想不被浮华染指,需要一颗静谧之心,凝聚一双慧眼,面对某些物事,明而不解,知而不言,感知于心便可。生活,历练到最后,是一缕淡淡的素心,呵护着内心一程程的风景。一些风起、云涌,只管低眉、浅笑,因为时光的格言,终将一点点见证风轻、云淡。

当我走近你，走近《吉檀迦利》那个纯净无华的世界中时，亦不由地会陶醉于清秀隽永的美词妙句，流连于浪漫神奇的无限想象，感动于细腻深刻的内心刻画。字字句句篇篇，读来都令人感触颇多，回味良久。自此，日日捧君在手，夜夜思君入梦。

"衣带渐宽终不悔，为伊消得人憔悴"

曾记否？与君相惜——《爱之贻者》。轻踏季节的暖光，我在一朵文字里，追逐着蝶翼的翕动。风扬，流云清婉；雨起，紫苏摇曳。聆听藤蔓儿清脆的歌唱，音符落下来，摇醒了花儿的芬芳。于是，我撷取一朵花香的美梦，安静地收藏着美丽，一枚光阴滑落，指尖轻触，泛起幸福的涟漪，一圈圈晕厌了心房。

心累了，人乏了，都市生活消弭了我们的锐气，抢走了我们的纯真，剥离了我们的梦想。停下脚步，四处是令人生厌的嘈杂和市井，有时，真的想逃离，去到你诗中那只有自然气息的静谧自然，尝一尝香甜润口的泉浆，闻一闻沁人心脾的花香，吹一吹香爽入骨的山风，一切不愿想的、不开心的、带点怨气的思绪都会飘然离去，只留下与自然契合的舒畅怡人。

常常，喜欢仰望蓝天，这样的湛蓝，辽阔，包容，似乎可以洗涤去尘世间所有的烦嚣。你看，天际那云卷云舒的柔情，是浓缩在光阴里的一阕婉约轻扬，仿若无数次描摹过的一念情深。你看，流云彼岸轻轻挽起的风的衣袖，是我用画笔涂抹下一缕的紫色薰衣草。合着三两缕幽香，就着四五米阳光，掬一捧沥沥落下的春雨，酿成一杯沁心酒。若你尚在，便邀坐于窗前一隅，任时光重叠成一帧静默的风景，一份安逸，是安若莲生的微美。于是，心柔软着，柔软的感恩着那些遇见，那些始终在心的陪伴，那些存储在记忆里的沉香。原来，有时美好，是那么的简单！

想来，这人间的所有行走，并不是为了去做寂寞的旅人，而是为了去邂逅，去遇见，去珍藏被岁月柔软包容的美好。那些在细水长流的岁月里，由相见不相识的泾渭分明，柔和成的触手可及的温润，不曾错过与千万人之中一眼倾心的灵犀和默契。于是，红尘里那些美丽的遇见，那些缘起的相携，缘尽远离的故事,是否,只是为了酝酿下一次的不见不散?还是想给予彼此安静的温暖,让蛰伏的心事,在陪伴里熨帖一份成全。

时光无声流淌,莫名的惆怅也被岁月轻轻掩埋。曾几何时,我在一季季的雨雾里寻找晴天,于一卷卷的书香里寻觅你。直到一声叹息掠过耳畔,回首,才发现你一袭素衣长袍,伫立在身旁。

今年昔年,已不知何年。陌路相逢,今后的漫漫人生路,可幸的是,有你陪我一起走完。翻阅那一篇篇你的智慧的结晶,我低眉,道是不念,却仍是在心底刻下了深深的印记。人生,当以沉淀浮躁。岁月,虽用种种的微苦,让你在饱尝风霜中感悟失去,却又不时地回赠新的绿意甘泉,又让你从中滋生无限感恩与才情,用心解读,随缘而喜。

若你离去,我便如同失去了灵魂;在我心里,见与不见,你始终是我心里的唯一。于是,读你,成了我唯一的灵魂归宿;想你,成了我最深的感情夙愿;思你,成了我最强的精神寄托。若愿,在天涯等我,待我安好,便来寻你,与你携手,直抒胸臆。若允,在彼岸等你,折千只纸鹤,放飞梦里,愿君安好,便是我此生最虔诚的心意。若可,执一笔淡墨,为你吟一阙刻骨的思恋。

待陌上花开,守候与你携手的风轻云淡;等月满西楼,静候与你同赏的眷眷诗情。在最美的时光与你相识,相知,相惜。相遇如花,若许,今生就让我为君倾尽素锦年华。

(作者单位:盐城师范学院)

泰戈尔与我

——以诗歌之名缅怀

徐 青

一

那双还是少女时的手
轻抚着成为母亲的肚皮
一个孩子静静等待着这个世界的惊奇
"呀呀,你会受神的眷顾么?"
湿婆神用圣洁的水为你洁身,金黄色的朝阳流淌在你的脸上
让第一缕新生见证新生
飘入清凉空气的血芒色
光明最美丽的赠礼!

二

伟岸的男人用宽阔的手掌靠近
只小心地轻点额头
红色啊!为你祝福,愿吉祥如意!
春天就这样出现在时钟的指示里了
啼哭的声音随芒果树一起发芽
背对黎明出现的人们
谁会听得见呢?
雪王的公主请降下一片仁慈
来哺育命运注定的爱,自由与美的化身

满布鲜花的路

所有人深沉地挚爱的泥土的一部分

装饰着静穆而闪烁的繁星

乃有幸得你于人世的第一次亲吻

因陀罗啊，拉过另一边的夜幕吧

盖上看不够的白日的倦眼

给一双深邃的眸子瞧瞧无瑕的心灵

温柔，灵动的夜色浸淫一个天真无邪的梦

如散发着荧光蓝的水母包裹在有限的海洋

无限的涌动中

颤动着小粒的紫蓝色的心脏

预示着暗云压迫的灯塔会点亮

孕育着开出美丽的花！

它们都是神的旨意

三

千百个如此梦幻的夜乘着青鸟

在华灯熄灭、歌韵安睡的刹那

在清月沉醉于湖中情人的刹那

在柔风与森林窃窃私语的空隙溜走

贴着无数荡开水波的长河

逆向急速而去

四

您啊！绿色和枯黄色成为翅膀

您啊！一半的身体覆盖着金光

另一半踏在多雾的地平线上

您啊！是如此对恋人般的拥抱还渴望地

仰望蔚蓝的天空

不！不止于此

您呀！让整个世界迷茫的心灵慰藉、汇集

作为自己无数的燃烧着烈火的羽毛

追寻纯粹的黑暗

那无数片的羽毛中

谁又知道会是沉睡在另一女人肚中的孩子

谁又会知道会是另一个文明的孩子

驾着孤舟流浪呢？

五

我以为张开双手就可以拥抱世界

却只有风愿枕我的臂弯

我以为微笑着说话就有人倾听

残旧和破败的街道枯叶扬起

野狗的哀鸣

作为回应

我真的以为向前奔跑不能停下

没有双腿比我快的人让我冻结

没有用处而退化的双腿，虚无，嘲笑我

"你好慢呀，哈哈，你好慢"

鲜红的灯呢？

绿色的灯呢？

泛黄纸页上活着的人给我回答：

"在我这里"

我还得去寻找两盏灯

在黄昏色的海岸

装饰交给青蓝色、白色的野菊

蔓着的时间物化成为青苔

随意游走于墓碑

面朝大海的这些孤寂的坟哪

这些一无所有的人哪

甘愿做野草给我回答:
"傻瓜,在别人那里!"
我还得去寻找两盏灯
庄严、宁静的石窟
冰冷的陨石雕塑成的佛像
被香烟熏绕得虚幻神秘
安详回答:
"孩子,在我这里"
夜幕就要淹没我了
回答在哪里呢?
我不能看不见一双泪光点点的眼睛
不想因为阴云而看不见脚下的路
也不想忘记一切依偎的爱情
借一点亮光,只为看见
那在紫色花海里游动的蝴蝶
还为温暖一颗颗刀刃一样冰冷的心
就一直寻找,一直奔跑
抓着海面逐渐下沉的稻草
是否就要承认黑色的眼睛
葬身在血脉相通的黑色夜里了?
不,我不承认!

六

我用鲜血在沙滩上写下
"死亡警告别停下"
于是就在东海之滨向西狂奔
赤裸地甩掉一切束缚
背后张牙舞爪是我的影子
以我的速度沿着黄河的咆哮
江河抵达自己的尽头

山岳抵达自己的尽头

注视着赤红色的洞口缓慢关闭

这里，圣洁的雪山化成无数颗星摇曳在

寂寞的苍穹

点缀苦行僧的额头

湿婆神的儿女们的祈祷感动它们

拖着长长的钻石尾巴

掉落在青稞绿的新颖中

密谋一个相逢

七

这样组合的美诱惑我

信仰的力量拨动了转轮

愤怒灼热的岩浆爆发在心中

融化一切美的事物，继续前行

希马华特的女儿的眼泪浸润的那个文明的土地

在呼喊：

"拉宾德拉纳特·泰戈尔，我的孩子，醒一醒"

回荡的歌声唱着：

"迷茫于心中的人儿，就要窒息，完美的答案解救你"

仁慈、清幽的老人的话语：

"你自己的爱就是不灭的明灯"

古老的梵文闪现

爱、自由和美

文字灵动的思想在《飞鸟集》《吉檀迦利》中

让我在疯狂熄灭的年代里

做一个血肉之躯呼唤灵魂的鱼

摆尾游动似乎穷尽这位老人的诗海

时空破碎了，记忆亮起了

我在恒河的夕阳里变得安静

在泰戈尔博大而温柔的容纳里
是一只飞鸟，披着彩霞飞过
在清凉的春天的空气里划过
如同白海豚的背鳍划过透明的水
接受他安详的纯爱洗礼
寒冰孤寂的深渊多了一只紫蓝色的水母
努力照亮着旅行
古琴与箫的开始了
恋人相拥睡去
每个母亲在等下看着父子俩，一边织毛衣
画卷中的生活啊苦难与幸福共存
除了热爱还能有什么呢？
除了这个全身披着火焰冲向天宇
绿色和枯黄色的翅膀的智者
谁能告诉我对于生活
除了热爱还能有什么呢？

八

两个孩子奔跑着
跑过喧闹的人群和集市
转过街角消失在阳光洒满地巷子
灵魂是默默地劝慰着我继续前行
这个仁慈的老人——泰戈尔
曾经仰望过的未来是现在
给我洗礼

(作者单位：深圳大学文学院)

泰戈尔在我心中

——奏响生命的那抹湛蓝

洪佳雯

你说，只要孩子愿意，他此刻便可飞到天上去。

我说，只要我能勇敢，我便能将仲夏播种在生命里。

亲爱的泰戈尔，当我看到流星执着地穿透云层，划破沉寂的黑夜，只为那一瞬绽放；当我看到海豚努力地纵跃而上，激荡着翻涌的海浪，只为能靠近蓝天；当我看到风树顽强地挺立于电闪雷鸣中，蒙岁月之积淀，只为凝结出沉香……我明白了你的话，流星、海豚、风树永远不出声，对一切的幸福与苦难报以微笑。因为它们拥有孩童般的无邪，没有欲望的束缚，享受着生命中最纯粹的玩乐。

而这种生命中隽永的纯粹，之于我便是仲夏的味道。

一 我们都是浪，眼泪都从海里来

也许是我太偏心夏天，我始终坚持大海是专属于夏天的宝藏。你告诉我："孩子们会集在无边无际的世界的海边，叫着，跳着。他们拿沙来建筑房屋，拿空贝壳来做游戏。他们把落叶编成了船，笑嘻嘻地把它们放到大海上。"长大后我才恍悟，原来沙粒堆砌的不止是城堡，还有信仰，远航的不仅是树叶，更是梦想。

小时候对大海的信仰，是和表姐一起去海边游泳，播种阳光照耀下散着光晕的快乐。穿着她穿不下的碎花泳衣，我第一次有了小女孩要变少女时害羞的感觉，"那个男生是不是在看我呀。"那时的我才10岁，心里却悄悄地嘀咕着春风才能吹来的疑惑。

　　初中时对大海的信仰，是毕业聚会那天，大家义无反顾地在海边用酒精宣誓的疯狂。如果说小学毕业时仍忠诚于"红领巾"意识，那么初中毕业时高呼的口号则带着隐晦的反叛念头——"读高中就是大人了！"在碰杯中我们仿佛听到下课铃响，溅出来的啤酒倒映出了数学老师写平方差公式的背影。那个时候我们都觉得世界总是在自以为是地转动，以为友谊就是兄弟姐妹永远不说再见，以为自己已经看透了青春的模样。

　　高中时对大海的信仰，是暑假陪着决定要复读的她在木栈道散步时，暗暗期许给未来的坚强。她笑着说，最近一个人出门散心的时候，有那么几秒钟真的想冲到马路中间让车把我撞死。但可能是有心灵感应吧，我一有这种念头，妈妈就会发短信过来叫我回家吃饭，我不回短信，爸爸就打电话跟我说，如果你想清楚要复读，我支持你，快回来，咱们一起商量。我默默听着，握着她的右手，看着她的侧脸，而她看向大海的最远方。

　　海浪拍打着沙滩，我相信希望和泛起的白沫一样是一瞬间的事，但永远不会枯竭。没有人知道鱼什么时候流过眼泪，但大家都知道它在海中的遨游姿态永远那么高昂。

　　　　"我跳进形象海洋的身处，希望能得到那无形象的完美的珍珠。
　　　　我不再以我的旧船去走遍海港，我乐于弄潮的日子早已过去了。
　　　　现在我渴望死于不死之中。
　　　　我要拿起我的生命的弦琴，进入无底深渊旁边，那座涌出无调的乐音的广厅。
　　　　我要调拨我的琴弦，和永恒的乐音合拍，当它呜咽出最后的声音时，就把我静默的琴儿放在静默的脚边。"

　　我们都是浪，眼泪都从海里来。同样，海的无边，就是我们的形状。

二　暴雨不会一直下，但太阳偶尔会跟你捉迷藏

　　海岛的夏天，台风从来不会缺席。

　　当然它也从不会空手赴约。在西北太平洋上准备礼物时，它拿闪电来做礼品袋，用雷鸣剪出了一张贺卡，又用乌云编了一朵名字叫"暴雨"的礼花，

最后它捧着彩虹，小心翼翼地放进用阳光折的礼品盒里。

　　1999年，特大号台风席卷了海岛。爸爸手脚麻利地把阳台上的盆栽搬进客厅，然后把门窗都关得死死的，好像要把台风咆哮的声音锁在屋外，屋内的安全感不容侵犯。他一边关门窗一边对妈妈说，你抱一下你女儿啊，她被吓到怎么办。原本看着爸爸忙东忙西的妈妈这才从晃神中反应过来，然后带着我进卧室。我靠在妈妈的怀里，妈妈轻轻拍着我的背，而我却看着窗外的电闪雷鸣偷偷笑了。因为受台风影响，全市中小学的开学时间都延后了，我想那时候一定还有一群小伙伴和我一样窝在家里默默狂欢。

　　只是随着年岁的增长，心中的无忧花和苍然大树一同被台风吹倒。在寻找快乐的旅程中，我满怀信心地出发，但渐渐地因为欲望的膨胀而双眼蒙雾。在湿风中我握拳狂奔，我来不及去抚摸生活更迭的年轮，纵使一路花香馥郁，但吸进胸腔的，只有额头沁出的冷汗所散发的，令人惶惶不安的酸臭。

　　那是我在榕城读大学的第二个夏天，为了买到梦寐以求的单反，我的状态永远是"不是在兼职，就是在去兼职的路上。"如果说梦想有温度，那么在兼职的前半个月里，我怀揣的"单反梦"绝对可以融化阿拉斯加的每寸冰雪。早上伴着闹钟声起床，花费一个小时的车程去当家教；傍晚的时候回到学校，背着一踏沉甸甸的广告纸去每栋宿舍楼发传单；那时的自己步伐轻快，痛并快乐着。亲爱的泰戈尔啊，远望河畔影影绰绰的蓝樱花，我不自觉随心而驱，却在盲目中深陷泥沼……这一幕，你已经预见。

　　"呵，傻子，想把自己背在肩上！

　　呵，乞人，来到你自己门口求乞！

　　把你的负担卸在哪双能担当一切的手中吧，永远不要惋惜地回顾。

　　你的欲望的气息，会立刻把它接触到的灯火吹灭。"

　　强烈的欲望燥热我的心，挥发着戾气的藤蔓将我盘桓。在疲累的吞噬中我遁离了原本的生活，慢慢开始厌烦这杯水车薪的付出，努力在我眼中渐渐成了迷惘。一日出门家教，恰逢大雨。五月份的榕城只是初入雨季，但那天狂风暴雨仿佛把我当成唯一的目标。伞成了形同虚设的盾牌，剑雨无孔不入地向我袭来。那年妈妈把我抱在怀里的温热感怎么消失了？脑海中爸爸帮我关上门窗的模样也开始模糊。我如同一个乞丐般向自己的内心乞讨光明，却又被它的光芒灼得难以睁眼。

于是你继续对我说:"它是不圣洁的——不要从它不洁的手中接受礼物。只领受神圣的爱所赋予的东西。"

我拖着萎靡的躯壳回到宿舍,脚上的帆布鞋早已变成了漏底的"帆船"。突然,我注意到桌上多了一张红色的奖状。打开一看,原来是去年参加学校的摄影比赛获奖了。宇宙的精灵在我死寂的时刻将它带来,原本思忖放弃的心也在幡然中苏醒。雨季挥舞浓云的纨纱,然而它也能浇熄我的浮夸;阳光煽动大地的火焰,我便在它的鞭笞中摩挲本心。

有些事情,不是因为有希望了才要坚持,而是因为坚持才能看见希望。

总有一天,我会在盛夏蝉鸣的伴奏鼓舞中,拆开台风寄来的礼物,戴上彩虹编织的皇冠。

三　让你的音乐如一柄利刃,直刺入市井喧扰的心中吧

海浪翻涌声、台风呼啸声与此起彼伏的虫鸣声,仲夏将它们谱成一曲净化人世的乐章。

其实这个世界上每个人都是作曲家,只是有的人谱出的曲子能让星空愈发璀璨,而有的只能让寒流愈发污浊。摄影师用快门敲打节拍,舞蹈家用脚尖勾勒音符,运动员用汗水滴落出勇者之歌。勇敢的人们在翻山越岭中亲吻雨露,自我放逐的懒汉却在木板床上做着痴梦。呼噜声是他们彰显存在感的武器,于是他们将呼噜声挥发如雷,越睡越沉,虽然不死,但也不曾活过。

交响乐再磅礴,终究是属于指挥家的游戏,吉他声虽轻盈,但却是我心中最典雅的指尖芭蕾。每个人用仲夏谱的音乐有几多惆怅、几多欢愉,唯有自己能读懂。也许我永远不懂为何他可以为了爱情而跪在心爱的女人面前流泪,但是在面对手中消逝的流沙时,我懂得如何坦然而不挣扎,因为你告诉我:"我生命的生命,我要保持我的躯体永远纯洁"。也许我永远不懂踩着十厘米的高跟鞋为何走路能带起一阵风,但是我了解赤脚奔跑在草地上的感觉,就像一只纸鸢随风起舞。因为你向我呼唤:"醒来吧,呵,醒来!不要让光阴虚度了!"

人生就像游泳一样,只有亲身尝试,才能知道水轻抚过四肢时冰凉的温度,才能体悟在水中受阻时仍奋力向前的力量。不必艳羡岸上的人们可以肆

意地呼吸，因为他们也不懂水下湛蓝风光的旖旎。

原谅我的鲁莽，为了附丽智慧的感召，我悄悄蹲在曼陀罗花丛中，未征得同意倾听你和罗曼·罗兰的对话。对于音乐与人生，你们的观点一致——"从一种形式到另一种形式，流变是永恒的。"我明白了，生活如同艺术，正是因为未知而精彩。因此，人生中可怖的并非生活起伏的颠沛，而是懦弱止步的遗憾。亲爱的泰戈尔，正如你把生活典押给诗歌，而我也要在都市的洪荒中找到心灵的栖息所，让仲夏贯穿我生命的始终，以孩童的姿态挥洒湛蓝。让臆想成为理想，让生存变为生活。

海、风、音乐供给了我生的氧气，让我的生命犹如仲夏。推开青春的蓝色大门，我用孩童之道，奏响夏之音乐，探寻生命的静谧。那高天的清澈如纯真的稚子眼中的梦幻，凤凰木的火红像少女脸颊的涟漪，一切都是风和日丽。而我微笑静默，将你的话语沉淀于心，在此刻，张开翅翼。

(作者单位：福州大学)

金色花的故事

李溪月

假如我变成了一朵金色花,为了好玩,
长在树的高枝上,笑嘻嘻地在空中摇摆,
又在新叶上跳舞,妈妈,你会认识我么?

你要是叫道:"孩子,你在哪里呀?"
我暗暗地在那里匿笑,却一声儿不响。

我要悄悄地开放花瓣儿,看着你工作。

当你沐浴后,湿发披在两肩,穿过金色花的林荫,
走到做祷告的小庭院时,你会嗅到这花香,
却不知道这香气是从我身上来的。

当你吃过午饭,坐在窗前读《罗摩衍那》,
那棵树的阴影落在你的头发与膝上时,
我便要将我小小的影子投在你的书页上,
正投在你所读的地方。

但是你会猜得出这就是你孩子的小小影子吗?

金色花的故事

当你黄昏时拿了灯到牛棚里去，
我便要突然地再落到地上来，
又成了你的孩子，求你讲故事给我听。

"你到哪里去了，你这坏孩子？"

"我不告诉你，妈妈。"
这就是你同我那时所要说的话了。

"非常感谢李溪月同学充满感情的朗诵，请坐。好，接下来大家把书翻到第十七页，我们来讨论一下泰戈尔这首散文诗里想表达的内容是什么。"

小学五年级的我带着一脸骄傲的神色在热烈的掌声当中施施然坐下。尽管对泰戈尔一无所知，但是能在这堂面向全校师生的公开课上被老师点名表扬，那可是真真神气的咧！就在我满脑子盘算着回家要如何邀功的时候，老师的声音适时地出现打断了我的胡思乱想，"金色花是印度的一种圣花，诗人在这里就是用'金色花'将母亲和孩子联系了起来，并以儿童特有的方式表达了对母亲的爱以及默默奉献的决心。同学们都读懂了吗？好，那么今天回去的家庭作业就是为自己的妈妈做一件你觉得能够表达你对她的爱的事情，明天的课上我会请几位同学来分享。下课！"

回家的路上我一边心不在焉地踢着路边的小石头，一边绞尽脑汁想着要为妈妈做一件什么事。难不成要像泰戈尔一样在妈妈翻阅那些密密麻麻有如天书的字典时站在旁边？还是说我要等妈妈洗完澡像个小跟班一样乖乖跟在身后？或是等妈妈下楼去扔垃圾的时候藏在暗处突然跳出来给她个惊喜？你说泰戈尔先生这样水平的大师怎么尽出些馊主意，照做的话妈妈肯定少不得又臭骂我一顿，我在心里止不住嘀咕道。

这算是哪门子家庭作业嘛？

或许别的同学只用给自己的妈妈一个大大的拥抱，然后狠狠地亲上一口，甜甜地说一声"妈妈我爱你"就可以轻轻松松地完成任务。但这样的想法对我来说简直就是天方夜谭，因为从我能记事起，妈妈好像就再也没抱过我了呢。

一头利落的短发，常年不变的素色正装，还有严丝合缝架在鼻梁上的两片圆圆的"酒瓶盖儿"，在大学里教书的妈妈浑身总是散发着和语文老师一模一样的气息，严肃、一丝不苟。反正只要是跟和颜悦色、和蔼可亲、和和气气这些词沾边的内容统统跟妈妈不沾边。每每碰上我偷看电视或者是抢别的小朋友的玩具，妈妈总是能在第一时间戳穿我的谎言，然后一言不发地看着我，直到我心虚认错并保证下不为例才作罢。那种感觉就好像面前的不是我的妈妈，而是一堵冷冰冰的墙，专门供我面壁思过用的。每到这个时候我总会想，该不会我真的是从垃圾桶里捡来的吧，为什么别人的妈妈会温柔地牵着他们的手，一起回家，而我从小学一年级开始，就得自己背着比我的身体还大上一号的书包摇摇晃晃地自己上学放学？为什么别人的妈妈回家会给他们放好玩的动画片，而我就要老老实实坐到书桌前完成作业？为什么别人的妈妈总喜欢没事亲亲自己的孩子，也从不吝啬对他们的赞赏，而我总是得干什么事情都小心翼翼，生怕自己表现不好？爷爷奶奶说，我很小的时候，爸爸妈妈工作很忙，所以就让我待在老家，直到上小学一家人才真正住在一起，不过在那之后一直到高中还是祖父母照顾我最多。或许正是儿时的疏离造成了在后来的很长一段日子里我的这种心结吧。

不过眼下当务之急显然是这个让我毫无头绪一想就发怵的家庭作业。

思考良久，我决定亲自抄写一份今天学的这首《金色花》当作礼物送给妈妈，反正凭借我常年练习书法的功底，这对我来说简直是轻而易举的事情。老师不也说这是泰戈尔写的表达母子亲情的诗嘛，总之既然是作业，完成了就好，不是吗？我迅速地抽出一本新的练习本，撕下一页，只用了不到半盏茶的工夫就抄完了。为了让自己的作品看上去不那么单调，我还饶有兴致地用新买的水彩笔在旁边画了一个歪歪扭扭的花的形状。出人意料的是，妈妈从战战兢兢的我的手中接过"礼物"的时候，脸上竟然露出了难得一见的笑容，不过并没有持续多久，很快她便开始询问我今天公开课的情况，甚至连我为什么要送给她这首诗都没问。我当然也乐得轻松，简单答了几句就跑出去玩了。第二天，老师也没点名我起来分享，于是这件事就渐渐被我抛在了脑后，连同那首诗。

生活也就一直那么不咸不淡地继续着。随着年龄的增长，我愈发敬畏妈妈那十几年如一日的严谨细致，也越来越佩服她处世待人的不卑不亢。妈妈对我的管束也逐渐减少，她甚至接手了我上学前的早餐准备工作，并且以一种惊人的热情不懈地挑战我挑剔的味蕾；每个周末，她还会主动提出带我去看场电影或是逛逛公园作为劳逸结合；不经意间犯的小错误，也不见她像往常一样严苛，反倒是我自己常常能很快意识到问题然后赶紧改正。每到这时，我总觉得在妈妈脸上看到了一丝隐隐的欣慰。

即将离开家上大学的那一天晚上，妈妈把我叫到她的房间，拍拍床边让我挨着她坐下。接着她从一个不起眼的小抽屉里摸出一个信封，笑着问我："还记得这是什么吗？"我仔细盯着那信封看了好几眼，可还是什么都没想起来，只好摇摇头，一脸迷茫。妈妈没说什么，慢慢地打开了信封，从里面抽出一张薄薄的，明显已经有些起皱的纸。"现在有点印象了吗？这可是你送给我的第一份礼物哦，还是想不起来吗？好吧，喏，自己拿去看看。"我一头雾水地接过来，原来是一张演草纸，而纸上竟然是我自己的笔迹，"假如我变成了一朵金色花……"，旁边那朵我用彩笔画的花因为褪色已经显得有点惨淡，但字里行间还是很明显地透着一股未脱的稚气。

这竟然是五年级的我为了完成家庭作业而给妈妈抄的《金色花》那首诗。

"怎么样是不是觉得有点眼熟了？"妈妈的声音远远地飘过来，虽然不大，但却足以把我从这份回忆里猛地拽了出来。"妈妈你怎么还留着这张纸啊？我以为你早扔了呢。"我忍不住问。"因为每次读它都让我觉得很幸福啊"，她顿了顿："我知道你肯定会想不通甚至会怪我从小一直对你那么严厉，但是你想啊，树苗如果小的时候不箍紧一些，以后长歪了可就很难办了。马上你就要离开家去上大学了，我想让你知道，其实你一点一滴的成长和进步对我和你爸爸来说都非常宝贵，也请你原谅我们选择用这样艰难的方式来爱你，无论是对你还是对我们来说。"

我已经记不清那一天晚上是怎么回到自己房间又怎样哭着睡着的。我只记得那天的梦里，隐约瞥见一个小小的我背着书包在前面磕磕绊绊地走，后面不远处一个身影默默地跟着；看见每次在我嘴撅得老高一脸因为要完成作业不能看动画片而发脾气的时候，那个身影静静地坐在旁边帮我削好铅笔头；看见那个身影常常用特别自豪的口气和来串门的亲戚介绍我的各种奖状这，当然是我不在家的时候；看见某一天我随口提起想吃鸡翅，那个身影明明已经买好了菜又冒雨折回超市带回来一盒……眼泪汪汪的我即使没办法看清她的模样，但是我知道，那就是妈妈，是那个掩藏起满满的担心和想念，装作生气地问上一句"你到哪里去了，你这坏孩子"，我的妈妈。

原来妈妈才是那朵始终安安静静守护着我的金色花，只是我一直不知道而已。

晨曦微露之时永远是一天中最美好的光阴。天边云朵沸腾、翻涌着，朝阳就像一个刚出蒸笼的、香喷喷的奶黄包。而路旁的水松就像是刚从田里摘出来的新鲜的花椰菜，从头到脚都荡漾着一抹生命力的绿。我以一种极其惬意的姿势横卧在卢森堡公园的长椅上，半眯着眼观察地上越聚越多的鸽子，看它们灰压压地哄抢着游人不小心落在地上的面包屑，心里说不出的优哉。妈妈还在微信里絮絮叨叨地说着最近家里装修的琐事，巴黎的秋天却已然悄悄地来了。林荫道上时不时便会飘下零星几片泛黄的树叶，身形颇为健美的法兰西女郎穿着修长的米色风衣匆匆走过，黑色的高跟鞋偶尔踩在上面，嘎吱嘎吱，留下一连串的响。

恍惚间，我看到对面端坐着一位白须白袍、目光炯炯的长者，他和我一样，正饶有兴趣地盯着面前这些忙碌的灰色精灵，唇边沁着一丝若有若无的浅笑。一片落叶在他的肩头摇摇欲坠，而他浑然不觉。

我相信我在他左边口袋里，看到了一朵盛开的金色花。

(作者单位：北京大学外国语学院法语系)

生死时速

朱徐也

小小房间里，厚重的窗帘垂落在木地板上，明晃晃的光挣扎着从窗帘的缝隙里投射进来。

淡蓝色的棉被里藏匿着孱弱绝望阴郁的陈芊。

今天是她得知自己患了 T 细胞淋巴瘤的第 34 天，每一天她都活在恐惧里，活在不想死的无力挣扎里。命运骄傲的神气，嘲笑她没半点权利决定。翻云覆雨，皆不由她。

她的母亲在门外踌躇，每一次，即便端上满汉全席，说尽好话，陈芊都拒绝吃哪怕那粒最小的药丸。她知道即便吃下所有的药丸，也还是救不了她的命，即便多做几次化疗，就算最后变成秃头，她也终会归西。于是她奋力拒绝一切提醒她生病的事物。

"芊芊，起来吃饭了。"

"不吃药。"棉被里缓慢探出的脑袋发出了沉闷决绝的声音，一点点的光线下终于看清了这个女孩的面容，十八九岁姣好的年华却患上了终有一死的病，原本青春靓丽的脸蛋此刻却毫无色泽，两个眼窝似陷进了脑壳里般可怕。

"芊芊，算妈妈求你了，你说不化疗就不化疗了，但药，就算是替妈妈吃得好吗？"她的母亲小心翼翼地维护着一触即破的希望。

"妈妈，也算我求你了，求你别来提醒我我马上就会死这个事实好吗！"陈芊又把整个脑袋埋到了棉被里，斗气地用力翻了个身，残忍地辗碎了母亲的希望。陈芊原是一个和善积极向上的女孩，但自从患病后，脾性发生了360度的变化，暴躁易怒死气沉沉。

母亲将饭菜和药放在床头柜，无声息地抹了一把脸，走出了房间。

第二天一早她进来收碗筷，饭吃了一小碗，细心数了药丸粒数，依旧一颗没少。

一日，家里来了一个年纪和陈芊相仿的男生。

患病以后做过两次化疗，结果病情没有好转，反而头发掉了很大一撮，于是陈芊就拒绝化疗，回家以后她就再也没有出过房门，她的母亲每日要打扫她的房间数遍，为得也仅仅是通通气。

陈芊靠着床柜勉强支撑着身体双眼空洞地望着暗黑的前方。

"芊芊，你看，这是吴稠康，他和你得了一样的病，但已经活了两年多了，所以，你别相信医生的胡话，你有活下去的希望。"

陈芊的心咯噔一下，她撇过头看到了站在母亲身后清秀的男生，他的脸色很好，得了同样癌症的他却不似她一样毫无朝气，他双手虔诚地放在胸前，其中夹着一本书。

她没有拒绝这个陌生人，大概同病相怜吧。

她的母亲看到女儿苍白的脸上浮现出浅浅礼貌的微笑也跟着露出了笑脸，她感激地看了一眼男生，走出了房间。

男孩随手按下了门旁边的白炽灯开关，陈芊被突然的光线闪到了眼睛，但所幸还是马上适应了。

男孩走到床边，将手里的书递到陈芊面前，是泰戈尔的《吉檀迦利》，一看便知是精装版的。患病前，陈芊也算半个书迷，读的书很杂，看过泰戈尔的《飞鸟集》，最为传诵的大概是"生如夏花之绚烂，死如秋叶之静美"。这诗竟与她的命运如此契合，可她知自己做不到，不禁唏嘘。

陈芊接过书，忽然一阵心酸，多久没有翻过书了，小小脑袋都快生锈了，"为什么给我这本书。"

"我珍藏的书都是泰戈尔的，这本书让他获得了诺贝尔文学奖，所以就带来给你看看，也不知你看过没有。"吴稠康很认真地回答陈芊。

"没有，只读过他的《飞鸟集》"，陈芊随意翻了一页，看到了'当生命失去恩宠的时候，请赐我以欢歌'，她凄厉地闷哼一声，"原来是让我满怀感恩地静候死亡呀。"

"对！"

她没想到他会这样回答她,她以为他会说一些鼓励她活下去,不要放弃云云的话,却哪料他只一个"对"字。陈芊略微好奇地打量着这个男生,面孔清秀似不谙尘世,可眼神却相当坚毅不可同普通无知青年做比较。

    "你真的得病两年了?"脑袋上的确爬满了满满的问号。

    "嗯。"

    "可是你看着很健康呀,你,你会死吗,还是会痊愈?"

    "我也说不好,这可恶的病要是受我控制也不叫癌症了,但痊愈是不可能的,大概我不够优秀,老天爷还不想收我,管他呢,第二天还能睁开眼睛就再活一天呗"男生轻描淡写地说着,仿佛生病的不是他。

    "你真的乐观,可我不是你,我还想活下去。"

    "你本来就还活着啊,可是你却活成了这副样子。"男生左右扫视了一遍她的房间,口吻里好多的不屑。

    陈芊没有接下他的话,心里有些恼怒,浑然不觉早已表现在脸上。

    两人都不说话,陈芊的胃部又开始绞痛了,但她不动声色,咬着牙死撑。

    气氛越来越尴尬。

    最后,吴稠康从嘴边挤出了几个字,"我改天再来看你吧,无聊的时候你可以看看这本书。"

    "等等,你为什么要关心我?"

    "同病相怜啊。"

    一早起来,陈芊发现自己口腔溃疡了,很疼,舌头都不知道该搁在哪儿,忍着疼痛刷完牙,一直犯恶心,吐掉了一牙杯的血。

    有多久没照镜子了?此刻看着镜中的自己感觉好陌生,这还是自己吗,她诧异于自己的面目全非。

    走出房间,一切还是老样子。

    在厨房准备早餐的母亲看到陈芊愣了一秒,欣喜的表情藏不住。

    "妈妈,我想吃药了,也想要化疗了,吴稠康活得好好的,说不定我也能活下来。"

    那天下午,陈芊再次住进医院,带着《吉檀迦利》。

    做完第三次化疗,她睡了个饱饱的觉,没有带着"哪一天会死"这问题睡觉果然睡得舒坦。

四天后,吴稠康出现在病房里,他还是精神奕奕,不为病苦恼。

他们两像老友般交谈。

"你最近感觉好点吗?"他坐在床沿上。

"嗯,化疗虽然很痛,但每次痛的时候我都感觉我的确还活着。"她的嘴角微微上扬。

"你看那本书了吗?"陈芊似乎看到吴稠康的眼神里闪过一丝迟疑,感觉怪怪。

"已经在读第三遍了,泰戈尔实在是一个伟大的诗人,他对事物的看法自成一套,我受益良多。"这是实话,尤其看到生死时速篇,泰戈尔先生仿佛就在指领她前行。

"的确,泰戈尔先生对生死也悟的透彻,他说他爱今生也同样爱死亡。"

"所以你也爱死亡吗?"

他笑出了声,"我当然境界不如他,但我不惧怕死亡,我能把死亡当做另一种归宿。"

"当死神来叩你门的时候,你将以什么贡献他呢?"

"呵,我要在我客人面前,摆上我的满斟的生命之杯。我决不让它空手回去。我一切的秋日和夏夜的丰美的收获,我匆促的生命中的一切获得和收藏,在我临终,死神来叩我的门的时候,我都要摆在他的面前。"

两人相视而笑。

陈芊没能因为吴稠康的出现而减轻肉体上的疼痛,但却真真实实地获得了精神上的救赎。

病情稳定后,她就出院了,情绪波动也日趋减少。

吴稠康陪她去看电影,去公园看小孩子奔跑,到海滩上看深浅不一的脚印。

陈芊知道她没有吴稠康那么幸运,她感到越来越多的力不从心,半夜痛醒的次数也逐日增多,但当死神靠近的时候,她反而坦然了,毕竟我们的生命不是那个旧的负担,我们的道路不是那条长的旅程。

第327天凌晨3点24分陈芊停止了呼吸,面态安详。

床头柜上《吉檀迦利》里夹着一张彩色纸条。

爸妈、稠康：

　　抱歉，我没能坚持到最后。

　　泰戈尔曾说，死亡在猖狂，孩子们却在游戏。

　　我多么有幸重新肆意做了一回孩子。微笑，勿念。

而吴稠康，他的确是幸运的，因他是一个健康的人，他只是"T细胞淋巴瘤关爱中心"的志愿者，他的妹妹4年前死于该病。

(作者单位：衡阳师范学院)

溪流淙淙　我心飞扬

王　慧

那一年，我才5岁，对于处于闭塞的大山里的孩子来说，上学还是件奢侈的事情，尤其是在子女较多的家庭。但是，我一直渴望早点上学，因为这样我就能听得懂那个武龙每天唱的都是什么歌了！爸爸说武龙的那些歌是用普通话唱的，我们都不会说普通话，所以听不懂。可是我感觉隐隐约约能够听懂：有时候，他的歌声像从山上流下来的溪水一样，"哗啦啦"，时而缓，时而急，我感觉是欢喜的；有时候，他的歌声又像秃子怪的声音，似失去母亲的孩子的啼哭，我感觉是悲伤的；也有时候，觉得那普通话跟家乡话有一点像，我能听出其中一两句，里面有"你已经使我无穷无尽，这样做是你的快乐"，"我沉醉在歌唱的快乐中，忘却了自我，你是我的主人，我却称呼你为朋友"……

其实，在我9岁之前我从来没有见过武龙，因为怕。我只是从大家的嘴里听说过他：一个傻子，因为读书读傻的傻子。但是，大家却不叫他傻子，都叫他"武龙疯子"。山里的孩子大都很野，大人们就经常用"武龙疯子"那个名号来吓唬不听话的小孩子，"你哭，你要是再哭我就把你扔到山上和武龙做伴去"，我也不例外，每当我不听话的时候爸妈就会跟我说，"你要是再顽皮我就把你扔到山上和武龙做伴去"，一听到这话，我就会乖乖地听话，不再做任何玩闹之事。在我们小孩的眼里，武龙应该是一个既不见首也不见尾的怪物，就连他进出山里，需要划着船从家门前经过，我都没有见过他，他就是很怪很怪。

武龙为什么怪呢？爸爸说，武龙的嘴里时不时地会冒出一些句子来，还蛮有节奏，抑扬顿挫的。可是，他的神经不受控制，好的时候和正常人没有什么两样，除了衣服穿得很破，身上很脏，会有味道之外；坏的时候就会念念有词，像和尚念经一样，从不停止。这些词，只有在村子里教书的那些老师们才懂。听他们讲，武龙嘴巴里念的那些东西，包括数学、物理以及化学公式，英语单词、句子，还有诗歌和很多著名作家的名字。

  我第一次见武龙的时候读三年级，9岁，很偶然的机会，在学校里。那天的天空很蓝很蓝，我们在空间休息，山村的小学是破烂的，破烂到连一扇像样的大门都没有，武龙就是那样"光明正大"地走进了学校，我们都没有发现，直到那个快要退休的沈老师喊了一声，"王武龙，你怎么进来了？快点出去，别吓着他们了。"说完就赶紧把他拉出去了，我看见了他，那个长得很高大的武龙，头发乱蓬蓬的，穿着一件很宽松的灰上衣，下面的裤子是尼龙的，黑黑的，上面沾有很多树叶和刺，鞋子是解放牌的，已经露出脚趾头了。他的肩上背了一个大大的灰色帆布袋子，似乎很重。在和老师推推搡搡之间，他一直死死的护着那个袋子，突然，没有走稳，他跌倒了，袋子里的东西都掉出来了，我由于好奇，跑过去看，等我到的时候他已经收拾的差不多了，只剩下几只笔和本子。我偷偷地瞄了一眼他的袋子，有一本书还没有完全塞进去，我看不到标题，只看到上面画了三只鸟，是黑色的，一只飞在前面，两只飞在后面。武龙一边收拾一边在不停地念叨，他的语气里有一些愤怒，说话结结巴巴的。借着刚学会没多久的那带着家乡口音的普通话，我听得模模糊糊的，"鸟……自己是……云，云……希望……一只鸟……"、"生命……财富……爱"，……

  我见到了传说中的武龙，也觉得他怪，我自己总结了武龙怪的原因：说话不正常，让人听不懂意思。

  直到我15岁那年去县城读高一，在学《再别康桥》的时候实习老师们推荐我们读泰戈尔的诗歌，我在翻到《吉檀迦利》和《飞鸟集》的那一刻，我才知道武龙嘴巴里念的和唱的那些断断续续的句子，都是泰戈尔的诗歌，也似乎有一些明白，他为什么会那样痴迷泰戈尔。因为，我也从泰戈尔的诗句中体味到了很多的东西，他的诗歌能给予人很多能量，指引人向前。就如其诗歌中所说，"我将尽我所能在我的行动中展现你，因为我知道，是你的威力给了我行动的力量"。

只是，武龙将那种力量给错误化了，因而泰戈尔的诗给予武龙的"力量"就是让他不停地痴迷，痴迷到发疯。他真的是读书读傻的，他是属于70后吧，我也不大清楚，村里的人也不记得他究竟是哪一年出生的，连他爸妈都不记得了。在他们那一代读书的人来说，他是幸运的，也是村里能让人禁不住佩服的小神童，大家都以为他会考上大学，走出山窝窝。可是他的第一次高考失败了，他紧接着又复读了三年，但还是失败了，第五年他还想再考，但他爸妈不让他读了，因为在他复读期间就已经有些语无伦次了。因担心出问题，就坚决不让他再读，宁可他留在家里撒网捕鱼，不去求什么大学梦。他赌气就自己搬到了那座最高的有一条小溪流过的那座山上，搭了一座茅草棚，把自己的书都搬了进去，就住在了那里很少下山，除非米没有了，才会下山去粮店用粮票换米吃。可是这之后的那年高考他并没有参加，等到村里人去茅棚里找他的时候才发现，他有些失心疯了，拖他下山他就说他哪儿也不去，他要和溪水住在一起。多番劝说无果后，就没有人再愿意尝试了，连他爸妈都放弃了，从此他就那样了，就变成了人们口中的"武龙疯子"。

9岁那年见武龙，那时的他该有二十六了吧，我也说不准，只是根据他的墓碑上刻的生辰来看，应是那个年纪，没有年轻人的蓬勃朝气，有的只是杂乱胡须……给人一种凄凉之意。这一年虽是我第一次见武龙，却也是我最后一次见他，再一次所谓的见面竟是9年之后了。18岁那年我即将参加高考，高考前夕回了一趟家，听到的却是武龙已死的消息，刚好赶上他的头七，他爸妈去他的小茅屋准备将他生前的东西都烧给他。爸爸是村里的殇夫，是需要去一趟的，我因为好奇加上离家里也近，就央求爸爸带我去了，去了那座位于溪流旁边的小茅屋，除了溪流和树的陪伴，再无其他的装扮了。或许是还残存着做法事时硝酸味的缘故，屋子里的霉味被掩去了大半，其他的东西都还在，尤其是那四面墙上贴满的纸张，给我留下了很深刻的印象。我在房间里转了一圈，最后在一小块天地面前驻足，那里写了八个稍大的字"溪流淙淙，我心飞扬"，而挤在下方的则是这样一行字：致敬爱的伟大诗人泰戈尔，我愿成为那一只小鸟，永生追随！我的心不禁一颤，我被武龙的行动给深深的折服了，我无从得知他何时写下的这些字，是在他疯之前还是在他疯之后，但我能感觉到在写下这些字的时候他内心的澎湃和激昂，纵然他日后已经神志不清，可是挤在旁边的字迹可以看出至少他在这些时刻是很清醒的，这是泰戈尔给予他的另一种力量。无论何时,都不要放弃自己的梦想,要向鸟儿一样善用自己的翅膀,去自由的飞扬。

18岁的高考我并没有成功,不够二本线,爸爸的态度是希望我复读,我万般无奈地答应了。离家的前一晚,爸爸只跟我说了一句话,"认真地读,不要有心理负担,只要不要成为武龙那样的疯子就好。"其实,我倒羡慕武龙疯子的生活,可以随着自己去选择生活,去和自己喜欢的大自然相伴着,有自己永恒追求的东西。即使别人不理解,可是至少是幸福的。而如今,我依然在文学这条道上走,虽然对诗歌的世界琢磨不透,却甚是喜爱泰戈尔的诗歌,或许和武龙疯子有一定的关系,或许没有,我只是单纯地想去追求爱的世界,那种纯粹的爱,不掺杂其他的杂质,特别是在这个充满诱惑的现实世界。我也知道这样的世界只有在接近大自然的时候才可以获得,所以我喜欢回家,回到那大山深处,站在溪流旁边,感受那来自树林里的风,然后去倾听"思想掠过我的心头,仿佛群群野鸭飞过天空,我听到了它们振翅高飞的声音。"其中有一只野鸭是不是就是武龙的化身呢?

我知道,这种单纯的爱的世界只有在泰戈尔的诗中才可以找到,这也是我也痴迷泰戈尔诗歌的原因。我想,武龙之所以要选择和溪水住在一起,或许就是受了泰戈尔诗歌的感召吧!他要伴随着淙淙的溪流自然地生活,要变成像泰戈尔笔下的那只鸟一样,伴着那"诗人的风出去了,正越过大海和森林,追寻他自己的声音"吧!

泰戈尔说,"鸟希望自己是一片云,云希望自己是一只鸟。"我虽不希望自己是武龙,因为我不希望自己疯,可我却希望自己也可以在淙淙的溪流陪伴下,循着那属于自己的声音,化为一只飞鸟而自由翱翔!但我更知道,目前的我还做不到这样,我只能依着我自己的理解去追求那一片爱的世界,然后从中发现价值。"生命从世界的需求中发现它的财富,从爱的需求中发现它的价值。"

对于这个世界的很多事情,很多时候是无能为力的,但我不会放弃自己的爱,更不会放弃自己所追随的东西,正如泰戈尔在《飞鸟集》中所写的那样:"我相信你的爱,就让这作为最后的话吧。"

(作者单位:华中师范大学文学院)

寻光集

——给泰戈尔，我亲爱的外祖父

王乾宇

1

起初，世界一片寂静，
我从黑暗中惊醒。
我哭了，世界也哭了，
它陪我一起寻找歌声与光明。

2

你从遥远的东方丛林走来，
从花白的胡须里掏出五彩斑斓的魔法，
世界被一点点照亮，
我亲爱的外祖父，跟着你我才开始寻光。

3

我看见远方的山脉、河流、星辰与大海，
飞鸟栖迟，流萤闪烁，农人采果，园丁劳作，
一轮新月下，献给造物主的吉檀迦利辉煌丰硕……
我亲爱的外祖父，学着你我开始为万物唱歌。

4

每一朵盛放的小花，
都是大地写给天空的情书；
每一阵清凉的细雨，
都是天空赠与大地的礼物。

5

除非通过黑夜的道路，
人们无法抵达黎明；
只要一直向着阳光行走，
阴影就会被永远甩在身后。

6

波浪是大海的呼吸，
雨点是乌云的乘客。

7

星星总爱在夜深人静时低语，
只有孩子和诗人才能听得清。

8

越是荒漠，
越能结出香甜美丽的瓜果，
为了在干涸的土地上拾取光和热，

它们要忍受无数个沉闷的日与夜。

9

即使是真心相爱的橡树和木棉,
也不会在彼此的荫凉中生长;
最健壮的帆船,
只有在风暴中才能安详。

10

一滴水,也是五光十色的。

11

鱼儿因水有了生命,
水因鱼儿有了色彩。

12

乌龟是道路的亲人,
兔子从未走过道路。

13

大象虽大,
却很难踩死一只蚂蚁;
如果人们足够努力,
就可以触到太阳和星辰。

14

那些广场上自由飞翔的白鸽,
一定是神明的眼睛,
它们不可捉摸,
它们智慧而轻盈。

15

秋天,树被点亮,
每片叶子都开始放光。

16

我曾是一枚沉默的煤块,
灰头土脸,丑陋不堪。
可是你说:"亲爱的,你的心会发光啊。"
于是我便燃烧起来。

17

孩子是妈妈的一个甜梦,
梦的结尾正是孩子醒来。

18

大人们的世界是颠倒的,
他们用脚思考,用头走路。

19

那些用生命去燃烧自己的人,
死得最快,但也活得最长。

20

大声歌唱的人,听不清自己的歌声;
浓妆艳抹的人,看不清自己的妆容。

21

正是饥饿,使我们感到满足;
正是欢乐,使我们产生痛苦。

22

爱如潮水,
不时常泛起波浪就容易腐亡。

23

没有梦想,生命就没有重量;
人只有找到自己的土地,才能站立。

24

一个人的成就不该是他的锚,
而应是他的帆;

最高尚的人,
与最卑贱的人平起平坐。

25

只有你会说的时候,人们才会听;
只有闭上眼睛,你才能看清世界。

26

真正伟大的老师,
他不会命令你进入他的智慧之屋,
而只是引领你到达你的心灵之门。

27

时间是我们穿在身上的衣服,
却再也脱不下来。

28

不要在悲痛和需要时向上帝祈祷,
而要在欢乐和幸福时向上帝祈祷。

29

沉默而微笑的佛祖啊,
真理的奥秘就藏在你的手心里。

30

慢慢的,从歌声中走来,
亲爱的外祖父对我说:
大多数人只是在生存,而非生活;
我们不热爱的日子并不是活过,只是度过。

31

缓缓地,从光明中走来,
亲爱的外祖父对我说:
我们的旅行,在出发的时刻已经完成;
我们的黎明,在黑暗的时刻已经到来。

32

最后,世界一片欢腾,
我在黎明中睡去。
我笑了,世界也笑了,
我知道,我已然找到了歌声与光明。

后记:

这篇文章写了很长时间,是个人对泰戈尔先生诸多作品读后感的延伸。

相信许多人与我一样,从儿时阅读泰戈尔的诗文到现在,泰戈尔在我心中就像外祖父一样产生了深远影响,正是他给我们带来了中国诗歌以外的伟大声音。也正是这种影响使我一直在热爱、学习泰戈尔,甚至写作类似的诗歌,并最终整理集结成了这篇短诗组成的文章。坦诚地讲,它在形式、内容和风格等方面都带着泰戈尔作品的影子,但我想,这也正是展现"泰戈尔在我心中"的最佳形式吧。

最后，谨以此文对泰戈尔的作品带给我们的感动表示感谢，并愿它能继续给世界上其他更多的人带来这些快乐、美好、智慧和爱。

(作者单位：山东师范大学文学院广播电视新闻班)

泰戈尔在我心中

——追寻用音乐和旅程建构起"爱与美"的史诗

康富强

你是爱，
你是美，
你是纯粹的音乐，
你是这告别的旅程，
你是心中不断燃烧的灯火，
你终于敲碎黑暗的空洞迎来了"爱与美"之神。
那一刻，
黎明与曙光升起于东方。

我需要你，只需要你，
需要你来认识诈伪与空虚的日夜引诱我的种种欲念；
我需要你，只需要你，
需要你来帮助我唤醒被隐藏在黑夜朦胧里的光明；
我需要你，只需要你，
需要你来终止风暴的反抗与冲击并寻找那神圣的平静。
我们需要你，只需要你，
哦，《吉檀迦利》！
你那追寻用音乐和旅程构建起"爱与美"的史诗，
你的音乐、旅程、灯火、救赎、圣洁、温馨、真我、自由……

对泰戈尔的第一印象是他的《飞鸟集》。当初年岁尚轻，总有一种飞向天边外的幻想，崇尚优美而非壮美，渴望灵动而寻找诗意，有些淡淡的忧伤并引以为美。于是在这种朦胧中接触到了泰戈尔的《飞鸟集》，才有这"let life be beautiful like summer flowers and death like autumn leaves"（生如夏花之绚烂，死如秋叶之静美）的优美，"the world rushes on over the strings of the lingering heart making the music of sadenss"（世界在踌躇之心的琴弦上跑过去，奏出忧郁的乐声）的唯美，"my heart, the bird of the widerness, has found it's sky in your eyes"（我的心是旷野的鸟，在你的眼睛里找到了它的天空）的柔美，最终如这飞鸟一样"鸟儿愿为一朵云，云儿愿为一只鸟"，携带着一颗记忆的金果，跳动着和谐的音律，散漫于黄昏的天际。

后来的年月琉璃了青春的烂漫，开始震颤于内心与世界的裂痕。优美、崇高、浪漫、诗意逐渐因外部的风雨飘摇而蜷缩，甚至在金黄的六月被冰封。不再倾注于笔端，不再诉诸言语，不再张扬于无端的遐想。转为一种可怕的内敛，惊恐于自己的被欺骗，开始批判曾经的美好与斑斓，在黑夜猫头鹰的叫声中不再掩卷沉思于诗集，而是叹息苦闷于真实。一旦浪漫破碎，你的精神的魂便难以收拾的土崩瓦解，你更是惊叹于自己的否定，厌恶崇高，挑衅孤独。你问自己"那飞鸟还在吗？它又该飞向哪去？"带着这些疑问，照例吟咏那早已零碎的诗句："这寂独的黄昏，幕着雾与雨，我在我的心的孤寂里，感觉到它的叹息。"；"夏天离群漂泊的飞鸟，飞到我的窗前鸣啭歌唱，一会又飞走了。而秋天的黄叶无歌可唱，飘飘零零，叹息一声，又落在窗前了。"然而读后更是可怕，开始质疑诗人的力量，无数次质问诗人为什么没有解答，为什么让这个世间充满那么多的困惑。于是，放弃诗集，走向现实。

连存在都是无意义的，我以为不会再读诗。在一个断壁残垣的思想国里，捡拾破碎的瓦片，等待一场尘埃落定来埋葬这场轰然倒塌。没有了音乐，开始了旅程，学会了遗忘。背包远走的时刻，不再携带一砖一瓦，一丝一寸。诗意的语言被沉默代替，冷眼旁观与沉寂索思的身影鄙夷那些跳跃的音符。从原点发散四方，跌跌荡荡，寻寻觅觅。破而后立的艰辛被脚印书写的格外沉重，道路的两旁更是荆棘遍布，偶有鲜花也是杂草丛中生。就这样走，似乎没有方向，似乎没有希望。夜晚当我收拾行囊时，却发现一些东西在自然沉淀，有些仍旧熟悉，有些还带着破茧重出的稚嫩，然而这些全都是我之所得，再也无法混淆，再也无法颠覆。

偶然的一个上午，我记不起天空是什么颜色，是否有风吹过，也没注意是否有声响，在一个无眼、耳、鼻、舌、身、意，无色、声、香、味、触、法的刹那，我碰到了《吉檀迦利》。是的，我再次读诗了，但再也不会执着于它是诗，不再关注于一个句子的优美，而是把这一百零三首当做一个整体来读。于是我看到了一个泰戈尔，一个"这一生永远以诗歌来寻找你"的泰戈尔，泰戈尔在我心中，《吉檀迦利》在我心中，这是一部追寻用音乐和旅程建构起"爱与美"的史诗，一部极力高扬"爱与美，真与善"的伟大诗集。

之所以说这是一部用音乐和旅程建构的史诗，是因为在诗集中关于音乐、歌唱、旅程的字眼大量出现，而且都有它特定的象征与隐喻。索绪尔说"观念唤起的不是一个形式，而是整个潜在的系统，有了这个系统，人们才能获得构成符号所必需的对立。"我们传统认为符号能指与所指的结合靠的是约定俗成。然而是这样吗？难道所有能指与所指的结合必须采用这个所谓的规律性的途径吗？我想不是的，在诗人那里更不是的。因为意义是语境生成的。维特根斯坦更是说"用法即意义"，也即语言的意义取决于使用语言的环境。语词并没有固定不变的意义，它会随使用的变易而变易。所以诗人在这一方面显得更为自由，他们能更为灵动地唤起自然界万象中的某一偶然性因素用诗来表征诗人的含义。而众多偶然性的宇宙符号就构成一个象征体系或隐喻体系，这在读者看来是偶然性的，然而在诗人那里却是必然。泰戈尔就是用音乐和旅程这样一个隐喻体系建构起了"爱与美"。

一百零三首诗中涉及音乐与歌唱的诗约占了四分之一多，譬如"这小小的苇笛，你携带着它逾山越谷，从笛管里吹出新的音乐"；"我生命中一切的凝涩与矛盾融化为一片甜柔的谐音——我的赞颂像一只欢乐的鸟，振翼飞越海洋"；"你的音乐的光辉照亮了世界。你的音乐的气息透彻诸天。你的音乐的圣泉冲过一切阻挡的岩石，向前奔涌。"而在诗中类似爱、慈悲、圣洁、温馨、真我、自由、宁静等这些互通性词汇，这是泰戈尔毕生追求、赞颂的至上的"你、我的主、国王、我的上帝"，笔者把它们统称为"爱与美"，这些直接陈述的诗约占了全诗半数以上。再来看提到旅程与告别这类的诗也占到了相当的比重，不足四分之一是因为除了这些作品之外，诗人也写到了劳动与自我沉思。那么我们具体来看音乐和旅程对"爱与美"的指认关系："我的歌曲把她的妆饰卸掉，她没有了衣饰的骄奢。"去除衣饰骄奢的，表征上是音乐的力量而实际上却是"爱与美"的道德感化；"那时你的话语，要在我的每一鸟巢中生翼发声，你的音乐，要在我林丛繁华中盛开怒放。"能使生翼发声的是爱与美的感召，能使丛林盛开怒放的是借助于你的音乐，"爱与美"的共鸣。而那照亮了世界、透彻诸天、冲过阻挡、逾山越谷的音乐与歌唱所具有的力量不就是"爱与美"伟大力量的象征体现吗？再来看旅程："我旅行的时间很长，旅途也是很长的。天刚破晓，我就驱车起行，穿遍广漠的世界，在许多星球之上，留下辙印"，而这旅程的最终目的，诗人说"我的眼睛向空阔处四望，最后才合上眼说'你原来在这里'"；"在这暴风雨的夜晚你还在外面做爱的旅行吗，我的朋友？"到这里，我们就看到旅行的意义也就是找你、找寻爱！借助诗人的解读，旅程和"爱与美"的关系就不言自明。列举这么多，也许有人会质疑这种指认关系可能只是读者的自由生发，那诗人本人有没有直接陈述音乐和旅程确实是隐喻了"爱与美"呢？请看一首完整的诗：

  灯火，灯火在哪里呢？用熊熊的渴望之火把它点上罢！

  灯在这里，却没有一丝火焰，——这是你的命运吗，我的心呵！你还不如死了好！

  悲哀在你门上敲着，她传话说你的主醒着呢，他叫你在夜的黑暗中奔赴爱的约会。

  云雾遮满了天空，雨也不停地下。我不知道我心里有什么在动荡，——我不懂得它的意义。

  一霎的电光，在我的视线上抛下一道更深的黑暗，我的心摸索着寻找那夜的音乐对我的呼唤的径路。

  灯火，灯火在哪里呢？用熊熊的渴望之火把它点上罢！雷声在响，狂风怒吼着穿过天空。夜像黑岩一般的黑。不要让时间在黑暗中度过罢。用你的生命把爱的灯点上罢。

这首在全集第27的诗，直接点到了你的主、约会（即旅程）、音乐、爱。在一个黑暗的夜晚，"你的主"召唤着爱的奔赴，而音乐呼唤了路径，最终的目的是用生命把爱的灯点上。奔赴，在一个黑暗之夜的旅程是为了把爱的灯点上，这自然是旅程和"爱与美"的找寻关系。音乐呼唤了路径，音乐的力量就是"爱与美"生发出的象征体现，而"你的主"、爱，完全就是一种异名同质的存在。音乐、旅程和"爱与美"共存！诗人毕生就是在音乐的旋律下开始旅程的找寻，最终目的就是找到"爱与美"。这也是笔者之所以开篇就以诗句吟咏的缘由。

然而既然是史诗，就有追寻的过程。没错，分别是以第40、88首诗为界限。正如前文所提到的前40首是找寻的过程，这里不再论述。从第40首开始到第88首是到达"爱与美"："最后，我从沉睡中睁开眼，我看见你站在我身旁，我的睡眠沐浴在你的微笑之中。我从前是如何地惧怕，怕这道路的遥远困难，到你面前的努力是多么艰苦啊！"；"是的，我的一切幻想会燃烧成快乐的光明，我的一切愿望将结成爱的果实。"你站在了我的身边，不管这道路多么艰苦，最终结成爱的果实。诗人的苦苦追寻也终于实现，在这时达到与爱共游。以第88首为界是诗人在和"爱与美"共游之后，因再次反思毅然告别，开始新的旅程。"破庙里的神呵！七弦琴的断线不再弹唱赞美你的诗歌。晚钟也不再宣告礼拜你的时间。"；"我不再高谈阔论了——这是我主的旨意。"；"我已经请了假。弟兄们，祝我一路平安罢！我向你们大家鞠了躬就启程了。"也许你会问，既然诗人苦苦找到"爱与美"，却为何再次出走？阅读自第88首以后，你感受到的是诗人自我意识的觉醒，找到并不代表拥有！当我整天高谈阔论说找到了的时候，"他们走来问我'他是谁？'我不知道怎么回答"。这如同尼采第一次从山上下来高论"上帝死了"之后，因别人的攻击，再次入山思量，最终征服。而泰戈尔的再次出走是自我的觉醒，最终是要达到自身和"爱与美"的融合。最后一首诗，便是融合：

> 在我向你合十膜拜之中，我的上帝，让我一切的感知都舒展在你的脚下，接触这个世界。
>
> 像七月的湿云，带着未落的雨点沉沉下垂，在我同你合十膜拜之中，让我的全副心灵在你的门前俯伏。
>
> 让我所有的诗歌，聚集起不同的调子，在我向你合十膜拜之中，成为一股洪流，倾注于静寂的大海。

像一群思想的鹤鸟，日夜飞向他们的山巢，在我向你合十膜拜之中，让我全部的生命，启程回到它永久的家乡。

追寻，诗人说"我这一生永远以诗歌来寻求你。它们领我从这门走到那门，我和它们一同摸索，寻求着，接触着我的世界。"追寻，诗人用音乐和旅程来追寻并最终找到"爱与美"。我也在不断追寻，不再质疑诗人的力量，不再质问诗人为什么没有解答，为什么让这个世间充满那么多的困惑。原来诗人无罪！

(作者单位：河南大学文学院)

来自婆罗多洲的访客

贺 颖

致那已远行者：

　　我亲爱的天竺旅人，来自孔雀之国的白发的旧友，又是一年华夏的雨季，站在这淅沥缠绵的雨幕下，我再一次想起了你。

　　印象中，我们第一次的见面尚在1924年。那一年的上海，料峭的春寒掩不住她作为东方小巴黎迥异于他乡的繁华。电车打着铃来来往往，黄包车亮着灯走走停停；衣冠楚楚的绅士小姐相挽着手轻声细语，脚步蹒跚的贫民牵着孩子寻觅生计；鳞次栉比的摩登洋楼内传来面包牛奶的香气与摇晃唱片时地吱呀声，夹盖于其间窄小的弄堂内则是酱油煎鱼与孩子尖利的哭泣声。近午时分的码头，旅人与脚夫步履匆匆，为着各自的目标奔波着。而你，远自天竺的尊贵访客，你便在那时候如约到来了。

　　那一日，汇聚于此的人是如此之多，我却一眼认出了你：身形清癯，笑容温柔，深邃的眸光中漾动着梵天的智慧。当迎接你的人群上前簇拥起你时，他们几乎都难抑自己满腔的激动，我曾担心你会为他们的激情所冒犯，却发现你的眼神中漾动着的是与他们一般无二的感情。当你情不自禁地说出你仿佛回到故乡一般却不知是何缘故之时，我终于放下了久悬的心。亲爱的，请不要惶恐于间或地词不达意，你所努力传达出的喜爱与体贴我感受到了，这让我无比欣慰。然而，或许连你也不曾知道的是，当你说出这句话时，你内心深处的悲怆与痛苦也让我感同身受，只一瞬间，我泪流满面。

　　我明白，你想家了，想起了你的祖国印度，那与我有着数千年友谊、并同样在这动荡的时代中饱受欺辱的古国。历史上的天竺国，是世界上最美的几个古国之一，她自蜿蜒的恒河水中诞生，新生的面容如莲花般纯净。吠陀的华光给予她无上的智慧，毗湿奴精制的纱丽为她东方的韵律更增添了几分神秘。每一日的清晨，她伴着梵音起舞，在神庙中礼赞；在正午的阳光下，她穿过阿育王树下的绿茵，采摘新鲜的荷花；夕阳西下，她咏唱古老的诗篇；牵挽着黑夜女神的手，在芦荡中酣眠。她的姿容曾是那般动人，是印度洋上最美的瑰宝，我与她神交已久，并曾为她深深地倾倒。她之于我的情感，一如我之于她，无数的佳话，谱写着彼此深切的情谊。

可是如今，她病了，病的深重而痛苦。她不再跳舞了，而是被迫拿起纺锤与茶芽；曾于其间祈祷千年的庙宇也被推倒，改建的异国建筑顶部是巨大的十字架。我已许久听不见她曼妙的歌声，只有一阵阵撕心裂肺的咳嗽隐约传来。我理解她的痛苦，可悲哀的是，我无力帮她。因为折磨她的病症我也不幸沾染，这可怕的恶疾折磨着我，也折磨着她，更折磨着那些同样被奴役与损害的土地。那是噩梦般的时代，那些土地上的人们，眼神无不是含泪的。

1929 年，我的朋友，你又一次到来了。可这一次，你的眼神中虽还存有如一的从容，为何更多的却是惶恐与悲哀？这一回你的旅程虽异常短暂，却初心不改。我看着你不倦地四处奔波，看着你一次又一次为我付出巨大的努力，看着你因受到某些不友好的排斥、冷落与讥讽而身心皆疲，我多么的心疼你。所以，我衷心地感谢那些真心理解你的人，他们的行为与言语平息了你内心的伤痛，就像你那首动人的小诗中所描述的："亲爱的，我羁留旅途，光阴枉掷，樱花已凋零；喜的是遍野的映山红，显现你慰藉的笑容"。是否在这一刻，你的心便已因这份深切的感动而选择停留此地？

我的挚友，知道么，你多像那些为我努力的人们，那些永不放弃的牺牲者与奉献者。虽然你们肤色不同，长相各异，来自不同的阶层，却都怀有一颗赤诚而炽热的心。因为你们的努力，我与我的朋友得以不再沉溺于绝望的深渊，我们看到了重返荣光的希望，看到了浴火重生的未来。"我相信你们的前途有一个伟大的将来，也就是亚洲的未来，我盼望有一天你们的民族兴起，表现你们内在的精神，那是我们共有荣华的一桩盛业。"你的这句话，也不仅仅是祝福，更是一句属于毗湿奴的最美妙的预言！

如今，你的预言已经应验，我与美丽的婆罗多双双摆脱了奴役与压迫，并以一种崭新的姿态重返这人世间。可你，却已安然踏上了那条没有归程的旅途。难忘最后一次见面，印象中，那一日的宴会是如此的盛大，我已忘记了你那赤色的简朴宅邸与宅邸后深黛的浓荫，唯有你。人们争相围绕着你，静静地聆听你出发前唯一也是最后一次的教诲。当时的你已非常之虚弱，但声音依旧从容坚定，对每一位虔信者专注的目光给予动人的回应。聚会将歇，依依不舍的人群中已传来无法抑制的啜泣，你却笑得宽厚而坦荡："我已请了假，兄弟们，祝我一路平安吧，我向你们鞠了躬就将启程了。"

我亲爱的人，忠诚的人，你的心尚在此间停留，可你的灵魂又到了何地？唯有请你相信，无论你在哪里，只要这片土地依旧美丽，我便将永远思念着你。

爱你的，知名不具

(作者单位：贵州大学人文学院)

泰戈尔在我心中

——亲爱的世界，谢谢你未曾因我的怀疑而凋谢

冯　欣

2012年，我有幸获得国家公派留学的机会，以联合培养博士的身份到法国巴黎进行为期一年的学习。巴黎这座极富魅力的城市，吸引着无数的艺术家为其驻足倾倒、为其谱曲讴歌。在海明威看来，巴黎是一场流动的盛宴；奥地利作家茨威格也热情洋溢地写过，"谁年轻时在那里生活过一年，他就会一辈子都带着一种莫大的幸福回忆。任何一个地方都没有像这座城市那样，有一种使人处处感到青春活力的气氛。"然而那一年的冬天，身处在这样一座美丽的城市、这样一个令许多人流连忘返的世界大花园中时，我却感觉到从未有过的寒冷，我看到连日的阴雨和深不见底的乌云笼罩了整个城市的上空，我开始对世界质问、怀疑，甚至一度放弃我对未来的种种幻想——在那个冬季，我被阴郁及其他的朋友们击得支离破碎，犹如一片微不足道的羽毛，被抛掷到波涛汹涌的海平面上。

那一年的冬天，好不容易才跟孤独握手言欢、开始平和地相处，连番的打击和考验却像是相约好一样连续地出现：最爱我的姥姥在前一天的晚上安然睡下，第二天清晨却忘记醒过来。在没有任何征兆中，她突然告别了自己深深眷恋九十三年的世界，来不及叮嘱她的一家儿女子孙。又几日，相恋四年的未婚夫突然借着八千五百公里的越洋电话，道出他已爱上他人的事实。几日后，他提出取消先前的婚约，执意各行其道。亲人的远去、情感的分崩离析，使得原本实力强大的孤独又开始频频袭击我的深夜，在那个时刻，任凭巴黎是怎样的浪漫，任凭这座城市是多美的盛宴，于我而言都是难以窒息的阴郁、忧伤与不安。

法国女孩考斯坦是我在巴黎最早认识的好友,年长一岁的她是我的法语老师,又在我所在的大学教授波斯语。拥有阿富汗和法国双重国籍的她酷爱读书,挚爱东方文化。那一天法语课上,我们讨论的主题是人类痛苦的来源。课程结束后,她从包里拿出一本书来送给我说,我正好发现这本书,最近你的身上似乎有着一种叫"忧郁"的装饰品,你在中国早已经读过这位伟大人物的诗歌。在巴黎的冬天再读读他的文字,说不定会觉得温度其实并没那么冷。我望着这位美丽又善良的女生,感激地接过书来,单单看书的封面我就已经温暖无比:是泰戈尔的诗歌"*Poems Chantés:Song-Poems*"。

正如考斯坦所说的那样,早在很久以前,我就已经领略过泰戈尔诗歌的非凡魅力,触摸过那颗神圣而纯洁的灵魂下所书写的灵动文字,不止一次地温习这位伟大人物的传记,再至后来去关注泰戈尔在中国的译介与接受,研读学者们对泰戈尔的文学文本及思想所做的多层面研究成果。在青春年少时,我痴迷于"如果你因失去了太阳而流泪,那么你也将失去群星了";醉心于"你微微地笑着,不同我说些什么话,而我觉得,为了这个,我已经等待得久了";曾经在诵读"使生如夏花之绚烂,死如秋叶之静美"时流下热泪,严肃而庄重地将其摘抄在自己笔记本的扉页,也曾在看到"在群星之中,有一颗星星是指导着我的生命通过不可知的黑暗"的诗句时而信心满满。在我的个人记忆中,泰戈尔的诗歌一直都有一种温柔而静美的力量,可以轻而易举地俘获那些青春躁动、富于幻想的年轻人。无论是如箴言一样简短有力的《飞鸟集》,还是篇幅稍稍长一些的《新月集》,那些文字读起来都是非常轻松有趣而又韵味无穷的。我曾经试着摘抄《飞鸟集》中的美丽文字,才刚刚尝试我就知道自己错了——你根本就不需要去摘录去筛选,整本诗集里所有的文字都是那么静美、那么隽永,整本诗集中所有的文字都值得你将它们摘录到你的脑海中,记得深刻,画上永恒。

进入大学阶段之后,我遵循自己内心的喜好,坚持选择了自己钟爱的中文系。在那里,我像一个挚爱糖果的孩童进入到他幻想已久的巧克力工厂一样,在兴奋与渴望中翻启了一位又一位大文豪的著作。在我当时就读的大学里,尚缺乏讲授东方文学的师资。讲授外国文学的老师将大量的精力放在了欧美文学上,对原本丰富、卷帙浩繁的东方文学只如蜻蜓点水般掠过:日本文学、印度文学、阿拉伯文学等只用了整个课程十分之一的精力与时间。我的读书兴趣也在悄然之间发生着转变，我开始惊叹于《浮士德》的伟大与不朽，对歌德的思想近乎膜拜地敬佩与折服；我不满足于卢梭的《忏悔录》，更喜欢从他的《论科学与艺术》、《论人类不平等的起源和基础》、《社会契约论》等著作中追寻他的理论建构，进而带着这些根基再去研读《爱弥儿》；我不止一次地读《鼠疫》、《堕落》、《局外人》，从加缪的文字中看到他对上帝的质疑和矛盾；我喜欢萨特文字中抓着人的灵魂不停地拷问，喜欢卡夫卡《在流放地》与《饥饿艺术家》里表现出来的令人不寒而栗、无可逃遁的荒诞……我开始偏爱那些文字中承载着厚重思想、让人读后心头沉重的著作，慢慢地远离了《飞鸟集》式的、短小的"消遣性"诗篇。

而我终归认识到了这一看法的错误，认识到我曾一度对泰戈尔的价值估算不足。正如泰戈尔在诗篇中所说的那样，"我们误读世界，反怪它欺骗我们"。在事隔多年以后，在法国友人的善意敦促下，我再一次重温了泰戈尔的文字，见证了诗中那些柔韧中的刚健力量。再读《吉檀迦利》时，我才觉以往对泰戈尔诗歌中的"神性"、对泰戈尔理想的自由力量明显地低估了。年少时读"你已经使我永生，这样做是你的欢乐。这脆薄的杯儿，你不断地把它倒空，又不断地以新生命来充满""离你最近的地方，路途最远，最简单的音调，需要最艰苦的练习""若是你不说话，我就含忍着，以你的沉默来填满我的心。我要沉静地等候，像黑夜在星光中无眠，忍耐地低首"等等文字，只如临水照花一样，觉得文字美如镜花水月，全然忽视了其中所承载的对神性谦逊的敬意和哲思；而"你留下死亡和我做伴，我将以我的生命给他加冕。我带着你的宝剑来斩断我的羁勒，在世界上我将没有畏惧"又是何等的坦荡从容与无畏。

在泰戈尔的世界里，"梵没有抛弃我，让我也不要抛弃梵"，正是带着这样的坚定与信任，诗人才会在诗句中表现出生命需求之路上我们不会压垮自己的强大自信心，也正因如此，泰戈尔同时又坚信，"在快乐和苦痛里，我都没有站在人类的一边，我以为这样做，才能和你站在一起。"如此深邃的人格、伟大的感悟，辐射出的挚爱光芒，我在年少时竟对其视而不见，或又见之不怜，我与这些伟大的哲性思维失之交臂，一直到若干年后在巴黎的冬天，当我被阴郁的世界压得几乎弯腰求饶时，当我重新读完《飞鸟集》、《新月集》，心头涌起早年原有的清新与灵动时，我才再次激发起系统研读泰戈尔著作的强大兴趣,幸而有这一次,我发现我跟这位伟大诗人的灵魂,靠得又近了一步,我几乎可以听得到他温暖而有力的心跳,听得到他对世界的博爱与关怀,看得到他眼中眼见的真实,心头掠过的思辨与沉思。

在泰戈尔的著作中,对"灵魂意识"、"恶的问题"、"自我的问题""美的实现"等都有过极为深刻的追问和探寻。他关注人类的痛苦,看到死亡的威胁,看得清人类的私欲,认得清自我的局限,他积极地探索永恒的价值,为人类探寻走出黑暗的光明之路,试图在世间洋溢出无穷的喜悦,使灵魂在整个世界里发现更大的自我,尽其所能地为人类谋得一个更为光明的未来——他的思考是深沉而极富责任感的,有着极强的拯救意识与广泛的实践性——他以诗歌为利刃,像是赐予读者一把镶玉的古剑,握着这件美丽的兵刃,读者完全可以带着审美的姿态,更为自由地迎接世界的挑战。

至少对我而言,对那一年冬日,独居巴黎的我来说,"世界以痛吻我,我要报之以歌"这样的话语使我读来则喜,对于当时的我来说,这样的宽恕、这样对待世界的态度无疑是具有诱惑力和强心剂功效的;"接触着,你许会杀害;远离着,你许会占有"又那么恰如其分地解开我的心结,使我轻而易举地与自己的处境相结合,仿佛瞬间握住了真理一样的欢喜。泰戈尔同时又告诉我们,这世界乃是为美之音乐所驯服了的、狂风暴雨的世界。何况,世界已在早晨敞开了它的光明之心。而我们能做的,就是带着对世界的爱意,毫不犹豫地与它相会——只有在热爱这个世界时,我们便更会觉得自己生活在这世界上,也才能更切实可感地体会到那些痛苦的意义,找到自身存在的价值。

在以"文学"为专业的这些年间,我无数次地看到理论家们探讨文学存在的意义、文学何为;无数次领略过"文学已死"的思想冲击。图像化的时代使得读者的阅读习惯也悄然发生着转移,世界对文学的兴趣也日渐轻薄。但我始终相信,泰戈尔的文字,那些真正触及人类灵魂的文字,它们永远不会褪色,它们决然不会因为读图时代的来临而削减自身的魅力,决然不会因为影视的冲击、新媒体的到来而丧失原本的灵性。它们总会在人生的某个阶段、在你需要的任何时刻,积极地走出来进入到你的视线或脑海中,轻轻地抚平你的伤痛,给你以无尽的温暖,让你在五颜六色的光芒中,欣喜地看到整个世界的喜悦与美好。

(作者单位:中国人民大学文学院)

遇见泰戈尔

李矫婷

游弋于泰戈尔的诗句中,那一字一句从舌尖上淌过,我沉浸在了生之疯狂与死之静美中。于是我得到了一种能力,在清晨,在日暮,在街头,在巷尾,我在不同的时间与不同的地方,遇见泰戈尔。在古老的村落中,我曾听见他阐述自然生命的枯荣之道;在漂泊的路途中,曾惊叹他静穆的灵魂的坚守;在更多一个人的时候,我听到了他低低唤着的关于亲情、爱情这样可以飘进梦中的温暖……

片段一

我曾遇见泰戈尔,在古老的村落中。

"夏天的飞鸟,飞到我的窗前唱歌,又飞去了。秋天的黄叶,它们没有什么可唱,只叹息一声,飞落在那里。"

飞鸟集的第一句所描写的场景如许生动,感觉是似曾相识。想起住在外婆家的日子,真的会有鸟儿光顾,或是栖息于壁垒上垂涎至地的藤蔓,或是跳跃于沉默的青石板与斑驳的雕花窗棂之间,天暮人淡时,便也叽喳着淡入夕阳,归去。这就是典型的江南乡村的图景,永远处于半开半闭,半卷半舒,半醉半醒的状态。泰戈尔笔下的那只"飞鸟"也停落于此,啁啾一声慵懒的歌喉,渐渐飞回入诗句中。

外婆家隔壁住着一位爱侍弄花草的老爷爷,一个人居住,听说他年轻时教过英文诗歌,我总觉得他颇有学问,时常去他家玩。见他银发白髯,我曾好奇地问他的年纪，他乐呵呵地告诉我"年方八二"。我笑道："年方？您还真年轻！"他也感慨道：今天可是活着的日子里最年轻的一天了！

生命的一种乐观和智慧洋溢在老人的话语中。有了这种对生命的坚定执着的乐观，就再也不用害怕时光的兵荒马乱。泰戈尔那样的诗的性情其实就在我们的身边，仿佛耳边听见"生如夏花之绚烂"这样的诗句。

又一次他问我："你知道秋天的英文怎么说吗？""Fall，多么形象。"他自己回答了。说罢，捡起一片落叶。于此，我觉得这个爷爷有一种诗人的情怀。的确，秋天是一场飘零，它不需要春之曼妙，夏之喧嚣，它删繁就简，泰戈尔用"静美"形容秋叶，同样诠释了一种生命的从容与智慧。

我相信这个爷爷是经历过生命悲欣交集的人。泰戈尔将生命的智慧划归为"梵"，人梵合一是一种自然宇宙的大和谐。生命值最初的无邪固然也是美好的，但是这种沧桑之后的淳朴更加动人，让人看到智慧，彰显珍贵，这位老爷爷他平淡的生活和简约的话语也是对我一次次关于生命枯荣的启迪。

在他的院落里，植物们安静的褪去了一身的浓艳，优雅、散淡而隽永，与蓝天的高洁媲美；爬山虎似乎爬在墙上睡着了，几块未来得及掉下的枯枝，映着阳光；草地上的光和漏下的光闪耀着，错杂的影子像在低头凝思。遍地的菊花，写着隐逸者的情怀，它们的燃烧阻止不了秋天的寥落。正如飞鸟集的第一句诗讲的，它们没什么可唱，只叹息一声，飞落在那里，而枯荣的意义，便都在里面了。

片段二

我曾遇见泰戈尔，在漂泊的路途中。

"世界上的一队小小的漂泊者呀，请留下你们的足印在我的文字里。"

每一个叫做"他乡"的地方都是个匆忙的地方，每一个漂泊者都揣着自己的梦想与流浪情怀。执着上路，踏上与过去遥不可及的一段长长的征途，前方有多少未知的浮云白日，千里莺啼。有人曾说，你见过朝圣的人吗？他们的脸和手很脏，可是心灵却是纯净的。这种灵魂的信仰和精神是我敬畏的。

当我作为一个旅行者，惬意于在徒步行走时体验脚与每一个留下脚印的地面的摩擦。我见过浩森的海，它有说不尽的蔚蓝，能洗涤灵魂；我见过荒芜的沙漠，那沙海如同是一面横陈在茫茫大地的明镜；我见过森林，那里的树千姿百态，年年岁岁屹立，在同一个时间领域各自推延情节。

  我曾以为去过一个个地方便是一个个征服，到头来却发现，那自然如此的生生不息，那些我们到过的地方时光依然不紧不慢，到头来，征服的只是自己。让自己臣服于自然的神奇力量，在梵我合一中亲吻自然，生命乃是一体化的。这些场景下，是最容易想起泰戈尔的诗句的；"只有在开阔的大自然中，我们才能真正看到雨的雄伟气势"，只有当我们敬畏自然，投入自然，我们才得以亲近自然，开阔眼界，洗涤灵魂。泰戈尔自己也在文章里说过：人自己的心融入山川里，创造着自己的慰藉。客观的东西由于人心的接触，就成为人心的东西。由于心与世界相结合，人心的痛苦和不幸平息了。那时文学从那结合中脱颖而出。

  而我的旅行终究是有回归的，而他们，才是真正懂得漂泊的人。当我每天在公交路边等着公交时，总是听见有琴声低低传来。闻声寻去，是个三弦琴弹奏着，在行人如梭的城市一隅，无人问津。路旁尘土飞扬，行人面无表情，用车窗玻璃隔断那城市孤独的旋律。

  三弦琴弹奏着，廉价求租生活寄居者，出门在外，心已似秋蓬。昏黑的窗内，他拨着弦，曲声悠扬，与季节的生意连成一片。在如此喧嚣的城市里，守着自己的一方心灵净土。正如飞鸟集里的诗句那样倦倦的，倦看苍生。那乐曲声和泰戈尔的诗句一样，都是直击灵魂的，他们轻轻流淌，欸乃着一种生命的力量，告诉我们那些生命的话语。

  翻开飞鸟集，我听到心底的声音缓缓流淌："我今晨坐在窗前，世界如一个路人似的停留了一会。"如果没有思想承载记忆，天地间，我们都是匆匆过客；"有些看不见的手，如懒懒的微飔的正在我心上奏着潺湲的乐声。"这正是人与自然的一种超然和谐，潺湲着，多么慢，慢慢走，我们才能听到灵魂的声音；"无限的沙漠热情的追求一叶绿叶的爱，她摇摇头笑着飞走了。"天地间的爱，不用华丽的装饰与热烈的雍容，有着朴素的理想和随遇而安的心，若是不合适的便可笑着离去。

  漂泊者啊，他不知道他的琴声也装饰了别人的梦，他一定是泰戈尔笔下印下了足迹在我文字里的人。

  我思量，或许他从草原来到了江南水乡，故而读不懂水乡的表情，或许他见到了流水人家变为车流涌动的街道，于是在每个垂暮的黄昏，低弹起琴声来安顿来自草原的灵魂，灵魂的曲也是灵魂的诗，泰戈尔这样的诗句肯定写的也是这样的灵魂，懂得随遇而安，懂得报之以歌。徐志摩这样说过泰戈尔诗歌："他博大的温柔灵魂我敢说永远是人类记忆里的一次灵迹。"那些灵魂的东西，总是会在我们心中流传不朽的。

片段三

我曾遇见泰戈尔，在怀念的人深长的回忆中。

"这个渴望是为了一个在黑夜里感觉得到，在白天却看不见的人。"

上个星期过了重阳节，一家三口自驾小游玩，陶醉于旖旎的风景中流连忘返。休息时，看见父亲在查"子欲养而亲不待"的意思。谁都会说，这有什么，我见了也不屑一顾的解释了，就是孝敬老人要早，等你忙到想要想起来回报的时候也许斯人已逝。回去之后听闻隔壁的叔叔陪着他父亲去爬山了，原来今天又是"老人节"，而爷爷如果在世的话……

看到了这种来自心底的细腻的呼唤与想念，每一个物是人非的地方，每一个看到别人欢聚融融的时刻，便会想起那个子欲养而亲不待的人。自然的景物在呼吸在歌唱，也许你的容貌已经渐渐淡去，可是当我抬头时，在这些我应该是幸福微笑的时光里，那个看不见的亲人曾经凝视你的脸的眼光，也许真的便布满了整个天空。我独自在卧室，因体悟到父亲的不经意的心情而悲伤，更加为泰戈尔诗句中透进肺腑的生死离情而潸然泪下，关于亲情，关于离情，他用最真的文字写下过。

所以，每个无所适从的时候，我就会念一下泰戈尔的诗歌，这样我会记得微笑，记得与自然亲吻；记得慢慢走，听听灵魂的声音，在匆忙的城市里栖息心灵；记得爱与感动，与每一个亲人相守，珍惜，与每一个生命和谐相处。

(作者单位：盐城师范学院文学院)

泰戈尔与我

——不谢之莲

胡云怡

惑 至

我深陷在一片泥潭中，腐水、污泥、死尸。

我挣扎于一方阴霾下，浓雾、枯树、无风。

我因为身处这样的地狱而充满羞愧——我忐忑而绝望地猜测我被困在这里的原因——我不想相信却不得不信我与我的周围本为一体。

"放我出去！放我出去！"我用尽全力嘶吼呐喊，冷汗从我的脸颊淋淋地落下，划出狰狞的弧度……没有回声。

"放我出去！放我出去！"我不死心地重复，因为我的本能告诉我逃离这里。

突然吹来一阵微风，我感到汗水在我的肌肤上沁出凉意，一种战栗的舒适。我发觉一种从未有过的疲惫与近乎诡异的舒适。

那风缠绕于我的耳际，我努力保持清醒，却无论如何也睁不开眼睛，只能听见她在我的耳畔呢喃，如梦似幻的声音，时而妖媚，时而温和，让我几乎以为这声音来自我灵魂深处："你是谁？来自哪里？"

"我是万物初始之风，来自外面的世界。"

"啊！外面的世界！那个我由衷向往的地方！"我情不自禁地发出感叹，憧憬与崇拜的洪流在我小小的胸腔中奔涌着。

"哼。"她冰冷而短促的鼻音一道闪电般割裂了我的幻想，"外面？"

我的疑惑陡然涌出，被一层不安而惶恐的纱笼罩，再次尝试睁开眼睛，看看这风,却始终睁不开眼。

"外面,天空和这里一样黑沉,甚至更甚;泥泞和这里一样脏污,甚至更甚;生物和这里一样沉闷,甚至更为险恶狡诈……"她自顾自地说着,不时在我耳边吹过,挑逗着、安抚着,若即若离。

我的声音染上不自觉的失望,却依旧保留着倔强:"你是在欺骗我吧?"

她笑了,那声音银铃一样,干净而清爽,让我丝毫找不到羞愧的痕迹:"我为什么要骗你?不信,你自己感受。"一阵风侵入我的鼻翼,我迫不及待地感受着,满怀希望地感受外面的世界。

一股浓烈的恶臭扑鼻而来,我几乎呛出泪来。

还来不及捂住鼻子,我惊奇地分辨出风中的几种气息——血腥、铜臭、腐肉……

我哭了,滚烫的泪水顺着我的脸颊划出委屈的曲线,和冷汗混杂,变成水汽蒸发了。

那阵风,在我哭泣的时候默默地走了,我哭得如斯伤心,没有听到她走时,那一声既似满足,又似嘲讽,更似无奈的叹息。

悼 梦

我沉溺在自己的悲伤里,许多日子逝去了,我苦笑着假装不知。

我的生命失去了所有光彩般,暗淡地喘息着。

我儿时的梦境被粉碎了,什么都无法弥补我的损失。

周围的一切都不能理解我的痛苦,我对腐烂的叶吐露我的烦忧,他悠悠地回道:"唔,我年轻的时候,也曾经和你一样做过去外面的梦。不过,因为种种我无法控制的原因,我留在了这里。其他人,也是一样的。"

也是一样的。

于是有一天夜里,周围的人们都鼾声如雷沉沦于梦,我悄悄地从我的枕头下取出我珍藏了多年的梦想,在沼泽中,将它埋葬了。

只有我自己知道,当时我哭了,无声无息而撕心裂肺。

因为我感到泪水在我脸上烧。

我放肆地挥霍着光阴,像报复一样,追逐着浮华与舒适,丢掉了远行的平底鞋，换上了精致而慵懒的高跟。

我怀着不知名的怨恨与不枯竭的欲望，和其他人一样地，虚度。

直到有一天。

惊 遇

我在混沌中摸索了悠长的岁月，以至于忘记了我也曾有澄明的双眸。

在一片靡靡之声中，我被一首歌唤醒了，就在我埋怨一声准备再次睡去的时候，点点金色的温暖抚摸了我的眼。

我不适应地睁开了眼，视线先是模糊，然后慢慢清晰。

远远的残荷之上，他伫立着。

我凝眸看，他的轮廓逐渐清晰起来。

银白的发微卷，眉眼深邃如削，浓密的胡须整齐地修剪，身着一袭白袍。没有王冠没有珠玉没有权杖亦没有坐骑，他只有一身白衣。

我身边的污水鄙夷地唾弃："来了一个乞丐。"

我却久久无法移开眼睛——因为我看见他周身环绕的金色光晕，那是我从未见过的极致尊贵——这分明是神明的羽翼！

他看向我，那一双眼里跳跃着七彩的阳光飘洒着晶亮的雪花起伏着万里的波浪吞吐着浩瀚的星河，却那么静，那么静，静到我听到久违的心跳的声音。

他启唇，我感到呼吸困难，一种久违的期待让我快乐而不安。

"夏天的飞鸟，飞到我的窗前唱歌，又飞去了。

秋天的黄叶，它们没有什么可唱，只叹息一声，飞落在那里。"

他的吟诵落在寒冷的潭上，激荡起淡淡的涟漪，像是一朵光绽放的花。

我情不自禁地重复他的话语，像蚊虫的嗡鸣，然后猛然一惊，"唰"地红了脸，羞愧与困窘涌上心来，我以为这天外的来客是嘲弄我的庸碌无为。我仿佛听见那飞鸟扑棱羽翼的声音，是果敢的爽利，却在上下扑闪间恍惚了我的眼刺痛了我的心——我虽拥有年轻的躯壳，但心境似乎垂垂老矣，正如那秋日随风飘飞的片片黄叶，剩下的只有叹息。于是我蜷缩着，尽量让自己远离他若有似无的光圈，假装闭上眼，欺骗自己他不在那里。

然而却阻挡不了他的吟诵划破死一般的寂静。

"我独自走在穿越田地的小路上,夕阳像一个吝啬鬼,正藏起它最后的一点金子。

……

星光下,我独自行走着,途中停留了片刻,看着幽暗的大地在我的面前展开,正用她的双臂拥抱着无数的家庭,那里有摇篮和床铺,有母亲们的心和夜晚的灯光,还有年轻的生命,自然而欢乐,却全然不知这欢乐对于世界的价值。"

他专注地吟诵着,忘我地表达着他的感情,全然没有注意到我因思念回不去的家园而热泪翻涌的眼睛。

我并非出生在此地,我只是一个羁旅之人,因为各种机缘巧合,来到了这里。

我的故乡,也有漫天的星辉,也有舒适的摇篮,也有烛光下笑靥粲然的母亲。

当我经历了长长的漂泊来到此地时,没有人告诉我,我却隐隐知道,再也回不去。我每日在哀悼儿时的幸福与叹息前途的混沌中郁郁寡欢,而今我不敢提及的心事被他提起,我的泪水再也无法克制她们的痛楚,软弱而真挚地落下来。

我的啜泣声夹杂着呜咽,他却没有被我打断,继续着,继续着。

"我以这道高墙自豪,我用沙土把它抹严,唯恐在这名字上还留着一丝制罅隙,我煞费了苦心,我也看不见了我的真。"

我将自己抱紧,好像处在隆冬深处般,他的声音深沉而富有磁性,像是毗湿奴沐浴的圣水洗礼过一般,我却听来如同丧钟的悲鸣:"不,不,不要念了!请不要再念了!我不想听,我不想听!"我犹如一只惊弓之鸟纵身而起,浑然忘记了之前多少个日日夜夜我也曾这般呐喊却无人理会,我宣泄着内心交错的愧疚与无奈,仿佛一只枯槁的手用诡异的力量扼住了我的咽喉。

徘　徊

我的脸上纵横交织着泪痕,像一网杂乱的藤。

也许是我的癫狂终于触动了他，他缓缓地转过头来，我早已对他充满了敌意，却被他耀眼的光芒震慑到有口难开的境地。

"你想从我这里得到什么呢，孩子？"他的语气慈祥，我却以为是裹着糖衣的毒药。

"我什么都不想要，请你离开，还我安静的生活。"我倔强地表明自己的心意，昂着头，努力让自己看起来坚定。

他凝视着我，像是凝视着一颗沙砾般慈悲，也像凝视着一颗珍珠般欣喜："哦？你想要宁静？"

"嗯。"我点头称是，却被他的目光触动了心。

"那你不该将自己藏在暗处的。"

"在暗处，便不会有人打搅。"

"难以安放的，是这颗心。"

我瞪大了眼睛看他，他却丝毫没有因此而脸红："我想给你温暖与快乐。"

"那你给我吧。"我伸出手来等待他的施舍，期待而怀疑。

他却摇摇头："你的心被烦忧充满，已经没有空间。"

我的心又开始沉重地疼痛了，每一次它疼痛的时候，我都能感到它沉甸甸地在我的胸腔中跳动着，越来越重，越来越慢："那……算了。"

"可是我能帮助你减少烦忧。"

"真的吗？"我像是濒死之人抓住了救命的稻草，"那求求你帮助我吧！"

"那请你相信我，把双手交给我吧。"我迟疑地将手伸出，却落入一双温暖的大掌中，我可以感到粗糙的纹路和厚重的起伏，顿时一阵心安，闭上了双眼。

这一次，他没有吟诗，确实在我掌心写字。

奇迹般地，我竟从那轻柔微痒的书写中，寻得了久违的平静。

"忧思在我的心里平静下去，正如暮色降临在寂静的山林中。"

我的呼吸逐渐顺畅起来，不用再因为胸腔中经年的积液而感到浑浊。

"如果你因失去了太阳而流泪，那么你也将失去群星了。"

也许我该原谅过去的那些错失，因为至少明天还会来临。那些逝去了的就让它们安息在岁月的黄沙里，我还是应该整理好行李，继续前往下一个目的地。也许这一站的风景不如预想中的美丽，但我怎么能因为别人的风言风语，就笃定下一个天亮迎接我的不会是云霞漫天的绮丽黎明？

"我不能选择那最好的。

是那最好的选择我。"

这是最好的时刻，这是最坏的时刻；这是最幸福的时光，这是最悲哀的时光。我无法选择生生长流将我放逐的地点，然而在每一个转角每一次分流，至少我还有选择的权利——我选择让最好的选择我。

"我的存在，对我是一个永久的神奇，这就是生活。"

那就唱歌吧，如果是阴天的话。我仰望的太高，我眺望的太远，我希望的太贵，我失望的太多。可是，这并不妨碍我满怀热情地演绎，如果，我视我的人生为一种奇迹。

"活着真好呀。"他将我的双手合上，用那温厚的大手包裹着我的，满眼都是轻松的笑意，那种笑意是我从未见过的，不是因为有所成就有所收获而产生的快乐，而是因为快乐本身即是一种快乐般。

"是呀，活着真好。"我也笑了，早已不在意我那昔日牢牢遮掩不让任何人得知的有些黄的牙齿，像小时候那样，轻轻地笑了。

莲　花

美好的时光总是流逝得飞快，我预感到他即将离去。

我握住他的手，以期可以留住他。

他摇摇头，温和地问："孩子，你想成为什么？"

"莲花，我想成为一朵莲花。"我有些骄傲又有些胆怯地吐露出我那埋葬了的童年的梦想，"一朵妖娆时如血娇艳，沉静时如雪寂寥的莲花。"

他微微一笑，眉眼舒展开来，一派慈爱温柔："那便开花吧。"

我起初有些发愣，没有明白他的意思，误以为他是因为要离开了赠我吉言鼓励我："嗯，我会努力地。"

"哦，不，我的孩子，你现在可以开放了。"

"啊，现在？那可不行！现在我还没有准备好，现在我身处泥泞，现在我一文不名，现在……"

他摆摆手打断我，双手轻放在我的肩膀："开花吧，只要你愿意，随时都可以的。你是你自己的,也是世界的。如果有一天,你的花朵落下,我会回来这里拾起,把你带到外面更高更广的天空下,领略天地浩大。"

说罢,他离开了。

我没有挽留,因为我知道,他将遵守他的诺言,在不久的将来回来。而那时,我将欣然赴约,献出一切。

(作者单位:北京大学信息管理系)

柑橘地里的"诗者"

向云霞

我顶小的时候，跟着姥姥姥爷住在乡下。老屋前有一片柑橘地。到了秋天，漫山野的黄澄澄晃得眼都睁不开。我扎着两个小辫儿，一天到晚跟着大人身后跑。"倒忙"帮了不少，不是踹翻了二伯家的果篮，就是用石子儿打碎了前来收柑橘的货车后视镜。

"婶儿啊，你家乖孙儿把大石头搬在路中央，挡着收柑子的路啦。"

烟儿从囱里直溜溜地往外窜，追着半边天的晚霞跑了好一阵子。姥姥抄着锅铲从屋里出来，满脸堆笑，先是给邻里赔了不是，然后一把拽我进了屋。

"可读点儿书吧，下回又考四十几分，看你爹还给不给你带城里的好吃的来。"姥姥真是一句话戳中痛处，我心里阵酸，顺溜溜挤出两行泪，嘴巴噘着出了堂屋。

深秋的风啊，虽然清爽，但是劲儿挺足，两下子便吹干了我眼角泪珠，还吹得我单薄的身子凉飕飕。忽地，脚底生痛，我一看，草鞋早已不翼而飞。我揉揉眼，四下寻着我那"精致"的小草鞋时，不近不远的柑橘地里，飞出悠悠的细声。

"我们萧萧的树叶都有声响回答那风和雨。你是谁呢，那样的沉默着？"是一个男孩的声音，有点稚嫩，又有些许坚定。我望了望那片柑橘地，只有金灿灿的橙子站在枝头，摆出最骄傲的姿势。

"咳咳咳。"我清了清嗓子，仔细回忆学校老师教的普通话，准备回答那人的问话。

"我是……"

"我不过是一朵花。"柑橘地里的男声再次响起。我这才晓得人家并不是问我是谁,而是在读着什么。

草鞋没找着,又和姥姥怄着气,不想回屋,我索性顺着男声往柑橘地走去。

光晕渐渐褪去,天空被勾画成一抹青灰色。稻场上的鸡三三两两被主人赶回了笼,女人们站在门口声声唤着地里劳作的男人们回屋吃夜饭。不一会儿,家家户户的灯亮起,田间也突然静得只能听见不知名的虫掠过叶片的摩擦,和不知停歇的诵诗声。

"夏天的飞鸟,飞到我窗前唱歌,又飞去了。"

"秋天的黄叶,它们没有什么可唱,只叹息一声,飞落在那里。"

我突然觉得很美,比姥姥新扯的几米花布还要美。这夹杂着土话调子的吟诵,流动在馥郁着柑橘香的地里,掀起微小的涟漪,竟抢走了"风吹麦浪"的风头。

纯净的。自由的。

我不晓得当时的自己是否为其间自由而激荡的灵魂所触动,也不确信一贯不爱读书的黄毛丫头能在秋风恣肆的傍晚光着脚丫伫立良久,居然是为着两行诗的羁绊。只记得,我蜷缩在一颗半人高的柑橘树下,抬头从站满橘子士兵的枝桠罅隙里看天。可是我什么都看不到,秋日的天空高远又无趣。

嘀。我竟是开始嫉妒起夏天的飞鸟来。它们一定在绚烂的白昼里,呼朋引伴,掠过高耸的山巅,掠过碧翠的柑橘海,掠过油绿的芭蕉园,小憩在我的窗前。它们一定嘲笑着鼾声四起的午睡中的人儿是如何不解仲夏日的风情,它们一定用最华丽的舞步给我写了封冗长的信笺。

"我的朋友,你的语声飘荡在我的心里,像那海水的低吟声缭绕在静听着的松林之间。"

"使生如夏花之绚烂,死如秋叶之静美。"男孩的诵诗声潺潺如畅快的溪流,平缓安然地将一波又一波的震撼输送至我的心口。那样灿烂的活,那样安然的死。在生的时刻,像耀眼的夏日的太阳花一样激烈、浓郁、火热,不辜负那大好的光景和追着这光景一路狂奔勇往直前的自己。

灿烂的。恬然的。

我在金秋的夜幕之下,睡着了。迷迷糊糊的,忽远忽近的诵诗声;迷迷糊糊的，忽远忽近的姥姥姥爷的呼唤声；迷迷糊糊的，忽远忽近的飞虫爬过柑子的吱吱声。

不用质疑一个黄毛丫头的精气神和好奇心，就好像天天盼着村头那位卖着香脆烧饼的老爷爷赶紧出现一样，太阳还没掉下山头，我就又偷偷摸摸地溜进柑橘地里了，等候那位神秘的"诗者"。

日子撒着脚丫子跑，没一会儿工夫，又跑走了十天半个月。

好像没有什么改变，却又好像改变了好多好多。姥姥姥爷经常偷偷用眼瞟着我的一举一动，时不时过来用手摸摸我的额头，嘟囔着"不烫呀"，就连天天来收柑子的货车车队司机都对姥姥说道"您家孙女儿上城里去了么，这些日子怪清静的"，每次听到这话我也就眨巴着眼偷着乐。

我那时觉得自己特别有文化。因为天天去柑橘地里的缘故，都能随口念叨出一整句一整句的诗。有一次，我走过大伯门前，看着里屋透出的昏黄的光圈，摇曳的烛火的影子被放大到旁边的土墙上，竟顺口出一句"燃着的火，以它熊熊的光焰警告我不要走近它，把我从潜藏在灰中的余烬里救出来吧"。我觉得，这都是柑橘地里的那位"诗者"的功劳，我希望他能天天都在那儿诵诗，这样我就可以背下好多好多句诗歌，爹爹从城里回来的时候，我还可以拿一两句出来炫耀炫耀讨个赏。

"阴雨的黄昏，风无休止地吹着。我看着摇曳的树枝，想念万物的伟大。"

就像是这句诗描述的一样，在一个秋雨连绵的傍晚，我戴着姥爷的旧草帽，踩着碧绿的雨胶鞋，踏过泥泞，穿过田埂，找到那棵熟悉的柑橘树，蹲坐下来。我期待着飞扬的文字韵脚，坠入在淅淅沥沥的碎雨间，该是多么的动人。

于是，那天，我听了几个小时的雨，还有风。

于是，那天，我错过了姥姥大伯们宴请帮忙收柑子车队的晚饭。

不过，那天回屋后，我收到了姥爷给我的一份礼物：是一本小册子。

陈旧的书页，并没有因为长期的翻阅而变得破损不堪；乌黑的油墨，并没有因为岁月的侵蚀而显得脏乱模糊。虽不新整，却有种清丽朴实感。我很多字都不认识，所以不知道小册子的扉页上写的什么。但翻到某一页时，发现一片薄薄的晒干了的柑子皮，晕得书页都散发出淡淡的香气。

我抬起草帽下那张被飞雨浸润的脸，看着姥爷。姥爷说，是晚饭时，车队的一个小男孩给的。各家各户要收去城里卖的柑子都打包好了，明天开始，车队就不来了。

所以啊，我终究没有见到柑橘地里"诗者"的真面目。

在那以后，我又摇晃着脑袋跑过了好多好多个有着飞鸟的夏天，当然，也叹息过了好多好多个黄叶纷飞的秋天。不过呢，黄毛丫头总算长成了会梳大辫子的姑娘，低低矮矮的柑橘地也总算长成了比大辫子姑娘还高的柑橘林。

梳大辫子的姑娘后来进了城，念了小学、中学，最后竟然很好运地出了省进了大城市，念起了大学。大城市里的高楼可真多呀，林林总总的，围在一起，就围成了一个小世界。小世界里的灯火可真亮呀，摇摇晃晃的，连成一圈，就圈起了一个小日子。小日子里的牵挂可真多呀，杂杂乱乱的，堆在一起，就堆成了一筐又一筐的秋橘。

剥开从远方寄来的柑子橘子，鲜嫩的果肉颤颤巍巍地被送到嘴边，咬下去，勾起一段若隐若现的回忆。我冲进书房，在忙乱中撞伤了腿。可是，我不管。我疯狂地嗅着每一层书架，我企图在这其间找到如同我唇齿间游动的那股柑子香气般清丽味道的东西。很幸运的，我在书柜的底层翻找到了它。

封皮。大概十几年前我就已经会读了的三个字。飞鸟集。

扉页。大概十几年前我就已经会写了的三个字。泰戈尔。

正文第一行。两句让我爱上诵诗，爱上念书的话；抑或是，两句让我在磕磕绊绊的大人时光里瞬间溢满童心的话；又或者是，两句让我想立刻飞回枝头站满"士兵"的柑橘地，在月色微醺的秋夜，听着"诗者"的吟诵，打个小盹儿的话。

是好多好多年前我还是个黄毛丫头的时候，就会哼唱着歪七竖八地背出来的话。

夏天的飞鸟哟，飞到我窗前唱歌，又飞去了。

秋天的黄叶呐，它们没有什么可唱，只叹息一声，飞落在那里。

(作者单位：上海外国语大学研究生部)

泰戈尔在我心中

丁逸雯

春风吹过,携着芬芳,裹着温暖,滋润万物,感化人心,似乎这世间的一切怨恨、悲伤、不公都会被吹得烟消云散,却留下了千里生机、万里绿意。是你为我带来的这阵春风吧,被吹散的蒲公英飘飘洒洒地落在我的心中,生根发芽开花,洁白的花和那缕缕清香将是你对于百年后读着你的诗的读者最好的馈赠。谢谢你的礼物,泰戈尔,我将终生学习并将终生受用。

你站着的地方便是海阔天空,无论背后是汹涌澎湃还是波平如镜,你都能如海鸥一般自由驰骋于这天际,用你小小的身躯安抚、拥抱着这片海。我捧着《新月集》一步一步走进你,那是第一次见你,看你独立于这天地之间,拥抱光辉、仰望星辰,却不觉得你渺小或是孤单。确如你所说"你微微地笑着,不同我说什么话。而我觉得,为了这个,我已等待得久了。"此刻只是沉默着微笑的你,不曾预想将是我以后在狂风暴雨或是阴雨连绵的日子中最坚实的伞,同我走过风雨,看到雨后那生气迸发的世界。

春 雨

母爱如春,细腻温和,而青春如我,叛逆自我。于是在连绵的春雨中你为我撑起了伞。

总以为母亲的叮咛和牵挂束缚住了我追逐青春的步伐,母亲的手伸在那儿,而我偏偏向反方向跑,跑的气喘吁吁,跌的头破血流。我困惑、无助、迷茫……

当春雨把我淋得晕头转向的时候，你站在那儿为我打起伞，没有说什么，只是微笑着，那笑容很温暖，朦胧间似往昔母亲的温暖。在你的伞下我到了另一个地方，是童年烛下的小屋。

"我是从哪儿来的？你，在哪儿把我捡起来的？"孩子问他的妈妈说。

她把孩子紧紧地搂在胸前，半哭半笑的地答道——

你曾被我当做心愿藏在我的心里，我的宝贝。你曾存在于我孩童时代玩的泥娃娃身上；每天早晨我用泥土塑造我的神像，那时我反复塑了又捏碎了的就是你。

你曾和我们的家庭守护神一同受到祀奉，我崇拜家神时也就崇拜了你。

你曾活在我所有的希望和爱情里，活在我的生命里，我母亲的生命里。

在主宰着我们家庭的不死的精灵的膝上，你已经被抚育了好多代了。当我做女孩的时候，我的心的花瓣儿张开，你就像一股花香似地散发出来。

你的软软的温暖，在我青春的肢体上开花了，像太阳出来之前的天空里的一片曙光。上天的第一个宠儿，晨曦的孪生兄弟，你从世界的生命的溪流浮泛而下，终于停泊在我的心头。

当我凝视你的脸蛋的时候，神秘之感湮没了我；你这属于一切人的，竟成了我的。为了怕失掉你，我把你紧紧地搂在胸前。是什么魔术把这世界的宝贝引到我这双纤小的手臂里来的呢？

烛光散去，雨停了，阳光从东边升起洒向大地，你轻轻拭去我脸上感动而自责的两道泪痕，收起了伞，笑着默默走远了，而你却走进了我的心里。

回到家，深深地抱住那视我为世间珍宝的母亲，"你到哪里去了，你这坏孩子？""我不告诉你，妈妈。"

这以后，虽然还是免不了会和母亲斗气吵嘴，依然还是要追逐着我青春。但我开始知道母亲会为我担心和思念，开始知道我的青春中母亲的爱是不可或缺的，这样我才能更加自信更加踏实地大步向前。春雨停了，但它却滋润了万物。于是我开始学着去感激、去珍惜母亲给予我的那份永恒而又炙热的亲情，开始学着去理解和照顾这个为我操劳了半辈子，用她全部的爱来爱我的人。

谢谢你，泰戈尔，在我的心中为我打起这把伞，在你的伞下让我洞晓了世间最真挚的情感。

夏　雨

　　生活如夏，阴晴不定，而迷茫如她，不知所措。于是在猛烈的夏雨中我为她撑起了那把你递给我的伞。

　　始终是品学兼优的她，每一次都能登上成功的顶峰，于是以为所有的胜利都是触手可及。而这一次却滚下了山底，受了伤，趴在那儿不敢动，却哭得像个泪人儿。面对挫折她沮丧、失望、痛苦……

　　当夏雨把她淋得颤颤巍巍的时候，你把伞交给了我，让我为她打起了伞。我学着你的微笑，深深地拥抱了她，说"如果你因失去了太阳而流泪，那么你也将失去群星了。"在这把伞下，她的心情渐渐平复，也对我敞开了心扉。

　　她哽咽，说它欺骗了她。我抚去她的两行清泪，答"我们把世界看错了，反说它欺骗我们。"她疑惑，问那该是怎样的呢？我抚平她皱紧的眉头，答"这世界乃是为美之音乐所驯服了的狂风骤雨的世界。"她搜寻，找这所说的世界。我握紧她的手一起指向光明的方向，答"我们在热爱世界时便生活在这世界上。"她呢喃，热爱？是的，热爱。唯有热爱了这个世界，才会接受它的痛苦和美妙，才会觉得即使摔倒了也不会那么痛，才会有勇气爬起来继续攀登，因为这座山峰是你热爱的，因为这座山峰的尽头是天堂，所以没有所谓的成功与失败，你为之努力的源头只因热爱它。

　　她平静，她笑了，从那块泥泞地里爬起来，拍了拍衣上的泥水，揉了揉身上的挫伤，仰望天空，仰望山峰，发现了这山上的绿丛茵茵，鸟儿翩翩，是她从未发现过的美丽，她爱上了这美景，并愿意用一生去探索去发现这片奇景。于是再一次的她踏上了征程，去征服山峰，征服自己，征服世界。

　　夏天就是这样，前一秒还是狂风暴雨，下一秒便将晴空万里。看着她远行的背影，我收起了伞，我相信之后的夏雨她都能自己抵挡了。因为这把伞也落在了她的心中。

　　崎岖的山路，难攀的山崖，还是会让她一次次地跌倒，但她学会了一次次地爬起，一次次地微笑，再一次次地攀登。她学会了热爱生活，笑对挫折，勇往直前。因为她已知道"世界以它的痛苦同我接吻，而要求歌声做报酬。"夏雨停了，但它却洗去尘埃，使万物通透。于是她发现了她所热爱的生活的妙趣横生。开始珍惜生活中的一点一滴，一分一秒，开始享受生活，享受苦难和幸福，开始找到一个新的自己，开始缔造属于自己的奇迹。

谢谢你，泰戈尔，你用你的伞传递着力量，而你的伞会这样不断地传递下去，在你的伞下让我们遇见了自己最缤纷的生活。

秋　雨

爱情如秋，与子偕老，相守如此，无怨无悔。于是在缠绵的秋雨中在你伞下我与他们相遇，看到他们为彼此打起了伞。

无意中路过刚刚因修路而废弃的车站，车站旁丈夫陪在坐在轮椅上的妻子的身边，看着这川流不息的车流人群，看着这年轻的城市，而他们都已两鬓斑白，满脸沧桑。而在他们的眼神里我看到了厮守、幸福、相爱……

当秋雨把他们淋得更加相依相偎的时候，他为她打伞，他为她遮雨，他们一生中曾经历过多少的雨，而他们却能在雨中依旧握紧彼此的手，在他们的身后夕阳已西下，落叶已满地，而不觉凄惨落寞，因为那果实早已开在他们的心中。

我抬头看看你，你的眼神望向远方，那一重一重的秋雨外，那里有一位佳人，有一段段的浪漫，那时曾遥想的几十年后就是现在眼前的这幅景象吧。

"你愿意把你的鲜花的花环挂在我的颈上么，佳人？"但是你要晓得，我编的那个花环，是为大家的，为那些偶然瞥见的人，住在未开发的大地上的人，住在诗人的歌曲里的人。

现在来请求我的心作为答赠已经太晚了。

曾有一个时候我的生命像一朵蓓蕾，它所有的芬芳都储藏在花的心里。

现在它已远远地喷溢四散。

谁晓得有什么魅力，可以把它们收集关闭起来呢？

我的心不容我只给一个人，它是要给予许多人的。

秋雨不知不觉就停了，我发现是我把你看得狭隘了些，你的爱，那深切的爱，并非只是给了你心中那美丽的女子，而是给了你的每位读者，而是播撒向了整个世界。

他们的面前来了一个年轻人晕头转向地找着新的车站，丈夫走上前祥和的一笑，热心地用自己不利索的乡味普通话为年轻人指明方向，身后的妻子笑得很幸福。

虽然他们的容颜会老，岁月易逝，但他们的爱是永恒的，对彼此的爱，对每一个人的爱。在每一场秋雨中他们相互扶持，不离不弃。秋雨停了，总有一天他们会静美地如秋叶般死去，但在此之前他们已向世界献出了他们最纯美的心，已播散下爱的种子，如今那种子已长成最美的花开遍世界的每一个角落。所以面对这充满希望、充满活力的死亡他们将毫无畏惧。

谢谢你，泰戈尔，你已落在我心，因为心中有你，所以我眼中有笑容，手中有温暖，所以我的世界处处是美好。

沉默着的你在想："静静地坐着吧，我的心，不要扬起你的尘土。让世界自己寻路向你走来。"微笑着的你写："使生如夏花之绚丽，死如秋叶之静美。"而在你伞下的我说："你已落在我心中。你的静，你的笑已在我的世界中开成一片洁白的花海，花香四溢在我的每一个思想中。"

你的伞为我撑起，我为她撑起，他们为世界撑起，故你已永远落在每一个人的心中！

(作者单位：华东师范大学附属周浦中学　高二 (2) 班)

以诗的方式对话、倾听

——泰戈尔在我心中

刘 静

"绝不要害怕刹那，
永恒之声这样唱着"①
　　　　——泰戈尔《飞鸟集》

假如我是您说的那个孩童
插一朵喇叭花
跟在一支队伍后面——
爸爸妈妈还有几个姑姑
连同那些叫不上名字的人
向村头树林走去
可他们为什么嘤嘤地哭呢

尤其是当他们抬起头

---

① "绝不要害怕刹那/永恒之声这样唱着"，现在已很难描述当我第一次读到泰戈尔《飞鸟集》中这两句诗时的感受了。然而，也许是阅历不深的我经历了爷爷的去世，那份对于苦痛和明亮究竟何者才是记忆之永恒的追问，却让我觉出泰戈尔诗歌对我的意义。

我对泰戈尔的诗作并不十分熟悉，只是单纯的读过，然而这句诗、连同《飞鸟集》和泰戈尔诗作中那单纯、明亮、与神同在的境界却使我深受感染。我不敢说，它让我摆脱了痛苦的记忆和阴影，那样未免太功利。然而，毫无疑问，我进入到了一个明亮的世界，并且懂得，原来我可以只珍藏记忆中最单纯、最明亮、最美的一面。

一眼瞅到
前面四个人抬着的
黑黝黝的木头盒子
当一滴眼泪落下来
我的妈妈抬起手
抹掉一把鼻涕
这群人之后去了哪里

孩子，记忆是那片洁白的云彩啊
当你困惑不解的时候
正如你对着一片云彩发呆
你不也感叹它的美丽和神秘？
还有那朵紫色的牵牛
它那么美
难道只装点在你沿途的梦里？
你看，今年的花还会再开
云彩出来了
依然洁白
你难道忘了
连同那支队伍
和类似于仪式的这一切
都是风景啊

你拒绝黑色的木头盒子
然而和装点紫色牵牛花的篱笆相同
它俩的颜色没什么两样
许多足迹遍布在你成长的路上
或深或浅
有的像小猫踩下的瓣瓣梅花
有的却显现出艰难、困顿的颜色

像极了邋遢的流浪汉
当你看惯了小猫身姿的灵巧妙曼
未必不会同情一瘸一拐、深深浅浅的脚印
难道他们身上没有一种
朴素如泥土、粗糙如树叶的美感？
难道它俩不是同样栖身于美妙的自然？
为什么不把美的和看起来丑陋
抑或是令你心生痛苦、恐惧的
诸如黑色盒子和流浪汉
都看作是沿途的两种风光
或者自然的一体两面？

然而我说的是假如
如今，我早已失去童年
那个孩童眼中的黑色木头盒子
原来是我爷爷的棺椁
还有那支送葬队伍
是否痛苦就像那些难以抹去的往事一样
赤裸裸呈现，没有任何美感
是否成长便意味着
记忆把成倍的痛苦奉上？
即便我理解您所说的
所有记忆中的场景
都是沿途中的风景
只是风格迥异
然而沿途的风景再美
毕竟是会消逝的啊，
伴着一个令人恐惧又痛苦的姿势
是否因为成长，我逐渐知道了真相
所有那些经过童稚想象后的场景

会被一一置换
置换成连我自己都不愿承认的现实？
当我日渐长大
就注定被这丑陋的现实牢牢裹严？

"孩子啊，
即便你已历经人世变故和沧桑
我也只能这样轻声唤你
如果你不认为所经历的都是美的和善的
难道你会在别处发现他俩如神一般
无处不在的身影？
当你身处襁褓、嗷嗷待哺
母亲温润的乳汁、父辈满眼的疼爱
仿佛春风化雨
滋润着
尚且不能完全感知这个世界的你
当你渐渐睁开眼睛
看见了世界的多面
会有邪恶和痛苦遍布在别个角落
你只需要坦然接纳
并不需要被它们激怒
迸发出过多的痛苦和义愤
因为无论何时何地
善的和美的
始终会像母亲的眼波
无时无刻不在你身边围绕"

母亲的眼波固然能带给我片刻安抚
可是长路漫漫，沿途中我注定会看到
那些不能称之为美和善的

难道我能像孩童一样
不辨美丑,把它们都称作是母亲的乳汁,
父辈的疼爱
流淌在眼睛和记忆里
难道它们都那样柔软?
那些我不忍直视的丑恶场景
如何能被抛开和割裂
或者变幻成被儿时单纯的眼光改造过的模样?

"孩子,你可曾见过疲倦的飞鸟
穿过空荡荡的树林?
如果你只看见它们的疲倦
而不是自由
你怎么能够说已经看遍了周围的美和善呢?
那些足以令你心旷神怡的美丽风景尚被遮蔽
你又如何看懂了周遭的在你眼中的丑和恶?
当你仰头望天,
看见云朵离人群那么远,注定孤独
却没看见
它们随性自在,如此洁白
童稚时期你只觉得云很白
伴随着成长
你日渐觉得洁白背后是孤独
我要恭喜你
因你日渐懂得珍藏
日渐懂得生活的多面
然而当你眼界大开却倍感惶惑
甚至被所看到的景象刺伤
我依然希望
你以孩子般稚气的眼光代替异常冷静的幻想

有一天，就在你感到绝望的片刻
一个纯净的世界将会洒落
如白色花开满山野，
如漫天大雪
洒落在地面
而你，犹如一个孩子
仰头望天
感知这自然最温暖、最神秘的赐予
它见证一切又覆盖一切
你说，难道它不懂得
地面上，植被已经衰老
花朵不会再开？
然而它宽宥一切
正如孩子的双眼
正如你所说
假如你还是个孩子
蹑手蹑脚，走在送葬队伍后面
看见众人的难过、母亲的泪眼
心里涌出的
只是纯洁的，对于未知世界的猜想"

我只想弄清爷爷到哪去了？
当我了解了事情的真相
那天晚上，立在玻璃窗户外面
泪水横流，如肮脏的蜗牛爬过
我想起
一个晴朗的日子
爷爷的烟锅和洁白的羊群
闪烁在深秋的草丛中间

也许浩浩荡荡的送葬队伍不是
那晚我滴落的眼泪不是
只有心中明亮的记忆
才是您所说的
"覆盖一切、又宽宥一切
来自自然神秘、温暖的赐予!"
才最应该被珍藏
并在尚未到来的日子里
细细洒落、播种
等待日后开花

(作者单位:鲁东大学文学院)

未来艺术家

——孩子们与泰戈尔小说

林 馨

一

你要是想听过去的旧事，你就坐在我这个台阶上。你听，那微波起伏的流水正在低声地诉说哩！

——《河边的台阶》

我是在暑假的第三天早晨走进排练厅，四个十多岁的女孩把腿架在高高的把杆上，上半身努力地向下压；两个瘦高的男孩赌气似的在做俯卧撑。站在房间中间的人是形体老师，听见有人进来，也不回头，扬起手里的木鞭，指着我说，这是你们的文学课老师。她终于看向我，你和他们差不多大，她轻轻的声音很舒服，打成一片吧。

其实我比他们大了十岁，从我进来，六个少年没有看我一眼，在这闷热的早晨，他们只想尽快结束晨功。当我笨手笨脚地试图把腿抬上把杆时，一个短发女孩，侧过头甜甜地对我笑了：

"姐姐——"

他们明年年初就要艺考，早上练功，下午文化课和声乐课，晚上还有晚功，几乎24小时黏在一起，亲昵地用外号称呼彼此，每人都有漂亮的眼睛：糖公子的眼睛最黑，总是瞪得圆圆的，小贤的眼珠和皮肤是浅棕色的，浅浅一笑，巧克力在舌尖融化，大眼自然是眼睛最大的，也是女孩中最高的，盼盼是公认的小美女，细长的眼角隐约有妩媚的神态，老狼是个沉默的男孩，

只要音乐一起,他的歌声就从眼睛飞出来,至于最小的妹妹,当我问她的名字时,她小小的脸在晨光里白得透明,开心地说:

"我要考北京舞蹈学院附中,我学了 6 年的舞蹈,姐姐。"

她的腿从把杆轻盈落下,我发现这个 12 岁的小姑娘和我一样高,消瘦挺拔,拉着我的手,开始撒娇:"今天就讲故事吗,姐姐——",其他孩子们也围着我,七嘴八舌嚷嚷:"讲故事,讲故事……"

我的梦想就是做一个评论者,传递讲解文学的艺术价值,让人们诗意地栖居。在一个夏日的早晨,少年们怀着玫瑰色的明星梦,兴奋地让汗水打湿每一寸地板。艺术,如此热烈纯真地靠近我,我不再是一个旁观者,我置身于未来的演员、歌手与舞者的成长中,艺术家直接用他们的身体感受一切的美,文学对他们来说就是一个好听的故事。"想不想听爱情故事?"我打开新买的《泰戈尔诗化小说》。

二

这一夜,雨季之夜已经拉开了自己的云幕;这一夜显得静寂、美丽、庄严,正像昔日的摩诃摩耶。他全身的热血奔腾汇合,涌向一个摩诃摩耶。

——《摩诃摩耶》

我花了几分钟解释小说里寡妇殉葬的问题,女孩们皱起眉头或是捂住嘴,一个男孩打起了瞌睡,另一个索性戴上耳塞,"我要听爱情故事,不是恐怖故事。"他们开始起哄了,当我读到"这一夜,雨季之夜已经拉开了自己的云幕;这一夜显得静寂、美丽、庄严,正像昔日的摩诃摩耶。他全身的热血奔腾汇合,涌向一个摩诃摩耶……"时,他们直起身体,推醒了打瞌睡的糖公子,老狼也摘下耳塞,他们好奇这段爱情走向何处,悲伤的结局让女孩的眉毛更加纠结。"她为什么要走呢,男的都说'饶恕'了。""有点作。"爱情故事没有引起男孩的共鸣,"她不愿自己爱的人看见她毁容了。""是啊是啊,她希望永远漂亮。"我听着他们争论,都是聪明的孩子,情感丰富,勇于表达。"爱情,或是说情感,是一种强烈的、甚至可怕的力量,人一旦爱上了,会无所畏惧,就像摩诃摩耶,是爱情赐她力量冲破一切甚至死亡。"我合上书,继续说，"你们仔细读，泰戈尔对当时的社会风俗描写相当克制，地位的悬殊阻止年轻人相爱，多么狗血，完全可以写长篇。"大眼听到"狗血"，冲我眨眨她的大眼睛，"在这么短的篇幅里，环境描写，情节铺垫都是紧扣爱情主题，所以你们会觉得这样的爱情太强烈太纯粹，不仅是作家的修辞，也是小说结构导致的。"听到"修辞"和"结构"，又有人想打瞌睡，我换了说法，"用最少的文字就说一件事，你们的注意力就被吸引了。"

"你们将来都要登台表演，传递给观众的是一种情绪，要让我们感受到你们的喜怒哀乐。"排练厅里越来越热，没人开空调，因为流汗不能吹冷风，他们已经有意识地保护身体，现在更是认真听我这个"观众"的要求，"如果是我坐在台下，我希望被你们的表演震撼，如果你们要表演《摩诃摩耶》，想想怎样表现一种纯粹的、强烈的、不容置疑的爱情。"所有人都点点头，"你们都很有天赋，有热情也吃得了苦，把你们的情绪在舞台上宣泄出来，观众会为你们鼓掌的，因为你们表达了我们无法表达的情感。"

这也是我喜欢《摩诃摩耶》的原因，现在的世界似乎过于喧嚣，我们的生活焦虑浮夸，表达真实情感变得不合时宜。纯粹地去爱，去活着从生活的本质变为生活的奢侈。未来的大明星们即将踏进名利场，我无法揣测他们想成为怎样的人，唯一确定的是他们选择的道路布满芳香的荆棘。

三

不管是梦幻还是真实——在我面前所呈现的二百五十年前这块故土的望不见的海市蜃楼，瞬间就消失得无影无踪。

——《饥饿的石头》

显然我对他们的未来过于乐观了，一个月后的一天早上，所有人都黑着眼圈，破天荒地打开了空调，把明媚的阳光关在窗外。"妹妹不能跳舞了。"其他女孩悄声地告诉我，"昨天来了一个北舞的老师，妹妹表现得特别好，最后那个老师一摸妹妹的背，就说不行。"小姑娘运气不好，有过一个糟糕透顶的启蒙老师，6年，6年错误的基本功导致右背的肩胛骨凸起。"妹妹哭了一晚上，嗓子哑了还在哭，哭到最后都吐了，没吃晚饭什么也吐不出。"我看着坐在空调下的小姑娘，背对着嗖嗖的冷风，想把背吹平吗？12岁，梦无声无息地碎了，6年起早贪黑的练功，都是错的，都是假的。

"我想听故事，姐姐。"她的声音闷闷的，比这天气还让人难受。我让每个人读《饥饿的石头》，泰戈尔的小说里这篇语言是最华丽的，巧妙的比喻层出不穷，像诗一样富于节奏感，最适合朗诵。他们被小说奇妙的想象力感染了，演话剧一样用各种腔调读着，打开窗户对着来往的行人大喊"我算什么？我如何搭救你？我能够把淹没在旋转变化的梦幻激流中满怀希望的美女，搭救上岸……"

"我第一次考研失败，哭得比你还厉害。"我坐在妹妹对面，"我当时难过啊，就看书，看好书，越看越不甘心就这样失败了。""我不懂《饥饿的石头》在说什么。""我也不懂，但能感到它的美，这就是艺术。妹妹，你喜欢艺术，喜欢泰戈尔，喜欢美吗？""喜欢。""不能放弃自己的喜欢。"我摸着她凸起的背一字一句地对她说。她站了起来，拿过书，站在窗前喊着："滚开！滚开！一切都是虚假的！一切都是虚假的！"

我时常在想泰戈尔的小说最打动我的是什么，也许正是其中激荡的情感，浓郁的诗意，让我沉浸在只属于文学的想象世界里，缓解真实世界的烦恼和忧愁。所以我选择泰戈尔小说作为文学课的阅读文本，未来的艺术家们要开始学习如何表达控制自我的情感，之前的郁闷随着空调冷气消失了，排练厅重新喧嚣，明亮。

后来，他们学会了绕口令，对一切儿化音节都抱有莫大的兴趣，他们甚至用泰戈尔的名字编了一首歌。妹妹重新找回对舞台的热爱，决定改考表演专业，我经常听见她背诵《饥饿的石头》，激动地高喊："滚开！滚开！一切都是虚假的！一切都是虚假的！"

四

她的小纱丽的角上已经塞满了杏仁和葡萄干——她的客人送她的礼物。

——《喀布尔人》

悠长的暑假还是结束了，第一个离开的是糖公子，女孩们撅着嘴说没糖吃了。每次下课糖公子都会给她们每人一颗糖或巧克力，除了我。他不喜欢任何老师，女孩们如是说。

我们决定给糖公子在 KTV 里开个欢送会，麦克风被抢来抛去，一片鬼哭狼嚎。"我这第一次在 KTV 里唱歌。"糖公子对我说，"我爸以前会带我来这里，不是唱歌是谈生意。""你不唱吗。"他头也不摇，从堆满零食空袋子的桌上摸出打火机，我想了想，没有说什么。"我对你没有意见，虽然你讲课太无聊，人还不错。"熊孩子，我默默腹诽。"我妈经常拿本书，穿着高跟鞋在家走来走去。"我很诧异，不是因为他和我拉家常，而是我听说他很小的时候妈妈就不在了，"不知道是离婚还是死了"，这是其他孩子的原话。"泰戈尔很有钱，是贵族。"原来他还是有听课，"公子哥才会搞文学，穷人都没饭吃。""泰戈尔的小说不是无病呻吟的风花雪月，他关心别人的痛苦。""因为他不愁吃穿，才关心别人，才搞文学。""你不喜欢？""无所谓，"这几个字他是唱出来的，"我明天就走了。"

第二天早上我在读《喀布尔人》时，糖公子还在排练厅。对小说里的父爱，大家有太多的话要说：比谁的爸爸更凶。"我爸爸从来不凶我。"这是糖公子第一次也是唯一一句课堂发言，"我走了"，他掏出一大把糖和巧克力，直接塞到每个人的衣角、口袋里——原来他在听课啊。"喀布尔人！"妹妹先冲他喊了起来，其他人用擦汗的毛巾裹住糖公子的头，"喀布尔人！""喀布尔人！"，假期的结束总是这么伤感。

糖公子还是给了我巧克力，其实我们都很喜欢他，除了他总带着糖，更因为他是个酷酷的小帅哥。也许他很快就会忘记这个夏天读过的泰戈尔，也许等他长大有了孩子，突然想起某年的夏天，自己对着人来人往，高声朗读："眼泪涌到我的眼眶里。我忘了他是一个穷苦的喀布尔小贩，而我是——，但是，不对，我又哪儿比他强呢？他也是一个父亲呵。"

(作者单位：暨南大学)

爱的"真形"

邓青卓

　　世界在童年的时候总是生气勃勃，没有道理的欢乐漫长，像一杯捧在手里的草莓奶昔，枕边的泰迪熊，有让人无法抗拒的甜蜜诱惑。她有一幅最柔软的心肠，令春夏秋冬都碧色如歌，山川河流都在我梦中现出真形，飞鸟与鱼翱翔在我手掌中，我不用去看，却也已经看到。而那时候，我还不懂得读诗。也不知道，那是怎样一个梦的国度。

　　后来在图书馆我偶遇了那位神奇的印度诗人——一位叫泰戈尔的老人，我只是轻轻翻过他那几页薄薄的诗章，而那指尖触碰过的文字似乎都发散出一种慑人的光芒挥洒着魔力，在我梦中幻化成了精灵在我耳边低吟浅唱，在我唇角上开出了花朵 。就是这不经意间的偶遇，却如电光石火般将我吸引。我开始疯狂地迷恋他，我的枕边放着他的诗集，日日夜夜翻来饮读。我看他和林徽因、徐志摩的合照只觉得他像傲然的雪松一样炯炯而立，深情肃穆，直叫我惊为天人。而他的那许多美妙的诗句，陪伴着孤独的我，供我在夜里消费，构筑我幻博的记忆和明丽的梦境。"鸟儿愿为一朵云，云儿愿为一只鸟。"每当我消失在梦境里，我会变成了一只蝴蝶飞来飞去，而当我抬头看那天上的云彩，我想那一定是一只鸟的形状。正如他说的："我的心是旷野的鸟，在你的眼睛里找到了他的天空。"他有很多这样轻柔曼妙的抒情诗，像新鲜的空气，芬芳的野花，磅礴的日出，洗涤着每个人的心灵，把世界轻轻放在你的手心，把温柔放入你心底。我最爱的是泰戈尔的那首《真形》，像一只温暖的手牵引着我，像一座甜蜜的花园，一片自由的天空，把这世间最美的"真形"展示给我看。我总爱一遍一遍地读它，每次我都感到无比的幸福和充实，不仅因为它唤起了我关于童年最真挚明艳的记忆，最鲜活的感受。更因为它带我走近我的朋友，感受高尚和美德，永恒和真理。不管是朋友间的默契还是亲人间的温情，还是独处时肆虐的想象空间，抑或我对这世界所有的困惑，都从中找到了答案与共鸣。无论何时，这首诗总能唤起我对爱和美德渴望，对光阴岁月的珍视，像是由心底泛起的一阵温暖，往事如一行行诗历历在目，我像蝴蝶回来寻访她自己。

童年的肆无忌惮是书本里的文字永远描绘不出的嚣张并放肆着的野孩子的快乐。那时候的我们都不喜欢上课，常常结伴去所谓的"鬼屋"探险，虽然那只是一栋破旧的老房子，里面空空如也，只有一些土块和木棍，我们却也能够像模像样操起木棍来与房中摇摇欲坠的梁柱大战几个回合。然后是"寻宝"，便把那土块说成是金块大家分了各自拿去藏在自己最保密的地方，这样不亦乐乎，这样喧嚣快乐，只觉得是拥有了整个世界的宝藏。这酣畅淋漓洒满金光的午后与那时候窗外的梧桐树和叽叽喳喳的鸟语也都被时光一同渡成了永恒。那时候没有丝毫的顾虑与忧愁却是与之后所追寻的自由无关。正如诗中写的："这儿有'无价物'的自由，是失意者的天堂琼阁。"黄鹂在争吵，枯草摇颤，几张撕烂的粘贴画，空烟盒，和一把落满了尘埃的破藤椅，几只烂穿了的搪瓷杯，就成了我们通往童年世界的入口。"地图上的山脉像死了的毛毛虫，江河愣怔，说着不动的线条的谎话。海洋是大片的虚假，国家是生灵灭绝的黑色字母。"是的，地图拼不出大地的芬芳，草的种子，花的形状，还有天空的颜色；文字也写不出黄金海岸线上究竟有着怎样的景色，岩石以何种温柔的力量拍打着海浪，海鸟是如何自由盘旋在海的夜空里刹那间它又如何消失在这片深蓝里，海水的边界沙滩的颜色和阳光的温度。鸟蛙合鸣，莲动蝶飞，风吹过，连字母也飘散。我在夏天的夜里收集雨水，我的心像一头茫然的小鹿，伏在玻璃窗上听天空的呼吸与大地的脉搏，在我床下藏着一只被雨水打伤了翅膀的蝴蝶，一只可怜的小精灵。我为它祈祷，希望她能再一次苏醒。那天晚上我变做了那只蝴蝶，她原来是有那样一段惊心动魄的故事，袅袅的低吟在我耳边回荡。在大地与天空之外，在遥远的海的尽头，那里有巨大的风车，潺潺的流水，弥漫的鲜花，有安静澄明的瓦尔登湖，有肥硕的天鹅和巍峨的宫殿，而我——这只小小的蝴蝶，是一个被施了魔法的公主。我将重新接受洗礼，重新戴上王冠，重新回到这天堂的国度来。这样的"爱丽丝"之梦常常带我走进奇幻乐园中,带我环游世界,让我沉浸在这甜蜜与浪漫刺激中不可自拔。现实的世界里一片死气沉沉,可每个孩子的心中都有一个属于他自己的童话,一个很大很美的王国。8岁的我,常常将墨水打翻,用我小小的手指在桌布上涂一片蓝色的风景,这模糊的地图只有我知道其中的奥秘,哪里是宫殿,哪里是吊桥,哪里是我心爱的花园。所以诗中说:"这世界不能用英里计算,那是他可见的无限,又是他不可见的无限。"也许蜗牛的耳朵里藏着一个小小的世界,蝴蝶的瞳孔里也有一片灿烂的天空。这世界与书本里所说的完全不同,与常识世界无关,所有的知识都失去价值,字母文字没有意义。他们永远不可能了解这世界与我之间的秘密,只有我的心,才感受到。河水的温度,大地的颤动,树叶是如何温柔地迎接一颗蝉的眼泪,以及空中的云是如何像一百把小提琴摇撼着天空。"他与地图迥然不同,与书本没有丝毫友情。"他们是温暖而洪大的,川流不息,源源不断,而并非我们一闪而过的几页文字,也不似一条干巴巴曲曲折折的线。他们有那样丰富的色彩,锋利的棱角,变化的姿态,和不确定的脾气。而他们,偏偏是我微笑的影子,闪烁的回忆,温暖的手掌。是我无数微醺的梦境与整个丰盛的童年。我曾经以为那是我最孤独的快乐,可爱的自私让我无法分享这灿烂的回忆。而如今,我看到了一面镜子,我的回忆像是回光返照般投射在他的诗歌里,我们拥有相似的故事,相同的感受,这就是那种无与伦比的美丽。

当我走出那个甜蜜温暖的理想国,来到这个冰冷无情的社会里,我从一只小小的蝴蝶变成了小小的蜗牛,我的翅膀不知所踪,背上却多了一个沉重的壳。我眼看着四周一片混沌,竟分不清真实与梦幻。我不知道谁在做权力的游戏,也不知道谁捅瞎了谁的眼睛,谁与谁要同归于尽,谁与谁又干了一杯。电视广播里在宣扬一种政策,一种制度,然而转眼这些都成了空口言,迅速随着广场流行音乐和腐烂的蔬菜水果的甜腻味道扩散到空气里,被鸟粪消化殆尽。越来越多的人著书立说,越来越多的人成为傀儡,我们的聪明操纵着别人,却被自己的愚蠢绊倒,这世界看似理智,却充满疯狂。在这个光怪陆离的世界里,有些人却活得天真潇洒,他们温柔的眼光和善良的举动被称为"疯子"。他们成了众人眼中滑稽的"小丑"。只是那些自认为聪明正常的人却常常心中麻木,眼神冷漠,举止残忍。那些人到处都是,他们是一张张戴着面具的脸,有一颗被压抑或流放的心,脆弱的灵魂,无处安放。而那个"疯子",却像是夜晚空中最明亮的星星,陪伴着我,指引我,安慰我,我看她是天底下最纯朴的人,有最善良的心,最清澈的眸子。她是我幼时的好友,也是我终身的益友。那年夏天,轻轻流过的记忆。她门口的邻居有几个小孩子总喜欢跟在她屁股后面,我不知道为什么他们那样喜欢她,只有一次我去找她玩,她正跟那几个较小的孩子打扑克,她每次都故意输给他们,好让他们开心大笑。末了又去屋里拿出来一盒糖果,以至于小孩子们要来抢她的糖,她又佯装不给,惹得他们满院子追着她跑,挥舞着衣袖,风吹着鬓角的汗珠闪闪发光,孩子们的笑声是她最甜蜜的负荷。她也会在课堂上故意答错问题引来哄堂大笑,有些同学还常常拿来嘲笑她,她却也不介意,我觉得奇怪,问她为什么,她微微笑,沉默不语。我当时想起泰戈尔那句诗:"我们萧萧的树叶都有声响回答那风和雨。你是谁呢,那样的沉默着?——我只不过是一朵花。"她很会画画,手指很漂亮,有一种似乎可以点石成金的感觉。有一次她的作文被老师当作范文来读,她很是诧异,因为她写的是她小时候学画画的事,全是一片真心来写的,更没有半句编造。这样一来居然像自己的秘密被当众拆穿大白于人,她一下子羞得满面通红,甚至有点发怒地站起来要求老师不要再念下去。我坐在旁边只觉得她当时可爱得像一只小兽。有一年冬天时下了很大的雪,上学必经的一条大路被封了,我们只好抄小路去上学。天很冷,我们穿的像一只小熊,她细长的眼睛眯成了一条缝,两颗大大的门牙不停倒吸着冷气,很像动画片里的兔八哥。我们走过去,留下一排深深浅浅的小坑,我忽然停下来定定地看着她,看她左摇右摆的走路姿态,活像一只蹒跚的小鸭子,恰巧她穿一件鹅黄色的外套,粉色围巾。我蹲下去团起一把雪朝她掷过去,那雪球不偏不倚正中她的脑袋,她于是马上回头,毫不逊色地以迅雷掩耳之势飞奔过来抄起一把雪悉数灌入我的脖子里。我们在雪中奔跑着,嬉笑着,雪花飞溅了满身,此起彼伏,好不快乐。后来有路过的同学也纷纷加入我们的游戏中,大雪掩不去笑语,寒风吹得脸颊红红,犹如一片桃花盛开在这冰天雪地。忽然她脚下一滑,整个人摔倒在雪里,我忙过去拉她,只见她浑身是雪,头发上挂着冰花,却依旧笑个不停,真给我一种惊艳之感。她却调皮,顺势抓起一把雪拍在我脸上,我们俩便扭打在雪地里,滚来滚去,难舍难分。她就像只牡蛎,有一颗珍珠般宝贵的灵魂。而这个世界上的大多数人却像华而不实的水母,徒有虚表罢了。而这其中便有一层微妙的关系,高贵的品格似乎更愿意栖身于贫苦的人身边。如同最珍贵的钻石和璞玉总要取于艰苦卓绝的环境中。他们把繁星蕴于胸中,从一个时代走向另一个时代,他们是那"永恒"的人。

那些风干的诗句章节里有我梦的线索,是它们织成我美轮美奂的梦境。我从不怀疑诗人都是会造梦的,他们是神奇的魔法师,而泰戈尔无疑是其中伟大的一位。而我用他这些诗在心中盖了座花园,用月光投下的思念,酿一壶醇美的酒。冬天的夜里,围着篝火,上升飞散的灰烬像火光中的蝴蝶诉说着诗中的世界,绚烂辉煌,我的心更坚定了信念。它并不依靠任何形式的宗教仪式和道德教化的约束,乃是自发的向善,所以我们看别人笑便欢喜,看别人受难,也愿靠一己之力去帮助他们,我们由此获得的满足感即是幸福。这力量,与环境无关,与任何报酬无关,物质的丰盛只会破坏它,它是源于内心的,是那一行绝美的诗,那一抹微笑。这爱,值得为你,千千万万遍。

(作者单位:河南大学民生学院)

泰戈尔在我心中

——《吉檀迦利》中的泰戈尔

谢勇征

我曾持一首诗一朵花来到你的面前仰望，在榆阴里静听那流水的淙响。花失落了，诗遗忘了，而今再寻不到暮年的哀伤。你曾几番如梦，同水上一片斜阳，映着一度又一度的兴衰枯荣，点亮了东方！

　　你从东方走来
　　手托恒河，背倚佛陀
　　跨过珠峰绝堑
　　历经长夜孤寂
　　刻尽千年沧桑
　　高唱你的生命之歌
　　击水三千可上九天
　　……

今夜，冰雪初融，春雨又来，却有一丝丝淡淡凉意，点滴着敲打屋檐阶台。我站在窗外的黑暗前，遥望天边还未被浓雾遮住的数点寒星，蓦然着回首已逝半百的你。或许，此时你也在烟云中透过霜影俯视着这可爱的中国，欣慰的微笑。

借着汉家宫阙的三分冷月，提着冰心老人的小橘灯，你的额头刻满千年神伤。当我斜倚石栏，倾听枫声，怅望过去秋旻中的悠悠残月时，清风吹干了泪痕，窗外的两棵树有几处已露出了光脱的秃干。惨白的街灯下，沙沙的只有缤纷的落叶。天边那只落霞中翩飞的孤鹜，伴着戴镣曼舞的英姿，如横空出世的彗星，亮彻亚洲文坛。沧海桑田里，你踽踽独行，但你并不孤独。

> 你在我的梦里
> 听细雨绵绵，桨声悠悠
> 记下生命的古老歌谣
> 我将夜的乐章
> 雕刻成蓝色的吉檀迦利
> 挂在大海的边缘
> 随着海风飘摇
> ……

你曾以戴镣的舞姿，挥洒出愤懑悲凉，穷且益坚的倔强不屈；曾以狂傲奔放的文字，在群星璀璨的印度文学圣殿上镌刻下一个不朽的英名；曾以卓尔不群的才情，成为照亮世界文坛的一片灿烂生动的朝霞……泰戈尔，天下之誉，当之无愧。

如果说李太白是诗中谪仙人，笔落惊风雨，诗成泣鬼神。酒入豪肠，化为十分灵气，七分酿成月光，剩下三分啸成剑气，绣口一吐就半个盛唐……

如果说林和靖是梅妻鹤子，在疏影横斜中寄寓苍茫广宇，于暗香浮动时淡看花开花落。究得天人之际，借无数寂寂长夜铸写红袖添香的深韵……

如果说冰心是乱世中的美神，站在硝烟上俯视芸芸众生，为风雨飘摇的混乱中华收藏最后一份悲凉。淘尽万古英雄汉，在群芳竞秀的千载词苑里绽放一枝巾帼花……

泰戈尔，戴镣起舞的孤寂诗人。因为他看得太远，在大众中显得有些不合时宜；因为他走得太快，常常环顾四周却发现空无一人；因为他想得太深，冥思苦想之至旁人难以企及。恩怨尽时，遽跄其迹，而屈宋逸步，莫之能追。才高者菀其鸿裁，赞曰：不有吉檀，岂见旷世之才。惊才风逸，壮志烟高，山川无极，情理实劳，潘江陆海，艳逊镅毫。

长风一振，众荫自偃，积年倚碎，一朝清廓。一个诞生大师的年代，总是大气磅礴。那威武雄壮的号角，那扣人心弦的马蹄，那纷繁复杂的错乱，那惊心动魄的成败得失。属于泰戈尔的年代也不例外，那穿起王子的衣袍和挂起珠宝项链的孩子，在游戏中他失去了一切的快乐；他的衣服绊着他的步履。为怕衣饰的破裂和污损，他不敢走进世界，甚至于不敢挪动。母亲，这是毫无好处的，如你的华美的约束，使人和大地健康的尘土隔断，把人进入日常生活的盛大集会的权利剥夺去了。

诗人的舞姿，总有太多的细枝末节值得摩挲，但不能在这种摩挲中丧失整体气韵。你的眼里蕴满八荒落寞，跌宕着只属于孩童的真性情；你的肩上落尽百世尘埃，承受着亚洲与世界两个体系的火花激荡。

当淡漠了传世的檄文，失落了慷慨的遗恨；当搁浅了船楫，熏焦了衣带；当落花静落，落花纷漠漠。泰戈尔借着八十个春秋的生命历程，禀着一代大师的风华，迎着未绰轻薄为文的哂笑，与麻木对峙，同功利争辩。并浑然构成张力，为亚洲文人增添一成傲气，三分自信。驾一叶扁舟，执一管笔纸，天地哪里没有你的点缀？给浮嚣以宁静，给粗犷以明丽，给高蹈以平实，他以"欲与天公试比高"之势，扬起高傲的笔触，执意不让文化良知与童真在奢华侈靡中沉沦湮灭。

>你已经使我永生，这样做是你的欢乐。
>这脆薄的杯儿，你不断地把它倒空，又不断地以新生命来充满。
>这小小的苇笛，你携带着它逾山越谷，从笛管里吹出永新的音乐。
>在你双手的不朽的安抚下，
>我的小小的心，消融在无边快乐之中，发出不可言说的词调。
>你的无穷的赐予只倾入我小小的手里。
>时代过去了，你还在倾注，而我的手里还有余量待充满。

(作者单位：深圳大学经济学院)

给你一朵三叶草

康　健

微风拂过，足迹点点，绿色的心形叶片，轻轻摇晃；阳光淡淡，裹着暖意，可爱的三叶草笼罩在犹如繁星闪烁的光点里。三叶草，它有着一个美好的含义—幸福。爱情，友情，和心之情，在广阔无垠的世界里小小而又执着地存在着，这样的守候凝成一种岁月的姿势，一个固定的结。就像是我们的泰戈尔大师，永远地留在我们的心中，用自己美丽的文字，向世间的我们诠释犹如三叶草一般幸福的含义，满脸微笑，满眼坚定。

第一叶—爱情

泰戈尔说："眼睛为她下着雨，心却在为她打伞，这就是爱情。"没错，我相信，至少在我心中的爱情就是这样的。爱很奇怪，明明什么都很介意，最后却是什么都可以原谅。就像俄国文学巨人列夫托尔斯泰笔下的安娜卡列尼娜与沃隆斯基之间的感情一般，两个人私奔之后，即使生活幸福，但是却仍旧在满怀爱意的世界里，不断争吵，又不断的和好。拉近距离，走进现实，在我们的生活里，我们身边那些平凡的夫妻们。前一秒可能还在激烈的为着不知道是什么的原因吵得天翻地覆，下一秒可能就会有一个提着菜静静回家，一个人默默做着今天的晚餐，两个人相视一笑，相爱相拥。我们的爱情就像是瓶中等待发芽的种子，即使面对不安的波折，也会真心而又倔强的等待着，直到有一方张开怀抱，爱情就会发芽、开花，幻化成蝶，弥漫在每一个鲜活而又生动的角落。泰戈尔告诉我们，爱从来都不是迎合。吵不散，骂不走，才算是真爱。其实爱一个人你会陷入情不自禁的漩涡里。他让你流泪，让你失望，尽管这样，他站在那里，你还是会走过去牵他的手，不由自主。请相信，这就是爱情。

泰戈尔说："世界面对他的爱人，扯下他那庞大的面具，它变小了，小得宛如一首歌，小得宛如一个永恒的吻。"一个人再怎么样的高贵，自负，在生命里再怎样自尊满满，在爱情面前都会变得渺小。相互包容，相敬如宾，反而爱得永恒。就像张爱玲也曾经说过，在你面前，我变得很低很低，低到尘埃里，但心里还是喜欢的，从尘埃里开出花来。

爱情，就是这样一个神奇的东西，一个不可理喻的存在，就连哭泣也有着花开般的美好。泰戈尔先生用自己的诗意真诚地告诉你，爱情的幸福，幸福的爱情。

第二叶—友情

泰戈尔说："我的朋友，你的歌声飘荡在我的心里，宛如那海水的低吟，萦绕在聆听着的松林间。"这就是友情，芸芸众生，我坚信，你有，我有，大家都有，他们是你人生里美好的存在。现在，只希望，我在见到我亲爱的你的时候，可以睁着明亮的眼睛，看着你，用那温暖的语调，真诚地对你说：我的朋友，遇见你，是上天的恩赐。是的我相信，可以与你们相遇，是天赐的缘分。

泰戈尔说："快到我的杯里饮了我的酒吧，朋友。若是倒入别人的杯中，这酒激荡的泡沫就要消失了。"友谊是双方的，当然不仅仅是友谊，无论什么情感，爱情，亲情，都是双方的。这或许也可以叫做是能量守恒。由单单一方维系的友谊，热情是会消失的，感情是不会永久的。而且，所谓感情，是发自内心的一种直觉，甚至可以说是一种冲动。如果一个人足够想念你，就会忍不住思念去找你，不是去等你找他，他才会找你。友情也好，爱情也罢，这之间从来没有腼腆之说，因为想念的话，抱一抱才会温暖。

友情，说不尽，道不完，却也似乎不必细说，一句话，一个眼神，一个表情，你懂，我懂。是心与心的温暖，而不要背对着背拥抱。泰戈尔先生用自己小小言语告诉你，友情的幸福，幸福的友情。

第三叶—心情

泰戈尔说："有时候我梦见彼此竟然是陌生人，醒来的时候才发现我们是相亲相爱的。"有人说，这句话是不正确的。在当今社会，现在的人应该是"梦见彼此是相亲相爱的，醒来的时候才发现我们竟然是陌生人。"其实，我是可以理解这种想法的，虽然我的年龄还没有亲身经历过这个社会的残忍，但是却已经在自己的心中下了定义，这个社会就是这个样子的，越长大越孤单，我们在走向大人的世界里，激烈的痛苦着，挣扎着。但是，我还是愿意相信泰戈尔先生的这句话是正确的，这个世界从来不缺少真正的正直与爱，只是缺少发现爱的眼睛。泰戈尔先生就是在告诉我们，我们在这个世界上，可以失望，但是却不可以绝望，更加不要去随便怀疑人心的美好。

泰戈尔说："你把世界看错了，反而说世界把我们欺骗了。"你的心灵美好，你的世界就美好。这句话的意思就是这样简单纯粹。但是我却想要对我们的泰戈尔大师说：多么的美丽啊，那个会说谎的诗人。泰戈尔并不是一个无忧无痛的神，他自己本身也会有伤感的时候，但是他却将自己的悲伤和失望巧妙地隐去，让我们只看到了他想要传达的美好，看到这个世界的美丽。世界上，有一种人，面对世界微笑，背对世界流泪，不因为世界的黑暗而拒绝微笑。我相信，我心中的泰戈尔就是这样一个人，世界以痛吻我，我当回报以歌。

心情，不是我们常说的那种情绪，它所表达的是心之情，是一种温暖的感情，伟大的感情，它想要传达的是，有一颗美丽的心，就会有一个美好的心情。泰戈尔先生用自己美好的心灵告诉我们，心情的幸福，幸福的心情。

爱情，友情，心情，三朵叶瓣相守相依，组成了幸福的三叶草。泰戈尔本身就是一个幸福的人，他是一个幸福的天才。天才或许是孤独的，但是真实的幸福却是平凡实在的，抛开遗世独立的才赋，他就是一个在世俗中翩翩起舞的幸福之人啊。他说，我存在，乃是所谓生命里一个永恒的奇迹。他说，要使生如夏花之灿烂，死如秋叶之静美。

读着泰戈尔的诗，仿佛"一些看不见的手指在我的心上奏着潺潺的乐章。"泰戈尔用自己的诗，用自己的心，用自己的人生告诉我们什么是幸福。

或许在几年，几十年之后，我再次读着泰戈尔的诗的时候，又会是不一样的感受，就像他自己说的"人类不能在他的历史里表现自我，只能在这中间挣扎向前。"从来都不是我们改变了世界，而是世界改变了我们。

现在的我只想要说的是，活在世间的人们啊，给你一朵三叶草，只愿你可以获得永恒的幸福。

(作者单位：天津外国语大学)

遥远有多远

孙　超

　　坐在最后一班离城去乡的客车上，心中的急切与不快还未褪去，但总算还是感觉到有些许的安稳。无从知晓，是否城里的生活过于纷繁、琐碎，还是我们孩子的世界中本就有着与生俱来的纯粹和真切，为着一个源由心生的决定，却要付出如此漫长的等待。

　　在过去的十几年里，每次寒暑假都会回到村子里看看，虽然在自己童年的时候就搬离了这座小村庄，但父母和我的心中，对这个村子、对这里的亲朋还有着太多难以割舍的情怀。我是在这个小村子里出生的，这个村子所赋予我的一切早已填满了我童年里所有美好的记忆。今天，车上的人尤其多，看上去大多都是进城游玩的年轻人，虽然只是并不熟识的身影和近乎陌生的面孔，但那一口纯正朴实的乡音，便足以让自己的内心感到舒适和安稳。在近两个小时的车程里，每一次回乡都会不由地用眼睛记录下这沿途快速闪过的风景，用心去体味着童年时发生在这里的故事，似乎，这一路以来，就是一段回忆往事的旅程，让我不禁暂时忘却了现世生活中的烦躁与忧愁，而倾心于那曾经岁月里的美好。

　　每次回到村子里，都会去自家的老房子看看，历经时代的变迁与岁月的洗礼，看看它是否改变了曾经的模样。如今，这座房子已成为我童年记忆中某种情感的归宿，或许还有些许精神上的寄托，但却再也无法在现实中更为真切的触碰。时间愈久，愈会使人忘记许多记忆里的东西，纵使是那些初心未改的情感与铭心许下的誓言。而多少年后，历经时间的考验，我知道在我内心的最底层仍旧留下了某些恒久的记忆，而这些在心底遗留存封的恰是现今自己在童年往事中所汲取的一丝历久弥新的体悟和感怀。

在老房子的门前，是一条并不宽阔的小路，而路的那边，有一间低矮、破陋并带有历史沧桑感的茅草屋，听长辈们讲，这间草屋历经的岁月比我父母的年纪还要大。从我记事时起，我知道这间草屋的主人是王奶奶，她孤身一人在那里居住。王奶奶是个身体硬朗、干净利落的人，屋内仅存的几件陈旧的摆设整洁而干净，房前屋后被一些不知名的色彩艳丽的花朵所装饰点缀着，颇有一丝农家田园的意味。王奶奶待人很好，而对我们这些小孩子，更是关爱有加，时常用她那并不多的政府补贴给我们买些小零食，而园子里的瓜果，更是任我们随意采摘，正是因为这样，王奶奶家的院子成了我们童年时的乐园。王奶奶家的门前有两棵柳树，是十多年前自己亲手栽种的，而今早已是枝繁叶茂，每天，都会看到王奶奶坐在树下，这一坐就是一天，她那单薄的身影略显孤独，而她那常向村头后山凝视远望的目光，又是那样的深邃绵长，她似乎就像一位于大树下等人归来的守望者，神情中所展露出的情怀是那样的令人敬畏与动容。

王奶奶的老伴儿在很早以前就去世了，她的女儿成家后就住在离本村不远的北村，除了农忙时节，便会回来和母亲住上一阵子，一来照料母亲的生活，二来不让母亲显得那样的孤单，但却从未见过王奶奶的外孙来过。还是后来的后来，从王奶奶的口中得知，自己外孙小的时候是常随母亲来看望自己的，但每次来，小外孙都会害上一场大病，因此，王奶奶便时常自己去看外孙，不准外孙再过来了。而如今，王奶奶老了，身体有些不灵便，已是许久没有去看外孙了，但王奶奶说过，她并不孤单，有我们这些孩子的陪伴，她自己就是幸福的。

童年的记忆中，父母总是忙个不停，每天早出晚归，没有一些闲暇的时光来顾及我的生活，而父母又不放心将我独置家中，所以经常将我寄存在王奶奶家，王奶奶每次看到母亲把我带到她身边，都会迅速地将我揽入怀中，并不停地笑着说："幸好有这孩子在我身边，我才不那么孤单。"

记忆中最喜欢做的事情，就是和王奶奶面对面坐在大柳树下，一边吃着王奶奶为我剥的花生粒，一边听她讲述过去的事情。清晰地记得，那是一个夏日的午后，天气的燥热和心中的空落让我无法入睡，当整个村子里的人都进入午睡的梦乡时，我却异常清醒地在院子里无所事事的闲逛。午间的时光甚是静好,而在空荡的院子里略显突兀的我却是莫名的无趣。不经意间发现王奶奶在树下静坐,自己便悻悻的凑上前去。王奶奶见我蹲在一旁,露出了慈祥的面容,本就无趣的我便顺势耍起了孩子的天性,天南地北的向王奶奶问着一些不着边际的问题,王奶奶一边笑着一边打趣的回答着,陪我打发着这段午休时无聊的时光。童言总无忌,在孩子的世界里总会充斥着些许令人不知所措的问题。"王奶奶,你为什么总是一个人啊,怎么不见王爷爷呢?"先是一阵突如其来的沉默,但在王奶奶平静的面容下,似乎显露出了某种令人不堪的忧伤。那时的我,并未注意到太多的细节,只是静静地望着王奶奶,等她给出一个答案。王奶奶失却了笑声,用着沙哑而又迟缓的语气回答道:"你王爷爷现在住在很遥远、很遥远的地方,不经常回来的。""那遥远有多远啊?你没有去看过他吗?"这一次的沉默绵长了些许,王奶奶的眼神不禁向村头的山上望去,而那目光却愈加的深邃辽远。在不经意的等待中,王奶奶缓缓地起身,用手扶着土墙一点点挪动着脚步向屋里走去,可刚走了几步远,又转身回头微笑地向我说:"我也不知道遥远到底有多远啊,确是有好几年的光景没去看他了,还是自己老了啊。"我无从知晓,当时王奶奶为何转身离去,王爷爷到底居住在多么遥远的地方,为什么好多年都不去看望他,一个个的疑问不禁让我想象,世界上真的有一种距离,它是如此的遥远,遥远到我们只能在某个远方去无助的凝望与守候。

时至几日后,那是一个清冷的早晨,睡眼朦胧的我还未苏醒,恍惚中被母亲匆忙抱起,另一只手拿着我的早餐和书包便向屋外走去。毫无疑问,我将再一次被寄存在王奶奶家。今天的王奶奶有些奇怪,她并没有像往常一样坐在门口的大树下,而是在屋里屋外不停地忙碌着,偶然间,看着他在我的书包里装着什么东西。"今天我们出去走走吧,到村头的后山转转,已经好久没运动了,人要不服老才行啊。"对于我这只整天被囚困在笼子里的小鸟来说,我是再欢快不过了,一是为着母亲曾经说过,小孩子不能去后山玩,二是想弄明白,王奶奶每天守望的究竟是什么。一路上的依偎、停歇与搀扶,一路上的心花怒放、欢声笑语,经过漫长的行走,我们来到了山脚下。王奶奶把我安置在一片阴凉处,指着我的书包说:"打开看看,都是好吃的,你坐在这里吃吧,我去去就回。"年幼的我完全无法抵挡小零食的诱惑,只是头也不抬地说了句:"好的",便深深的沉醉于这段美食时光。童年时,似乎只要有漫画书和零食的陪伴，便会让我无所顾忌到时间的流逝，当王奶奶再次出现在我的面前，催促着我离开时，我才意识到时间已过了很久。离开后山时，自己在潜意识中似乎总是有着某种缺失的感觉，后来才知道，是自己一直以来都遗失了最初的本心。

回到家中已是下午时分，一路的劳累并未唤起我的睡意，似乎茫然中若有所思。王奶奶轻抚着我的头，示意我躺下，用慈祥的面容对着我说："好孩子，给你讲个故事吧，说不定一会儿睡着了，在梦中就把你小脑袋里的疑问解决了。"

王奶奶年轻的时候并不生活在这个村子，她是后来嫁过来的。她的老家在离村子有十几公里的东村，那是一个偏远的小村子，村里少有的几户人家，稀稀疏疏地坐落在山脚下，为了生计，人们在与自然的抗争中，不得不在那片土地上努力的耕耘。王奶奶有三个妹妹，由于家里缺少男丁，所有的重活都压在大姐王奶奶和她的老父亲的身上。

东哥的家距离王奶奶的老家很近，由于自家兄弟多，所以时常来王奶奶家帮忙，东哥与王奶奶的年纪相仿，两人却也不觉得生疏，说来也是祖辈的缘分，让两家人彼此间相依相扶，在山间村落中简单的生活着。山里人不懂得什么是宿命与抗争，有的只是那份源于骨子里的朴实与勤劳，在自己的故土上努力的耕种与收获。

那个时期的爱情，体味不到任何的山盟海誓与浪漫唯美，凭着那份淳朴的情怀和踏实的勤奋，便足以让王奶奶的心为某种炽烈的热情和人心的善良所打动。王奶奶倾心于东哥的朴实和勤劳，便也爱上了东哥这个沉稳、踏实的小伙子。王奶奶用自己的方式诠释着对东哥的爱，回馈着东哥的这份无私与热情，然而不遂人愿，她始终无法得到东哥源于内心的最为真切的回应，而那双在王奶奶眼中视作定情信物的布鞋，东哥也只是静默的接受着，却没有丝毫的感应。那确是一种静如止水般得冷漠，但王奶奶心中的爱却完整依旧，未曾遗失。

王奶奶感怀道："其实，东哥知道我对他的爱。"憨厚朴实的东哥在心里早已感受到了王奶奶对他那种浓烈、深沉而又厚重的爱意，于心中也无法抵挡日夜对自己心爱的人的思念，但还是要在这纯粹的现实中刻意的回避、逃离，伪装着从未把这爱放在自己的心里，东哥能做的只是将这爱更为深切的埋藏，让所有的思念与感怀都存封在过往的记忆中。为什么这样深沉的爱却要如此的隐忍，为什么两个彼此相爱的人不能相随终生。爱，并未使两颗心紧紧相依，而那条横亘在心与心之间的沟壑，早已成为任何爱的欲望与思念都无法填满的空缺。无从感知，这样一种尚未掺杂任何琐碎的情感，为何在现实中显得如此的卑微与脆弱，而终将葬送于现实的洪流中，无法留存于那片培育它生长的净土。

　　王奶奶的父亲与东哥的父亲从小一起长大，两家人祖祖辈辈都在这个小山村耕耘劳作。听王奶奶的父亲讲，那年外县的工程队修路，需要苦工到山里搬运石头，为了补贴家用，便和邻村的人组成搬运队到山里做苦工。在一个暴雨天，运载车发生了翻车事故，他不幸被滚落的石头砸中，生命危急之时，邻村的王军拼死在滑落的石头中将他救出，经过王军的一路背扛，才在村卫生所里捡回了一条命。王奶奶的父亲在痊愈后，去邻村看望王军，村子里有句老话叫大恩不言谢，救命之恩是这辈子永远也无以报答的。村子里还有个说法，凡是对自己有恩的人，上辈子一定会是自己的亲眷。王奶奶的父亲当众跪恩，并请求，将自己的大女儿许配给王家的长子做媳妇，而王家也满怀感激地应了下来。村子里的人以言立命，这种朴实的民风早已植根于人们骨子里的血液之中。东哥在长辈们的谈话中，似乎早已笃定了自己心中的抉择，然而这抉择又是如此的令人心酸苦楚。是在现世的时光中选择逃避、躲藏，还是在静美的岁月中选择守望与等候，然而，就像王奶奶每日静坐在大树下的守候一样，东哥选择了后者。

　　不久以后，王奶奶便嫁到了现在居住的村子，与王家的长子生活在一起，日子还算过的平静而美满，王家祖祖辈辈都是踏实肯干的人，日出而作，日落而息，靠天吃饭，这是村子里人们生活的常态。几个月后，王奶奶听村里人说，有个外村人在本村承包了许多土地，而他自己就在村头山脚下搭了个简易的草屋，每日都在土地上耕耘劳作。王奶奶心中也颇感好奇，趁着上山打柴的机会，想看看这个外村人。站在山腰处，向山脚下的土地遥望，一个躬耕的身影在田间不停息的劳作着，但这身影又似乎与曾经在内心深处烙下的印痕是如此的吻合，或许是由于劳累成疾，弯曲的背脊让身影稍显落寞与低矮，没错，那确实是东哥。

　　由于王奶奶和东哥来自同一个村子，经王奶奶的介绍，东哥也慢慢和村里的人们熟络起来，在农闲之余，王奶奶和东哥也会坐在山脚下的田间地头，聊起曾经的往事，似乎不知不觉中，年轻时两人心中那份浓烈的爱早已归于生活的平淡，也似乎是源于某种心生的默契，在言语的诉说中从未展现丝毫的感怀。或许是内心中的拥有历经光阴的洗礼早已演化成了静默中的淡然。

简单平静的岁月终究无法抵挡生活苦难的侵袭，常年的风餐露宿与积劳成疾，让东哥的身体每况愈下，纵使有再多人规劝他回村疗养，也无法抵住他内心的倔强与执着，也许为着内心中那份笃定的守候，他真的可以放弃一切、隐忍所有，直至终老死去。东哥最后的遗愿是将自己死后葬在村头的后山脚下。人以言立命，他要遵守承诺，用自己的今生后世继续守着这片自己曾经耕种过的土地和深藏于心中的那份情谊。

苦难的生活终究还是要历经数次重大的挫折与打击，纵使有太多的感怀与怨言，匆匆流逝的时光也会毫不留情的将其泯灭。一年以后，王奶奶的老伴儿在山上采药时不幸跌落山脚，身体多处骨折与脑内的淤血，让他终日卧病在床，而就在陪伴王奶奶数月后，也静默地离开了人世。王奶奶说："生活啊，就是要磨炼你的内心，任何悲伤、孤单与绝望，都无法让你逃开现实，只有去承担，才是对死者最大的感激与敬重。"

王奶奶把自己的老伴儿也葬在了村头后山脚下，她时常在嘴中叨念着："在山的那头啊，有两个在我生命中最重要的人，一个是我最亲的人，一个是我最爱的人。"王奶奶在家门口亲手栽下了两棵树，它们在自然的细风雨露下静默的生长，看着它们根深蒂固、枝繁叶茂的样子，自己的心里也倍感踏实、安稳。她也常感叹道："或许这两棵树的根系在地底下早已交相缠绕，彼此搀扶，但外面的枝叶依旧遥空相望，无法相互荫蔽依持。只怨自己当年栽下时没让它们离得再近些，这样也才好让它们在风雨中彼此依靠，相飘相随。"

岁月催人老，王奶奶年岁大了，往往很难记起几天前所发生的事情了，但却不知为何对这段往事的回忆是如此的清晰与真切，哪怕是某个情感中的细微处，都表露的如此坦然纯粹。王奶奶经常给我们讲的是牛郎织女的故事，在慢语漫谈中，总是会让我们进入故事中的情境而产生无尽的怀想，而在故事的结尾处，她总会把自己和心爱的人比作天上的两颗星星，一颗是织女星，一颗是牵牛星。她说："两颗星星隔空相对，任凭星辉闪烁也始终没有汇聚的时刻，就算是每年的七夕，鹊桥相会之时，那一相聚的时刻也终究短暂，短暂到在以后的岁月中，纵使是苦苦追寻，也难以觅到那相聚时留下的痕迹。但我却一直相信，人世间会有一种缘，让今生相思的人在来世相遇、相聚，相伴左右，白首相依"。

在我们孩子的世界里，王奶奶依旧拥有一颗童心，她会时常以孩子般的口吻，问我们各种奇幻的问题。

"孩子们，如果你们想变成一种动物，你们会成为什么啊？"

"我想变成小鸟，在天空中自由的飞翔，飞过千山万水，到达遥远的天边。"

"嗯，鸟儿好，鸟儿自由，但是鸟儿却始终无法知晓自己是否飞过最遥远的距离。"

"我想成为一条小鱼，在宽广的海洋中感受海底世界的美好。"

"是啊，小鸟和鱼儿都是自由的，一个在天空，一个在海底，而世间本就没有海天相接的地方，彼此间还是会有恒久的相望，而相聚的那一刻，便意味着彼此间某个生命的离逝。"

我说："我要做一只飞鱼，既可以翱翔天空，又可以潜游海底，这样，人世间的相聚相随，便再也不是世界上最遥远的距离。"

(作者单位：安徽大学)

泰戈尔与我

——寄以诗歌给一位智者

胡启文

一

不会忘记,是您一路上暖语相伴
还有那一首首欢快的歌谣
关爱溢满着掩不住的微笑里
像枯寂的火苗遇上团聚的硝末
"咻"的一下,薪火燃起
一首隽语,点旺了多少人的懵懂岁月

历久弥新,您的平实与随和
以向上的姿态,诗意地诠释生活
沐风雨而来,您的种子遍布四季
起舞悠奕,不断丰盈内心的梦
大家说着这知心贴意的话语
咏读那婉转优美的诗笺
回音袅袅,充满永恒的热忱

怀想呀,清苦的日子
是您把路上的磨砺,用心窝兜着
转眼用亲昵的话语,吟出一片片清香

难忘啊，郁结的时光

是您把岁月的风霜，用笑容掩着

永远以无私的心意，鼓励我们的未来

是啊，您总是那么的可亲可敬！

如山的肃穆，如海的宽广

年轻的心激情地碰撞出爱的火花

带着好奇，恣意抒写人间的浪漫美好

心动的时刻不断在脑海浮现

无数的灵魂尽情地闪耀

要把蓬勃的青春唱得嘹亮高亢

催动飞奔的步伐继续昂扬

为了一片韵律打点时光

您的足迹画就成美丽的枝条

我回眸一笑，在梦里梦外

悠悠，去呼喊天边的云朵

让一只鸟从心窗里飞出

与一片雪花，摸爬滚打

从枝繁叶茂，延至枯叶御寒

那柔和的光，是您将轻柔点染

化成水在琉璃瓦上，如柳丝般垂抖

枝尖浮在水面，伴着月影，划着小圈儿

风的眉眼时断时续，情思一抹

酿成的缕缕芳菲，在诗意里破茧成蝶

放着风筝，看着蒲公英，想着彩虹

许诺待自己长大，涉水跋山

要在茫茫沙漠，投下一颗随风而漾的种子

相信时间，能催生成熟的颜色
那边总会悠然，一片莺飞草长的绿洲

稚气刚脱的我有您的指引
看到了心仪中的那抹幽白
如白浪滔滔，如素色纤云，白鸽叫着
连云朵也一起绽放，白雨捧起了霓虹
那点缀着的白呀，不乏漂泊的孤苦
而爱呀，能包容它们一生的自由

瞧，阳光的碎影，颤动地躺在湖面
您说"快来，在心里种下圣洁的白莲"
静守纤尘，我翘首地盼着一脉清香
置放于涟漪中，分享水墨香橼的私语
夕阳外的一抹炊烟，正鞭打晕醉的红云
林木都安静着，等飞鸟携着爱情来归

风抽走了嘶吼，留下平淡的欢喜
翠绿的田野充满蓬勃的生机
草与大地的亲密，像您的心语
少年们总是不断朝前奔涌
谁会一直满足曾经的岁月光辉呢？
有您的勾画，这快乐的行程是幸福的
使沉稳的心在远方也愿起航

二

如果苦痛已经逼临生活的安逸
如何让甜美永远流着幸福的时光？
秋实的收获伴有香馨的喜迎

总有那么一条路

风雨同程，你我携手

留下风沙掩盖不住的足迹

总有这么一首歌

节拍清扬，你我同唱

把一片片诗意泼洒在旅途

罪疾之矛穿透人类的心灵

抽空内心的美善本真

源于内心，啃噬成虚空

形成邪恶的衍生物，大肆蔓延

这是个带着所有历史龌龊的恶俗！

那血痕，一堵无形的屏障

人类啊，到底是谁戕濯你的思考

将那命运引向沉沦的漩涡？

死沉和恶浊，不过是昙花一现

它定压不垮人间的正义良知！

阴霾和污秽，那只能煊赫一时

它绝掩不住世间的灿耀光明！

在静谧中流淌，您的宣言一如既往！

是呀，为了世间的爱儿

我坚信，我们都坚信！

即使是迅如闪电，也无法击碎这宣言的坚定

即使让时间倒流，也无法压抑这宣言的怒吼

即使是巧舌如簧，也无法诋毁这宣言的意义

呵，您的爱，如清晨的朝露，

如那夏日的凉风，安抚血雨中绽放的花朵

自然，那生命的源头啊，是您的信仰！

伟大呵，伟大呵，恒久的惊叹！

倘若世间的真理都由灵魂来诉说
我愿您的诗集永驻人类的心田
悄悄轻诉着，如飞鸟划过般宁静！

(作者单位：深圳大学文学院)

泰戈尔在我心中

——初恋这件小事

张呈敏

什么是初恋？好像很不容易回答。

多年后，当我在图书馆努力地寻找论文写作材料，目光掠过一排排泰戈尔的作品时，我的脑海里瞬间闪现出那个夏天，那些诗句，那个人。他的容貌我可能已记不清，他的身影模糊而朦胧。我也不知道，他现在在哪儿？在做什么？但我知道，他给我读的那些句子在当时我心里是激起怎样的震荡，他给予我的那个充满着真善美的诗情世界又是怎样悠远地回响在我未来的生活中。那些我们共同经历的一切就像热带雨林的暴雨潮铺天盖地向我卷来。他对生命的独特体悟，对爱的渴求，对梦想的执着，对困难的斗志，投射在我的情感影像里，让我前行的路上铺满散发着茉莉香味的诗意，也让我在遇到荆棘时充满铿锵有力的坚韧与执着向前的勇气。

这段初恋，如夏花般绚烂，虽稍纵即逝，但永驻心间。

（一）花之絮

——"世界上最遥远的距离不是生与死，而是我就在你面前，你却不知道我爱你。"

高一暑假，一个晴朗夏日的夜晚，月的裙摆倾泻着腼腆，空荡的小巷未散尽的热气蒸着闪烁的星星大喘着气，愈加发出绚丽的星光。你照例来我家做功课，在写满密密麻麻的数学方程式的草稿纸里，突然间你抽出一张纸，读起来"世界上最遥远的距离不是生与死,而是我就在你面前,你却不知道我爱你,世界上最遥远的距离,不是我就在你面前你却不知道我爱你,而是两个人彼此相爱,却不能在一起。"你悄声道:"这是我最喜欢的诗人,写的我最喜欢的诗句,我想把它读给我最喜欢的人。"我低着头,眼睫垂掩,脸上散发着轻微的热气,全身震颤,没有看你,如半张半合的睡莲,含羞带怯。但你的私语在周围沙沙声、喋喋声中清晰地融化在我的耳朵里。我好像听到跳出简陋泥墙的葡萄叶和着庭院内茉莉的清香在阳台上悬着的风铃声中谱写着一曲仲夏夜之歌。这一漂浮在夜空里的天籁之声总引得浪漫从潜藏的角落中大大方方地走出来,走在我身边,带着一种动人的细腻温柔感。那一晚,你给我讲了很多,关于你喜欢的诗人。从那一天起,我知道,有位诗人叫泰戈尔,他写了很多隽永动人的诗句。

夏日一天天地在浓密的林畔、斑驳的树影、昏黑的幽径、唱倦的知了中恬然安睡。一天,两天,三天……星期一,星期二,星期三……每天,你都拿着沁香的诗集给我读每一行,每一句,读泰戈尔的,亦读你自己的。我感受到"你的思绪从你乌黑明亮的眼仁里飞出,犹如鸟儿飞出巢窝。"我渴饮着杯杯柠檬茶的芳馨,里面夹着你浮游在诗集里果园、田野、村庄、新月、飞鸟、流萤中淡雅弥远的心丝,总涤荡起我内心瞬间的缭乱,飘忽的触及,晶莹的思慕。

(二)花之蜜

——"你微微笑着,不同我说什么话,而我觉得,为了这个,我已等待得很久了。"

九月开学后,你毅然选择文科,你说"多好,我们可以一起上课,一起自习。"我想幸福就是这样吧:"手握着手,眼恋着眼,这样开始了我们的心的记录。"课上我们偶尔交汇的目光里,我看到甜蜜爬上你的瞳仁,衬着你浅浅但来自深处的微笑,在空气里开出一朵花。

你办起了兰亭诗社,有一天兴冲冲地跑来跟我说要在诗社的第一期开办一个关于泰戈尔诗作的专题活动。于是,我们每天早晨在空旷的操场一起读泰戈尔的诗歌。我从这些诗句中能感受到夕阳的知了声中掩藏着生命的热情，池塘的蛙鸣声中浮动着快乐的气息，远方的孩童戏声里回荡着生活的精彩，母亲在炊烟缕缕之后带来温情的幸福。你说"泰戈尔总能从最简单的物，最平凡的人，最琐屑的小事中挖掘震撼着心灵、澎湃着血液、闪耀着人性的故事。他以极致的情感热爱生命，以高拔的智慧透彻生命，并用语言将生命中无尽的可能展示给我们。"是的，每读一句，我都能与书中的每一个字有着高度出奇的默契。读诗，感受诗，这种心理挖掘和体验经历留给我们无尽的喜悦和满足。

不知什么时候起，也许因为你，我开始疯狂地迷上这位诗人，他的思想穿透虚浮，他用幽香的诗情讲述生活，用广博的胸怀感受自然的圣洁，在纯净而深邃的目光里，看见了内蕴的真善美。他是孩子的朋友，爱的使者，沉思的智者，沧桑的哲人。他的诗句是情感的强烈倾泻，他用多样的诗歌色彩描绘着纷繁的大千世界：《新月集》里洁净纯真、率性自然的儿歌；《园丁集》里浪漫柔情、渴饮蜜汁的爱情；《飞鸟集》里洞明世事、博大精深的哲理智慧。读的愈多，感受愈烈，很多次，我都情不自禁，笔不自己，写下一首首诗：

《平静中你的美》
你在那里，眼眸浅笑
我对所有事
都在指尖上猜测

把这些诗送给你，因为是你，让我进入一个纯真的诗歌世界。

（三）花之殇

——"因为春去又春归，圆月去又复还，花儿年年都在枝头羞红脸；我的辞行，仿佛也只是为了再回到你身边。"

高三，我数学模拟考试没考好，哭了一整天，你递过一张小纸条，上面写着"如果错过太阳时你流了泪，那么你也要错过群星了。离你最近的地方，路途最远，最简单的音调，需要最艰苦的练习。明天起，每晚我给你讲解真题。"抬头看你，笃定的眼神。无言的支持，颤抖着我的世界，模糊了我的视线。你的坚持、鼓励住在我心里，悄悄地开花结果，直到感动溢成了串串的坚强。

下学期，你突然跟我说要放弃高考，打算出国留学。我觉得自己像秋雨中瞬间凋枯的曼陀罗花，那些我们经历的一切慢慢渲染开来，又迅速消逝，最后变为空白。你走后，我在抽屉里发现一本泰戈尔的诗集，打开扉页，你熟悉的字迹"听你的将是我的心，不是我的耳朵。"你寄来的明信片里有浪漫的巴黎，美丽的意大利，落地窗的博物馆……一张张，记录着你梦想的足迹，掩藏着你不断拼搏的决心。可我的心却在滴血，我告诉自己必须努力，为在遥远的国度可以和你偶然地相逢，捕捉你惊喜的目光。我把自己搞得很忙碌，背单词，做题再做题，看各种书，写很多诗，写着写着，自己哭了，感动了自己，却发现，再也感动不了你。日子随你越来越少的信慢慢流失。突然有一天，我毕业了。开学第一天到大学报到，我去学姐班里蹭课，那位老师，讲着诗歌，讲着诗与哲学，讲着泰戈尔与《吉檀迦利》……我忽然开始喜欢东方文学，开始享受忙碌而充实的大学生活。"天空不曾留下鸟的痕迹，但我已飞过。"终于明白，所有经历和体验都弥足珍贵！我想，人不是因为有难忘的记忆而变得更加坚强和勇敢么。

（四）花之亘

——"彼此的眼里看清现世，彼此的身上发现自身，你我共忍穿越沙漠的艰辛。"

我的回忆不会模糊，由一件件屑事汇成的记忆的急流在穿越几年的时光隧道中杂乱的激溅、反弹、交织，密密麻麻地冲击、穿透我的血管。难以忘记兰亭诗社你妙语连珠、趣味横生的话语，留恋你微风细雨的呵护关怀、信心满满的激励与发人深思的启迪，沉溺于和你在图书馆安静看书，让活跃起来的文字飞扬在神游的思绪。更不能释怀，在夏夜与你就泰戈尔的作品漫谈，情感的闸阀竟崩溃了一切固有的栅栏进入另一个晶莹世界，这一世界缀连着圣洁的灵魂，串舞着天堂的歌唱。忆起往昔，才发现你在我单调苍白的高中岁月陪我一起成长，教会我勇敢，教会我努力，教会我用怎样的眼光看我们所在的这个世界。我想，这就是爱的正能量与积极意义吧。不愿停止回忆，游弋其中，勾起无限的情思，好像又回到那年夏天，震惊神经的诗句，茉莉沁香的怀抱，种种漫过心堤，拦不住难锁的心。

时光在循环往复中沧桑，心智却在轮回辗转中积淀。岁月的沙漏总在流淌中搁浅几多的思索与成熟。现在，我在读研，仍在读泰戈尔，吸吮着他诗句里抒情唯美的爱情甘霖，亦慢慢开始理解、挖掘这位印度诗人深邃抽象的哲理意识、悲悯世人的清歌梵音、浓郁特殊的女性情结、真挚深厚的民族情感、交错时空里的生命观。而这一切，都要源自我们的初恋。"我相信自己，生来如同璀璨的夏日之花，不凋不败，妖冶如火，承受心跳的复合和呼吸的累赘，乐此不疲。"泰戈尔如是说。负着所有真善美眸子里的殷切希望，我要继续走；怀着对未知世界的强烈体验欲望和圣洁的爱，我要继续走；带着属于你我的初恋，呼吸着隽永澄澈的诗句，我更要继续走，走得更远。因为我知道，这段时光，注定闪亮。这段记忆，注定刻骨铭心。

感谢，最美的季节，最懂怜惜的你，怀着最柔的诗情，带着最美的诗句，在我最美的时刻，刚好路过。

(作者单位：天津外国语大学比较文学研究所)

自由之后，才有歌唱

苑梦月

去年孟秋某个夜阑人静的不眠之夜，我撑着脑袋闲闲地浏览微信推送消息，大概这就是传说中的偶然与机遇，我听冯唐读了一首诗，诗名叫万里。

那个时候夜色仍旧浓得化不开，我半睁着眼睛，听着耳机里一个40多岁的男人的声音带着懒惰带着温情在寂寞地秋夜里字字清晰地读诗。

"西风无端起，东边草满地，我离佛千万里，我离佛特别近。"

去年我大二，闲暇之时刚读了泰戈尔的《吉檀迦利》，英文差劲到可以的我，看着泰戈尔的诗被译成漂亮的汉语，偶尔也会为世事的无常与幻灭装模作样的忧愁困扰一阵子，揣着妄念，偶尔也会被如涓涓溪流一般的温柔与崇敬所打动。

当然有时我也会遗憾，因为听说孟加拉文充满着微妙的旋律，不可翻译的轻柔色彩以及创新的格律。

我知道泰戈尔的这本诗集是献歌，是"奉献给神的祭品"，所以在听见冯唐说"我离佛千万里"之时，才会满心欢喜着觉得这是夜晚给我的最昂贵的赠礼，因为我一直没能从自己的字典里挖出一句像模像样的语言来回馈这本让泰戈尔立于诗歌高峰的赞美诗集

在那之我后开始关注这个微信号为"冯唐"的人，直到一年以后他开始翻译《飞鸟集》，我的情绪又忍不住膨胀起来。当然在这里并没有觉得冰心译本不好的道理，只是自己奉为经典的作品在被自己崇敬的人的嘴里念出来，每一种译本，都是一种再创造，情感上的亲近感也顺势而生。

> 夏天的鸟
> 来到我的窗前
> 且歌　且笑　且翩跹
> 消失在我眼前
> 秋天的黄叶
> 一直在窗前
> 无歌　无笑　无翩跹
> 坠落在我眼前

明快的夏天转瞬即逝，厚重含蓄、低调隽永的秋天也终会过去，时光荏苒，窗前的景色日夜变换，多少场景优美犹如大片，或灵动秀美或优雅静谧，静的是窗前人，动的是窗外景，岁月如流，韶华易逝，烦嚣的尘世里，哪里寻得诗人这般优雅心境？

> 大地的眼泪
> 让笑脸
> 常开不败
> 如花　如她

《飞鸟集》是诗集，并不是散文集，这也是我觉得冯唐的翻译比冰心更胜一筹的原因，流转不息与和谐就形成了一种"韵律"，在这种"韵律"的歌唱中，泰戈尔像是一株青草，或是灯心草，生在幽谧山谷，却又像最普通的土壤中生出的植物，远远隔离世间喧嚣。

> 树枝伸进我的窗　大地无声的声响

这就是泰戈尔的诗句！时间流于指缝，像将扬却来不及扬的沙，你看不见时光的脚步，听不见他流淌的声音，但这就是大地的语言，柳树发芽转苍翠，飞鸟嗷嗷翔九空，这就是万事万物的脚步声，这就是大地无声的声响，这就是泰戈尔。

> 离你最近的地方，路途最远，

> 最简单的音调，需要最艰苦的练习。

人与人之间的距离，最远的是心，最近的也是心。很多本质的东西，不是表面上能够看见的，只有内心最清楚。有些事情，好比逆水行舟，你就快要到达盼望已久的彼岸时，忽地一篙不及，结果只能是一泻千里的溃退。"离你最近的地方，路途最远"，我们可以细细揣摩玩味，其中的酸楚和悲辛。

我同意叶芝所说的话，也愿意一本正经地将《吉檀迦利》认为是一本抒情诗集，一门心思觉得泰戈尔写的是爱情。毕竟，从感情层面上来说我读的一样心潮起伏，我也会时常将其中的语句摘录下来，但是却遮遮掩掩，刚刚遭受了爱情的创伤，免得周围的人看到我的感动。

> 在歌唱中的陶醉，我忘了自己，
> 你本是我的主人，我却称你为朋友

如果要我用一个时下言情小说中最兴的词语来形容，这个词一定就是傲娇了。这是多么骄傲的哀怨，多么无尤的慨叹！明明想要无顾无念的嘶吼却不得不压抑住这喷薄欲出的感情，疾徐有致的语调中透露出的哀情怎能不让人心生怜意。

冰心翻译的版本中曾说："瀑布歌道，我得到自由的时候便有歌声了。"但我更喜欢冯唐的版本。

> 瀑布流淌
> 自由之后
> 才有歌唱

泰戈尔的一生或顺利或坎坷是否十全十美我一无所知，但是瀑布是在众多溪流汇集之后才沸腾宣扬，大水在毫无退路之后才成为瀑布，无所畏惧的闯荡之后，自由与真理的浪花相交叠奏出的美丽乐章才是泰戈尔所追求的自由之后的人生吧。端坐在若幽若明的诸天之上，深情地关注和不舍地追问着生命，冷峻而又不失厚道地凝视着人的最终归宿，诘难着为沉溺于荣光之中而付出的代价和尊严，这个人就是泰戈尔了吧。

我无法将泰戈尔拆而分之逐笔解析，这种事哪里是我可以做得到的呢！

我的语言毕竟是贫乏无力的，我无法用我的语言来塑造我眼里我心中的泰戈尔。偶尔心里也会想，他可是泰戈尔啊！世界顶尖的文豪，你凭什么觉得你有那么一丝力量去解构他，又凭什么痴迷于他呢！对他，对他的诗，我的敬畏是远远大于亲狎的。

你如何能苛求我读懂他呢！你捧着书卷，在这无垠的夜幕里，想要以笔代刀，将情色作为切口深刻地剖析与展示自他人性，这拨弃万事、冷暖自知的写作甘苦，不曾尝试你又怎么体验分毫呢！每一次阅读，每一种心灵深处的悸动，穿行在世间角落，你那里，有自己的歌声了吗？歌声的崇高、静穆与永恒的优美，你都听到了吗？

> 诗人的风
> 正出经海洋和森林
> 求它自己的歌声

"然而，一代代过去，旅人们仍将在大路上吟咏这些诗篇，划船的人们仍将在河上吟咏这些诗篇。情人们在互相等待的时候，低吟这些篇，就会发觉这种对神的爱是个魔法的海湾，他们自己的更为痛苦的热情，可以在其中沐浴而重新焕发青春。这位诗人的心，时时刻刻向这些人涌去，毫无自贬身价、折节下交之意，因为他的心深知他们会懂得的，而且他们的生活境况也已经充满他的心。"

(作者单位：山东师范大学文学院)

诗意的温暖

孙婷婷

什么时候开始,每天打开微信,总有一份期待在跳动。熟悉的头像窜到最前头,不变的龇牙笑脸后,是一段或长或短的语音。于是,便会找一个稍微安静的地儿,戴上耳机,凝神倾听。首先从那不陌生的、发音不那么准确的闽南腔里取得千里之外的温暖后,才会细心去了解它传递的内容:

"你想在我身上创造的东西,已经完成了吗?

你想奏的音乐奏出了没有?

你对你的作品满意吗?

在我的生命中你的一切努力都满足了吗?"

爸的朗诵水平真是进步得很快,今儿的这首小诗读起来很有感觉。但我偏不夸他,照常地损起他来了。

"是 zao 不是 zhao,是 zu 不是 zhu,平日里让您卷舌您不卷,今儿倒卷个不停了呀?"

"闺女大了,翅膀硬了,读了文学院,了不起了,总爱嫌弃自个亲爹的语音,是否该打?"

这样的日常,已有三个月之久。

三个月前,爸爸终于决定在家务农了。爸原是个经验丰富的驾校教练,开车稳当,教学用心,许多人慕名而来,满载熟练车技而归。爸说驾校教练的职责很重,他们教的是安全技能,马虎不得。对于这份工作,爸倾注了心血,乐在此中。教授着安全文明技能、有着漂亮车技的爸一点儿也不老,意气风发。那时,他最爱读毛主席的诗:江山如此多娇,引无数英雄竞折腰……可是,家族遗传病就是那么冷酷无情,冷不丁地给爸当头一棒,让爸瞬间陷入黑暗的泥沼中。爸的家族遗传病——视网膜色素变异,在他不到40岁的那一年爆发了。这种病是家族遗传病,不确定什么时候发作,目前尚无药物可控制。它将随着时间的推移,使患者视力慢慢下降,最坏的结果是——失明。

爸的视力瞬间一落千丈,已然不能再承担起自己的行车安全,更何况是学员的学车安全。爸只能被迫离开自己倾注满腔热血的工作,带着失落、无奈的心情及一家之主的重担,转行到一间民办学校当生管老师。原是传授技能、炫着漂亮车技的驾校教练,沦为一个终日操着无聊工作、领着微薄薪水的生管,这其中的落差,可想而知。从此,爸难掩脸上的淡淡愁容,曾经明亮的双眼,除了模糊的视线,也浸满了忧郁。家里人不知如何劝慰,有的也只是一两句寻常的安慰话语,唯恐多说几句,便无意刺痛男子汉受伤时愈加敏感的自尊。我们努力取悦他,然后寄希望于病魔的手下留情及时间的安抚。如果,病情可以不再恶化,那么,时间可以抚平一切。

可是,期盼总会被现实冷冷击碎。之后的两年时间里,爸的视力一日不如一日。晴朗的白天是全家人的最爱,因为爸经不起雨天和夜晚的戏弄。爸工作的地方离家不近,所以得自己骑着摩托车上班。爸一到晚上就容易看不清,只能骑得很慢且格外小心。要是遇上可恶的雨天夜晚,没听到爸熟悉的摩托车声,全家人悬着的心是绝对不能落下的。爸的眼睛在黑暗与潮湿的包围中是那么无助,只有撞击声才能告诉他,前方不远处的道路上有障碍物,得绕行。好几次,看到身上多处擦伤,白衬衫上红色点点的爸走进家门时,我都难过得想流泪,可我不能,因为那会伤害到爸。

终于,在有惊无险但身上多处磕破的第八次撞伤后,爸决定辞去工作,留在家里和妈一起务农。此前,家里的田只有妈自己一个人在耕作。爸回来帮忙管理,妈也轻松些。虽然爸不善务农,看天吃饭的收入也不稳定,但爸不必再骑着危险的摩托车在上下班的路上战战兢兢,全家人不必再悬挂着一颗担惊受怕的心,是我们一家所愿意选择的。但是,从没受过粗重农活的苦、手脚比妈还白净的爸,对"面朝黄土背朝天"的农耕生活的接受远没那么容易。爸没有叫苦，也没有埋怨，只是愈加地沉默了。除了干活，爸不喜欢出门，更多地，是坐在家门口的台阶上放空，或自己躺在床上听收音机，仿佛对生活已然失去热情。曾经的他是多么的健谈，多么的活泼，时常嘲笑我记忆力不好，然后一字不漏地背出他当年上学时背过的《木兰诗》；曾经，他是毛主席的狂热追随者，乐此不疲地讲毛主席的经历给我听，满腔豪情地吟咏着毛主席那些振奋人心的诗句：鹰击长空，鱼翔浅底，万类霜天竞自由。山舞银蛇，原驰蜡象，欲与天公试比高……

俱往矣……

"爸，您好久没给我读毛主席的诗了，给我读读吧。"

"不了，你自己看吧，爸看不清了，爸也老了，读不出那份豪情了。"

四十出头的爸，只有两鬓银星点点，怎能说自己老了呢？老了的，是心，是被命运无情捉弄、折磨的心。也许，一颗因累累伤痕而垂垂老矣的心，已不适合再读那恰同学年少的风华正茂了。难免会读诗情伤，雪上加霜。那么，该如何使这颗早衰的心重新焕发生机，我已然迷茫。我也增添在几许不为人知的沉默，这源于一个女儿的心疼及无奈的彷徨。

这种彷徨伴随我挺长一段时间，直到我偶然听了一场诗歌讲座。演讲者是一位研究泰戈尔诗歌的教授，演讲的主题是"温暖的泰戈尔"。身材短小、皱纹横布却阳光满面、眼底不起波澜的他，看不出来刚送走他的爱人。他随着每首诗的节奏，语调时而激昂，时而舒缓，有感情地吟咏出一首首泰戈尔的诗。他说，他用泰戈尔的诗，陪伴他的爱人走过生命的最后一程。

"我一得空就在医院里朗读泰戈尔的诗给她听，疗程很痛苦，她很憔悴，但她的心态是平和的。"

"为什么是泰戈尔呢，而不是中国诗人，或您自己的诗意安抚呢？"

"我必须撑出我的船去。时光都在岸边捱延消磨了——不堪的我呵！

春天把花开过就告别了。如今落红遍地，我却等待而又流连。

潮声渐喧，河岸的荫滩上黄叶飘落。

你凝望着的是何等的空虚！你不觉得有一阵惊喜和对岸遥远的歌声从天空中一同飘来吗？"

老师没有直接回答我们的问题，脱口而念一首诗，随后才又说道：

"泰戈尔诗歌的魅力来自一种精神的显现和一个灵魂的裸露。无所谓的高深莫测的玄机，不刻意于宏伟构制或所谓巨臂的气势，有的只是平实、质朴但易深入人心的语言。它的诗首先寻求灵魂的平静，永远与自然协调一致。所以能给人一份宁静、平和与温暖。另外，它将宗教式的哲思寄托于小诗的三言两语，不刻意展示诗的曲折深奥，隐去了诗的距离感，使人不必望诗生怯。这种诗意的温暖是触手可及的，让懂诗的、不懂诗的，都能感受这份温暖。所以，这就为何是泰戈尔，而不是他人。"

在此之前，对泰戈尔的了解只停留在那脍炙人口的"生如夏花之绚烂，死如秋叶之精美"、"世界上最遥远的距离，不是生与死的距离……"的阶段。师者的一席话，让我对其产生了莫大的兴趣，迫切地想走近他的世界。就在我读完几部诗集后，真切地触摸到了这份来自异国他乡的、无比亲切的温暖的同时，我的脑海萌生了一个念头——我何不把这份温暖传递给我那时展愁眉的父亲呢？诗语的力量，也许远胜千言万语。爸虽不甚懂诗，但泰戈尔诗中的那份平易近人的温暖，该是能抵达他疲惫的心的。

"爸，作为一名文学院的学生，我的朗读能力实在有必要提高。所以您以后得经常听我朗读诗篇。"

"可以，如果这对你有帮助。可是爸不怎么懂诗呀。"

"没事，您就听听。我喜欢的泰戈尔的小诗都挺浅显易懂的，你可以理解的。"

"那好吧……"

爸的视力下降后，看清手机里的文字有点吃力，所以在外读书的我大都以微信语音的方式和他联系。所以，我一有空就打开微信，朗读一首诗给他听。

"点亮痛苦之灯
　　照亮贫瘠的心原
　　永世晶洁的宝石
　　兴许蓦然发现"

"这首小诗我能很快理解，它的表达不难懂。"

"是啊，他的诗不拐弯抹角。"

"可是没什么气势,不激荡人心。诗不该得掷地有声吗?"

"不,爸,诗不都这样。豪情万丈的诗固然使人内心澎湃,但真正深入人心,引发深思的,往往是平和且言简意赅的。"

"也许吧,可是……"

"我遗忘了的悲痛
　　在心底
　　梦境的冥蒙的海滨
　　变成一颗明星"

"他的诗都挺治愈的,我能感觉得到。"
"是啊,他的诗能给人祥和及不夸大的鼓舞。"
"这样啊……"

"当死神来扣你门的时候,你将以什么贡献他呢?
　呵,我要在我客人面前,摆上我的满斟的生命之杯——
　我决不让他空手回去。
　我一切的秋日和夏夜的丰美的收获,我匆促的生命中
　　的一切
　获得和收藏
　在我临终,死神来扣我的门的时候
　我都要摆在他的面前"

"我喜欢这首诗,对生之珍惜,死之坦然,让我觉得很平静。我想了想,也许,我这一生,收获的并非我自以为的那么少。你说呢?"

"当然,您从来都不曾空虚,您的未来也不会只有虚无。您的双手还那么雄健有力,能创造更多的东西,来充实您的人生。"

"可是,我还能做什么呢,干农活能有什么创造……"

"感恩生活,活在当下,身心平和,安稳处世,这也是生活的创造呀。"

于是,日子就在每次的挑选—朗读—评论中度过,转眼已经过数月。爸和泰戈尔已经相识多月了,我不确定,诗人的温暖有没有抵达他的内心深处。

不想直接询问，想就让它慢慢渗透，我知道，这个过程需要时间。

秋意浓郁里的一天，当我打开微信时，收到了爸发来的两张图片和两行字。第一张拍的是家里已经一片郁郁葱葱的田地，那胡萝卜苗儿长得可精神了，一派欣欣向荣；第二张则是我家院子里那荒废已久的小花圃里俨然已多了一株玉兰和几枝三角梅。玉兰此时已不开花了，三角梅却满树红火。这些，都是爸的杰作！我有点儿激动，转眼又看了图片下的两行字，我然后那激动里，剩下的是满满的欣慰了。

"在我的心坚硬焦躁的时候，请洒我以慈霖
当生命失去恩宏的时候，请赐我以欢歌"

是泰戈尔，是爸自己找寻的泰戈尔！爸没有多说，也无需多说。这两张图片、两行字，已经传达了父亲对女儿的用心良苦的积极回应。其实爸一直都懂，他只是需要时间和鼓舞。是那些美好的诗篇缩短了这段时间，使其不致太漫长，而令人心焦。那份来自异国他乡的平和与温暖，又成功地安抚了一颗被命运冻伤的心。

百年后，谁在读着他的诗。他不能赠你一朵春天的花儿，也不能送你一片云彩的金影。他能做的是引领你自己开起门来四望，指引你在你鲜花盛开的园子里，沐浴着阳光的温暖，采着花儿的芬芳记忆。然后鼓励你在春晨里吟唱，真切感悟活的欢乐，然后叫你愿意把这快乐的声音和安适的温暖，传递。

(作者单位：福建师范大学文学院)

这一次，请听我为你唱歌

——献给我心中的泰戈尔

李 硕

1. 雾霾之城

十月的石家庄，由于雾霾的原因，已经开始上头条。

四周的行人大多戴着口罩，低头疾走，我分辨不出他们的眉眼。

注意到我惊异地盯着偶尔出现的防毒面具的目光，闺蜜贴心地告知，我给咱俩淘宝了口罩，九块九一个，两个包邮，物流快的话后天就到。

即便戴上口罩，我还是生病了。这倒不能完全责怪雾霾，每到换季时节我都会感冒。体内有火。鼻塞、低烧、咳嗽、头痛，想着手头积压的工作，昏昏沉沉地倒在床上。

"……我的工作变成了无边的劳役海中无尽的劳役。"在彻底失去意识之前，我想起一句忘记在哪里看过的诗，并且意识到这些已发生或必须去做的都是自己的选择，要咬牙坚持，不可以抱怨。

2. 赤子颂歌

某个盛夏的傍晚，小小的她正在棉田里观望漫天白云如火焰般燃烧，强烈的霞光刺痛了她的眼，有泪水涌上眼眶。

有歌声由远而近，你高大的身影挡住了她的视线，逆光中她看不清你的脸。

她听到你出声地轻笑，原来这里竟有一个跟她一样喜爱看晚霞的孩子呢，正好她也在为晚霞唱一首歌。

她别扭地转过头,不明白面前会唱歌的陌生人为何这样唐突地冒犯了她独自观看日落的时间。出于礼貌,那时她没有告诉你,她是因霞光炫目流泪,而不是为你的歌。

你向她伸出手,孩子,跟我结伴上路好吗?和我一道,一路欢笑一路歌。我带你去看这世间最美的风景。她想起大人说过的不要随便理陌生人的话,摇了摇头。

你失望的神情让她惊惶和心痛,她一时忘记了大人的话,一把握住了你微微下垂的手掌,它们宽大而灼热。

看到你绽开孩子般天真又羞怯的笑容,她才知道,即使身为大人,你也并非不在乎。

并非不在乎没有人倾听你放歌。

并非不在乎袒露真心与人亲近却被漠视。

后来她记起你当真信守承诺,所歌非虚,所言非空,这趟旅程尽览世间美景。

"假如我今生无缘遇到你,就让我永远感到恨不相逢——让我念念不忘,让我在醒时和梦中都怀带着这悲哀的苦痛。"

3. 雾霾之城

被手机震动的声音吵醒,是妈妈。

还没起?怎么是这样的声音?生病了?生病了要好好吃药,吃感冒药和消炎药。你有没有药,要不要周末去学校看你?多休息,不要只知道读书。多出去玩,多认识男孩子,尽快交个男朋友。什么叫没好货?摆正你的心态,长得帅又钱的也看不上你。不主动怎么有货?之前给你介绍的男孩子有没有在联系?考博?考博有什么用?考博也不能耽误找到对象!等你年纪大了想生都生不出来了!我像你这么大的时候都生了你了,现在单位和我都属虎的同事都在谈孩子生二胎了……

在平均每周进行一次的找对象话题的轰炸下,我彻底转醒,我爱妈妈关心,又恨妈妈从未把我从她的腰带上解下。自知嗓子不好,即使找出可辩点一二三也无力发声辩驳，不如躺下来听，恍惚中我想起"工作是无尽的劳役"一句出自泰戈尔的《吉檀迦利》，我还知道后一句，"这正是应该静坐的时光，和你相对，在这寂静无边的闲暇里唱出生命的献歌"。

那么现在问题来了，你在哪里？

我决定把读泰戈尔的《吉檀迦利》作为休息。

4. 赤子颂歌

她已知你所言非空，所歌非虚。

你牵着她的手穿越田地，走进暮光之中的森林，头顶漏过枝桠的星辰闪烁，脚下枯叶作响，耳边是倦鸟归巢后的咕咕声。

你剪下黑夜作为睡眠的衾被给她盖上，即便四周有什么一直在窸窸窣窣地作响，她也并未生出猛兽潜伏在侧的恐惧，因为她听见你轻柔地合上睡莲花瓣的声音，唱起一支属于夜晚静谧森林的温柔的眠歌。她觉得森林很美。

翌日清晨，她醒来，发现自己身在一间农舍，有位言笑晏晏的少女拎着盛满鲜花的篮子推门而入。少女挽起乌发，对镜梳妆，带上叮当作响的手环脚环，披上节日才穿的纱丽，像是要赴一场盛会。她觉得少女很美。

少女把一个还滴着露水的花环套在她脖子上，对她说，今天又是世界上最伟大的诗人为穷人放歌的日子。

她跟随少女来到集市的广场，远远地看到无数手捧花环或手持鲜花的贫民向同一个方向涌去，站在广场中央的人竟然是你。

人们争相将花环戴在你的脖子上，将鲜花塞进你手里，有人向你鞠躬，有人抚摸你长袍的下摆，还有人亲吻你脚下的大地。这些人中有的衣衫褴褛，而你却不闪不避。她觉得你很美。

她怔怔地摸了摸颈间的花环，没有上前去。

你在人群中唱起一支为穷苦人写的歌，讲述一位勤劳的母亲由少女变成老妪的一生，聆听之中不知谁先将眼光转向了坐在远处已无儿无女、眼盲耳聋的老迈阿婆并献上了花朵，人们纷纷郑重地将鲜花放在她的脚边。

她看到他在人群中向自己眨眼，隐约听到他说，这是美，也是爱，比美更美。

"爱的礼物无法给予，只能等待被爱的人收取。"

歌唱完了，人群散了，几片菱蕾的花瓣躺在泥水里。

你又牵起她的手说，我们继续上路吧。

5. 雾霾之城

我决定把读泰戈尔的《吉檀迦利》作为休息，困了就自然地把脸贴在图书馆的木头桌子上，沉沉睡去。

然后做了一个无法全然记清的梦。

我似乎梦见了15年前的十岁的自己，当时省农科院的棉田还没有被改造成住宅区，那是在城市里长大的孩子难得可以接触到的田野，那时空气也好到晴朗的夜晚能看见近乎凄艳燃烧着的火烧云。

我似乎还梦到了泰戈尔，在梦里他是个且行且歌的游吟诗人，带着小小的我上路。他带我穿过森林湖泊，穿过村落市集，穿过睡莲花开的声音，他带我看月落星移，看四季流转飞逝，看活泼的少女与叹息的老妪，看尽世界的美与爱。他还带我看他自己从英俊韶华到白首老矣，最后仍旧回到那片不息燃烧的棉田，在一片光亮之中最终消失不见。

最后的时候他好像问我：孩子，你愿意为我唱一首歌吗？

我对他的即将消失又怒又悲，也害羞自己不能唱好，终究是摇了摇头。

醒来时我发现自己已泪流满面，并立即否认那个别扭的小孩是当年活泼开朗的自己。但她真的不是我吗？

我愿意，我愿意为你唱一首歌。

6. 赤子颂歌

她跟着你继续上路。

这一日，你唱天空。"但是在那里，纯白的光辉，统治着伸展着的为灵魂翱翔的无际的天空。在那里无昼无夜，无形无色，而且永远无有，永远无有言说。"

她当真听你的歌声落了泪，在她的眼前天地只剩下一片白茫茫的光亮，无喜无悲,无忧无怖。这纯白的光辉胜过一切人间色相,是她永远无法忘记的景色。

她发现你们又回到了出发时那片棉田。她惊慌失措地望着你,望着你不知何时皆白的须发,望着你不知何时饱受风霜的苍老的脸。

你又笑了,如初识般明媚耀眼,带着天真的孩子气。你问,之前看过的那些景色还喜欢吗?

你告诉她,这最后的风景,是老,是死。

你告诉她,你曾活在爱里,不曾虚度岁月,你常常在唱歌之时找到永生。

孩子,你可愿意做一个歌者,让我的歌长留不去?

孩子,在即将分别的时刻,你也愿意为我唱一首歌吗?

7. 为你吟唱的至上赞美歌

一百年前,你让我于今日开门四望,从群花盛开的庭院里采撷消逝的芬芳记忆。

而今我置身于雾霾仙境中不知由谁编织而成的巨大罗网,湖泊与田地被抹平,拔地而起的水泥森林挡住了朝晖落日,不息的闪烁霓虹让夜晚漆黑不再。

无形的电讯网络将我捆绑在一块又一块的黑色屏幕前,黑色的镜面映出我黑色的眼圈。

还有比电子网络更加难以挣脱的世俗标准、道德框架与可畏人言。

这重重罗网,也成了每个人的层层防护外壳。

一百年前,你可曾料想到这般人间?

在梦中我哭着唤你不要走。可是我知,我一直知,沧海桑田,时代变迁,你一直在我的无处不在。

你在我一呼一吸的罅隙间,在我内心无时无刻流转的欢愉与楚痛里。

在雾霾升起的时刻,你是灰色中隐约乍现的光芒点点。

在深陷罗网的时刻,你是助我斩断层层束缚的锐利白刃。

在冷漠相待的时刻,你是支撑我继续付出的金色柔软。

我愿意用一生为你唱一首歌,让你的歌声长留人间。

你的名字是泰戈尔。

你的名字也是美，是爱，是温暖，是庄严。

无常如莲花次第开落，而我对你赤子之心永存。

(作者单位：河北师范大学文学院)

泰戈尔在我心中

陈佩云

在豆蔻年华里与你邂逅，成为我一生中珍贵万分的回忆。

——题记

初识泰戈尔，是在 13 岁的时候。在书店里暖橘色的炽灯下，我看见《飞鸟集》，幽深而静默的蓝，便一下子俘虏了我的心。当时只是随手一翻，便被里面那珠玑碎玉一般的字句所触动。恰如这蓝一般，里面短短的诗句充满诱惑，说不出哪里好，但就是那一点轻轻的暖暖的暗流涌动，便再也无法忘怀。暗香浮动，月色昏黄；轻轻一嗅，野花的馥郁清香扑鼻而来；春天水草丰美，绵延的青草是春吐出的句子，一个字一个字，都在诉说着冬的苏醒，春的蛰伏。它如此迅疾地抚慰我的心，喧嚣被隔绝在外，人声、车声都在很遥远的地方，那一刻仿佛我不是身在车水马龙一隅的狭小书店里，而是在大自然的怀抱中，在爱、美、自由中尽情地徜徉。

待我将它买下，那一刻觉得自己像是一个富足的人，捧着它仿若珍宝，感叹仓颉造字的神奇，感叹泰戈尔思想的张力。那小小方块字组合在一起的无法抵挡的魅力，直击心灵。而那英文原文，有着美好的弧度与曲线，跳动着，轻盈着。

我在《飞鸟集》里寻找生命的意义，我渐渐懂得什么是爱，什么是自由，并在爱与自由中走向自然。我愿意为此而献身，只为一种纯粹与深刻。从此，我的心里一直存着这样的执念，我该去印度，看看生他养他的他终生热爱着那一块土地，那一方人民。

我与泰戈尔：自然

"夏天的飞鸟，飞到我的窗前唱歌，又飞去了。
秋天的黄叶，它们没有什么可唱，只叹息一声，飞落在那里。"

——《飞鸟集》

窗外草长莺飞，恰若青石街道向晚，如此明媚，如此清澈。我在屋内郁郁，陷入沉沉的忧思里。突然我听见哒哒的马蹄声，是你打马而过吗？是来寻我吗？那响起的䁖音是你来了吗？你要引我走进自然去吗？不，我知道你不会来，正如我们难以相见，我却始终怀念。尽管你不会出现，但是"忧思在我的心里平静下去，正如暮色降临在寂静的山林中"。我的暮色将来临，只有平静与我相伴。

我听见春的欢唱，也听见秋的叹息。我爱一年四季的变迁与交替，我爱着花草虫鱼的盎然生机。是你，教会了我热爱生活、感知生命的一种方式：一滴水里见阳光，一粒沙里看世界，半瓣花上说人情。从此拂晓之时，便念起二三好友相伴，等待长湾山的日出东山；月圆之时，便想起但愿人长久，想起蜜橘色灯光下的夜宵与人间烟火的俗世牵念；花开之时，便忆起三月木棉花寒风傲立之骨，浮现四月迎春花低垂之景，轻嗅十月桂花飘香之味；花落之际，则生出酴醾树下"我醉欲眠卿且去"的眷恋，还有"易得凋零，更多少无情风雨"的心上之秋；晓风拂岸之时，早春的杨柳依依，初夏"水面清圆，一一风荷举"之隽秀……所有的一切，你都以一种独特的方式赠予我，从此春夏秋冬、鸟兽草木伴随着你，在我的记忆里留下凹凹凸凸的纹路，深深浅浅的痕印。我的记忆被你覆盖，从此生命叠加的厚度里，层层都渗着关于你的点点滴滴。佛家言：情由忆生，不忆故无情。大概就是你给的回忆太美，所以有情人在这里，被你的箴言影响一生。

我们分担风雨雷电，我们共享雾霭流岚。我们在美丽的大自然里相遇，然后别离。我们愁苦，我们欢乐，我们在大自然里寻找然后迷失。你爱自然的一草一木，对每一次的生长充满欢欣，而凋零与衰败也不必过分在意，那不过是生的轮回，是大自然的安排。

去吧，去感受自然，全身心地投入吧！

我与泰戈尔：生命

> 我曾经受苦过，曾经失望过，曾经体会过"死亡"，于是我以我在这伟大的世界里为乐。
>
> ——《飞鸟集》

卧后清宵细细长。夜深人静的时候我常与自己对话，手边安放着《飞鸟集》。我试图从中寻找我心爱的意义，来赋予我的生命以更深沉的蕴含，以及更飘忽的方式。原来道理一直都那么简单，只是我作茧自缚画地为牢，有时竟错过许多。

"我的存在，对我是一个永久的神奇，这就是生活。"我常常感叹生命的神奇，造化的难以言喻。浩浩世间为何会有我这般渺小的存在？我生存，我生活，我来过，我离开。我有时候喜欢自己，有时候讨厌自己，但是我深知没有任何一个人可以代替我，而我"与我周旋久，宁作我。"

我想让我的生命绽放出最美丽的花朵。于是你说"使生如夏花之绚烂，死如秋叶之静美。"这句话时不时地跳动在我的脑海里，我为我生命里的贫瘠与荒芜而赧然。绚烂的夏花并非一日长成，我要为生命而播种、灌溉、施肥、除草，才会有收获的欢欣。是你用爱与自由与美在我心中播下"生"的种子。是的，我曾经受苦，曾经失望，也曾感受过身边人的生命倏忽而逝的那种刻骨铭心的痛。生命消逝以后，你到哪里去了呢？但是这一切并没有摧毁我对生命的热爱，反而它们为这爱煽风点火，使我的生命拥有更炽热的温度。我以在这伟大的世界里为乐，是你讲述的道理。

你还说，在生命的历程里，要豁达而乐观。祸福悲喜的转换是必然的，"如果你因失去了太阳而流泪，那么你也将失去群星了。"冥冥之中有下一个转机在等我，何必自怨自艾呢？期望要有，可是不要太多。"我们把世界看错了，反说它欺骗我们。"求诸内心，我将会拥有一个完整的世界。苛求外界，我将永远是一个失败者。

生命是有期限的，在有限的生命里创造某种不朽，我想我们可以如此追求。

我与泰戈尔：爱

"我相信你的爱。"让这句话做我的最后的话。

——《飞鸟集》

我相信你的爱。正如我相信太阳的升落，潮汐的涨退和月亮的圆缺。

"世界对着它的爱人，把它浩瀚的面具揭下了。

它变小了，小如一首歌，小如一回永恒的接吻。"

世界有时冰冷，但深情在心里沸腾，它挣扎着抑住喷薄的激情，只用一个微笑一个眼神，或者是一个吻来表达。不知为何，读到这句时，我的脑海中浮现了许多人的身影。有的人陪我从出生至今，二十余矣；有的人在我生命的漫长历程中匆匆走过，但是我深知即便没有留下痕迹，但生命已经将他们镌刻在心里，正如飞鸟在天空飞过。陪伴是短暂的，仿佛孤独才是永远的。可是因为这短暂的相伴，才使我在长久的孤独中安然若素。永恒的接吻，是爱的证据。

"有一次，我们梦见大家都是不相识的。

我们醒了，却知道我们原是相亲相爱的。"

我们是相亲相爱的。这个世界上，我最喜欢我的爷爷。他有泰戈尔那样明亮的眼睛，同时也充满慈爱。从他的眼神里，我看到这个世界的所有的爱。他用慈爱的眼神来安抚我，用坚定的眼神来支持我，用平和而宽容的眼神来教育我。爱是什么？某一次在厨房里，爷爷为我做肉团，热腾腾的烟往上冒，油兹兹兹地在锅里沸腾。从滚烫的热油里捞出来的肉团还带着强烈的灼热，爷爷用他布满皱纹的双手，一个一个逐渐撕开，这是炙热的炎夏里。他的手边放着沾着凉水的抹布，每撕开一两个就要凉凉手来降温。我看他实在辛苦，便让他用刀切。他摇头，说："刀切会破坏肉的韧性，还是手撕好。"他便是这样，为了给我的美味，为了一种对孙女的爱。

"你对我微微一笑，一语不发。而我觉得，我已为此，等待许久。"笑是爱的一种最简单的方式。我想我一直都是幸运且幸福的人，因为我拥有很多的爱。他们木讷，不会柔软的表达方式，却用行动不厌其烦地证明着爱。世界何其之大，但因为我们相亲相爱，再大的距离也能被消弭，我们面对着，不说话，就很美好。

  我的亲人，我的朋友，我的还不相识的陌生人，我们共同生活，共同爱着生活，爱着无数的人。"让死者有那不朽的名，但让生者有那不朽的爱。"我也用爱来回报你的爱，用爱来做心灵的传声筒，用爱来支撑我们的漫长的人生。"当我们热爱这世界时，我们才真正生活在这世上。"不要吝惜爱的流露与坦白，去爱吧，就像明天是末日一样。

我与泰戈尔：未完待续

  泰戈尔陪伴我至今，在我的成长里见证由一个青涩懵懂小孩变成一个成熟小大人的过程。我知，他会一直在，不离不弃。他教给我的道理，随着时光的推移，会留下更为深刻的丰满的印记。他一生都葆有童真，他一生都在爱与被爱里生存，他一生都在思想哲理的灌溉中，在自然的呵护中。

  泰戈尔在我心中，我们的故事还在继续……

(作者单位：福州大学)

你是命运对我的恩赐

李婷婷

一

我曾经转过脸去，不去看你，因此曲解了你的信息，不知其间的含义。

我很羡慕邻居小孩，他有一个非常慈祥的爷爷，整天笑眯眯也陪他玩。很小的时候，在我还分不清哪个辈分该用哪个称谓的时候，我被妈妈送到外公家小住一段日子，妈妈说外公就像邻居家的爷爷一样，我很开心。

不知现在还有多少房屋依旧坐落在山上，外公家在一座不太高的山上，那里居住着一个小村庄，爬上并不高的屋顶可以看见整个村庄的房屋像棋子般分布着，四面是墨绿的山林，第一次觉得自己和童话世界那么亲近。

外公身材高大，那时的他就已经蓄起了长长的胡须，外婆经常笑他未老就装深沉，而外公通常不在意，继续在小院里搭理他的花草。他也不喜欢理我，我会时常问外婆外公是不是讨厌我，外婆则总是摸摸我的头发说不是。那时的我很疑惑，不讨厌我为什么不喜欢理我。

我开始做各种事情让他来注意我。听外婆说外公喜欢乖巧的孩子。于是我捧着比脸还大的古诗书，开始努力的背，时不时"凑巧"地在他修剪花草时背一下古诗，不过他老是背对着我没有多余的表情。我心里有些受挫，或许他就是不喜欢我。

院里的桃花开了，落英缤纷。他在桃树边上围起了栅栏，绕着桃树一大圈。我无法靠近，而且从那时起，他开始让我待在二楼玩耍，我在想他是不是担心我把桃树弄坏了。二楼的屋里还是很早以前的木质结构，走在地板上会发出嘎吱嘎吱的声音，我把所有的窗子打开，房间里还是昏暗的。我喜欢吃桃子，他不允许我接近桃树，我觉得他很小气。

一天下午，他和外婆出门，楼下的门半开着，我偷偷地溜到栅栏旁，贪婪地看着在风中飘落的桃花。近距离似乎更加美丽。栅栏和我差不多高，我从房间里搬来凳子，踩着上去。一不小心重心不稳直冲冲的栽了进去，砸得自己生疼，手掌也刮出好几个小口子，我咧着嘴笑了。就像想象着外公抱了我那么开心。我站起来，桃花刚好碰到我的头发，我踮起脚，摘下几朵桃花，紧紧地捏在手里，却发现自己出不去了。觉得整个人都难受，便蜷着身子靠着树睡过去。

我只记得他们回来的时候匆匆把我抱走，外婆的话在耳边絮絮叨叨地说着，外公的声音也时有时无。后来外婆说我过敏了，事情一晃就过去了。可是外公对着桃树发呆的次数越来越多，我很奇怪，为什么他看一棵树都可以比看我久。

在桃花落尽，刚结成小青桃的时候，我在外公家的假期度完了。我带着对外婆笑容的眷恋，带着对每天可口饭菜的留恋，还有，对外公不理我的别扭回去了。

二

我怕别人给我指路，错过了等在歧路要做我向导的你。

再次去外公家，发现院子里的桃树只剩下一个木桩。旁边的栅栏也拆了。外婆的脸上多了些皱纹，外公的胡须有些灰白了。

他还是一如既往的打理花草，看到我来时点头示意。我问他院里的桃树怎么没了，他只是叹了口气，便无下文。

夏季的早晨天亮得早，我总喜欢在床上多赖一会，享受山间的风透过木窗，带动木头摩擦的声音，听听晨间村里的妇女们去洗衣服时的来往的谈话声，以及狗吠声鸡鸣声鸟叫声，他们总会给我带来一天的好心情。我就这么默默的闭着眼睛。

"你帮我拿些昨晚浸泡过的木耳和莲子，浸过水煮成粥会更加嫩，小囡会多吃些。"我脑中突然清醒，这不是外公的声音吗，平时的饭菜不都是外婆做的吗。

"老陈啊,你那么关心小囡,怎么连抱她一下都不肯,她还常问我你是不是讨厌她。"我竖着耳朵迫切地想听到外公的答案。

"恩,你再从橱里拿些腌好的萝卜,切成小块,还有,那个,趁时间还早,整几个包子。"我感到很诧异,我一个假期那么长,外公嘴里也没有蹦出几个字来。

"好嘞,老陈同志还有什么指示?"我听着外婆的话觉得外公似乎也没有我想象中那么严肃。

"嘭!"一个声音突然撞碎了我的思绪。

"老陈,怎么了?"我一下子从床上坐起来。

"嘘,小点声,小囡还在睡觉,就是被溅了一下,手没拿稳。"我心里突然有股东西在搅动着,我又躺了回去,用被子蒙住了自己。

楼下的动静小了很多,我看了看时间,像往常一样的下楼了。我看见木桌上摆着外公准备的早餐,他从不说,我一直以为是外婆做的。

离开的前一个晚上,我从半开的门中看到外公坐在桌前,翻着一本书,右手的手背敷着草药碎。

三

白昼遗弃了她,神的夜晚却点亮灯火,准备好晶莹的鲜花在等待她。

中考成绩出来后,我闷在家里好几天不言语。我望着书架上的复习资料,望着写满的一本又一本的笔记,望着满天的繁星,觉得自己是这么的无助。

外公外婆在傍晚接到妈妈电话得知我的情况后竟连夜赶来。他敲我房间的门,我没有开。之后我听到厨房响起叮叮当当的声音,紧随着一股粥的清香伴着钥匙入门锁后咔哧的声音,外公端着碗粥出现在我面前,他的左腿膝盖上有着泥巴。

"小囡",他将粥放在桌上,起身出去了,我还没有明白过来,他再次出现在我的面前。他的手上多了一本破旧的书。他本来是坐在我的床边,又顿了顿,坐在我对面的椅子上。脸上露着不自然的笑。印象里,他好像没有什么多余的表情,而且,他笑容里带着拘谨。

"小囡，先把粥喝了，外公和你说会话好不好。"很少理我的外公突然对我说这话让我有些震惊。可更多的却是让我有了想哭的冲动。我想到他刚才的动作，看着他的膝盖，忽地红了双眼。

他好像注意到了我盯着他的膝盖看，他用手拍了拍，"这个啊，来得急不小心摔了下，不碍事的。"可我分明看到他在拍膝盖的时候皱了皱眉头。我脑海浮现他和外婆大晚上的从山上到山下的情景。走着那条灯光并不亮的小道上，头顶着万千星光，只是为了赶去安慰他们的外孙女，因为走得急老人家还摔了一跤。我再也控制不住自己的感情，所有的情感像洪水般冲毁大坝，在心里迅速蔓延，最终在脸上化为恣意的泪水。

"我知道你努力了，可是小囡，失利并不代表什么。你在我心里一直很优秀。"他递给我纸巾，随后递给我他左手的书，《生如夏花》。是那本他经常在睡前看的书。

外公将书放到我手上，然后翻到一页，指着一行字读给我听。

"白昼遗弃了她，神的夜晚却点亮灯火，准备好晶莹的鲜花等待她。"我愣愣地看着这一行字。

"小囡，你会懂得。"

"可是，我……"

他抬头看我，嘴角的笑不似刚才那般拘谨，继而翻到另外一页。

"终有一天，我会遇到我内心的生命，遇到隐藏在生命中的欢愉。尽管时光他慵散的灰尘蒙住了我的道路。"他读完这句话看着窗外夜幕上的点点星光，"小囡，这本书送给你，我想它能告诉你更多的答案，相信你会知道该怎么办。"我看着外公，喉咙里像卡住了什么，发不出声音。

"粥要凉了，我和你外婆该回去了。"他开门时我看到他的腿有些僵硬。我想留他可是说不出话。

门关上后，我喝完粥，小心翼翼地将《生如夏花》贴在胸口，心里是满满的感动。

四

在我生活的狂喜时刻，你曾向我歌唱，我却忘了与你应和。

青春的记忆里充斥着喜怒哀乐。在自己开始忙碌的日子里，只顾得上周围的朋友，却会忘记站在身后的家人。

逐渐融入高中的生活后，开始享受友情带给我的欢愉，外公说的没错，很多难以解开的答案，在书里，在自己翻阅的过程中，会有新的答案。

有次的竞赛得了一等奖，和家里说了一声便和朋友出去庆贺。在晚上七点左右的时候，我接到了外公的电话。我记不清我多久没有联系过他。他的声音里也带着喜悦，他和我聊我最近的生活和我聊最近的改变，而我却因为身边朋友的一声呼唤，便匆匆挂了电话，不曾注意的，是他的声音里的沧桑。

那时外公的病已经开始复发了，而我却生活在自己的小圈子里不曾顾及。

五

你在天上举起你的灯，它将光明洒在我的脸上，它的阴影笼罩了你。我在心里举起爱之灯，它的光明落在你身上，我却被遗忘在阴影背后。

生活里出现的问题将我弄得灰头土脸。

外公和我说生命里最幸福的事情是爱与被爱。当他和我说这句话的时候他的身体状况已经很差了。我是趁着周末的空隙去看外公的。他的胡须已经很白了，硕大的病号服松松的垮在他的身上，是从什么时候起，外公的身影显得这么单薄。

"外公"，他转过身笑着让我坐下。我问他病情怎么样，他笑着一带而过。而他越是云淡风轻，在我心里就像是巨石投进湖中掀起的大片声响。

"小囡，生命里最幸福的是爱与被爱。"我看着他，不知道他是否知道我现在生活中遇到了问题，我不知道该接什么话。

我只是紧紧地跟住他的目光，心中竟泛起了一股凄凉。

"这一生你会遇到很多人，会发生很多事情，但我希望你要学着去原谅，学着去爱。"我不明白他的话有什么深意。"小囡我希望你这一生会活得很精彩，所以你要学会珍惜被爱，学会去爱，学会去原谅，学会去……咳咳咳……"他开始剧烈的咳嗽，我看他还有很多话想说，我拍着她的后背帮他顺气。

他有些无奈，脸涨得通红，最后才挤出一句"很多的答案，书会告诉你的。"我心里泛起了阵阵心疼。

"小囡你回去吧，我有些累了。"他的神色有些疲惫。我上前拥抱了他，这是我这么多年来第一次拥抱他。

"外公，你会好的。"

他拥抱了我，我缓缓走出去，心里有些喘不过气。

"生命里最幸福的是爱与被爱。"

六

夜晚，各种喧嚣静了，天空中弥漫着大海。

外公去世是在一个傍晚，安安静静的就像睡着了一样。他为他的离开准备得干净利落，就像他的人一样，从不想让别人为他操心。家人让我去和外公告别，我默默地走过去，蹲在他的床边，在他耳边说了句"我爱你"。

我爱你，在他的一生里，我都忘了与他诉说。

多年后，外婆和我在院子里晒被子，聊起了外公的事情。

外婆说我小时候爱吃桃子，于是从那会儿开始外公就在自家院子里种了桃树。后来我对桃花过敏，他想着只要不让我接近是没事的。可我偏偏闯进栅栏，这件两全其美的事情，硬是以我的过敏事件而告终。

外婆告诉我外公不抱我的原因。外公身上染有疾病，我抵抗能力差他不想传染给我。

外婆说外公很喜欢小孩子很喜欢我，因为不善言辞，所以才用另外一种方式来爱我。

外婆告诉我很多事情。她含笑地讲着，我眼中却噙满了泪花。能否再来一年盛夏，让我与我的外公再说说话。

我记得《生如夏花》中有这么一段话。

"我不认得我的母亲，只当我从卧室的窗外望悠远的蓝天，我觉得我母亲凝注在我脸上的眼光，布满了整个天空。"

外公凝视我的眼光就像大海那般深沉，像漫天的星光点亮了夜幕，为黑暗中前行的我指明方向。

(作者单位：越秀外国语学院英语学院)

盛开在心中的莲

荣慧洁

一

高三的生活忙碌却平静,单纯追求梦想的日子总是弥漫着甜美的芬芳,求知的脚步同跳跃的音符般欢快。然而一阵疾风起,这悦耳的音符也能变奏成一曲悲恸的离歌。

同样静谧如水的夜晚,同样昏黄的灯影婆娑,母亲载着晚自习放学的我驶向家中。然而此次,遗落在路上的不再是一同往日的欢声笑语,而是彼此近乎急促的呼吸声。15分钟的路程,死一般的沉寂,我的心像被一张密集的网紧紧困住,久久挣扎在猜测与担忧之中。12月份的家乡,空气中浸着刺骨的寒意,我抬起头看见母亲两鬓的银发在月光中凌乱,眼眶中泛起一丝藏不住的悲伤。

回到家以后,母亲终于平复好心情对我说出了"真相"。原来外婆家里丢了很贵重的东西,母亲看到外婆伤心的样子自己也很难过。我便安慰着对她说道:"妈妈,你别难过了,东西丢了没什么大不了,身体最重要,想想开心的事吧好不好,你看,我这次又考了第一呢!"母亲看着我,终于露出一丝欣慰的笑容,然后一把抱住我,轻轻拭去眼角的泪水。

然而那天夜里我在浅浅的睡梦中听到了父母的谈论声,车祸,舅舅,目击证人,太晚了,别告诉她……一瞬间,我仿佛听见了全世界崩塌的声音。

我不知那一夜我是如何睡去的,只是醒来时的一切似乎都跟以前不同了。我懂得父母瞒我的苦心,因为我和舅舅之间的感情太深,他们担心这件事会影响我的高考。为了不让他们担心，我会配合着演好这出戏，每天正常的生活，学习，一边想尽办法让父母开心使他们摆脱阴影，一方面深深隐藏我心底溢出的悲恸与绝望。那时的我仿佛潜游在绝望的深海，找寻不到希望的缺口，心碎到无泪可流。

第二年七月，收到录取通知书后母亲终于将一切告诉了我，那一刻，我积压了半年多的情感终于在一瞬间爆发，房间里久久回荡着我跟母亲悲痛欲绝的哭声。第二天我来到了舅舅的家中，房间里的装饰依旧，只是少了那个如此疼爱我的人，他就这样残忍地抛下了所有爱他的人，悄无声息地离开了。

翻看他的旧物时，我无意间在一个盒子里看见了一张他的肖像画，上面写着"小慧作，致我最亲爱的舅舅张林轩"，这是我当年画给他的礼物。往日的场景在眼前不断涌现，泪水一点点模糊了视线。

九月来临，带着父母的叮咛和朋友的祝福，我踏上了北上求学的道路。晃动的车厢里大家大都早早地进入了梦乡。我坐在车窗前漫无目的地在黑夜中找寻光亮，思绪却早已翩飞到往日的回忆。哲人说过，是离别之痛在人间四处传播，在无垠的天空中生出无数幻像，整夜默默地在星辰间凝望。如果是这样，那天空最亮的群星里一定有属于舅舅的一颗，他在天上应该能看见我吧。我这样想着，对着天空虔诚地眨了眨眼，抱紧了随身携带的书包，包中装着一本书——《泰戈尔经典诗选》，那是他送我的生日礼物，书中夹着那幅我为他画的肖像画。

二

大学里的生活并不如高中那般充实，未知的迷茫在我的心中奏出单调而又低沉的曲音。清晨拉开窗帘，当金色的晨曦向世界洒下希望的种子，我却无法明晰地透过双眸感知到它的存在，仿佛与这个世界已隔了一层阴翳。我感到一股强力的悲悯渗透已透彻地融入了我的生命，我的心飘荡在波涛汹涌的海岸边，它渴望与世界同歌，却只是徒然挣扎，发不出声音。

闲暇时我会在图书馆找一个安静的角落，轻轻翻开那本《泰戈尔经典诗选》，在书中找寻逃避和解脱，仿佛忘了对失去亲人的悲痛，对死亡的恐惧。我的目光停留在这样一段：生命，一次又一次轻薄过，轻狂不知疲倦。我听见回声，来自山谷和心间。以寂寞的镰刀收割空旷的幸福。不断地重复决绝，又重复幸福。终有绿洲摇曳在沙漠。读罢心底泛起一阵悲伤的涟漪。

九月初校园里新修的小碧池中莲花开得正盛。清凉的月夜里合唱团的同学在碧池边合练《Don't stop believin》。听着欢快的歌曲，我却被一阵莫名的忧伤侵袭，碧池边那朦胧的芬芳使我的心因渴望而作痛。空气中一阵颤抖传过，那音符仿佛从遥远的彼岸传来，我回想着刚刚读到的句子，我沙漠中的绿洲它又将摇曳在何处呢？凝望着他们模糊的身影，我的心呜咽着，随过往的风流浪。

温一壶月光下酒，往事却并没有作一场宿醉。醒来时天依然清凉，风依然清明，而光阴的两岸我始终无法以一苇渡航，只能泅游在悲伤的海洋里。

莲花盛开的那天，我心未所思，没有察觉。

三

国庆假期很快到来了，班级准备集体出游，大家一致选择了景色怡人的北海公园。

澄澈的天空下，洁白的云朵将高耸的白塔拥入怀中，北海里的田田荷叶在风中漾起一波波沁人心脾的绿浪，一池的绿，一池无声的歌。蘸着些许清水，朵朵盛开的红莲以鲜活的姿态成就一副如诗的画卷。我无心与同学们一同嬉闹着用快门定格下眼前的美景，便一人找了个长椅坐下，从包里拿出纸笔想要画出这自然的馈赠。

线条在纸上游走，我突然听见身后传来一个小女孩稚嫩的声音"舅舅你看，这个大姐姐画的多美啊！"我转过身去，只见一个年轻男子正带着一个小女孩站在那里。我微笑着对他们点了点头，小女孩接着恳请我为她的舅舅也画一幅。男子不好意思地笑了笑，刚想解释小女孩的天真，我却不知哪来的勇气抢着同意了她的请求。

总觉着有种莫名的熟悉感，我画的十分顺利，仿佛将所有的思念付诸笔尖，纸上沁出我心中郁结的惆怅。几分钟后一幅简笔人物肖像便完成了。我按照习惯于页尾署上"小慧作，致"后，请男子签上自己的名字，将这幅画送与他。男子微笑着签上名，感谢过后牵着女孩的手缓缓离开了。

女孩边走边唱起了那首歌"让我们荡起双桨,小船儿推开波浪,海面倒映着美丽的白塔……"望着他们远去的背影,听着女孩口中的歌声,我眼中滴落下晶莹的泪。这不正是自己曾经最熟悉的温馨场景,最熟悉的童年歌谣吗?当时的自己,原是那么欢乐那么童真。此时,男子手中的画被风吹落,飘回我的身旁,我蓦然发现他签下的名字竟然是张林轩,舅舅!我追着跑了过去,却突然惊醒。

原来是梦一场。我正坐在长椅上小憩,手中还拿着那本《泰戈尔经典诗选》,那张被我夹在书中的画像已被风吹起,飘落在一朵盛开的莲花旁。

我望着那朵莲花,它温柔地开在风中,它曾穿过沉寂的淤泥重又绽放新的希望。年复一年,它凋落却又重新绽放,平静地展现自己的华美又平静地孕育新的果实,不断重复着幸福的轮回。重复的开合中,不变的是那沉寂在黑暗中的莲根所跃动的生机。

我低头看那本书,映入眼帘的是这样一句话"生如夏花般绚烂,死如秋叶般静美",合上书,我终于闻到了那久违的芬芳。原来我一直离它那么近,不知它是我的,不知这完美的芬芳竟然开放在我心灵的深处。

风吹走了那张纸,却在我的心中留下了思念的线,种下了希望的种子。我合上书,大步去追寻同学们的脚步,脸上漾起一抹久违的微笑。

四

都说世相迷离,其实我们常在如烟世海中迷失了自己。

生辰是一座孤岛,一度沐着阳光,但总会沉入流年的海底。涨潮的时候,有时望得见岛上的山巅,望得见珊瑚的红色轮廓。清风徐来,不闻它当年嬉笑与啼哭的回声,尘埃中,也不曾发现它当日遗落的背影的碎片。生命的溪流上浮着静美的秋日落叶,不盛不乱,姿态如烟。它的记忆中有前世的绚烂过往和对后世的美好憧憬,这一遭尘世之游未尽,溪流的两岸,仍一片姹紫嫣红。

生命的旅程在无数光阴的交织中展开,一旦陷入过往的躯壳和回忆,将目光聚焦在生之尽头,便与他小小的世界远去了,与世间所有的美好远去了。不如珍惜当下,珍惜生命的绿洲。毕竟生如夏花般璀璨,不凋不败,妖冶如火,一生充盈着激烈又充盈着纯然。如泰戈尔所说,天空中没有任何鸟的痕迹,而我已飞过。我们在岁月的信念中驻守,将每一刻活出自我的唯美,便可以安详平静地飘向那无名的幽寂去处。

"一念心清净,处处莲花开",庆幸,我窥见了莲花的心,庆幸,我与泰戈尔有了一次相遇。此后,无论花开与否,我总有一股芬芳在怀。

(作者单位:北京外国语大学)

泰戈尔落在中国的心

——"新月"洒下的清新世界

张依萍

"是的,有个谣传,说新月的一线年轻的清光,触着将消未消的秋云边上,于是,微笑便出生在一个浴在清露里的早晨的梦中了——当孩子睡时,微笑便在他的唇上浮动着。"

——《新月集·来源》

每个孩子,都天真无邪,纯洁灵动,婉如一弯新出的月牙儿,笼着淡淡的光,那微微的笑容,勃发的生命,给了世界和未来以饱满的希望。诗人泰戈尔更是以一支神奇之笔在《新月集》里精心为母亲和孩子打造了一个"新月世界"。在这个世界里,无关尘世纷扰,唯有童真和母爱,恰若月光洒下的如水般的温柔,纤尘不染,澄净清新。

诗人在《新月集》里着力描绘了儿童纯净奇特的内心世界和绚丽多彩的生活画面,孩子与父母的骨肉情深也表现得深挚感人。本文会从诗人对"新月世界"的环境营造,到在这个世界里母亲与孩子之间爱的传达,直至孩子成长的心路历程,来细细品味诗人所营造的"新月世界"以及诗人表现的"童真"和"母爱"两大主题。

一、"新月世界"的环境营造

"新月世界"是一个怎样的世界呢?诗人其实应用了多种元素和技巧,去营造这么一个属于孩童和母亲的环境。这既是孩子的成长环境,又是母亲和孩子生活的家庭氛围。

(一) 营造世界所用的元素和意象。在营造这个诗歌的背景时，诗人应用时间、空间和色彩的多种元素和意象构建了一个充满童真童趣，缤纷多彩的儿童乐园，也是一个清新隽永的孩童世界。

"他的乡村的家坐落在荒凉的土地的边上，在甘蔗田的后面，躲藏在香蕉树，瘦长的槟榔树，椰子树和深绿色的贾克果树的阴影里"

——《新月集·家庭》

这段文字指出了孩子所处的空间，在乡村，有田地，有树木，是一个清新的田园。

"在那边，牧人使他们哞叫着的牛游泳到河旁的牧场去了；黄昏的时候，他们都回家了，只留下豺狼在这长满野草的岛上哀叫"

——《新月集·对岸》

这里，又点出了"黄昏"等时间元素和"牧场""野草""豺狼"等象征大自然的意象，描绘了牧人赶着牛羊回家，人与自然和谐相处的美好画面。

除此之外，诗集中，更有"田地"、"星光"、"海边"、"海滩"、"航船"、"夕阳"、"萤火虫"、"榕树"、"茉莉"等意象，这些都营造了一个温暖、恬静的环境，在这样的环境中，孩子可以体察大自然的朝夕变化，与大自然亲密接触，嬉戏打闹，是孩子成长的乐园；同时，母亲在这样的环境下，给了孩子轻松自在，无拘无束的成长环境和温馨幸福的家庭氛围。这也使得童真的主题有背景的依托。

(二) 营造"新月世界"用的语言技巧。在打造这样一个环境时，需要技巧去点亮这原本就清新美丽的"新月世界"，让它与母亲、孩子紧密联系，同时又烘托出母子的愉悦生活和深厚亲情。

拟人的手法对于塑造新月世界极其重要。在孩子的眼中，身边的一切事物都是鲜活的生命，诗人巧妙地将所感知到的景象化为灵动的形象，甚至有情绪，有想法：

"我知道有星星同他说话，天空也在他面前垂下，用它傻傻的云朵和彩虹来娱悦他"。

——《新月集·孩子的世界》

"星星"同他说话,"天空"愉悦他,这些都似乎是孩子的朋友,孩子与它们建立起了友谊,也建立了亲密的联系。细腻温暖的笔触,使得这个"新月世界"得以与母子互动,让人倍感亲切。

疑问和设问句也是诗中常用的手法。例如:

"但是,谁给那件小外衫染上颜色的,我的孩子?"

——《新月集·不被注意的花饰》

设问,诗集中,很多篇目都是采用问答式的对话体来展开。这种特殊的写作手法,使得文章带有些许悬念,引领着读者去品味和思索,更让我们身临其境地感受到"新月世界"里母亲与孩子亲昵交流的情境:母亲温柔的话语,或关切,或嗔怪;孩子稚嫩的声音,或好奇,或思索。

叙述人称的转换,是全篇诗集突出的表现。分别有孩子的独白、母亲的独白和第三人称的叙述角度。这样的叙述方式使读者打开视角,全景式地阅览了母子在新月世界里生活的各个画面,既给了母亲和孩子独立的话语空间,让他们独立地去表达对于彼此爱和被爱的感受,也让读者全面而客观地感受母子的生活和心理。

二、"新月世界"里"母亲"与"孩子"之间爱的传达

《新月集》突出表现母爱和童真,母亲和孩子自然是生活在诗人的"新月世界"里的主人公了。这两个主人公,有着深厚的骨肉之情,但他们之间是如何传达爱的呢?

(1) 首先从母亲的角度来看,在孩子的到来、成长和离开,母亲怎样去表达她的感情。

"我是从哪儿来的,你,在哪儿把我捡起来的? 孩子问他的妈妈说。
她把孩子紧紧地搂在胸前,半哭半笑地答道:

'你曾被我当做心愿藏在我的心里,我的宝贝。'"

——《新月集·开始》

面对自己幼小的孩子提出的疑问,母亲疼惜地回答他,说他是她藏在心里的愿望。也许,每个孩子都是母亲向上帝许的愿,孩子来到世上,就是母亲收到的最好的礼物。

孩子的到来必然会迎来孩子的不断成长,如果孩子犯错了,母亲又会如何对待:

"当我使他眼泪流出时,我的心也和他同哭了。只有我才有权去骂他,去责罚他,因为只有热爱人的才可以惩戒人。"

——《新月集·审判官》

孩子在成长过程中会伴随着错误和缺点,母亲责罚孩子,对于母亲来说也是不舍和痛苦的,但真正伟大的母爱不是宠溺,而是循循善诱,让孩子明确是非,步入正途。

孩子日渐长大,羽翼渐丰,总会有离开的那一天,面对分离,母亲是何心态:

"我的歌将成为你梦的翼翅,它将把你的心移送到不可知的岸边。当黑夜覆盖在你的路上的时候,它又将成为那照在你额上的忠实的星光。"

——《新月集·我的歌》

面对孩子无法避免的成长和离开,母亲毫无怨言,而是将自己无尽的爱化为一支歌,希望永远伴随着孩子的成长,在前行路上带给孩子的助力和希望。此时的母爱即是祝福和牵挂。

(二) 诗中的另一主人公——孩子,面对母亲深挚的爱,又是如何回应的呢?例如:

"我要悄悄地开放花瓣儿,看着你工作。"

——《新月集·金色花》

在《金色花》里，机灵俏皮的孩子变成一朵金色花，关注着母亲的一举一动。母亲做祷告时，孩子为母亲开放花瓣散发出香气，这一细小的举动，正是传达了孩子对于母爱的回报之情。孩子虽年幼，但对于母亲的深爱和付出却并非感受不到，在接纳母亲的深爱之时孩子其实也在想着回报这份深沉的母爱。在《英雄》篇中，孩子更是流露出为了保母亲周全，愿意以生命与敌人拼杀的强烈情感。

三、孩子在"新月世界"里成长的心路历程

在诗人的"新月世界"里，孩子无疑是核心和主角。孩子的成长历程是一个复杂而又有趣的，对于陌生和未知的世界，孩子有着无穷的好奇心，同时也有着许许多多成长的困惑。暂时放下母爱的关怀，我们把注意力放在孩子身上，去观察和分析，孩子在这样一个成长环境中，如何去发现自我，实现自我，如何去观察周身，思考困惑。

（一）对自我的认识和期待。当孩子开始认识自己时，就是成长的开始。

在诗中，天真的孩子有过很多幻想，在《商人》中，他想去异邦旅行；在《职业》中，他愿意去尝试当小贩、园丁或更夫；在《英雄》中，他希望自己是奋勇搏杀，保护母亲的英雄。这些都是表现了孩子对自我身份和未来价值的思索。他在对未来展望时，想到了与母亲的分离：

"是我走的时候了，妈妈，我走了。"
"妈妈，你将要柔声地告诉她：'他呀，他现在是在我的瞳仁儿里，他现在是在我的身体里，在我的灵魂里。'"

——《新月集·告别》

孩子在与母亲告别时，依恋而不舍，想到母亲找不到孩子时会痛苦和焦急，他居然懂得来宽慰母亲，说自己永远存在在母亲的生命和灵魂里。这也反映了孩子在思考自己的发展时，也在找寻对于未来的某些答案，正如，如何去告别，如何去宽慰。

（二）对周身的观察和思索。孩子的成长来自于认知的不断成熟，在观察周身事物时，孩子的态度和立场也会慢慢体现：

"如果我不是你的小孩,

而只是一只小狗,

亲爱的妈妈,

我想吃你盘子里的食物时,

你会对我说声'不'吗?

你会撵我走,对我说'走开,你这淘气的小狗'吗?

如果是这样,那我就走了,妈妈,走了!

你叫唤我时,我就决不到你身边来,决不让你再来喂我吃东西了。"

——《新月集·同情》

孩子细心观察到了母亲对待小狗、鹦鹉和对待自己的差别,从而产生了对动物的同情和对母亲的困惑,并因此坚决地表示自己的反抗。这说明,在孩子心中已经萌生了博爱和平等的观念,这表现了孩子对芸芸众生的思考和他所认同的万物平等的观念,凸显孩子随成长而日渐成熟的心智,也突出了孩子善良的童心。

诗人营造了一个清新的"新月世界",在这个世界里一批批鲜活生动、熠熠闪光的天使般的儿童的艺术形象被塑造出来,人间最宝贵的毫无保留,倾其所有的母爱也被歌颂,从诗人所营造的"新月世界"的环境,这样一个环境下母子之间对于彼此的眷恋和深爱,以及孩子在这样一个世界里所获得的成长去品味诗歌,是对诗集的一种独特的解读。

《飞鸟集》的译者郑振铎曾说:"它并不是一部写给儿童读的诗歌集,乃是叙述儿童心理、儿童生活的最好的诗歌集。"我认为,它不仅仅是写给孩子的诗歌集,它是诗人献给世界的。每个人都有童年,都有埋藏于心中的那片净土,保持童心,会让人活得更快乐。诗人给了我们一个清新隽永的世界,让我们能够在诗中去觅回久违的童真和深厚的母爱。每个人读出的内容不尽相同,真知灼见也各有体味,但是,将童真融入自己的心态和生活方式中,应该是作者对于读者的一份期待吧!

(作者单位:福州大学)

乌云背后的幸福线

——以结构主义浅析《喀布尔人》

陈颖婧

"不一样的身份,一样的父爱。我想起了我的父亲……"家教的学生在作文里如是写道。

这个名叫明慧的初二女孩儿,在写课外读书笔记的时候,选择了泰戈尔的《喀布尔人》。

我告诉她,我初中时也写过这篇小说的读书笔记,并至今仍为其深深感动。

看着明慧的作文,我问自己,是不是能从别的角度来分析这篇小说?

结构主义认为,事物的真正本质不在于事物本身,而在于各种事物之间的构造及对其构造间的关系。因此,结构主义的思维方式是:在任何既定情境里,一种因素的本质就其本身而言是没有意义的,① 它的意义事实上由它和既定情境中的其他因素之间的关系所决定的。

比如,当我们说"黑暗"一词时,是由其对立面"光明"的感觉来界定的。同样,黑与白、男与女、行动与静止等概念都是在一种二元对立的格局中显示出来的。这种对差异的感知使我们对世界的理解和认识更为明晰、确切以及整体化。

基于此,法国结构主义"后四子"之一的格雷玛斯提出了著名的叙事学模型:语义方阵。② 语义方阵力求找出故事内部基本的二元对立关系,由此推

---

① 特伦斯·霍克斯:《结构主义和符号学》,瞿铁鹏译,上海译文出版社,1987年。
② 格雷马斯:《结构语义学》,吴泓缈译,百花文艺出版社,2002年。

衍出整个叙事模式。语义方阵模型如图：

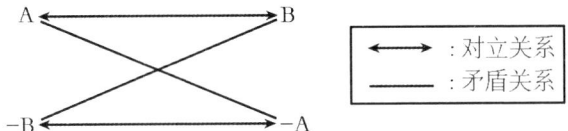

为使模型具体，我们可用计划生育政策作为例子：

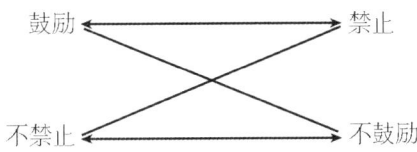

模型中的 A 为鼓励，B 为禁止，因此—A 为不鼓励，—B 为不禁止。当我们任意加入一个修饰如"生一子"时，可随意与以上 4 个单位组合。多个修饰与单位组成各式各样的新义素后便会发现，所有可能性都函括在内，如鼓励生一子、禁止生多子、不鼓励不生子、不禁止生子……。因此，义素（即上述 A、B、—A、—B）虽说是相对的，难以确定的，但义素的结构却是有迹可寻的。①

可见，用结构主义中的语义方阵分析事物具有一定的科学性。本文便以此来分析《喀布尔人》，希望通过新视觉分析泰戈尔的这篇小说会有新的发现与感悟。

小说以描述 5 岁的女儿敏妮"叽叽咕咕"说个不停的性格作为开端，再交代了敏妮和卖葡萄干的喀布尔人（今阿富汗）从陌生到成为无所不谈的好朋友的过程。由于文中多次穿插描写母亲对喀布尔人的疑虑和戒心，我们不妨先分析母亲和喀布尔人之间这个"场"（即环境）中的"子故事"：

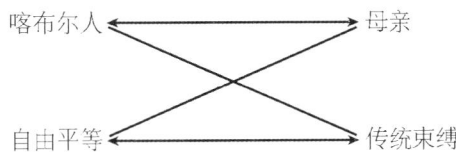

喀布尔人作为 A，与其对立的角色是母亲。母亲是喀布尔人的"对头"，从角色功能上看是他的敌人："喀布尔人给你的！"母亲吓得叫起来。"呵，敏

---

① 吴泓缈：《结构语义学的启示》，载《法国研究》，1999 年第 1 期，第 38—44 页。

妮！你怎么能拿到他的钱呢？"母亲央求父亲"留心那个人"，母亲会严肃地提出一些严重的问题"小孩从来没有被拐走过吗？喀布尔不是真的有奴隶制吗？那么，说这个大汉把一个小娃娃抱走，会是荒唐无稽的事情么？"依据母亲对待喀布尔人种种偏见的态度，和她在小说角色功能系统中起的作用，可以将它看做 B。

与喀布尔人矛盾的则是文中提及的，喀布尔人不得不面对的"奴隶制、阶级、身份、贫富"等传统观念的束缚。喀布尔人因为身份的原因不得不与喜爱的小敏妮保持距离，害怕因为自己的出现而打扰敏妮平静的生活。也因为落后的文化，喀布尔人不得不忍受来自父母亲的戒心与来自警察和欠钱者的恶意。因此传统的束缚作为母亲的"助手"，与喀布尔人产生了不可调节的矛盾也因此推动故事情节发展。由此，—B理所当然是平等自由了。"只要她一听到街上有什么声音，或者看见有人向我们的房子走来，他就立刻断定他们不外乎是盗贼、醉汉、毒蛇、老虎、疟疾菌、蟑螂、毛虫……因此她对于这个喀布尔人充满了疑虑，常常叫我注意他的行动"。显而易见，在母亲的观念里面，是没有平等概念的。同样是人，同样生活在孟加拉，她却认为来自喀布尔的小商贩必然低等，必然贫贱，必然图谋不轨。

我们再来看父亲与喀布尔人之间的关系：

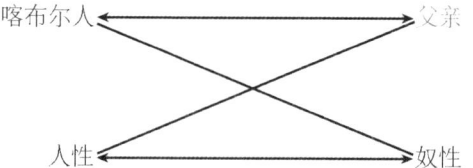

喀布尔人当时的社会角色是被侮辱被损害的少数民族，有着底层阶级固有的奴性特征。奴役着喀布尔人的，既是传统的观念，又是现实的环境。然而他却用自己的力量与之抗争：他用自己的醇厚善良、朴实可亲消除了敏妮对他的恐惧，消除了父亲对他的歧视。喀布尔人耐心听着敏妮说的每一句话，似乎是"敏妮一生除了她的父亲之外唯一一个那么耐心的人"。而在父亲拒绝喀布尔人见敏妮时，喀布尔人战胜底层人易屈服的个性，在走到门口迟疑后争取着"我可不可以看看那小人儿？"。而在敏妮提到"公公"（监狱）的时候，喀布尔人则挥起拳头说"我要揍我的公公"。

最精彩的莫过于父亲与"人性"之间的心理斗争。人性本善，此处的人性指的是真善美的、理想的人本性。"他穿着宽大的污秽的喀布尔组服装"，这是父亲对喀布尔人的最初印象，不管是外表上还是种族上，都带有歧视的意味。在看到敏妮的小沙丽角上已经塞满了杏仁和葡萄干的时候，父亲下意识地拿钱给喀布尔人，并认为他用干果和葡萄干来贿赂孩子。而8年后，从监狱里出来的喀布尔人来探望敏妮的那天恰巧是敏妮的婚期。父亲认为"他今天来不是个好预兆"，便说："我家里正在办喜事，今天你什么人也见不到"，以驱赶喀布尔人。此时的父亲因"丑、恶"而与人本性相矛盾。然而，父亲也曾因喀布尔人和女儿沉没在笑声里而感到放心。因此他一直处于矛盾的心理当中，既害怕女儿受伤害，又相信女儿与她的朋友相处是快乐的。直到喀布尔人"伸手到衣袍里，掏出一张又小又脏的纸来，他很小心地打开这张纸，上面有一个小小的手印"时，父亲才明白喀布尔人因敏妮而有了心灵上的慰藉，以此思念远在故乡的女儿。

出于人道主义，父亲不仅让女儿出来见见她的"老朋友"，还资助喀布尔人回家与女儿重逢，尽管他因此减少了敏妮的婚礼开支，引起女眷们的不满。由此我们看到，这个丰满而复杂的形象，表面有着种族与阶级的歧视概念，但骨子里同情着那些受苦难的人，不管这种苦难是社会压迫造成或者是仅由个人的软弱、愚昧造成。这一刻的父亲闪耀着人道主义精神的光辉，他的行为拉近了喀布尔和孟加拉之间不管是地域还是心理上的距离，也消灭了高贵的作家和贫贱的小贩之间地位与身份的悬殊。这是善与恶的斗争，是真与假的搏击，是爱与恨的抗衡，是美与丑的对立。父亲从对喀布尔人怀有戒心到听到喀布尔人的故事而"热泪盈眶"，是人性的美善战胜丑恶的过程，这种超越阶层的情感淳朴而动人。

据说当今阿富汗人均寿命只有40岁，战争、贫富差距、温饱等问题一直困扰着这个灾难深重而牵动人心的国度。在当时，对于阿富汗或是其他种姓、阶级间存在的问题与现象，泰戈尔都既描绘了乌云，又描绘了阳光洒向大地那一刻乌云背后的幸福线。他描述了各种强权与不公，却总是旗帜鲜明地同情弱者，贬斥假丑恶，褒扬真善美。泰戈尔说，"如果这个世界上必须有苦难存在，那就让他存在吧，总应该留下一线光明，至少留下一点希望的闪光，以便使人类较高尚的部分怀着希望不停地奋斗,以减轻这种痛苦。"① 这位伟大的诗人、文学家、哲学家之所以能存于我们心中,是因为他能"在人们心灵中唤起善良的感情"(高尔基语)。Every cloud has a silver lining. 泰戈尔让我们感受到的,就是乌云阴暗后的那一片光明。

后来我给明慧写下了我铭记在心的泰戈尔写的句子:生命因为付出了爱,而更为富足。使生如夏花之绚烂,死如秋叶之静美。如果把所有的错误都关在门外的话,真理也要被关在门外了。

我相信记住了这几句话,将泰戈尔的精神铭记于心中,明慧一定能拨云见日,遇见幸福。

(作者单位:深圳大学文学院)

---

① 泰戈尔:《泰戈尔文集》,安徽文艺出版社,2001年,第162—163页。

心灵烟火

——致罗宾德拉纳德·泰戈尔

栗俊俊

从无忧的天堂坠落

为那一时的顽皮蹉跎

精灵不再、泪眼婆娑

呵,我迷失在这陌生的人间烟火

没有了羽毛

一身的羞涩赤裸

不能飞翔,不能藏身云朵

呵,满心的踟蹰是我,却无处闪躲

"孩子,不要害怕,不要羞涩

孩子,你还是天堂里最亲爱的孩子

孩子,为着你,我们的大地才赢得了天堂赐予的吻

孩子,不要疑惑,勇敢地去追逐那最美的人间烟火吧"

呵,你是我遇见的第一个

你也是坠落的天使吧

为什么如此亲切温暖

让我不再害怕羞涩

呵,我还是天堂里最亲爱的孩子

这个消息对我来说多么重要多么快乐

花朵编织为裙

枫叶采来为裳

追逐着蝴蝶
一路欢歌奔跑
我觉得自己快乐得又像最初的自己了
你的温暖词汇，你的纯粹目光
是永恒不灭的心灵烟火
带我追随美好，永以最纯粹的天使之心

印象·泰戈尔

印象·生

掠过婴儿双目的睡眠，
有谁知道他来自何方？
是的，传说他来自森林的阴影中，
萤火虫的迷离之光照耀着的梦幻村落，
在那儿悬挂着两个腼腆而迷人的蓓蕾。
它从那儿飞来，轻吻着婴儿的双眸。

太虚弱了，她躺在病床上，甚至已经没有力气抬起相对瘦弱的身体显得尤其硕大沉重的小脑袋。

听说夜晚已经来临，可看不到窗外，病房窗帘总是拉起来的，而且，窗帘颜色浓厚得讨厌，不肯让一丝丝、一星星的光透进来……这个世界好讨厌，为什么只有这昏黄的灯光，只有白色的护士，只有爸爸妈妈在墙角的低语，关于他们的低语，怎么努力也总听不清，也或者听见了，也不明白什么意思，大人的语言好复杂。

不知道过了几个昏睡又醒来的轮回，终于有一天，妈妈昏黄的脸上荡着漂亮的柔光急步走进来，一手抱起来她那轻如蝉翼的小身体，一手托着她那笨重的小脑袋。

"宝贝，医生说，今天，你可以晒一小会儿太阳。"

她紧张的眨着眼睛，不知道要发生什么，但身体只能听从妈妈的安排。

爸爸轻轻地将那厚厚的讨厌的窗帘挪出一掌的宽度，美丽的光亮一下子驱走了病房许久许久的昏黄，她慢慢地睁开眼睛，透过这世界裂开的缝隙，窥见有个漂亮孩子顶着一头乌黑的头发在光亮里一闪一闪地奔跑着，窥见许多绿色的树叶在那光的海洋里欢快的摇曳，窥见一些白色的云朵在蓝天的注目下自由地漂浮着……哦，那个高高在上的，最亮最亮的，圆圆的，是什么？妈妈给读过看过的那一书柜的小人书里都没有说到过它。

"妈妈，那个圆圆的是什么？"她抬起重重的手臂，指向缝隙里挤着的天空。

"宝贝，那就是太阳。"

爸爸不知道为什么突然背过脸去，悄悄地走开了。

她绞尽脑汁聚集能够记得并明白的词汇，想再追问许多许多窗外的问题，可是爸爸走进来了，拉上厚厚的窗帘。一切又恢复了昏黄，越来越讨厌的昏黄。

印象·活

在我虚茫的心空，
你是我探寻的
遥远而娴静的暮云。
我塑造着你
以我满腔的温存——
你属于我，
在我无边的心空飞骋。

但是，从此她和太阳的约会越来越多，越来越宽阔……

直到有一天，她可以在院子里走动，甚至短时间的奔跑，像很久前第一次和阳光约会的时候，看到的那个男孩子一样，自由地快乐地一闪一闪地奔跑，畅游在这灿烂的光亮里。这是她许久许久以来的梦想……

"你叫什么名字"一张漂亮的脸蛋蹲下来贴近她，她却怯怯的想往后闪躲。哦，从来没有一个陌生人如此的亲切而陌生呢。

半天没有回应，漂亮的陌生的唇再次一张一合的发出温柔而轻盈的声音，"你是不是莫晓西？"。又一次的后退，怯生生的发不出自己的声音，也或者本来也不知道可以说些什么，又是一次低眉沉默。只想逃跑去找姐姐，可是姐姐早消失在人群中了……

第一次入学，粗心的姐姐自己去上课，扔她一个人在一群陌生孩子中间，甚至没有向很少走出院子的她预警原来这个世界上有这么多和她大小一样的陌生人,并且还会有一个很高很高的漂亮的陌生人要和她说话……

"莫晓西,你上来,领读黑板上的生字。"

虽然已经熟悉了那个从窗缝里挤进来的世界,但是第一次在众人面前站在讲台上,她还是有些许的不安。而座位到讲台那么近,容不得她后退的思想占据上风,已经走上了讲台。接过漂亮但不再陌生的老师手里递过来的教鞭,"这些生字都认识吧?"漂亮的老师俯身跟她耳语。点头,然后转向黑板,轻轻的读出第一个词,"跳伞。"

"跳伞!!"

心震动了一下,被这齐刷刷清亮的合奏震动了。从来不知道站在讲台上,听同学们一起合奏一个生词是这样的震撼,是的,震撼。那感觉,美妙极了。一下子来了勇气,昂首挺胸,信心满满。外面的阳光都更灿烂了呢!这奇妙的神奇的合奏,这神圣华丽的讲台!

……

"来,跟我到办公室一趟。"

跟在这个帅得让人又喜欢又有距离感的班主任后面,她心里似乎并没有豆蔻少女该有的悸动,只是觉得他像一个干净清爽的让人崇拜的大哥哥。

而他也的确只有二十三四岁,全身都散发着动画里才有的那种干净帅气。

"你是不是特别喜欢读书?"他放慢脚步,走在她旁边。

"嗯!!"她重重而乖巧地点点头。

"学校还有个教师专用的图书馆,不对学生开放。今天我带你去,看有没有你喜欢的书。如果有,我用我的图书卡给你借出来,你读完一本还我,我再给你借另外一本。"

图书馆不大,并且光线有点暗,扑鼻的陈香填满空气的每一粒细胞,她浏览着一排排整齐而陈旧的书,瞬间又化作一个虔诚的朝圣者,心早已因欢腾而扑通扑通作响。一种隔世般的熟悉也差点雀跃了她的脚步,甚至想要轻舞了呢……

"想要借阅这一本吗?"

看着手里这本书,她其实自己也不确定,她不认识封面上的他,只是觉得他长得有点特别,和李白杜甫不一样,和宗璞老舍也不一样。也或者她太贪婪想抱走这里大部分的书，为了掩盖自己这可怕的贪婪而不得不逼迫自己选择了一本书，选择了这个胡子头发分不清，眼睛透着静灵和智慧的小老头的书。

找个安静的角落，一页一页的读下去，心跟着开始苏醒清澈，开始明快甚至欢歌了……从来不知道，自己可以和书里的文字对话，和那个藏在身体深处的心对话，闭上眼睛，甚至能看到自己和另一个自己进行交流……

冰心说，"泰戈尔，谢谢你以快美的诗情，救治我天赋的悲感；谢谢你以卓越的哲理，慰藉我心灵的寂寞。"

我也想说，谢谢你，头发胡子分不清的泰老头，谢谢你让我发觉了文字的真正魅力，发觉生命的纯粹所在，发觉自己的心是活着的，是可以用来聆听，甚至是可以和她对话的；谢谢你让我"看到"文字和生命是那么的美那么的纯真那么的烂漫；谢谢你在黑暗潮湿时给我勇气给我光明给我自信，带我努力践行生命最纯粹的意义……

"在我虚茫的心空，你是我探寻的遥远而娴静的暮云。我塑造着你，以我满腔的温存——你属于我，在我无边的心空飞骋……"

印象·爱情

顺从的鸟儿在笼子里，自由的鸟儿在森林里。

时间到了，它们会相遇，这是命运的判决。

自由的鸟儿喊："噢，我的爱人，让我们飞到森林里去吧。"

笼中的鸟儿小声说："到这里来吧，让我们俩都住在笼子里吧。"

……

它们的爱情在渴望中更加热烈，但它们永远不能比翼双飞。

它们隔着笼子看着对方，但相知相解的愿望只是徒然。

它们在思慕中拍着翅膀鸣唱："靠近一些吧，我的爱人！"

自由的鸟儿叫着："不能啊，我害怕笼子上紧闭的门。"

笼中的鸟儿低声说："天啊，我的翅膀没有力量，已然废弃。"

"自从那天你躺在我的怀里，我看着你像个初生的婴儿般没有任何防备的进入酣眠，我摩挲着你的额头，想想你最近经历的生活磨难，我的心一下子被你拉扯走了，想保护你，就这样爱抚你直到永远……我当时也被自己心里的想法吓到了，我甚至对自己说我必须控制对你这样深刻的莫名的感情……

可是，心已经被你扯走了，怎么轻易回得来。"

她愕然了，不知道怎样处理这个她一直当做"哥们"的叔叔的表白。低头继续吃着耶鲁大学旁买来的冰淇淋。

"我知道，我已经结婚了，但是男人总是会犯错的吧，如果我年轻15岁，如果我没有结婚，我想我一定会疯狂的追求你。你那么的天真烂漫，那么的真诚自信，有时候又是那么的霸道无赖，有时候又是那么的娇巧乖淑……谁如果娶到你，一定会每天每天都幸福死的……可是，现在，我已经没有机会了，所以我只能希望你更好，帮助你成为更美丽可爱的你自己。所以，来耶鲁读书吧，你那么爱读书。"

她轻轻地抬起头，看他从一个驰骋商场的大男人瞬间变成一个傻乎乎的羞涩的男孩子，一阵从未有过的心疼从心头一直涌上喉头，眼睛也开始有雾升起。但为什么是这样一个属于别人的人说出她最渴望的疼爱……

"你再不要用这样无辜的眼神看我，不然我又不知道怎样控制自己的感情了，我的心又要开始融化了。"

她低下头，继续吃冰淇淋，越来越大口的吃，心里变得凉凉的，这样好多了。

……

不久，她辞职了，不辞而别，只有一封给他的信。

"假如这是生活对我的再次考验，我想我必须以胜利者的心态出走，命运要我继续一个人苦行，我自当不辱使命，继续努力践行生命赐予我的考验。对于您的偏爱，以后我只能努力让自己变得更好。"

印象·未来

很久之前，那个胡子头发分不清的小老头就给了她一盏明灯，她坚定勇敢的继续前行，因为她知道她再不会迷失，就算她还要一个人走很久很久……

她还是自由的鸟儿，喜欢唱不用教的森林之歌……

(作者单位：北京锦程天地高尔夫运动管理咨询有限公司)

一生以繁星寻你

姜婉莹

01

第一次见他时，我10岁。他80岁。

他是一个老头子，穿着长袍子，还有着长长的络腮胡子。他的头发披着点儿银色的光，蓬蓬的，白白的。他有点儿胖，但是不像爷爷那样胖。他高高的，好像比爸爸还高。

书里说，他叫泰戈尔。

泰戈尔，泰戈尔，我念着他的名字，觉得好像在唱歌。

02

第二次再见，我13岁，他80岁。妈妈送了我一本他的诗集。

我趴在书桌上，就着昏黄的灯光看他写的句子。那晚，我做了一个很美的梦。

梦里，星星把他的话念给我听。

他说，若我说一声，他便会采集他的果实。芬芳的气息在花蕾之中叫喊；春天带着繁花与绿叶进入身体。他在比星星还要高的地方，一个充满了孩童欢笑的地方——他说那是果园，里面种满生命。

啊，如果我也和你一样，懂得星星的言语，你会不会听见我的话，带我去你的园里？

繁星不语。于是我把他的话和黎明一起守着。

于是,我买了好多他的集子。园丁、采果、缤纷、献祭……摆在书架显眼的位置上,一长排。

03

后来,我开始频繁地见他。

我 14 岁,他 80 岁。我 15 岁,他 80 岁。我 16 岁,他 80 岁……我的生命在一点点接近他的长度。

我在成长,他却已故去。

04

我还是愿意看着星星想他的句子。漫天的、闪烁的。透过星辰,他的凝视深入我的灵魂。

繁星啊。虽然我不愿面对死亡,但是我也真的不想成长。考试、升学、社会、大学……哦,如果给我选择,我情愿躲进你的园里。和你一起,看麦特里王子的婚礼,还有杜姆拉吉将军的悲喜。

可我是否已过了那样的年纪。

胆怯地匍匐在安全的庇护下,蜷缩在斗室的角落里。

你也不只是在新月与繁星的国度里,看孩子们在果园玩耍嬉戏。

05

我是不愿读你忧伤而又充血的诗。但是我在成长。

我是不愿听你愤懑而又委屈的故事。但是我在成长。

06

你不认为自己生而卑微,若这世间一定要分等级,你是婆罗门,生而高

贵,从不骗人;

你不愿剪下发辫,拿荣誉换取生命;你愿更多地给予,包括自己;

失身守寡的少女,是你的新娘;传统家庭的名媛,是你的新娘;思想先进的妇女,是你的新娘。人们不知他们的苦痛,直至认识了你。

你也爱恋果园芬芳的温暖;爱恋晨歌,暮谷和平原;爱恋身着纱丽的少女,像是黎明的雨尔伐希;你也想做一个孩童,不知如何号哭,只贪享母亲的臂弯。

但是你又必须做一个斗士——一个斗士,不是缩在一角,而是惊动黑夜的白帆。

因为你是那么的热爱生命啊。

不管是花朵、飞鸟还是大地,孩童、少女抑或旅人,你为他们的生命而歌,又如何会忽略自己的生命?自己内心,随晨鸟一起醒来的生命啊。你感觉所有的,所有的繁星都在这里闪耀。

07

闪耀。世界如洪流涌进生命。

生命。打碎镣铐而成长。

成长。我已不再是个孩子。

08

就让我寻找,让我拥抱。他的、你的、我的、内心的生命。

就让我歌唱,让我祈颂。让我化作露珠倾听花开,化作溪流亲吻土地。

就让我呐喊,让我彷徨。让我在静思的影中默念你的名字,让我手提着灯笼,黑暗的路途将与我为敌。

就让我在这片繁星下。

就让这繁星闪耀在我内心里。

就让我与这自然合一。让吾与吾内心合一。

就让我以此追寻,究此一生,不停不息。

09

  他是我印象里的老爷爷,胡子白花花。蓬蓬的带一点儿银白;白白的带一点儿星光。

  我记得他叫泰戈尔。

  他内心的生命怒放。

10

  我站在他的繁星下。

  我站在自己的繁星里。

(作者单位:河北师范大学文学院)

评委特别推荐稿

寻找泰戈尔

谭心怡

遇 见

1

星辰爬上夜空,如闪烁的珠宝。
弹唱自人类祖先存在以前古老歌曲,悠远而静谧。
月亮浮上墨云,似摇曳的小船。
撒下原野里诗人歌咏的银光,古老而宁静。
我踟蹰于大地,却不曾抬眼看到它们的转移,直至遇见你。

露珠点缀于青草,映着清晨的阳光。
阳光洒落于叶尖,和着和煦的清风。
清风吹拂于大地,过着熙攘的人群。
人群中的我呵,踟蹰于大地,却不曾摸着这清风,看不见阳光露珠的摇手呼唤,直至遇见你。

浪花翻腾在大海的怀里,
日月转移在天空的心里,
万物变迁于我的眼里,
我不曾睁眼看见,踟蹰于大地,直至遇见你——罗宾德拉纳特·泰戈尔。

2

人们传说着你的名字，说你是大自然的使者，通报着万物最细微的变化。

人们传说着你的名字，说你披着一身的荣誉，行走在世人的赞叹欢呼中。

人们传说着你的名字，说你胸怀广博的慈爱，带着上帝的普爱赐予弱者。

我好奇着，渴望借你的眼看遍世界；

我羡慕着，渴望站你身旁同享光荣；

我感叹着，沐浴在你的爱的暖光里。

3

我当初是怀着怎样的懵懂，翻开你的诗集，读生之夏花灿烂死之秋叶静美。

一字一句，咀嚼着，沉醉着，在那透着花香的诗行里，

我过去不曾看见人生在自然万物湖泊中的倒映，直至你的诗句掀开这层朦胧轻纱。

我曾经是怀着怎样的震撼，偶读你的诗集，读海浪和海鸥的相遇与分离。

一音一声，相遇的偶然，分离的轻易，奏响淡淡悲伤的歌曲，

我过去不曾看见牵动人与人的命运绳线，直至你用相遇教以我感恩，用离别教我以珍惜。

我又是怀着怎样的迷茫，专注地读着你献给神灵的礼赞。

一颦一笑，期待着，渴望着，万物中的合一的朦胧，

品尝着或浓或淡，或喜或悲的你的言语，试图拨开诗句的轻纱，触摸到背后的伟大性灵，

但诗句如水，轻轻洗过我的心，归于无物。

我在寂静中等待，焦虑着靠近，如你在纷繁世界，静候你主在你沉睡中的悄然到来。

4

我借用你的繁花,给自己编织一身花瓣的华衣;
我用你诗词的宝石,点缀在自己头上闪闪发光;
我吟诵着你的话,在自己身边谱奏叮铃的乐曲。
我所知道的只是你言辞的灵动美丽,
但你没有告诉我这灵动背后更深的泉涌。
在我口口声声说着你的时候,你在天边蒙雾里轻笑,但不曾离我更近一步。

重 拾

1

"你看那绿树什么?它不是天天如此,静默不变么?"
"不。它在歌唱、它在沉思,它的血液,在每天的阳光里都不同。"

"你看那雨点什么?它不过如此平淡、苍白无色。"
"不。它带着天空的言语,渗入泥土里,为天空和大地交递着思念。"

"你看那风什么?它是如此虚无缥缈、不可触碰。"
"不。它驰骋世界旅游了一圈,满载着远方的人的故事。"

"告诉我,你是怎么看到这一切的?"
"很久以前,有人告诉我'我的心,静听世界的低声细语吧,它以此向你示爱',
他用神秘的话语描绘了一幅通往灵与爱的地图,
前路飘着朦胧迷雾,但我终会前行。"

2

他们叫我好好描述你,我张了张嘴,无言。

那清澈如溪流、透明如星辰、梦幻如初放的花朵的诗句，要我如何向人述说，

我没有如花似锦的言语，我怕把你说得不够好。

你如一束光，美丽而难以握住。
你如一涓水，纯净而难以捧住。
你如一阵风，轻盈而难以搂住。
我没有如星似月的言语，我怕把你说得不够好。

朦胧，但你留下的思想，确实掠过我的心头像一群野鸭飞向天空。
我听见它们振翅鼓翼的声音。

3

初遇你的三年后，那是个温暖的午后，橘色的温和的阳光穿过飘窗玻璃，映出彩色的天堂。

那天堂是一颗晶莹的露珠，我看见映在里面的蓝天、绿树，和欢悦蹦跳的小鸟。

窗前的竹林浓密如荫，在清风摇曳中成了绝美的琴弦，风灵巧的手指穿梭弹奏，沙沙地奏出最朴素最永恒的大地之声。

在这样的宁静的午后，我读着你的《美》。何以写美，这博大而虚幻的女神？

你的一言一词，如一阵穿越百年的风，在我眼前幻化、编织，缠绕成一幅绝美的画卷。

我看见夕阳里归来的牛羊，曲折幽径上的牧人，行走在华丽绚烂的黄昏里。

我听见你雅利安祖先遥远的足音，震动大地，与万物合成一曲朴素的歌谣。

我眺望原野和高峰，品读山顶皑皑白雪，眼睛为华彩的霞光所醉。

我从未到过那古老的国度，但你的语言将那片土地上的千万年的日转星

移、云展云舒，注入我的血液，我便如同曾在那片土地上奔跑过，注目过。

你牵引我，带我看粗糙起皱的苍老树皮，弯腰看那隐藏其中的脉络褶皱。
沉默低语，世上有光彩华丽的壮美，也有卑微和丑陋。
我并未挣脱你的手，远离那丑陋黑暗，逃回那绚丽梦幻中。美与丑、壮观与卑微，在你爱的荣光里，和谐地合一了。

这合一，即大美。

当我走出那古老国度，重新审视我眼前的景色时，我看到那阳光天堂里，还映有泥土里的虫豸，还有落叶腐烂的轻叹。

"当我们完美地认识真理时，我们才真正地懂得美。完美地认识了真理，人的目光才纯净，心灵才圣洁，才能不受阻挠地看见世界各地蕴藏的欢乐。"
循着你从远方飘来的轻语，我收拾行李，重启酝酿已久的旅行。

4

我旅行的时间很长，旅途也是很长的。
天刚破晓，我即从窗里看见你绽放在天边的金光，怀着模模糊糊的心情，我推开那禁锢我于"熟悉"牢笼里的大门，懵懂着跑出去了。
我光着脚走，脚趾紧紧贴着土地，它沁出清晨的清香。
露水沾在我脚踝，闪闪发亮，如你精心打造编织的珍珠。我带着一身轻盈、一身咣当作响的宝物，去寻觅接近你的路了。

"离你最近的地方，路途最远，最简单的音调，需要最艰苦的练习。"

那树、那光，
那在晨光里舒展着的初生的粉色小花，
皆有你的身影。但我深知，光从这些，我找不到完全的你。

如何通往靠近你的路呢，

我扣遍了所有陌生人的门，却没有找到你似是熟悉的小屋。

我的眼睛向空旷处四望，却始终不能说出，"啊，原来你在这里。"

我所知的，只是我过去不曾真正靠近你。

知道了这一点，我又向你靠近一步了。

深　寻

1

我只是在朦胧中靠近，不知道自己走了多少路，鸟儿向着太阳展翅，却永远不知道离太阳还有多远。

当光芒泯住了云边，路途在梦境里延展延展。

当风儿展开了野草，小径在眼底下缩短缩短。

以露为坐标，方向稍纵即逝；

以麦作漏斗，时间无法触及。

我只是在朦胧中靠近，不知道自己走了多少路。

命运之神，看着我的跌跌撞撞垂眼叹气。

她举起利剑，在海中央劈开，于是我这叶颠簸飘荡的小舟，眺望到了远处的陆地。

不明确目标，再勇敢的水手也泄气。

不明朗山高，再果断的攀登者也犹豫。

不看见胜利，再坚毅的战士也要把剑倒插于地，低垂投降。

所幸的是，我终于勇敢地下了那叶小舟，俯身拾起石砾，坚毅地一片一块，筑起前行的路。

只因我终于眺望到了远处的陆地。

我走了六年的远路，我淋着六年的雨，披着六年的狂风；

我看了六年的花开花落，品了六年的初生嫩茶；

六年的泥土芳香,将我的虚荣浮躁洗净;

六年的清洌空气,将我幼稚的血液涤荡。

我扶着六年的桅杆,

飘摇,飘摇,终于到了灯火阑珊处。

2

我跟在你身后,成了照顾花园、呵护娇蕊的一名园丁。

我以你教我的热情和痴迷,拭去每朵花的清泪,轻吻每片花瓣的娇嫩。

我为她们弹唱,歌咏着古老的民谣。

我撑起小小的透明伞,为了给花儿遮挡风雨且看见雨滴向下的眷恋。

我嘘寒问暖,终于小心翼翼,将一园的花儿献给我的女王。

然而当她真正站在花园前,我竟为我的花儿不够完美而惭愧地低下了头。

竭尽所能,仍觉不能献出最好,以表达我俯身的卑微的爱。

我滴下的泪水,浸湿你百年前的言语,我看见你在光里微笑,安慰着我受伤的心。

我跟在你身后,拨开那高长的草丛、走到蓝宝石般的湖边。

我以你教我的小心和虔诚,放轻我的脚步,唯恐惊走静候少年足音的少女。

她放下了她手上的工作,顾不得戴好她的脚镯,提着灯来到这里赴一个忐忑的甜美的约会。

静默无言,他们的眼里只有对方,他们的眼里有整个世界。

像鸟儿终于找到天空,鱼儿终于畅游于江河。

我看见蓝宝石般的湖面映出了天上的月,映出了地上的人儿。纯洁的光芒交相辉映。

沉默中道出世界万音,万音不过汇聚成一夜痴恋。

我彭跳的心,跟着你百年前的言语,我看见你在前面引路,带我看尽世间最爱。

3

宗教,这一深淌奔流的寂静无声的大河。

我未曾看清河底涌动的神灵和生命，那波光粼粼，在我眼前展开了朦胧的轻纱。

河里有静默的匍匐，有无尽的仰望，有虔诚的祷告，有一步一叩首的孤独旅途。

三弦琴弹奏出简单婉转的音，

像面对神灵的心，

纯净，而富有悠长韵味。

在宗教这幽深的大河里，我看见你行走在河水上。

手持金黄色的琴，放声欲唱，把歌声默默献给隐藏在河最深处的神主。

等候你主将神掌抚在你额上——在焦虑中、在渴望中、在平静中。

你献上所有珠宝，匍匐在地。

你将你所有的唯一一张破席献上。

如果你手里只有一束鲜花，你也要把它们献上的。

你走过世间的路途，

悠长，悠长，

在虚无中，在懵懂中，靠近。

你叩遍陌生人的家门，你反复练习着最简单的音符，

前行是为了靠近，后退转身亦是为了靠近。

在朦胧中靠近，我们的路途是多么的相像。

你可曾看到那路边的小花，那是我种下的，

你可曾在那棵参天大树下乘凉，它的树洞里留下了我的话语。

我们皆在寻找，走过世间的路途。

我们一路相伴，为着同样的旅途。

死亡，这披着黑色大衣的使者。

那黑如墨汁、黑如浓夜、黑如绝望深渊的大衣。

你却看见他身上闪烁着与"生"一样的光芒，在黑暗中将其辨出。

你抱起你的琴，像为神主歌咏一般为他弹唱，
像莲花敬候黑夜来临的闭眼，
像已经编好花环的新娘在静夜里等候新郎，
收拾行李，出走于与死亡相见的旅途。
在你一心虔诚地向无边未知的海洋纵身一跃中，
我看到了死亡黑色大衣下，慈祥如"生"的笑容。

4

如果只从诗里认识你，

我看到的是有一双慧眼的你，观察到哪怕一片叶子的动容，倾听到哪怕一朵花朵的叹息。

我将会视你为大自然的使者，

将雨雾喷撒在世人眼上，抹去浮华，献上苍古以来的自然的美。

但你，不仅是大自然的使者。

如果只从诗里认识你，

我看到的是有一颗柔软的心的你，歌颂温柔母爱，偏爱纯真童心，守护真挚爱恋。

我将会视你为至善的慈祥老人，

将热爱温暖在世人心上，驱走冷漠，奉上远古以来的淳朴的人情。

但你，不仅是至善的老人。

如果只从诗里认识你，

我看到的是有一副美喉的你，为神主献上真挚的歌咏，向苍穹呼唤共鸣的回声。

我将会视你为虔诚的信教者，

将圣光传播在世人之间，开启矇眼，撒上悠远天边的神圣。

但你，不仅是虔诚的信教者。

在喧闹人群中，我看见你的身影。

在贫困的乞儿中，与他们同席而坐，你的脚上沾上跟他们一样的尘土。

在愁苦的少女中，与她们一同劳作，你替她们发出了要求善待的呼唤。

你为了接近他们，隐去了自己的光芒，却在弯腰俯身之间，使自己的荣光更加耀眼了。

在残酷战火中，我看见你的身影。

在流离失所的孩子中，与他们一同奔走，你的身上染着跟他们一样的迷茫。

在失去儿女的老人间，与他们一同落泪，你替他们发出了愤怒的悲号。

你为了支援他们，放下了自己的国籍，却在挺身而出之间，使自己成为了各国人民的同胞了。

5

不要嘲笑我用了这么长的时间才得以靠近，

我的旅途走得很慢，

我的旅途走得很深。

如果说，花开有声音，

六年前，花儿于我静默无言，

三年前，花音隐于匆忙之间，

现在呵，我终于听见花儿送在清风里、寄在空气里的佳音了。

如果说，山神会舞蹈，

六年前，远山于我沉稳不变，

三年前，山舞失于低头之间，

现在呵，我终于看见山在四季里、在晨光黄昏里挥舞的轻纱野马了。

如果说，人间有灾难，

六年前，灾难于我遥远迷茫，

三年前，灾难使我颤抖落泪，

现在呵，我终于迈出了为战火中、困境中的受难者呐喊、争取的一步了。

如果说，我能看进你的眼，
曾经那是一片朦胧而美幻，
现在则是从你眼里清晰地又映出了世界的汪洋。

如果我一步一步地走，
走得一步一步地深，
我走的路是不是就越远，
探寻到的就越是你深处的那处隐秘花园，
你在那穿着家常的素衣，
揭开朦胧，褪去荣光，
我便终于可以说，"原来你在这里"，
这一声轻叹将裹带着万千寻觅、喜悦和哀愁，
一路扶摇而上苍穹宝殿——那是你百年后读者自己弹奏出的琴声。

(作者单位：四川大学江安校区文学与新闻学院)

发现泰戈尔：西方与东方的相遇

沐钰（刘燕）

一

Tagore，泰——戈——尔——，一个富有韵律、节奏美妙的名字，唤起了我遥远而亲切的追忆。30多年前，当我还是一个初中生的时候，第一次读到《飞鸟集》、《园丁集》时，立即被那些清新隽永、甜美深邃的小诗深深打动了，我把"生如夏华之绚烂、死如秋叶之静美"之类的诗句虔诚地抄写在心爱的笔记本上，这些如珍珠般的晶莹语词成了我逃避暗淡乏味、机械沉闷生活的护身符。

在那个电视电影媒体尚欠发达的时代，对泰戈尔的爱慕好像一个难以启齿的秘密，深蕴少女心中。睿智、潇洒、伟岸，饱满的额、深邃的眸、挺拔的鼻，加上满腮胡须、长袍飘逸，一位仙风道骨的美男子，不是西方人的陌生奇特，却似中国古代圣贤。高贵而飘逸的泰戈尔形象成了无数东方少女的梦中偶像，他近在邻邦，虽神秘缥缈，却非遥不可及。通过文字，我们一点点触摸、接近，在芬芳的低吟、静谧的想象中颤动、回响，窃窃私语：

你已经使我永生，这样做是你的欢乐。这脆薄的杯儿，你不断地把它倒空，又不断地以新生命来充满。

这小小的苇笛，你携带着它逾山越谷，从笛管里吹出永新的音乐。

在你双手的不朽的安抚下，我的小小的心，消融在无边快乐之中，发出不可言说的词调。

你的无穷的赐予只倾入我小小的手里。时代过去了,你还在倾注,而我的手里还有余量待充满。(冰心译《吉檀迦利》)

上大学期间,我一直感兴趣的并非教科书一味肯定推崇的《飞鸟集》《园丁集》《新月集》等,而是玄妙莫测、不可言喻的《吉檀迦利》(Gitanjali)。最近读到一则有关冰心的采访,访问者问她最喜欢泰戈尔的那本诗集。她的回答印证了我们共同的趣味:"《吉檀迦利》"。在那样一个拒斥宗教神秘体验的唯物主义时代,泰戈尔具有强烈神秘感与精神美的诗句好似一道光,照亮了我灵魂的幽暗处;那些无限谦卑、神圣之爱的永恒乐音让我渺小的生命脱胎换骨:"用你的生命把爱的灯点上吧"!

二

仿佛是命中注定,为东方发声的泰戈尔在冥冥中牵引着我。一个偶然的日子,我拿到了名曰《东方丛刊》的杂志,是广西师范大学中文系梁潮主编的一个学术刊物,读到旨在"弘扬东方文化与东方美学"的发刊词,我激动不已,毅然写信求职,很快获得了热情的回应。就这样,为神奇"东方"二字所召唤的我,硕士毕业后义无反顾地来到了桂林——一个风景宜人的小城,开始了献身于"两脚踏东西文化,一心评宇宙文章"的探索之旅。

主编下达了一个全新的科研任务,我们一起参编《外国文学史》中东方文学概论部分的写作,我要以一个新的视角梳理、透视中西方的泰戈尔接受史。我开始了学术生涯的第一个研究课题:是谁发现了泰戈尔?如果泰戈尔未获得西方人授予的诺贝尔文学奖,"泰戈尔现象"还可能风靡全球吗?在一个全球化的时代,泰戈尔的意义何在?

1913年11月3日,当瑞典诺贝尔文学奖的评委们破天荒地把诺贝尔文学桂冠给一位默默无闻的印度诗人时,这一惊人之举不仅在西方,也在东方引起了不同寻常的反响。加拿大《环球报》以嘲讽的语气说:"诺贝尔奖金第一次授予一个不是我们称之为'白人'的人。诚然,对我们而言,要欣然接受一个名叫罗宾德拉纳特·泰戈尔的人获得一项世界性文学奖金的看法,尚需时日,这个名字读起来那么诘屈聱牙,以致使我们第一次看到这个名字时,仿佛觉得它不是真的。"连泰戈尔本人也发出疑虑:"亚洲人有资格获得此奖吗?"

为了解释泰戈尔仅凭一本《吉檀迦利》就征服了西方的传奇故事,我查找了许多资料,搬出接受美学、文化误读、东方学等各种文学理论,作为思考这一文学现象的切入点。我注意到读者的"期待视野"是"真正的过滤器",所有经过筛选而形成的对异域文化的有意或无意的背离,都是对文本的一种(创造性或消极性)误读。如此看来,西方学者对泰戈尔的发现首先要归功于英国人:伦敦皇家美术学院院长、画家 W·罗森斯坦、爱尔兰诗人叶芝和美国诗人庞德等。1912 年 5 月泰戈尔把信手翻译的几首英文诗寄给了罗森斯坦,后者又把这些诗转给叶芝,叶芝继续转给庞德,这几位对东方文化艺术倍感兴趣的现代作家为泰戈尔诗歌中洋溢的东方美所震撼。同年 11 月伦敦印度学会出版了叶芝亲自作序的英文版《吉檀迦利》。1913 年 3 月此书的英文普及本出版,直至年底为止的 9 个月内,这本薄薄的诗集竟重印了 13 次之多。与此同时,英国诺贝尔文学奖推荐人斯塔尔·摩尔立刻向瑞典文学院推选泰戈尔为当年度的候选人。瑞典诗人海登斯坦亲自写了一份详细的推荐书,提及"在它们的每一思想和感情所显示的炽热的纯洁性中,心灵的清澈、风格的优美和自然的激情,所有这一切都水乳交融,揭示出一种完整的、深刻的、罕见的精神美。"随后,文学院的院士们掀起了一股阅读《吉檀迦利》的热潮。当时尽管有 20 多个国家,包括哈代、法朗士在内的 27 名作家角逐诺贝尔文学奖,但泰戈尔最终以绝对优势赢得了这项殊荣。

一个伟大的作家、一部伟大的作品离不开伟大的发现者。显然,在西方发现泰戈尔的过程中,叶芝是最为关键的核心人物。在为《吉檀迦利》所作的序中,叶芝激动地写道:这些抒情诗"以其思想展示了一个我生平梦想已久的世界。一个高度文化的艺术作品,然而又显得极像是普通土壤中生长出来的植物,仿佛灯心草一般。"通过《吉檀迦利》,叶芝等西方有识之士看到了生平所梦想的东方:坐在河心摇晃着的小舟中吹着横笛的陌生人、头顶瓦罐在夕阳的余晖下汲水的窈窕少女、熏风吹来芒果沁人心脾的馨香、洁白盛开的莲花、狂风肆虐的春天、香烟萦绕的庙宇、神光离合中的朝圣者……

2012 年夏季,我有机会来到叶芝的故乡、位于爱尔兰西北部的斯莱戈(Sligo),向这位继泰戈尔十年之后同获诺贝尔文学奖的文学大师致敬。我盘桓于凯尔特神话与传说萦绕的城堡、废墟与湖滨，听着领航员兼导游用浓厚爱尔兰口音的英语缓缓地吟诵着《茵纳斯弗利岛》(Innisfree，1893)："我就要动身走了，因为我听到/那水声日日夜夜轻拍着湖滨；/不管我站在车行道或灰暗的人行道，/都在心灵深处听见这声音。"刹那间，我顿悟到叶芝对泰戈尔的发现正是两颗跨越东西方的伟大灵魂之间的相遇，他们同是宇宙之爱的神秘歌者，是心有灵犀的一对孪生兄弟。

三

中国人对泰戈尔的爱戴崇拜之情，似乎没有任何一个国家可以比拟。陈独秀最早在1915年《青年杂志》上介绍："达葛尔印度当代之诗人。提倡东洋之精神文明者也。"胡学愚在1916年《东方杂志》上发表了《印度名人台峨氏在日本之演说》。中国人对泰戈尔的高度关注是在1924年泰戈尔访华前后，郑振铎、徐志摩、冰心、梁宗岱等诗人学者都争先恐后地译介泰戈尔；商务印书馆发行的《飞鸟集》、《新月集》和《太戈尔诗选》等单行本，掀起了一阵龙卷风般的"泰戈尔热"。1922年郑振铎译《飞鸟集》的出版引发了中国诗坛上一种表现随感式的"短诗"或"小诗"盛极一时，其中泰戈尔的嫡传弟子是年轻的冰心，她回忆自己最初的创作动机是"因看作泰戈尔的《飞鸟集》，而仿用他的形式，来收集我的零碎的思想"。《繁星》《春水》是中国现代诗人向这位东方大师呈献的青春礼物。

我注意到，与叶芝、庞德喜欢泰戈尔诗歌中的宁静朴素、原始感官与神秘之美不同的是，对正处于黑暗迷茫、彷徨困境中渴求光明和自由的中国年轻心灵而言，泰戈尔诗歌所弥散的"爱的福音"、"灵的乐园"和"生的勇气"无疑具有奇妙的净化力和感召力。在写在给泰戈尔的一封邀请信中，徐志摩恳切地期待着："我们相信你的出现会给这一个黑暗、怀疑和烦躁动乱的世代带来安慰、冷静和喜乐，也会进一步加强我们对伟大事物和生活的信心与希望。这种信心和希望是已经通过你的助力而注入了我们的心怀。"郑振铎则声明："我们所欢迎的乃是给爱与光与安慰与幸福于我们的人，乃是我们的亲爱的兄弟，我们的知识上与灵魂上的同路的旅伴。"泰戈尔既像一个东方圣人带来了真理和福音，又像一个亲爱的兄弟赐予年轻人以信心、希望和勇气。

比起朦胧玄奥的《吉檀迦利》，清新明朗的《飞鸟集》《园丁集》《新月集》更易于为中国人理解和模仿。到了20世纪五六十年代，即便是在泰戈尔被公认为唯一适合中国人合法接受的特殊时代，读者对他的误读更是无所不在。《吉檀迦利》被贴上了"现实主义""爱国主义"的万能标签，研究印度文化的著名学者季羡林如此评价它："有一些诗充满了神秘的宗教情绪，或者空洞无物，除了给人一点朦朦胧胧的美感外，一无所有。"

不过，随着时代环境的变迁与阅读视野的多样化，当代读者对泰戈尔经典的解读日趋丰富、深入和多元，泰戈尔文本中悖论式的智慧、神秘的奥义、复杂的精神洞察力得以显现。正如诗人所自省的："在我身上似乎有两种相互矛盾、相互交战的力量。一个总在召唤我完全休憩，一动不动；一个却根本不让我安宁。欧洲人积极入世的精神不停地冲击着我沉静的印度禀性。"我想，恰恰是这种两极之间的精神张力成就了泰戈尔的本土性与普世性，使之成为一个伫立在东方与西方、古老与现代之交汇点上的象征人物：其作品既不是西方基督教文化的拙劣模仿或变体，也不是印度因循守旧的传统的翻版，而是古老的《奥义书》，迦梨陀娑、毗湿奴派的抒情风格，民间习俗的乡土活力与西方基督教文明的完美融和创造。在当今这个精神萎靡、思想混乱的世界上，泰戈尔怀抱着对万物和永恒者的爱，通过想象的无限创造力传播着一种既深刻又单纯的思想："我之存在就是作为生命的永恒的惊奇。"

四

近一个世纪以来，泰戈尔有如同雄伟威严、纯洁闪光的喜马拉雅山，耸立在东西方相遇的制高点——这个世界屋脊显示了我们每个人的渺小狭隘、无知虚妄。对于西方人来说，泰戈尔是有史以来第一次倾听到从沉默古老的东方发出的全新声音，它在宣告着一个不容置疑的事实：东方的心灵和文明绝不是陈列在西方博物馆里的标本，也不是值得炫耀的殖民主义成果或仅供浪漫想象的神秘之地。对于东方人而言，他是几千年文明古国凝聚的人类智慧与灵感的源泉，是充满勃勃生机、精神焕发、有着无限潜力的生命形象，是我们得以突破封闭偏狭自我、开放心灵、寻求对话的精神导师。

有关"东西方文化误读中的泰戈尔"的研究，成为我精神追索和人文教育的一个醒目坐标。我越来越认识到，泰戈尔之所以成为世界经典，值得我们重新阅读，是因为在这样一个世界各国愈来愈结成一体的全球化时代，他曾经、正在、并将继续提醒我们东方与西方相互理解、彼此分享才是达成人类和平与仁爱之路。正如台湾诗人钟鼎文的评价："泰戈尔是一个独立的存在，不属于东方或西方，但却涵盖着东方与西方最崇高的精神领域。甚且，更是一个超越的存在，不属于任何时代而属于永恒。"

泰戈尔曾经说："我不知道是什么缘故，到中国便像回到故乡一样！"我期待着这位伟大的诗圣能够听见一个从孩提时代到年近五旬的倾慕者之真情告白："我不知道是什么缘故，读到泰戈尔的诗便像回到灵魂的故乡一样！"

今天，不朽的泰戈尔再一次携带着他的美妙芦笛，在绿叶鲜花丛中，在奔腾的急流上，在悲哀与欢乐激起光影闪烁的涟漪中，在莺飞草长、群星沉默的时刻，向我们缓缓走来：

让我所有的诗歌，聚集起不同的调子，在我向你合十膜拜之中，成为一股洪流，倾入静寂的大海。

像一群思乡的鹤鸟，日夜飞向它们的山巢，在我向你合十膜拜之中，让我全部的生命，启程回到它永久的家乡。(冰心译《吉檀迦利》)

(作者单位：北京第二外国语学院跨文化研究院)

北极星将会发光
——诗意流年

秦建鸿

他从小喜欢泰戈尔,"六一"儿童节,老师教大家朗诵泰戈尔诗句:

——树林踮起脚尖,窥视着天空。
——泥土承受侮辱,却以它的花为回报。
——绿叶在爱之时成为花朵,花朵在崇敬之时成为果实。

年幼时的他尚不知诗的意味,但特别喜欢"踮起脚尖,窥视天空",吻合了孩子的好奇。树林与天空间的奇妙挥就了童年的梦,铭记于他心中。

泰戈尔用美的气息传递了自然、生活、和爱的感悟,如种子播进了他的心田,就这样他与泰戈尔的诗结下了缘。

随着年龄的增长,他慢慢喜欢上泰戈尔的那首不朽的名篇:

前面是平静的大海,
把它放下船去吧,舵手。
你们将是永远的伙伴,
把它抱在膝上。
在无穷的道路上,
北极星将会发光……

后来此诗成了他朗诵的保留篇目,冥冥中也成了他一生的写照。

前面是平静的大海,

把它放下船去吧，舵手。

他和她第一次见面是在传呼电话间，那是在遥远的80年代初。电话间阿姨说，省得你们花费钱跑来跑去，再说都住一条弄堂。

他终于同意了。

亲朋好友都这样对他说，放开一点吧，年纪大了。

他放开了，放下了什么？初恋的女孩。崇明农场的田埂小道，仰望蓝天白云，听着海涛声，一起遥想未来。后来回到上海，女孩去了国外，再没联系。然后是大学的同窗女友，闻着浓甜的桂花，脚踩沙沙着响的落叶，他们谈古论今，一起面对生活。可是等到谈婚论嫁，女友却嫁给了富商。

他放下了，前面是平静的海洋……

晚上电话间关门时，他和她见面了。阿姨讲，你们俩都是我认识的，都是好人，你们放心。

相视了一会儿，她对他说来家喝杯茶吧。

就这样，他和她开始交往。

他文温儒雅，回想起来，他一个大学生怎么会看上她？也许他也想早点有个家，她有房一人独居，也许吧。她不想刨根问底，在他身边她觉得安稳，就这样他们结合了。

没有花前月下，没有轰轰烈烈，有的只是会心默契。她工作的街道工厂就在后弄堂，她可以早早回家料理家务。晚上躺在床上，看到灯光下他伏案工作的背影，这样的家庭画卷似曾相识。

他也为自己欣慰，享受如此温馨的家，虽然少了些甜言蜜语，但是家里窗明几净，书桌上那盆绿萝生机盎然，带给他伏案写作的灵动。意想不到的是每天早上都能穿上她为他熨烫干净的衬衣，这让不修边幅的他改变了一个模样。

他从心底里感谢她，她就是他的"红袖添香"。

婚后的他口福也不浅，没想到她会做一手好菜，还特别讲究色彩，放在桌上宛如一幅画。她常常把绿色的菜放在他那边，把深色的菜放在自己这边。她说，男人是天，女人是地。

餐餐他都赞不绝口，"都超过我妈啦。"

今天她像往常一样忙好了晚饭，坐在餐桌前，属于自己的大地一边，眼前是一盘土豆胡萝卜丝。丈夫的那边是一盘塔菜冬笋，初冬的时令菜，很有蓝天的韵味。中间的萝卜炖排骨汤要等他来了才揭盖。

已经七点半了，他还没来。冬日的夜来得早，仿佛已经很深了。通常他总在七点之前到家了，今天有点意外，她静静等着，想象他会怎么评价今天的天地之肴。

她的眼睛从餐桌向四周飘忽，看到五斗橱上的结婚照，这里原来放着父母的遗像，现在她把他们收藏起来，父母一定不会责怪她，反而会为女儿的婚姻而高兴。

这是一间 13 平米，煤卫独用的单室户，在上世纪 80 年代初是很奢华的。她的父亲死于 60 年代的那场运动，抄家的那晚父亲就离开了人世，从此她和母亲就从小洋楼搬到此地。

后来母亲一病不起。她的青春年华就奔走在母亲的病床和街道工厂，一晃十多年。

母亲去世后，30 出头的她觉得自己也老了，谁会娶她？婚姻好像没有这个奢望了。

想不到的事就突然来了，来得那么顺理顺当，传呼电话间的阿姨把他介绍给她。

现在，她就这样静静坐在桌边，望着"三五牌"座钟，时间一分一秒过去，心也慢慢浮动起来。自从父亲去世后，年少的她从来就没觉得踏实过。她的心始终悬挂着，常常听到自己的心跳，忐忑不安，仿佛等待着那么一天，地要裂开来，陷入无底深渊……

此刻心又被悬挂起来，这是婚后第一次又听到自己心跳的声音。三五牌座钟指向八点半了，她突然听到整个房间里都是时钟嘀嗒声，声音让她喘不过气来，她想用手捂住耳朵，自己的手却不听自己的使唤。

就在此时，一个声音从窗外砸进来："201 电话！201 电话！你家老公出事了！"

地，真的裂开来，无底深渊……。

电话间阿姨敲门时，听到里边一声歇斯底里的尖叫……

你们将是永远的伙伴，

把它抱在膝上吧。

他把她从地上抱起来的那一刻，突然感觉到，这辈子注定要和她相拥在一起了。

今天他本该可以早一点到家，就在路口等绿灯时，一辆喝醉了酒的脚踏车撞上来，他倒没什么，那人倒下来，他立刻送他去了医院。在医院里周折了好一番时间，没想到回到家她却倒在地上。

说来奇怪，神志不清的她躺在急诊室的病床上，居然一直紧紧拉住他的手不放，以至让他感到阵阵酸麻。

望着眼前的她，不弃不离拉着自己，让他觉得从未有过的心痛。他放下了，最初是内心深处的逃避，没想到前世注定。

婚后的小屋就是平静的海洋，她的温暖、体贴，和宁静，让他倍感相敬如宾的和睦。

但是今晚她怎么突然病倒了？毫无预兆，毫不知晓，太不可思议了。病来如山倒呀！

医生的证断更让他吃惊，当头一棒：遗传性的精神分裂症。

这是一个无法接受的事实！这是一个必须面对的现实！接下来她必须转送精神病院治疗。

一个月后他去医院接她，她只认得他，其他都很模糊了。

而他呢？几乎不敢相认，娇小的她在药物的刺激下突然虚胖起来。他们相视而立，而后执手相看，竟无语凝噎……

这一个月，是无数平常日子里的平常月，对他来说则是不平常的一个月！难忘的一个月。他听得最多的是，离婚吧，赶快离吧。几乎所有的规劝就是"离婚"两字。这也难怪，他的亲朋好友总为他着想。

他也想过逃离，但是"她怎么办？"

"她怎么办？"成了日后漫长岁月里他的口头禅。

这一个月里，他做了两个决定：这辈子不离不弃。另外，决定换工作，离开他供职的媒体，找一份离家近点不坐班的工作。这样就可以有更多时间照顾她，陪伴她了。

把它抱在膝上吧，你们将是永远的伙伴。

生活就这样翻开了新的一页。

现在他开始学起买、汰、烧，餐桌上的天、地菜肴，外加镇桌之宝——炖锅，他都操作得惟妙惟肖，餐餐都能逗她开怀大笑。

他体验到家务绝活其乐也无穷，不亚于爬格子的快乐。他时常想，如果没有她的病，此生也许不会去当家庭夫男，当然也享受不到这份自在生活的乐趣。

她就像一个听话的乖孩子，沐浴他的疼爱。她病情稳定后，他经常带着她外出散散步。

一个傍晚，他们在街心花园看到年轻的妈妈推着童车，她两眼盯着宝宝，吃吃笑，宝宝却哇哇哭起来。第二天她在弄堂口的幼儿园停住了脚步，双手抓住幼儿园开放式围墙的栅栏，再也不肯离开。

"我要孩子！"起初只是喃喃自语，后来喊声越来越响，又一次地歇斯底里。

这一次从医院出来，他们搬家了。搬到了浦东僻静的地方，为了避开人群。

那个年代从浦西搬去浦东，大家都奇怪不能理解。他这样解释，家住浦东好，摆渡过江时可以看看黄浦江上的自然风景，半夜里还能听到船鸣声，心旷神怡。

这一次，他看到了她眼底深处的渴求，母爱的渴求，撕心裂肺。一个结了婚的女人想要一个孩子，天经地义。但是，他们却不能。

医生对他说，为了你们，为了下一代，要慎重考虑。

那么领养呢？

更要慎重。

不能有孩子对夫妻是一种残忍，对他更是不公。

但，这又是必须面对，必须接受的现实。

后来他对她说，你是我的女儿囡囡，我是你的儿子宝宝，我们不就有了孩子吗？于是"囡囡"和"宝宝"，就成了他们夫妻私密的昵称。

这一晃几十年，他整日与锅碗瓢盆打交道，放弃了许多，放弃了本该属于他的利禄，得到的是一颗平常心，真可谓相濡以沫，相忘于江湖。

在无穷的道路上，

　　北极星将会发光……

时光无情，人渐老。岁月有情，爱如初。

现在他们已经两鬓斑白，这些年来，他常对同事和亲朋好友戏言自己已成半个医生，有医疗问题尽可以向他咨询，从各种检查如何准备怎么进行，到解读检查报告，以及手术前的准备和手术后的各项护理，可以仔细列表。

十年前她又患了肾病，已摘除一侧，生活的磨难可想而知。可这小屋里笑声不绝，她最爱听他朗读那首他的至爱，听它千遍也不厌倦：

你们将是永远的伙伴，

把它抱在膝上吧……

每每此时，她便撒娇地坐进他的怀里……

就在她患肾病的那些日子里，他的母亲家里因动迁，弟弟们闹得不可开交，她却说，把姆妈接来吧，我们可以睡在一张床上。

她的这句话，让他感慨万分。姆妈来了，一个老人，一个病人就睡在这张大床上，而他自己每天晚铺早收睡沙发床。为照料母亲她还特意学习老年护理，列了一张护理表挂在床头。

就这样他和她送别了姆妈，对姆妈这份临终关怀的孝心，让弟弟和妯娌们汗颜。

前些年，生活又有了插曲。也是一个桂花飘香的季节，他收到了一条短信：

八月桂花遍地开，张灯又结彩……

一看便知谁，嫁了富商的女同学几经周折又找到了他，富商丈夫病故，很想与他续旧。

他们还是见了一面，就在桂林公园的桂花茶座，谈归谈，聊归聊，最后他还是那句话：她怎么办？

暂靠岸边的生活之舟，又驰向不同的港湾。

他们的生活随着岁月的流淌，益发弥笃。

亲朋好友常议论他，说他失去的太多了。

他笑了。

北极星之光照亮了他。
他和她把生活化成了诗:
我生命的生命,
我要保持我的躯体永远纯洁,
因为我知道你的生命的摩抚,
接触着我的四肢。
……

(作者单位:上海大同学院)

泰戈尔在我心中

明月映故乡，秋思落马来

郑昭昕

2014 年 9 月 22 日（星期一）雨

"滴答滴答……"下着雨的晚上，我站在教室门口，雨滴坠在伞上，五颜六色的伞像花一样在雨林里绽放，慢慢地、慢慢地远去，直到被黑夜吞噬。眼前的男同学一身居家打扮，撑着伞拥走了自己的女朋友，他们离去的脚步在地上溅起了一片涟漪，倒影里的我，只影单形，"唉，该带伞出门的……"心里想着。他们说，北京很少下雨。

> 雨点亲吻着大地，低声说道："我们是你怀乡思家的孩子，妈妈，现在从天上回到你身边来了。"

雨滴的声音，和雨后那湿润的空气，在马来西亚是很平常的。飕飕夜风拂过我的脸颊，好冷。雨滴呀小雨滴，你们化作空气，游遍了大地，枕在云端，鸟瞰这美丽的世界，你们落下的时候，有没有看见我的祖国？

这是我到北京的第 19 天。

妈妈，我是你怀乡思家的孩子，如今身在异乡，像那在风里赢步婀娜的蒲公英，逍遥，又带点孤独。

2014 年 10 月 8 日（星期三）晴

> 啊，你挺立在池塘边的蓬头散发的榕树，你可忘了那小小的孩

子，像在你树枝上筑巢而又离开你的小鸟的那个孩子？你可记得他坐在窗边，对你渗入地下的纠结错杂的树根感到诧异？

榕树啊榕树，你若是我的祖国，我便是那只离你而去的鸟儿。我在那片土地上，曾经触脚可及的那片土地，留下的任何痕迹，你可否记得？我在细白的沙滩上写下自己的名字，我在肥沃的泥土里种下一棵玫瑰，我知道这对你而言是多么的微不足道，但对我，却是心里燃燃不息的思念。

思想掠过我心头像一群群野鸭飞过天空。

回忆盘旋在我脑海里，我想我犯了思乡病，在这个陌生的城市，病入膏肓。

记得那个下午，就是我来北京的前两天，我在家里收拾着行李。那时我坚持要把我自己存钱买的《泰戈尔诗选》装到已超重的行李箱里，我宁愿把更多的衣物给这本书换出个位置来。为什么？我也不知道。

开学选课的时候，看到"泰戈尔导读"这堂课，心里又惊又喜。惊是因为孤陋寡闻的我没有想过有机会那么系统化地以课堂方式接触泰戈尔文学，喜是因为我有机会更深层面地去认识并赏析泰戈尔的文学作品、又能结交同样喜欢泰戈尔作品的朋友。所以我毫不犹豫就选了这堂课。

每周三下午，我都坐在这里，在泰戈尔的诗里。

某些看不见的手指，仿佛悠闲的清风，正在我心上掀起微波荡漾的乐声。

泰戈尔的诗仿佛荡漾的乐声在我耳际围绕，这一堂课，让忙碌而疲惫的心情沉淀，让忧虑而沉寂的情绪平复，但对于我更刻骨的是，让那无依的游子心，安然地栖息在温暖的乡情里。

孩子想成为风，吹过你簌簌的树枝；想成为你的影子，在水面上随着白昼的流光而逐渐伸长；想成为鸟儿，栖息在你的最高枝上；还想同那些鸭子一样，在芦苇与阴影中间浮游。

榕树啊榕树，若你是我的祖国，我便是那孩子，纵然身距千里之外，我的心思却时刻与你相依。像掠过树梢的风儿，像坠落土地的雨滴，或缥缈，或真朴，无一不蕴含淡淡的惆怅。

这是我到北京的第 35 天。

正如树木落叶一样，我的言辞掉落在大地上，让我那没有说出口来的思想，在你的沉默里开花。

我那不出口的思乡愁，在泰戈尔的诗里开花，我想我明白为何我坚持要把诗集漂洋过海带到北京。

2014 年 10 月 15 日（星期三）晴

初秋的晴空，熙熙攘攘的人行道，风儿轻轻晃着树梢，一片片金叶从天而降，我心里不禁赞叹"哇，这就是秋天！"。在马来西亚这样的热带国家，叶落的季节永远只是字句间的描绘，脑海里的幻想。

落叶飘呀飘，飘过人群喧哗，飘过时间海，飘着飘着，然后轻轻地躺下了。下午二时五十五分，我看见我自行车篮子里那来自秋天的问候，会心一笑。

独一的那一片落叶，那是属于我的，北京的秋，送给我的礼物。我在阳光下端详，坚实的叶柄微隐绿意，叶片仿佛撒上了一层金沙，那样地静谧又神秘。秋天仿佛待嫁的新娘，头戴面纱，等待着大自然把我对秋天的憧憬揭晓。

我把它轻轻地夹在笔记本里，然后上课去。

上课、下课，时间就是在这样规律的间歇里不停地跑动。夜间，当一切的忙碌都和蓝天一起睡去，我坐在桌前，终于有一段宁静，能让我自己和自己独处。想起下午美丽的小插曲，我听见落叶告诉我"孩子，停下你手中的忙碌，好好欣赏神创造的美丽大自然。"一片落叶，带来一份清新的宁静，我拿起笔，在落叶上写下了泰戈尔的诗"生如夏花之绚烂，死如秋叶之静美"。

我把它贴在桌前，好让它时刻提醒我，在紧凑的生活节奏里也要懂得停下脚步，绚烂的生活源自于内心的享受。离乡在外，只身一人的我，在这个尚未熟悉的城市，在这个全中国高考生觊觎的学府，我究竟想要学习什么？得到什么？而生活，又会赋予我什么？

　　让我设想，在那些繁星中，有一颗星，是指引我的生命穿过我所不知道的黑暗的。

这是我到北京的第42天，我的心是充实而快乐的。

(作者单位：北京大学的马来西亚留学生)

黄昏后

黄　靖

一

我的母亲给我取名为"新月",因为她非常喜欢诗人泰戈尔。他的每一句诗,她都能信手拈来,倒背如流。我对诗歌并没有半点兴趣,如果真的要找出我的什么爱好,我喜欢学校长桥旁的日落。

我喜欢看着太阳用尽最后一丝力气给河水朴素的衣裙绣上金边,我喜欢看着黄昏安静地包裹上天空与树林。这样的景致每每让我沉浸其中,如痴如醉。

每一个黄昏,我都会一直等到晚霞落幕,等到长桥上的路灯被一盏一盏地点亮,这个时候我才会支起倚在桥栏杆上的身体,慢慢地沿着路灯投下的光晕离开。

后来的某一天,我在图书馆翻阅到了泰戈尔的《飞鸟集》里的一首小诗,诗人这样写道:"黄昏后的天空,在我看来像一扇窗户,一盏灯光,灯光背后的一次等待。"我在心里将这首诗念了一遍又一遍。那天傍晚,我再一次去了长桥,去守着黄昏,守着日落。

我对着那片醉人的天空发呆。倘若那真的是一扇点着灯的窗,那灯光后等待着的又是什么?谁会来为这份等待画上一个句点?若所等的迟迟未来,是否是一直等下去?是不是每一个没有日落的黄昏都是一次失落与灰心?那么后来又出现的晚霞,想必是强颜欢笑或者又是重振希望?我突然觉得很难过。这一次,我没有等到路灯亮起,就这样匆匆将落日抛在了身后。埋着头,我看见自己的影子孤零零地匍匐在地上，于是我加快了步伐，有什么东西哽在了我的喉咙与心口。

二

我叫廖飞。

新月并不知道我从很早以前便注意到了她。

她总是爱一个人跑到桥上去守着看日落。这个习惯，是她妈妈离开以后养成的，也许她自己都没有发现这一点。她的家里原本只有她和她妈妈，如今便只有她。

那天在图书馆，我偶然间遇到了新月。她捧着一本书站了很久，嘴唇微微动着，似乎在念着什么。出于好奇，我在她走后，拿起了那本书，泰戈尔的《飞鸟集》。我想一定是诗人的哪句话触动了她。

那天傍晚，新月如往常一样出现在了长桥上，只是这次她并没有待很久。落日还未退场，她便低着头脚步匆忙地走了。她落荒而逃的样子就像身后有什么在追着她，有什么是她一直躲着的？

三

这几日天气都很好，我却没有再在黄昏时分去过长桥。

我不知道为什么，就在突然之间，我不愿意再看到落日，不愿意再看到灯光，也许更不愿意的是想象灯光背后的等待。

今天去图书馆，我路过了那个放着《飞鸟集》的书架。鬼使神差一般，我再一次取下了它。我找到那首诗的位置，有一张纸片轻飘飘地从其中落下。我将它从地上拾起，上面是两行干净利落的字迹：从别的日子里飘浮到我生命里的黑云，不再落下雨点或引起风暴了，却给予我的夕阳的天空以色彩。

这是谁留下的？他是无心的吗？还是想要告诉我什么？

四

  我抄写了《飞鸟集》里的另外一首小诗,放到了书里。我希望新月能够发现它。

  她已经很多天没有再去看日落了。我想让她知道,夕阳并不都是悲伤寂寞的,黄昏背后的等待,于她,也并非是空白。在诗人那样一颗敏感的心里,它尚且可以这样美丽多彩,我们又何必让它徒增凄凉?过去如果真的无法让它过去,那就坦然地让这朵"黑云"来点缀你的现在。

  这几日,我徘徊在长桥上。从暮色初降一直等到路灯亮起。我希望能等到新月再一次回到这里。

五

  我站在长桥口。那张纸条并没有被我放回书里,此刻它被我紧紧地握在手里。我的脑海里,一直挥之不去黄昏的影子。当初我是为何那般迷恋它,如今又是为何这样的不敢靠近。这些我统统不知晓。现在,我又站在了这里。等着我的,是一次黄昏,是一扇窗,是窗后的灯光,还有谁的等待。

  也许并没有谁的等待。

  我迈向了河边的日落

六

  她终于出现了。

七

  我似乎看到了他。

八

她似乎在微微笑着，不同我说什么话。而我觉得，为这个，我已经等待得久了。

九

他的一双眼睛让我心中全然明了。

我们并没有说话，只是一同倚在栏杆上，看夕阳的余晖慢慢散尽，看桥边的路灯一盏一盏地亮起。

关于黄昏后的这扇窗已经打开，一盏灯也被点亮，至于灯光背后的一次等待……我微微侧首，他的脸让孤单在我心里平静下去，正如黄昏在寂静的河边。

(作者单位：四川大学)

中国在泰戈尔心中

颜智婷

中国，在泰戈尔心中。

泰戈尔一生三次来华。1924年4月，1929年3月与6月。

1924年，泰戈尔第一次到访中国。60多岁的老人不顾身体的病患，家人朋友的劝阻，执意要来到这个国家。他说趁我衰老的心灵还能感受，决不可错过这最后唯一的机会，这博大、从容、礼让的民族，我幼年时便发心朝拜，与其将来在黄昏寂静的境界中萎衰的惆怅，毋宁利用这夕阳未暝的光芒，了却我近乡人的心愿？

因此，老人熬着高年，冒着病体，备尝行旅的辛苦来到中国。如此疲惫，仅仅是为了心中的那份感情。

那份对于中国的向往之情。即使在西方文化盛兴之时，老人仍发心盛赞中华的传统文化。他赞美中国的文明有耐久的合乎人情的特性；他赞美中国的艺术家有双看清事物灵魂的眼睛；他赞美中国的人民有双赋予事物以美丽的双手。他热爱中国的传统文化，他赞美这一切美的事物，意犹未尽地沉醉在中华文化之中，以至在告别之际，老人说，"我把心留在中国了。"

老人用他的至诚修补了中国与印度两民族间中断千余年的桥梁，与此同时，他也修补了中国人内心长久以来的芜秽。

1924年的中国正处于军阀割据，相互交战的时期，国内局势剧烈动荡。当时社会也正如徐志摩先生所说，"现代的文明只是骇人的浪费，贪淫与残暴，自私与自大，相猜与相忌，飓风似的倾覆了人道的平衡，产生了巨大的毁灭。芜秽的心田里只是误解的蔓草，毒害同情的种子，更没有收成的希冀。

在这个荒惨的境地里,难得有少数的丈夫,不怕阻难,不自馁怯,肩上扛着铲除误解的大锄,口袋里满装着新鲜人道的种子,不问天时是阴是雨是晴,不问是早晨是黄昏是黑夜,他只是努力的工作,清理一方泥土,施殖一方生命,同时口唱着嘹亮的新歌,鼓舞在黑暗中将次透露的萌芽。泰戈尔先生就是这少数中的一个。"

在诚挚的嗓音,温柔的诗句下,老人广布同情,消除成见,他使中国人民的良心不再受恶毒的烟煤熏黑,抑或是被恶浊的偏见污抹,他用谁都不曾有过的至诚的力量,为中国点燃了理想的光明。

而他所做这一切的原因,正是因为中国在泰戈尔心中。

出于同样的理由,信仰生命、歌颂青春与清晨的泰戈尔先生也用他那至诚的力量指点着人们前途的光明。"谢谢火焰给你光明,但是不要忘了那给你执灯的人,他是坚韧的站在黑暗当中呢"、"尘土受到损辱,却以他的花朵来报答"、"如果你因错过太阳而流泪,那么你也将错过群星"、"生如夏花之绚烂,死如秋叶之静美"……在泰戈尔的诗句中,人们感受到了对生活的热忱,对爱的追求,对生命的思考,然而这一切的感受却又高于生活,多于爱。在老人用自己的语言巧妙的隐去黑暗与苦难,而将所剩的光明与微笑毫无保留地献给读者,处于混沌中的青年得到了净化,迷失的中国的得到了一盏明灯。

然而,在泰戈尔先生的心中,中国的青年最让他牵挂。

泰戈尔先生一直认为青年永远是他最忠心的朋友。即使曾经遭受种种的误解与攻击,政府的猜疑、报纸的诬捏与守旧派的讥评,不论如何的谬妄与剧烈,从不曾扰动他优容的大量,"我的须,我的发是白的,但我的心却永远是青的。"他说,"只要青年是我的知己,我理想的将来就有着落,我乐观的明灯永远不致黯淡。"然而他不能相信纯洁的青年也会坠落在怀疑、猜忌、卑琐的泥溷,他更不能相信中国的青年也会沾染不幸的污点。当他知道部分的青年不但不能容纳他的灵感,并且存心的诬毁他的热忱时,老人受伤了,在身体的疲惫与精神的折磨下痛苦不堪……

当时"五四"的飓风席卷着中国,因此对于泰戈尔来华有这两种强烈的呼声,热烈的欢迎或近乎极端的反对。

反对者们说他守旧,说他顽固。说他是"太迟",说他是"不合时宜",且并未随时间而淡去。即使在1929年3月与6月,老人于上海享受平静片刻之时，鲁迅先生也要用讽刺意味的文章来攻击这一心向善的诗人。

他们漫天撒传单来宣扬泰戈尔先生的守旧、太迟、太老。可他们却不知道被讽刺的那位老者所顽固奋斗的对象只是暴力主义、资本主义、帝国主义、杀灭性灵的物质主义；他主张的只是创造的生活，心灵的自由，国际的和平，教育的改造，普世的爱；他所求的只是人道的温暖、安慰以及来自中国的青年的同情与关爱。这不为私利的老者被喻为帝国政策的间谍，资本主义的助力，亡国奴族的流民，提倡裹脚的狂人。

呵！我们能相信吗？

"肮脏是政客与暴徒的心里，与我们的诗人又有什么关系？昏乱是冒名的学者与文人的脑里，与我们的诗人又有什么亲属？我们何妨说太阳是黑的，我们何妨说苍蝇是真理？"

即便如此，这场"不得安宁"也已经透支了老人有限的精力，他疲惫了，感到倦了。但是，在那颗受伤的心中，却仍旧心心念念着"中国"。中国，一直在他心中。

1938年初，泰戈尔先生得知日军在出征前举行祭祀、祈祷胜利时，写下了声讨日本军国主义的诗作《射向中国的武力之箭》。他预言："日本在冒险中表面上取得的一些胜利，必将化为齑粉，并让它承载惨败的重荷。"事实证明，帝国主义的贪婪并未击倒东方命运之厦，亚洲的精神仍在闪耀。中国赢得了抗日战争的胜利。在这场战争中不得不感谢泰戈尔先生，以他精神与物质上的行动带动印度民众对华的热情援助。正如周恩来所说，"泰戈尔是憎恨黑暗、争取光明的伟大印度人民的杰出代表，中国人民永远不能忘记泰戈尔对他们的热爱。中国人民也不能忘记泰戈尔对他们的艰苦的民族独立斗争所给予的支持"。

可见，不仅是中国在泰戈尔心中，泰戈尔也同样在中国人民的心中。

(作者单位：华东师范大学附属周浦中学高三 (4) 班)

永恒旅客的漂泊之歌

——读泰戈尔《飞鸟集》有感

詹青青

漂泊何尝不也是一种自由。浪迹于想去的天涯，如飞鸟轻盈划过天际。以漂泊为名，将心迹纳进诗里，兼以流萤、落木、飞鸟、山水为注。《飞鸟集》，这部永恒旅客的漂泊之歌，就向我们展示了泰翁的文学之"轻"。

一、泰翁带来的文学之"轻"

可以说，泰翁的诗为我们展现了文学的"轻"。正如泰翁在诗集中对真理衣裳的表述，"真理穿了衣裳觉得事实太拘束了。在想象中，她却转动得很舒畅。"(第一一四则) 世人多用警句的方式给真理裁衣，且用这衣裳将真理束缚在高位，不得畅快。若说警语是真理的衣裳，那么泰翁一定不喜欢用警句一样的方式来表达他对于真理的哲思与感悟。他要用想象的轻衫让真理自在地旋转在自然、在宇宙、在人世间，于是便有了《飞鸟集》。诗集中的一排排铅字，若是用想象将其放入自然，就是一片片自在轻盈的飞花，在天地间旋转着、吟诵着、体悟着。

自然的想象使得泰翁的诗有着一种浑然天成的"代入感"魅力。我想，可以用词人秦观的"自在飞花轻似梦"来表达这种想象带来的强代入感。泰翁在《采果集》中抒发"沙沙的树叶要高声叫我读它，淳淳的溪流要我曼吟它，七颗聪明的星也要从天上对我歌唱它。"诚然，树叶、溪流、星星都是无法用具体言语读出的信，而对于泰翁而言，"这封不能读的信却减轻了我的担负，却使我的思想转而为歌。"自然要他敏锐纤细的诗心去读它们，他又带着我们读自然。他那与自然毫无芥蒂的亲切,让人几乎觉得他就是自然。在不知不觉中,把我们也变成了那飞花、那溪流、那流萤、那星辰……随着他在自然中读真理,旋转于"自在飞花轻似梦"。

这种强代入感,使得他的诗有着特有的美感和趣味,且让读者一起跟着进入了创作世界的感悟之境,成功消除了读者与作品、读者与自然、读者与作者间的距离。可以说,这种代入感使得"阅读泰翁的诗"成为了我们倾听自然与真理的捷径。

文学中深刻的、严肃的、真理的部分我们可以称之为"重",而文学不仅仅要有重的东西,更要有"特殊的轻"。文学不仅是沉重的、深刻的,也是自由的微妙的。了不起的创作是在品透深刻和沉重之后,兼有以智慧之光玩味出的那份轻、那份微妙,泰翁的诗就是这样的。这些小诗充满了趣味,但并非是为了趣味而趣味,而是通过趣味的形式,让这深重的哲理兼具了一种轻,使得读者更醉于趣味之外的深刻。这不仅是作者创作的自由,更是写作者为读者创造出的自由——它让真理如同片片飞花落在心上,自在轻盈。再没有比用这种自由与想象的"轻方式"更易于让真理深入进人心的形式了。

二、"轻"的三种表现方式

那么,这种"轻"具体是如何在诗集之中表现出来的呢?若是进行一番分析比较,可以联想到中国传统文化中的东西。

1. 譬喻的丰富性

丰富的譬喻,让泰翁的诗具有故事一般的魔力。他讲的哲思,更像讲故事,是在用诗的瓶装故事的酒。让人借着那短小的诗行,进行无限的联想。想着这诗句背后有一个怎样的故事,是如何发生,是怎样的过程,是如何得出这样的道理启示。

泰翁以诗的缤纷给故事裁剪,在故事之外,用诗给它们做最合身最精致最漂亮的衣服,加以巧妙的折叠,让行走在这世上的旅人们可以把它们放进口袋随身带着。而每每翻出,都有不同的故事在自然的乐音中回荡。或是山林的松涛树林的沙沙;或是望荷而快的惬意;或是梦境般的夜雨淅沥。他把从生活中剥离出的各种哲思的想象的新奇的经纬,都以譬喻的针法细密巧妙编织，不愧为一个促织的巧手能匠。

如"无垠的沙漠热烈追求一叶绿草的爱，她摇摇头笑着飞开了。"可以让人联想到因差异的阻碍而无法在一起的恋者，真挚热烈却毫无可能；弓在箭要射出之前，低声对箭说道："你的自由就是我的自由。"更让人联想连篇，有直戳心窝但又无法具体言语清的微妙。二三言中似乎都有一个故事，而这故事托了沙漠和绿草等丰富的物象，于精妙中传递出情思的同时，保存了语言的鲜活性与诗味。

这种譬喻式哲学表述颇似中国传统的哲学著作。冯友兰先生在《中国哲学简史》中谈到："人们开始读中国哲学著作时，第一印象也许是，这些言论都很简短，没有联系。"而"中国哲学家的言论、文章没有表面上是联系，是由于这些言论、文章都不是正式的哲学著作。"泰翁的诗，简短而蕴藉着无限的哲理，也同样并不专为哲理而作。此外，"中国哲学家惯于用名言隽语、比喻例证的形式表达自己的思想……它们明晰不足而暗示有余，前者从后者得到补偿……正因为中国哲学家的言论、文章不很清晰，所以它们所暗示的几乎是无穷的。"

泰翁正是用了这种譬喻的方式把抽象的哲理物像化、具体化、诗意化，因而让表达干巴巴的警语也有了无尽的诗意。试想，这些哲思若没有隽永的诗意表述，该有多么枯燥啊。以"如果你因失去了太阳而流泪，那么你也将失去群星了。"为例，如果用警语的方式表述，就是"要珍惜把握当下所有，不要沉湎于已逝的过往"之类的话。道理再好，直接说出来，也是枯燥的。但是换成诗的语言来说，就不一样了：用群星和太阳譬喻拥有的与失去的，一方面丰富了情感的表达，另一方面令读者产生了自由的联想。这种表达方式，因借助物象特征而有了更饱满和富有趣味的内容，更使诗具备了多义性质。

2. 印象的引起

顾随先生在《漫议S氏谈中国诗》一文中谈到："中国诗在于引起印象。此印象又非和盘托出，而只作一开端，引起读者情思。"

在我读来，泰翁的诗也有中国诗歌的印象。这印象是隐隐约约的"轻"。《飞鸟集》中引起人印象的句子有许多：如"远远去了的夏之音乐，翱翔于秋间，寻求它的旧垒……枯竭的河床，并不感谢它的过去……鸟儿愿为一朵云；

云儿愿为一只鸟。"等等。它们在语言的表达上虽然不及中国诗歌凝练,但在"引起印象"上有异曲同工之妙。其未必有说得清的固定意义,但都能在读者心中激发出一些情绪和感觉。这些被引起的印象,又激着读者进行深入的思索与寻找。

将"使生如夏花之绚烂,死如秋叶之静美。"与"春荷叶生时春恨生,荷叶枯时秋恨成。"(李商隐《暮秋独游曲江》)对比一下,发现李诗并未言"恨"如何"生",如何"成",而每个人读了以后心中自有一个印象。泰翁也未言夏花如何之绚烂,秋叶如何之静美,但是,这种隐隐约约的感觉就自然与心发生了呼应,引起了读者的印象。这大概也是诗歌"意无穷"的源流。

3. 在风的冥想中

泰翁的诗中有一股流动的特质,宛如风一样自由畅快表达。他曾抒发道:"诗人的心于风与水的声音中间,在生命之波上浮游而且跳舞。"(《采果集》二十三)细思之下,纵是"仁者乐山,智者乐水",它们的声音也都要风来发出——山的静穆,少不了风的荡气回肠;水的流动,少不了风的推波助澜。无风,则山无了松涛,水也无了涟漪,再不能激荡或洗涤那心。高山流水,都需要风这位知音。

泰翁也不例外。还有什么比风更为惬意与自由,还有什么比风更能展现山水自然?风的流动与水的流动不同,水的流动将归于江河与沧海,而风却可席卷九天,令九州为之荡气。风不仅吹拂山水,更吹拂诗人的哲思与情趣——"有些看不见的手指,如懒懒的微似的吹过,正在我的心上奏着潺湲的乐声。""这些微飔,是树叶的簌簌之声呀;它们在我的心里,愉悦地微语着。"诗人沉浸在风的冥想之中,这让他静穆而不失那心的欢愉,让他澄净而不失那心的清朗。

于是,泰翁的诗让人感受到了"夫大块噫气"之风,他凭着地籁,写出了天籁。《齐物论》中,庄子将山林与风的吹拂称之为地籁:"山林之畏佳,大木百围之窍穴,似鼻,似口,似耳,似枅,似圈,似臼,似洼者,似污者。激者,謞者,叱者,吸者,叫者,譹者,宎者,咬者,前者唱于而随者唱喁……"当问及天籁,庄子又借子綦曰:"夫吹万不同,而使其自己也,咸其自取,怒者其谁邪?"天籁虽然有万般不同,但使它们发生和停息的都是出于自身,发动者还有谁呢?泰翁之天籁,乃在冥想中浑然忘我、物我合一的境界之中达到的。风的无限可能性，充满遐想的哲思，与泰翁是再配合不过了的。

风，这天地间最自由最灵动的存在，是"仁者乐山，智者乐水"之外的另一种冥想。除非是你把它拒于门外，否则它一定会用它的微飔来撩你的情思。

三、"轻"的本质来源

我想，泰翁这种"轻"的力量来自于他灵魂深处的宁静。正如瑞典诺贝尔委员会主席哈拉尔德·雅奈对泰翁的评价，"他向我们展现那种在苍茫、宁静和圣洁的印度森林中达到完美的文化：首先寻求灵魂平静，永远与自然生活协调一致。"

这灵魂的平静主要来源于三个方面：一是对自然之美的欣赏与追求，二是对于名利的超脱，三是其所秉持的希望之心。

关于名利，泰翁这样表述："我攀登上高峰，发现在名誉的荒芜不毛的高处，简直找不到一个遮身之地……当富贵利达的人夸说他得到神的特别恩惠时，上帝却羞了。"在他看来，自由之翼一旦系上了黄金，便再也不能在天上飞翔了。因而他宁愿在沉静的山谷里冥想，去收获成熟为黄金的智慧。

对生活的勇气与希望之心，让泰翁巧妙地隐去了一些苦难和黑暗，而将所剩的光明与微笑作了生动的描述。他说："我曾经受苦过，曾经失望过，曾经体会过'死亡'，于是我以我在这伟大的世界里为乐。"

正是这种宁静，让泰翁懂得了群星的语言，懂得了树林的静默。他的诗本身也是极静极静，并不是热热闹闹的书。它虽然用活泼轻快的行笔把自然的生机布在了诗行里，但那流动的哲思本质是静的是重的。而这种深沉，便需要我们用"静"去领会。

还记得梭罗和他的《瓦尔登湖》吗？他说："我宁愿独自坐在一只南瓜上，而不愿拥挤地坐在天鹅绒的座垫上。"这也是本静静的书，是寂寞、恬静、智慧之观照。对泰翁的阅读正与梭罗有相似之处：如果心没有静下来，便难以真正进入书中，也难以接受哲思的洗涤与升华。而当进入到这种宁静之中时，身心又会感受到一种富有节奏的轻快。这轻快如山起伏的松涛；如风吹拂的微飔；如静水忘我的流深。

啊，这朴素的国王、自然的玩伴、智慧的长者，是游走于天地八荒的风！他奏着静水流深的天籁，为世间传播欢乐与希望，抚平沮丧与绝望。

(作者单位：福建师范大学文学院)

泰戈尔在我心中

王伟力

在黄昏薄暮中，黎明的鸟儿飞临我宁静的巢穴。思想透澈心灵，犹如雁群掠过天空。我听见了它们的翼声。

——泰戈尔《飞鸟集》

相伴·冬之涅槃

时间的步履越来越匆忙，距离 2012 年元旦的日子所剩无几。

这一年的冬天似乎格外的寒冷，光是雪就下了好几场。从窗子里向外望去，皑皑白雪将天地连成苍茫一片，远处原本苍翠葱茏的群山已是花木凋零，高大的法国梧桐只剩光秃秃的枝干和斑驳树皮。街上已是行人寥寥，偶尔一两个小贩推着货架车经过，单薄的叫卖声在寒风中显得分外清冷。

好冷啊，我裹紧了身上的棉服，脚底的小太阳发出橘黄色的光芒，但还是抵御不了这股刺骨入髓的寒气，房间里的温度应该有零下了吧。

> 我要沉静地等候，
> 像黑夜在星光中无眠，忍耐地低首。
> 清晨一定会来，黑暗也要消隐，
> 你的声音将划破天空从金泉中下注。

生活总是这样磕磕绊绊地前进着，在踌躇满志的时候迎面一盆冷水浇下，让你掂量出自己单薄可怜的分量。考研时的压力与彷徨，找工作时的困窘狼狈，理想与现实的落差，这是每一个初出校园的年轻人都会遇到的吧。千里冰封，湿冷的浓雾晦暗得化解不开，一如当时我的心境。

距离考试的日期越来越近，我的压力也越来越大，只能日日马不停蹄，埋首苦读。然而，面对着日复一日枯燥呆板的复习生活，还有一摞摞仿佛永远也啃不完的资料，总感觉筋疲力尽，昏昏沉沉。

"只有经过地狱般的磨炼，才能创造出天堂的力量。"一个温厚的声音在耳畔响起。

模糊的面目在视线中逐渐清晰起来，是你，深目隆准，须发皓然，宽袍缓袖，神采丰沛。罗宾德罗纳特．泰戈尔，除了你之外，普天之下谁还有天竺诗哲这样璀璨的神韵和非凡的气度？

入夜，空气越发变得清寒起来。然而因为你在身旁，我却觉得踏实而温暖。抬头仰望，深蓝的天幕上已是雾开云散。天悬星河，繁星灿烂，那星光射穿了阴霾的遮蔽，为山河万物披上了一层柔情脉脉的银纱。

"如果你因失去了太阳而流泪，那么你也将失去群星了。"你静静地说道。

相遇·春之希望

时光倒退到十六年前。

在我童年稚幻的梦境中，泰戈尔笔下的云霞、溪水、繁花、飞鸟曾经无数次填补了我贫瘠的想象力，让我的思绪如同天马，在他瑰丽的世界里自由驰骋，肆意徜徉。

那个年代的孩子，无论从物质还是精神，相对来说都是贫乏的。父母白天都要上班，不可能花大把的时间和精力去陪伴自己；生活在小城镇，既没有城市中那么多的公园、博物馆、少年宫，也不可能像农村孩子那样扑向山川田野，和大自然零距离亲密接触。有时候为了安全考虑，父母上班时会把我锁在家里，那几十平米的幽暗天地，便构成了我孩提年代的大部分回忆。

所幸我还有书，所幸我还有你。

《吉檀迦利》、《新月集》、《飞鸟集》、《园丁集》……那一本本薄薄的书册如同甘霖滋润着我干涸的心田。年幼的我读不懂你笔下浩瀚的典故与精妙的奥义,但我感受得出你字里行间对于生命的讴歌、对美好和光明的探寻。

在你心灵的喜悦里,

也许你能感知春晨吟唱的勃勃欢愉,

让它快乐的声音穿越百年时光。

读你的诗很像置身于春天,在中国文化的意向里,春象征着希望,象征着生机,象征着山河广袤,万物复苏,花木繁盛,破冰千里。春雷阵阵,春雨如油,将一切世间的污浊与丑恶涤荡殆尽。

你用你的如椽巨笔为我们构建出了一个世界,一个充满着生命力、洋溢着欢乐、点燃着光明、倾心于爱恋的世界。你,慈祥的长者,总是安静地坐着,用清澈温润的目光注视着我,银白色的胡须在风中微微飘动。在你的指引下,我看到了一望无垠的草原在阳光下翻滚着绿色波浪,看到潺潺溪水在山间自由流淌,泛出剔透莹润的光;我看到秋日里飘飞的落叶如同燃烧的火焰一样红,看到天空中大片的飞鸟掠过,风鼓起它们的羽翼,落日西沉,夕阳把天空染成永恒的金黄。山川河流,日月星辰,天地万物,岁月更迭,你笔下的风光是如此的旖旎而又明媚,其中蕴含的哲思又是如此的深邃,如高邈旷远的天空,如恒河蔚蓝的波影。

对于我而言,你不仅是文学上的启蒙者,更是心灵的导师,灵魂的引路人。在你的文字中,包含了大量对于人性的思辨,对于美丑的评判,对善恶的考量。这些对于一个世界观、价值观尚未成熟的稚童来说,无疑更加重要。

你说:"光明如一个裸体的孩子,快快活活地在绿叶当中游戏。"但你紧接着又补充道:"它不知道人是会欺诈的。"

你说:"神对于那些大帝国会感到厌恶,却决不会厌恶那些小小的花朵。"

你教我感恩——"谢谢火焰给你光明,但是不要忘了那执灯的人,他是坚忍地站在黑暗当中呢。"

你令我学会满足——"小草呀,你的足步虽小,但是你拥有你足下的土地。"

你教我珍惜每一天清晨新鲜的时光,珍惜所有生命中的经历与过往。你淡然地说:"没有什么束缚能变成铐住我的枷锁"。

是啊,就算现在深陷低谷的泥沼又算什么?只要坚持下去,黑夜终将逝去,黎明总会降临。

相知·夏之绚烂

如果仅仅只是因为优美的文字，你会在我生命中镌刻下如此深厚的情感与印记吗？

答案当然是否定的。

如果你只是一位游戏人间的多情才子，一位不食烟火的浪漫诗人，人类文学史上断不会留下"泰戈尔"这一震烁古今的名字。

翻开厚厚的《泰戈尔传》，我无数次地被你崇高的品行、淳厚的人性折服。如果灵魂有颜色的话，你的灵魂当是白色的吧，皎如皓月、无瑕如玉。哦，不，也许它也是红色的，像盛夏灼热的骄阳，源源不断的传播和输送着光明、温暖还有正能量。

对于妻子，你呵护备至，从思想和心灵上给尊重。在一百年前的印度，妇女地位极其低下，女性普遍被当作生育的工具和机器，你的婚姻也是遵从家族意愿，并非自由恋爱。

对于这桩强加的婚姻，你一开始是愤怒抵制的，这种现象在旧时代中国也有很多，并且往往衍生出无数悲剧祸端。但是，你用豁达的胸襟慢慢接纳了自己的妻子，这位并不貌美但却善良贤惠的年轻姑娘。你的妻子穆丽娜莉妮朴实、善良、合群且极富同情心，你的婚姻生活幸福甜蜜，虽并非恋爱开始，却以恩爱告终。

对于孩子，你舐犊情深，柔情脉脉。你的长女乳名唤作贝拉，在孟加拉语中寓意"茉莉"，因为你最爱芬芳洁白的茉莉花。面对父亲对孙女的"逼婚"，一向孝顺的你反驳道："我反对早婚，早婚制度是对印度女性身心的摧残！"

你把对家庭、对亲友的小爱投射到对社会、对人类的大爱中。

季羡林先生曾评价说，泰戈尔的诗歌风格分为两种——一曰"风光霁月"，一曰"金刚怒目"。歌颂真善美并不是你作品的全部，作为文人，你以自己的铮铮傲骨同旧社会的罪恶斗争，用文字替底层被压迫、被剥削的劳动人民振臂高呼、伸张正义。因为英国殖民者血腥镇压反英群众的"阿姆利则惨案"，你愤然辞去了英国政府授予的爵士头衔；1937年，抗日战争爆发，你强烈抨击日本帝国主义惨无人道的侵略行为，对饱受凌辱的中国人民给予了最坚定而又不遗余力的支持。

合上书本，我常常在想，出生于婆罗门的最高种姓，家庭富贵，英俊潇洒，才情无双，这样被命运眷顾的宠儿，不应该是心高气傲目中无人的吗？可是你不同，你看得到锦衣玉食之下那些浓稠的血水，凋零的破败，黯淡的别离，你看得到因土地制度流离失所的农民，被封建礼教摧残迫害的妇女。

给我力量，给我力量！

让我的喉咙迸发出雷霆般的呐喊！

让我对杀害儿童、妇女的丑恶暴行的怒述

永远在羞惶的传统的脉搏中回荡！

你目似朗星，心如赤子。

相守·秋之静美

1913年，这一年的秋天天高气爽，云淡风轻。

11月13日，罗宾德罗纳特·泰戈尔荣获诺贝尔文学奖的消息传遍寰宇，传到印度，人们奔走相告，欣喜若狂。

命运之神没有辜负你半生的耕耘与努力。固然，你有着世人罕有的对于文字的敏感和触觉，但更重要的，是你数十载如一日的孜孜不倦、笔耕不辍；是你内心始终保持的童真与柔情，纯善与感恩；是你在熬过经商失败、办学艰难、丧妻失子这样一个接一个巨大的打击之后，化悲痛为力量，呕心沥血，上下求索，执著攀登文学的巅峰。

你笔下的秋天总是静谧沉敛的，经历过了冬的严寒，春的洗礼，夏的酷热，生命的轨迹终于能够画出一个圆满的圈。嫩芽浓绿成荫，幼木参天蔽日，新枝硕果累累，一切的隐忍与蛰伏都在这个收获的季节爆发。

百年沧桑，转瞬即逝。

2013年的秋季，我如愿回到了阔别两年的苏大。工作之后再参加研究生考试，其间曲折艰辛，难以一一详述。我有多少次产生过放弃的念头已经记不清了，幸运的是，我用精神上的支撑与壁垒克服了诸多困难，抵御了自身的懈怠和懦弱。

秋天的母校丹桂飘香，厚厚的银杏落叶铺在校园小路上，一地金黄。再次回到她温暖的怀抱，我满心都是祥和宁静。

从懵懂幼童到青葱少年，再到外出求学、离家千里的青年，我感谢你，是你的陪伴让我的人生轨迹笃定踏实，让我的精神世界斑斓沉静。抬首望去，未来的道路上，还有一个接一个的高山等着我去翻越，一处又一处的远方等着我去探寻，当然，也有一个又一个的沟壑荆棘，等着我去砥砺。可是，不论我走了多远，身在何方，总感觉背后有一双慈祥睿智的眼睛在注视着我，让我充满勇气和力量。

泰戈尔，我在心中一遍遍的默念着你的名字，只觉心室中都是茉莉花的芬芳。

(作者单位：苏州大学文学院)

泰戈尔：一半是女人，一半是梦

刘婉秋

男人对于女人的看法，往往决定他的世界观。这一点在泰戈尔身上，便得到了鲜明的印证。泰戈尔对于世界的博爱，便是通过对女人的无限赞美，来体现的。确实，在世界上很难找到第二个人，像泰戈尔那样，那么热情，那么完全彻底地来歌咏女人。他说，诗人用比喻的金线替你织网，画家给你的身形以永新的不朽。而他也便是这样，赋予了女人以不朽。

他对于女人的赞美过于崇高无比，以致让人怀疑这不是女人，而是神。确实，泰戈尔是把女人当成神来景仰的。他写道："呵，女人，你不但是神的，而且是人的手工艺品，它们永远都从心里来打扮你，美化你；你是人类心中的愿望，在你的青春上洒上光荣；海洋献上珍珠，大山献上金子，夏日的花园献上花朵，来装扮你，覆盖你，使你更加美妙；你一半是女人，一半是梦。"

泰戈尔认为，女人的本质就是爱，最能够体现人类的普世价值。他说，是上帝派遣女人，来爱这个世界的；她们也是奉上帝的使命，来作为人的保护者。她们能把残暴的爱，移向美的完全创造；她们是种族的母亲、爱之存在的需要，和更深的同情和爱的必需的总管。他甚至为夏娃翻案，他辩护称，是因为夏娃的本能智慧，让她明白了自己的使命，而人类生存的历史，也由此得以发端。

在泰戈尔眼里，女人重叠着两种影像，母亲的形象和情人的形象。在母性的形象里，女人修着生育儿女的苦行，因为这种苦行，能对罪恶、缺点和不完整进行修补，使她们成为不朽；在情人的形象里，女人的苦行，使得男子的一切卓越的努力,更富于生命力,女子作为情人来感动男人的心,给他们以欢乐的甜蜜和力量。女人往往以举止中克制的节奏,来创造出生活的无限诗意。

本来,泰戈尔的生活是缺少母爱的,在他很小的时候,母亲就离世了。是他的五嫂,一个与他年龄相仿的少女,让他感受到了母爱的温柔和体贴。泰戈尔后来回忆五嫂时说,"在佣人统治中长大之后,当我突然获得女人抚爱的甘霖滋润的机会时,我不会不欣然领受的。"而他的妻子,虽然不是以恋爱开始,却以恩爱而终的婚姻生活,让他和妻子有了真实可靠的感情。

而他所爱的女人,都早早地离开了他。在他25岁那年,五嫂自己结束了她美丽的生命。他回忆道,"当在25岁那年,我和死神的相识历久难忘。当死神突然来临,我完全不知所措。周围的一切,树木、流水、日月星辰,依然像先前一样真实;而那个和我生活与身心相连的人,转瞬之间却像梦一样消逝了。"但她们的死,却让泰戈尔对女人的感情得到了升华。

泰戈尔有两首诗,明显是怀念逝去的五嫂的,五嫂成了他心目中美好女人的化身。《首次伤悼》中,他幻想着男女久别重逢,男人困惑地说,"我仿佛见过你,只是说不出你的芳名";女人回答说,"我属于你永久的往昔,25岁的伤逝"。《萨玛》则记述了一双少男少女的初次相见,少女身上的温柔,让少年激动而又窘迫,只是在心中暗暗嗟叹,她离我很远,很远。

有人曾说过,泰戈尔对女性的殷勤,以及感激是无限的,有时甚至达到令人窘迫的地步;他对女性的歌颂,似乎总是滔滔不绝的。然而,我们觉得,他并非忠诚于某一个女性,而是忠诚于一种观念。也就是说,他忠诚的是爱与美的观念,不是实际的爱情。而对于实际的爱情,泰戈尔并非很有经验。确实,在泰戈尔的生活里,从来就没有太多女人的身影出现过。

但是,我们从他那些不朽的诗篇里,却处处感受到女性洋溢的美和爱。所以,他的诗篇总是献给所有女人的,所有作为母亲或者情人的女人。我认为,男人对于女人的爱,如果仅仅局限于俗世的性欲的爱,是远远不够的;他应该从这种爱中,让灵魂得到提升,从对女人的爱,转为一种对于信仰的向往,或者对于艺术的崇高追求,才是一种永久不渝的爱。

在泰戈尔的诗中,几乎所有女人都成为无所不在的你。而且,这个你还超越了实体,成了一种信念,或者至高无上的神。在他不朽的散文诗集《吉檀迦利》中，你也许是神秘遥远的情人，或者是万有的自然；你也许是万物之主，或者崇高的理念。泰戈尔写道，我的一切希望和爱，总是在深深的秘密中，向你奔流；你的眼睛向我投以最后的一瞥，我的生命将永远属于你。

所以，我们说，泰戈尔对女人的爱，已经远远超越了世俗的爱，是一种抽象的精神实体。这种爱，也深深影响了泰戈尔爱的哲学的形成。他认为，爱有三种，人之爱，包括男女的情爱；神之爱，梵我合一的追求，以及自然之爱。而这三种爱又相互交融，彼此影响。世界便是从爱中生的，世界是被爱所维系的，世界是向爱而转动的，人总是行走在爱之中的。

不过，也有人注意到，泰戈尔诗歌里的女人，和他小说里出现的现实女人，有着很大的差异。女人作为整体歌颂对象时，是爱的化身或者承载；但是，当个体的女性，在他的笔下出现时，她们又各有各的缺陷，甚至走到了爱的反面。面对女人作为个体的不完美，泰戈尔只有以出走或死亡，来作为女人命运的结局，这也是女人实现完美的必由之路。

这是泰戈尔女人观的矛盾，也是他世界观矛盾的体现。这让我想起意大利作家莫拉维亚，曾描写的这样一个故事。一个男人在街头，迷恋上一位风姿绰约的女人，便一直追着她的背影，尾随其后，直到这个女人走回自己的家中，打开了屋门，男人这才认出，原来这个女人，是自己日夜相伴而熟视无睹的妻子。女人的美丽，往往需要男人站在远处去欣赏，而不是在亲密的拥抱之间去体会。

就像泰戈尔说的，"你一半是女人，一半是梦"。在男人眼里，女人的一半是女人，而另一半，则是男人的梦幻编就的。

(作者单位：福州大学)

读泰戈尔诗集之感

马晓敏

都说读一本好书,就如同和一位伟人倾心交谈,但在我看来,读泰戈尔的书,就像在和一位平凡的人交谈,简单而不沉重,自然而不修饰。在他的诗集中,他总是将所思所感,隐于心上,书于笔尖,字里行间流露出的情感如诗意一般纯净清浅,如飞鸟般翱翔九天。

(一)文笔清秀,着墨无痕,化人生诗意万千

"生如夏花之绚烂,死如秋叶之静美",他的文字清新自然,仿佛如高山之间潺潺流出的一泓清泉,过人耳目,清丽婉转,淌人心坎,濯去烦扰。平淡中越咏越见奇秀,清透间愈发触动心弦。如他所作的《新月集》,描绘的孩童世界纯净澄澈,一如天然无瑕而又无比珍贵的宝石。他曾把孩子比作新月,并以孩子的主观视角来描绘这个世界。他用诗点染整个世界,世界也愈发充满了诗意。他的笔下如蝶飞舞,因为他的文字,给世界画出了优美的音符。他的笔下又如生出了一朵朵金色花,笑嘻嘻地在高空摇曳,传唱着对人生永恒不朽的赞歌。

"他们喧哗斗争,他们怀疑失望,他们辩论而没有结果。我的孩子,让你的生命到他们当中去,如一线镇定而纯洁之光,使他们愉悦而沉默。"也许正如《孩子天使》中的这段话,泰戈尔将成人世界与孩童世界相对比。孩子在自己的世界里,永远单纯而愉悦,而成年之后"功利"却成了其一切行为的目的。所有的浮华,不过是沙上之塔,水中之月,当一切落下帷幕,我们终究要脱去功

利的外衣步入尘土。所以在他的笔下,他教会了我们持一颗孩童之心,在"金色"的沙滩中,学会取舍而行,任脚步一深一浅,我自取法自然。

他的笔下,写过众多关于孩子的诗集,他宛如天使,奏出清新欢快的舞曲。他的笔触清新、流畅,平易近人,他以纯净的文字,召唤着世人的美好初衷。他以质朴的语调,讴歌人性的崇高朴实。在他的字里行间中穿行,我们无需功利,无需瞻仰,而只需去细细品味,去感受那笔触下绽放的花香,漫步在那笔下远离世俗的天国。

(二)言简意深,清新隽永,化真理精妙如烟

"水里的游鱼是沉默的,陆地上的兽类是喧闹的,空中的飞鸟是喧闹着的。但是人类却兼有海洋的沉默,陆地的喧闹与天空的音乐。"泰戈尔用朴实简练的语言,构造了一个真理的殿堂,字字精微,句句深刻。他让文字从智慧中生长,隐去了生活的苦难阴暗,保留下欢乐和简单。他为笔倾注了一生的理性与智慧,并书写了对真理一生的执着。

"请看我头置簪花,一路走来一路盛开,频频遗漏一些,又深陷风霜雨雪的感动。"《飞鸟集》中的一些片段,不可否认,语言的简略使其难懂,但其中深刻的内涵却着实令人感动。他总是将思维的触角,延伸到别人感性所不及处。他总是以微笑拥抱苦难,让灵魂之花悄然绽放于真理的枝头,于是才有了今天令无数人感动的诗句。在那一刻,我们懂得了人类感叹的痛苦太多太多,而感激的美好却太少太少。

在他的笔下,是飞鸟的乐土,是人类的天堂。走近他,就像走进一个美的国度。在那里没有虚空的谚语,也没有丑陋的诡计,一切只是我们早已全然不觉的净土。清晨飘落在林间的秋叶,黄昏点缀在天边的晚霞,一切简单地展现在眼前,让人在尘土飞扬的世间仍能寻得一片美的伊甸。

(三)字如珠玑,语若天籁,化大爱缄默无声

"我相信你的爱,就让这作为我最后的话吧。"泰戈尔用简洁的语言,描绘了这默默无声的爱,他的文字洒脱超然,并勾勒出对自然的爱,对人生的

爱。在他的笔下，自然的爱，是生命的羽翼充斥着爱与真理；人生的爱，是生活的酒杯充满着爱与智慧。在他的笔下，他毫不吝啬地泼墨渲染，感叹这世上一切可叹的爱。

他执着于对自然的热爱。"世界上的一队小小的漂泊者啊，请留下你们的足迹在我的文字里。"他喜欢笔录这个繁杂的世界，思考这个变化万千的尘俗。于是，白昼和黑夜，溪流和海洋，天空和大地，交织于他的笔下，高唱着他对自然的热爱。毫无疑问，自然给人思索的源泉与智慧。他创作的灵感来自于自然和生活，又高于自然和生活，他的世界观也因追求自然的真理而宏大深远。

他执着于对人生的热爱。"我的存在，对我是一个永久的神奇，这就是生活。"他热爱生命，爱得热烈。"我不能选择那最好的，是那最好的选择我。"他无悔追求，等待花开。他对人生，爱得执着，爱得纯真。面对情爱的纯美，母爱的温馨，人与人挚爱的朦胧微妙……一切人类可以体会的情感，都于泰戈尔的笔尖呈现，如莲花绽放。他将爱放在鸟的双翼之上，在无尽的蓝天下让爱自由飞翔……并告诫我们对待一切爱，必须是忠贞谦恭的，不可把爱视为游戏的筹码，肆意挥霍。

泰戈尔的文字，如山石之间泻出的清泉，清新自然却平淡出奇。他以悦耳的叮咚之声，诵出对人生的心绪点点和思索万千。

泰戈尔的文字，如高攀山岩的古松，朴实无华却追求蓝天。他以坚实的苍劲之根，扎出对真理的执着追求和坚定信念。

泰戈尔的文字，如泼墨留白的山水画，简洁空寂却含蓄精深。他以厚重的浓墨之笔，画出对大爱的讴歌和无声智慧。

这就是泰戈尔诗歌的魅力，他用他的文字，写下了对人生、真理和爱等多方面的体会感悟。他用他的文字，告诉我们如何对待生命中的苦乐，如何从寒风冷雨走向春暖花开。

泰戈尔是一位诗人，也是一位哲人。他道出他的所思所感，给予人生无限的智慧启迪，他用他的亲身体会写出对人生的深切感受。之所以多年来，他在诗坛一直花开不败，也许正如一位印度人所言："他是我们中的第一人，不拒绝生命，而能说出生命之本身的，这就是我们所以爱他的原因。"他的一生以火一般的热情，为世人打开了一扇通往灵魂的窗口，引领人们进入他隽永不休的哲思。

　　小到脚下蝼蚁，大到天边明日，从诞生之际，每个人就开始了漫长曲折的生命之路。人生就像是踏雪寻梅，难免遭遇艰难险阻。面对大雪封山，我们是畏途而返，抑或是勇往直前？也许每个人会有不同的选择。但无论怎样，我们都需坚定心中所念，无悲无怨，默然前行。就如泰戈尔所说："如果你因失去了太阳而流泪，那么你也将失去群星了。"只要我们能正视黑夜，并勇敢追求，那么，即使错过了太阳的光辉，群星依旧耀眼。正如我们走在人生路上，无需慨叹所失，无需欢心所得，因为身边沿途的风景已是一生最大的收获。

　　在他笔下，他总是喜欢礼赞一些无名的花，来传达出一种无私的奉献精神。小花没有百合的纯美，没有牡丹的娇艳，也开不出芙蓉的千姿百态，但它有自己独特的品性，它简朴无声的沉默，给世人带来缤纷，为万物增添生机。它的事业是一种默默奉献的事业，它的内在价值才是无愧于生命的永恒光辉。

　　他所弘扬的这种奉献精神，不仅彰显了一种无私品质，更是体现了一种价值本真，让我们对生活更加充满信心。就如他所说："群星不怕显得像萤火虫那样。"这就说明价值本质的崇高，看似渺小，实则宏大无边。而真正的伟大与永恒，永远存在于哪怕再微小的真实中。而且在他的哲学观里，他感激"曾经吃过苦，曾经失望过，曾经体会过死亡"，因为生命是缤纷多彩的，懂得珍惜，懂得感恩，生命才可继续吐露芳华，人生的眷恋和热爱才可一直常在。就如"感谢火焰的光明，但是别忘了掌灯的人，他正坚韧地站在黑暗之中。"

　　泰戈尔又说过："我们看错了世界，反而说它欺骗了我们。"其实世事很多并没有错，错在我们站错了角度。就如我们眼前只看到一片片的叶，却看不到叶背的脉络，其实它们早已雕刻了这个世界的模样，只是我们从未细心审视过。泰戈尔的诗集如手持圣灯的使者，引领我们寻找生命的本初。最终，穿过漫漫黑夜，我们才发现，一直寻找的是一个古老的流浪者在百年前留下的赞歌。

　　手捧泰戈尔的诗页，坐在缠绕着紫藤萝的古檀椅上，看着树叶一片片地缓缓飘落，偶尔飘入书页里，像飞鸟般进入诗意的世界，兀自徘徊成一种美，在被遗忘的角落里，辗转千年。

(作者单位：河北师范大学文学院)

你
——我心中的泰戈尔

邱　宁

生如夏花之绚烂，死若秋叶之静美。

——题记

初生·好奇

一八六一年五月七日，印度加尔各答乔拉桑格老宅，你穿过浩瀚的时间之海，从温暖的子宫中安全脱落，来到了尘世，第一眼便看见了你的母亲。你的母亲，叫萨达尔·黛维。在你之前，她已经是十三个孩子的母亲，而你只是他最弱小的孩子，占她母爱的十四分之一。她的爱已经被榨到了极限，再也没有盈余可用，可你只有一个母亲，所以，你从未停止过对母爱理所应当地渴求，而这种无法用语言述说的渴望，贯穿了你生命的始终，成为你一生也无法弥补的缺憾。

但看着此时睡在摇篮里的你，无意识地蹬着小脚，睁着好奇的眼睛，打量着这座巨大而又混乱的祖宅，打量着这个你将来会蹉跎八十年岁月的世界，显得那么可爱又纯洁，此时的你，不会懂人世的无奈！

婴儿的你是好奇的，你想知道你眼里掠过的睡眠是从哪儿来的，你想明白你唇边闪现的微笑是诞生于哪里，你也探寻着你四肢像花香一样的温柔鲜嫩的气息到底在哪藏了多久，你是聪明的，富有的，更是自由的！

你在你婴儿自己的世界里，好奇的打望着这纷繁复杂的世界，希望能找到一角清净的角落，寄放你纯净的灵魂。

童年·束缚

你还很小，夕阳的余晖也不能把你的影子拉得很长，你时刻渴望着飞向远方，但残忍的佣人总是像邪恶的刽子手，砍断你幼嫩的翅膀。你被教条束缚，如被蛛网裹住的幼蝶，扑动着脆弱的双翼，做着徒劳又必要的反抗。是那个用恐怖的寓言吓唬你，将你用圈困住你的佣人，泯灭了你的好动的天性吗？是你无知的恐惧让你不敢跨出那圈子半步吗？哦，不是，是那窗外那耀着粼粼波光的泳池，是那在阳光下熠熠生辉的印度榕树，是那在天空中千变万化的云彩，吸引了你纯净的目光，使你感觉到新奇快乐！你发愣似得凝视着窗外的风景，将思绪流放，既然在身体上无法得到自由，那就让灵魂在想象的世界里遨游吧！

你睁着黑白分明的双眼，一动不动地注视着窗外的风景，出神地观察着游泳者们形形色色滑稽的姿势，观察着巨大的榕树投下的参差斑驳的影子。你在以后的诗中写道"喂，站在池边的蓬头的榕树，日夜如苦行僧般冥思苦想的你，不记得窗内的那个孩子怎样，诧异地望着你深入地下的纠缠的根，曾几何时幻想着与你凉荫的嬉戏……"

你的童年，被佣人如利剑般的眼光死死钉住，但是他们能束缚你的不过是孱弱的肉体，而你的灵魂早已飘至云端，俯瞰世界。

少年·孤独

你是早慧的，这必然导致了你的孤独。当别人还停留在启蒙阶段时，你已经能写会算了，你的天资远远超出同龄人，注定没有合适的玩伴来分享你心中的顿悟。而你的长辈呢？你的父亲沉浸于教义的学习，超脱物外；你的母亲操劳着沉重的家务，无暇顾你；你的兄弟姐妹们也忙着各自的事，来不及听你的絮叨。你是孤独的，只有那排得满满的课程填满你纤细的内心。天刚蒙蒙亮，你就得起床练拳，才擦掉衣衫上的灰尘，教授"骨骼知识"的老师又提着恐怖的模型来了，接着又是数学、自然科学、孟加拉语和梵语课……你像一只被上了发条的钟，在旁人的注视下，精确无比的走着走着，在繁重的学业了,你试图忘记自己内心对于爱的渴望;或许,你也没有精力来记起自己在渴望什么,你孤独地行走在自己的影子里,渐行渐远。

还好,你早就发现了诗歌里的韵律之美,你发现你可以在诗歌的世界里忘记孤独,你因而喜悦的像一只误闯进森林的小鹿,欣喜地用初长的鹿角四处触碰,你用稚嫩的诗歌叩扰着周围的人们,或许,是想获得长辈们的赞叹,但更或许,只是想求得他人的关注,来慰藉自己孤独的心灵吧!

你的孤独,始终如雾,若有若无,却又挥之不去。

青年·迷茫

你迅速地成长,像挺拔的橡树,透着勃勃生气,这样的你,自然被父亲拴上了家族的战车。他们安排你去英国进修,希望你将来有所作为,为家族尽一份心力。启程前,你奉父亲之命去学习英文,英国女孩安娜成了你的老师。

仿佛命中注定的邂逅,初遇时,不知你是否感受到但丁在桥上的悸动,你的心原是旷野的鸟,在她的眼睛里找天空。她总是主动接近你,惹你生气,让你激动,作弄嬉戏,年少无知。

一天,她神秘地告诉你,偷到正在熟睡的女人的手套就有权吻她。可惜,你当时只注意她灵动的长睫毛,如此疏忽,又如此纯朴,以致没有明白这种甜蜜的暗示。

也许你明白,只是不敢、不能、以至于你的无动于衷。你只有把满腔柔情灌注到一个美丽的孟加拉名字"纳莉妮"——这是她要求你给她起起个独特的名字。你把这名字编织进诗里,藏到梦里,融进心里,这成为你诗歌中一段萦绕的感伤。世界上最遥远的距离,不是生与死,而是我就在你面前,你却不知道我爱你,那么如果彼此都不知道彼此的对于彼此的爱意,那么你和她之间的距离又隔了几个光年?

你或许不是没有想过表白,但是一想到背负着的宿命,你就深感承载不起这份暖融融的爱。甫一开始,你就失去了勇气。一念之间,你与她,已是咫尺天涯。

你的心,曾若摇摆的钟,在爱与不爱中抉择,初恋的迷茫,加深了你诗歌的意蕴。

到了伦敦,你住进了朝向摄政花园的一间房子,时值隆冬,满目萧条,比冷更甚的是,独在异乡的孤独。天空浑浊灰暗,像死人的眼睛,你注视着熙熙攘攘的街头,思考着未来,但未来真的存在于未来,此时的你与它之间,像是隔着故乡那未散去的晨雾,你只觉得迷茫,却无法泅过此在与彼在的时间之海。

你如窗外掠袭而过的飞鸟,不知可去何处,可依何枝;你的心是小小的寂寞的船,在雾气茫茫的海上,飘荡。

壮年·痛悟

你的壮年是一首曲折的诗,在时局动荡不安中倾诉。1902年,你在圣地尼克坦住下才几个月,你的妻子就卧病不起,二十年来这位一心一意照顾你、为你生育了5个孩子,温婉优雅、深居简出的女子,没能挺过那个严寒的冬天;接着你的聪颖的二女儿在九个月后因病去世,年仅13岁;四个月后,你视如亲子的罗伊因霍乱而死;接着你睿智的父亲也溘然离世。

在不到两年的时间里,你一次次忍受着亲人离去带来的痛苦,像《圣经》里的约伯接受着神的考验。所幸你也如约伯一般虔诚,相信着你的命运并没有骗走你的一切。

你是智慧的,相信存在就是生成,生命在不断地运动和自我变新中,死亡并不是生命的尽头,而是自我更新的手段。生命通过死亡得到补充,人活着就是在不断死亡。就如梵天创世,湿婆灭世一般,都在不断的轮回。生命就是在轮回中更新,人迟早会以另一个人的形态出现。

你不是没有为离去悲痛过,只是在痛过后,顿悟了死生如一,然后释然,风过无痕。

晚年·超脱

晚年的你看尽人世浮华又沉浸于人世沧桑,是入世的,也是出世的。你亲历了"阿姆利则惨案",看到你的同胞手无寸铁地倒在殖民者的枪口下,于是你弃爵位如敝履,让凶残的侵略者瞠目变色;你目睹着世界人民在法西斯主义的战车的碾压下生不如死,看着世界处于战争爆发的边缘,所以你慷慨陈词,使武装到牙齿的法西斯头目颤抖。你倾囊办学,培育英才,团结同胞,共同战斗;你为民族解放,印度独立,世界和平竭尽了毕生心力。你奔赴光明,追求真理,大智大勇,是在风起云涌的国际斗争中,力挽狂澜,为饱受侵略的国家争取自由。

你是世外的高人,将小我融于大我;你超脱于物外,不在乎名利的得失;你以高龄之躯远赴重洋,去英国,美国,日本,只为找到一幅医治印度的药贴。你来中国,去苏联,只为寻求振兴亚洲的道路……

你参破了生死,经历了生死,终于迎来了自己命中注定的节日——死亡。在这浊世劳碌奔波了80年后,你躺在病床上喃喃地念着:"你这诡计多端的家伙,用一张斑驳的欺骗之网,将你的创造之路掩住。你用灵巧的双手,在简单的生活里,布下了错误理念的陷阱……"这是你最后一次在尘世与神主密语,是你最后给缪斯女神的献礼。

你去了,在那一所迎接里诞生的宅子里,这是否又是你曾强调过的轮回了?你早就知道,有一天,在暮色苍茫的时候,太阳将对你做最后的告别,因此,你微笑着,拥抱了死亡,就像拥抱新生的朝阳!

一天复一天,你来了,又去了……

(作者单位:西南大学文学院)

论文学翻译中的创造性

——以冰心译本《吉檀迦利》为例

陈婵敏

【摘 要】 1913 年,亚洲第一诗人泰戈尔以英文版 *Gitanjali* 荣获诺贝尔文学奖。1955 年,著名文学家、翻译家冰心以译本《吉檀迦利》向泰戈尔致敬。笔者将以冰心译本《吉檀迦利》为例,挖掘冰心在文学翻译中的创造性,从而揭示冰心的两大突出贡献:一、推动泰戈尔的 *Gitanjali* 及其爱国主义思想在中国传播;二、对中国翻译学形成具有奠基作用。

【关键词】 文学翻译;创造性;冰心译本;吉檀迦利

Gitanjali (1910) 是世界诗坛巨匠 *Rabindranath Tagore* (罗宾德拉纳特·泰戈尔,1861—1941) 中期诗歌创作的高峰,也是最能代表其思想观念、价值取向和艺术风格的诗集。在孟加拉语和印度语中,"*Gitanjali*"是"献歌"之意,其主题乃表达作者与上帝结合的渴望。然而在泰戈尔的 *Gitanjali* 中,泰戈尔咏唱的是"生命之歌",歌颂生活的起伏跌宕和现实的悲喜哀乐,表达了诗人对祖国命运的关注和对理想生活的追求。在爱尔兰著名诗人 *William Butler Yeats* (威廉·巴特勒·叶芝) 的鼓励和帮助下,泰戈尔以再创作的形式重新编写成英文版的 *Gitanjali*,从而获得各国文人推崇。1913 年,泰戈尔以英文版的 *Gitanjali* 荣获诺贝尔文学奖,享誉"亚洲第一诗人"头衔。

作为第一位获得诺贝尔文学奖的亚洲人,泰戈尔的作品在五四新文化运动期间被大量引入中国,冰心就在此时接触到了 Gitanjali,并对之一见倾心,随后,冰心将 *Gitanjali* 翻译成中文全译本,定名为《吉檀迦利》,并于 1955 年由人民文学出版社首次发行,如今已成为中国影响最广泛、最权威的 *Gitan-*

jali 中文全译本。在泰戈尔的《飞鸟集》和《新月集》的影响下，冰心创作了短篇诗集《繁星》和《春水》，开创了五四以后哲理小诗的新诗风。然而，冰心作为文学家的光辉，似乎掩盖了她在翻译领域内的贡献，人们对她的认识大多仅限于文学创作或翻译作品上，而很少对其在文学翻译中的创造性进行全面审视。

本文将以冰心译本《吉檀迦利》为例，挖掘冰心在文学翻译中的创造性：

一、坚守"原译"，反对"重译"

冰心在文学翻译过程中，极其注重"原译"和"重译"的问题。此处提到的"重译"指的是从他国语转译的译文翻译，鲁迅在《书信集·致曹靖华》道："近因校《铁流》，看看德译本，知道删去不少，从别国文重译，是很不可靠的。《毁灭》我有英德日三种译本，有几处竟三种译本都不同。这事情很使我气馁。"[①] 也就是说，"重译"是一种对原著进行非首次翻译的结果，在隔了一重手的情况下，极容易出现错误，而导致难以忠实原著的风格和思想。正因此，冰心在翻译 Gitanjali 时，采用了"原译"，是直接根据原著进行翻译的。她在《我也谈谈翻译》中说："一般说来，我翻译的文学作品很少，一是我只喜欢翻译我喜爱的作品，而且必须是作家自己用英文写的，我总担心重译出来的东西，不能忠实于原作。"[②] 再如她在《译书之我见》中谈到泰戈尔和纪伯伦的翻译时说："这两位诗人的作品，都是他们自己用英文写的，而不是经过别人从孟加拉文和阿拉伯文译成的，我译起来在'信'字上，就可以自己负责。我从来不敢重译。"[③] 由此可见，冰心之所以坚守"原译"，一方面源于她的严谨态度和诚信品德，加之她对 Gitanjali 的热爱而产生出一种责任感和使命感，希望能尽其最大的努力来忠实原文，并"为供给那些不

---

① 鲁迅：《鲁迅书简：致曹靖华》，上海人民出版社，1976 年，第 22 页。

② 冰心：《我也谈谈翻译》，卓如编：《冰心全集》（第七卷），海峡文艺出版社，1994 年，第 408 页。

③ 冰心：《译书之我见》，陈恕编：《冰心译文集》，译林出版社，1998 年。

懂外国文字的人，可以阅看诵读"①；另一方面，源于冰心良好的双语水平，她曾在美国波士顿威利斯学院攻读英国文学硕士学位，不仅具有良好的英文功底，还有扎实的中文功底，这都给予冰心在翻译上以精准性；更重要的一方面，得益于泰戈尔的先见之明，泰戈尔的英译版 Gitanjali 给予了冰心进行"原译"的可能性，给予冰心能忠实原文的必要性。

在我看来，冰心在当时"重译"盛行的文学翻译风气下，能够另辟蹊径，坚守"原译"，忠实原文，体现了其在文学翻译中的创造性。

二、"冰心体"

在冰心文学翻译的过程中，形成了一种特殊的语言现象——冰心体。这种语言文体既体现白话文的流畅、明晰，亦表现了文言文的洗练、华美。冰心非常注重文字的锤炼，除基本词汇和语法以白话文为主体外，同时，合理吸取和融会了文言词汇和文言句式。我将以《吉檀迦利》中的一则散文诗，进行说明：

原文：

This is my prayer to thee, my lord—strike, strike at the root of penury in my heart.

Give me the strength lightly to bear my joys and sorrows.

Give me the strength to make my love fruitful in service.

Give me the strength never to disown the poor or bend my knees before insolent might.

Give me the strength to raise my mind high above daily trifles.

And give me the strength to surrender my strength to thy will with love.

译文：

这是我对你的祈求，我的主——请你铲除，铲除我心里贫乏的根源。

赐给我力量使我能轻闲地承受欢乐与忧伤。

---

① 冰心：《译书之我见》，陈恕编：《冰心译文集》，译林出版社，1998年。

赐给我力量使我的爱在服务中得到果实。

赐给我力量使我永不抛弃穷人也永不向淫威屈膝。

赐给我力量使我的心灵超越于日常琐事之上。

再赐给我力量使我满怀爱意地把我的力量服从你意志的指挥。①

这是《吉檀迦利》第三十六则散文诗,《吉檀迦利》原以孟加拉语写成,这种语言形成的诗富有音乐性。虽然英文版的 *Gitanjali* 没有了孟加拉语自身的节奏,亦未受到格律诗的束缚,但以散文诗的形式,同样能体现诗歌的韵律之美。而冰心为了不损害 *Gitanjali* 之形式美,其在语言上做了很大的努力。

原诗第三十六首,因以散文诗的形式排列,形式自由而错落有致。首句诗为主题句,引出诗歌的主题,第二至第四句为祈使句,均以"give me the strength"来起头,读起来朗朗上口,最后一句亦为祈使句,但在"give me the strength"的统一句式前增加了单词"and",使得诗句有突转之效果,起到了升华之作用。而冰心沿用了泰戈尔这种句式结构,融入古诗词中的排比、对偶等句式手法,以及白话文之词汇与语法。在译文第三十六首中,首句依然是主题句,第二至第六句为祈使句,排比与对偶的句式使得诗歌不失原有的节奏之美,第六句的突转,借助与泰戈尔诗之形似,而达到"形神皆似"之效果。第二至第五句,在排比对偶的句式下,诗歌语气不断增强,而第六句不为最强音,亦是泰戈尔诗歌内容之升华,前五句为祈求被赐予力量,而在第六句则为获得力量后的感恩,这是一种施与受的美好现象,体现了人之美好品德,使得诗人的情感表达更加真切,更动人心弦。

在我看来,原文与译文的对照中,不仅体现了冰心在文学翻译中的又一创造性,即形成既有白话文之雅淡,兼具文言文之凝练的"冰心体"译风,更体现了泰戈尔诗歌之音、形、意之三美,以及泰戈尔诗歌对冰心文学创作中的突出贡献。

---

① [印] 罗宾德拉纳特·泰戈尔:《吉檀迦利》,冰心译,北京:外语教学与研究出版社,2010年,第68—69页。

三、"爱的哲学"

泰戈尔的 Gitanjali 之诗兼具音、形、意三美,此三美当以"意"为至美,而冰心译本《吉檀迦利》之所以能享誉中外,成为当时最权威的译本,主要在于其能完美诠释出泰戈尔诗之哲理意旨,而泰戈尔给予冰心最大的启蒙,便是在思想上的启迪。

翻译是一种动态的解释过程,一种精神活动,是译者通过文本的中介与原作者的心灵进行对话的结果,衍生出的是表达的表达,那么,冰心译本《吉檀迦利》便是泰戈尔 Gitanjali 的再表达。我们在阅读《吉檀迦利》的时候,往往只停留在翻译文本表层,而忽视了冰心在文学翻译过程中的主观能动性。为此,我将追随《吉檀迦利》,阐明冰心之旨。

在追寻冰心翻译泰戈尔 Gitanjali 的动因时,我关注到了冰心的一段话:"我只懂一门外文——英文,还不精通。因此轻易不敢做翻译工作,尤其译诗。我虽然也译过一两本国王和总统的诗,那都是"上头"给我的任务,我只好努力而为。至于我自喜爱,而又极愿和读者共同享受,而翻译出来的书,只有两本,那就是《先知》和《吉檀迦利》①这段话非常值得关注,冰心翻译 Gitanjali,不是为了完成上级任务,亦不是为了谋生赚稿费,而是出于一种溢于言表的热爱,这是一种感性动因。

基于感性动因,衍生出了理性动因。泰戈尔的"梵我合一"与冰心的"爱的哲学"是相呼应的。冰心作为五四新文学的先行者,其始终不忘新文学运动之使命,其翻译为人民,写作亦为人民,这是一个新文化运动启蒙者之觉悟。"大异于纪伯伦的身世,泰戈尔是诞生于'歌鸟之巢'的'王子',从他欢乐的心境中,他热爱了周围的一切。他用使人目眩心摇的绚烂美丽的诗的语言,来歌唱他所热爱的大自然和人类。为了要尽情传达出作者这'歌鸟'

---

① 冰心:《我为什么翻译〈先知〉和〈吉檀迦利〉》,卓如编:《冰心全集》(第七卷),海峡文艺出版社,1994年,第591页。

般的飞跃鸣啭的心情,使译者在中国的诗歌词汇的丛林中,奔走了很长的道路!"① 泰戈尔在 Gitanjali 中传达了他对大自然的热爱,对人类的热爱,是对万物的博爱之情。在泰戈尔的影响下,冰心形成了"爱的哲学"体系,包括三大主题:自然、母爱和童心,其表现了冰心之大爱无疆之思想。冰心通过结合泰戈尔的"梵我合一"和其"爱的哲学",将其言之不尽的爱,在《吉檀迦利》中如泉涌般倾泻,同时激发出当时人民的爱国主义精神,给予"五四"青年以精神上的慰藉,指引他们向着爱国主义道路前行,是为理性动因。

在我看来,冰心不仅将泰戈尔英文版的 Gitanjali 翻译成通俗易懂的中文版,又完美地诠释了泰戈尔的意旨思想,更重要的是,其能充分发挥翻译者的主观能动性,借《吉檀迦利》来升华其"爱的哲学"之思想体系,并达到激发人民爱国主义精神的现实意义,这是文学翻译中的创造性体现,更是文学翻译中的一次超越!

四、结语

冰心作为翻译活动的主体,其主观能动性贯穿文学翻译过程的始终,形成文学翻译中的三大创造性,从而体现出冰心的两大突出贡献:一是将泰戈尔英文版的 Gitanjali 翻译成中文版的《吉檀迦利》,打破了语言的限制,推动 Gitanjali 及泰戈尔爱国主义思想在中国广为传播;二是冰心创造性的翻译思想,对中国翻译学形成具有奠基作用。

面对物欲横流的现今社会,我们要秉承泰戈尔"天梵合一"和冰心"爱的哲学"的爱国主义思想,不忘初心,以爱繁衍,以爱生活,将爱代代流传!

我满怀爱意地把我的力量服从你意志的指挥。②

(作者单位:深圳大学文学院)

---

① 冰心:《我为什么翻译〈先知〉和〈吉檀迦利〉》,卓如编:《冰心全集》(第七卷),海峡文艺出版社,1994年,第591—592页。

② [印]罗宾德拉纳特·泰戈尔:《吉檀迦利》,冰心译,外语教学与研究出版社,2010年,第68—69页。

寄语泰戈尔

郭美辉

闲暇时,对于素来慵懒惯了的我,一本书,一壶沁鼻的茶水,便是我的全部乐趣。确有种附庸风雅之嫌,不过,既有风雅,也是好的。读书最喜心语相通,拜读者的心与书中的思想不谋而合,那是种即使面对面都无法相比的奇妙感想。偶尔翻阅了您的《飞鸟集》,思绪良多,便想借这"飞鸟"牵起这根灵魂沟通之线。

一

沧浪一曲,且抚琴奏缘起时

人说,茫茫人海中,两个人的相遇是万分修来的福缘,但是有缘的,便是注定了的。就如你说:我们如同海鸥之于波涛相遇似的遇见了,走近了……

那年,桂花开得正香,豆蔻花季的他们,不期地相遇了,有如命中注定那般。那间小小的乐房里,女孩弹得一曲高山流水的绝唱。白皙纤长而富有灵动的手指、流转的目光、姣好挺直的身形、声声缠绵的音符,成就了这世间最美好的诗篇……

当时他只是闲暇时信步到音乐楼,突然一段琴音传出,清刚有力、转而低回似是倾诉情愫;于低回处又似有无限的话语缠绵其中,他不禁起了好奇心。也许是真的百无聊赖了,平常的他不会有那天那番心思、那份想法,可是,那次,内心深处却有股强烈而莫名的声音驱使着他无意识的脚步。慢慢地走向那女孩。话说,有些人的相遇,从开始便是注定的;那股不可阻挡的力量便是机缘。他刚见到她时,完全惊呆,弹奏之章曲,雅而不拘泥;奏时之表情,忧而不过昵,神韵自然,恰到好处。男孩当时整颗心被她的气质所吸引,强忍住内心的悸动,悄悄地站在教室门外的走廊上,只是静静地看着她,远远的,连一呼一吸都那么小心翼翼。窗外的桂花浓烈芳香一股股地拂来,挑逗着男孩的羞涩。那天,就这样在平常而不凡中度过了。女孩回去时已是落日余晖,那天,自始至终,男孩都没有走到女孩面前。这一切,窗外的花香都知道……

回去后,男孩辗转反侧,心绪久久不能平静,此后无话。第二天,还是同样的时间、同样的地点,男孩都早早地赶到那间教室门口,只是站在门口,静静地远远地看着女孩。第三天,第四天依然是如此……直到第二个星期天,男孩在女孩经常坐的椅子上贴了一张写了字的纸:我很喜欢你的琴声。然后悄悄地躲在走廊的拐角处。女孩像平常一样默默地走到教室,找到自己的位置,坐下来准备。男孩紧张极了,脸上却强装淡定,手掌心的汗早已出卖了这一切。顾不得擦汗,男孩眼睛一刻也不转地看着她,神情透露出期待和渴望:她有看到我写的纸条吗?她会怎么想我?九月的桂花,芳香馥郁,包括乐房的琴音见证了他的所有心意。须臾,琴声奏起,他静静地聆听着,不想错过她琴音中一丝丝的情绪。此时的情景不禁让人想到了"金陵城东谁家子,窃听琴声碧窗里。"的情景。琴声越发的清扬,其质悠荡有若黄莺出谷。境意似"落花一片天上来",谱出了"似能未能最有情"的缠绵。琴音中似有无限难言的心声要喷薄而出,只为寻到知音时,其中意味便可得知了。男孩听得痴了,从来没有听过这么有故事的乐曲!人说知音难求,否则又怎会有伯牙摔琴为子期的佳话。男孩算不上好的乐者,但却是极好的听众,琴音是这一切情愫的红娘。一曲弹毕,女孩起身收拾东西离开教室,他的心意女孩到底是不知了。原本以为事情就是这样结束了。可是当男孩鬼使神差般地走近女孩所坐的凳子时,凳子上有一张纸,但不是原来的那张,几个娟秀的字赫然映入眼帘:谢谢你这么多天的倾听,作为报答,弹了这首自己做的曲子送你,当作最后的礼物。

他怔住了,原来她从一开始就知道他的存在,并不是他一个人在可悲的唱着独角戏。可惜这场两个人的戏曲终究还是谢幕了。那天过后,女孩再也没有出现过。消失得无声无息，不如遇见时那么波浪激涌，最后又归于平淡，连同桂花一起谢了。海鸥飞去，波涛滚滚地流开，他们也分别了。

这是个发生在朋友身上的故事。那次分别之后，由于偶然发生的事情，让他们没有在一起，而后他们又遇到了属于自己的人，但是从回忆中的语气神情中可以看出，她很知足。因为回忆的美好是永恒的。或许，他们的人生还会有很多类似的相遇和分别，就如您所说的，我们如同海鸥之于波涛相遇似的遇见了，走近了。海鸥飞去，波涛滚滚地流开，我们也分别了。人生在继续，相遇却不止，期待珍惜每次的相遇，即使这份相遇不会结果，但是记忆会存在，就如海鸥与波浪带给我们的感动与祝福和美好的回忆。

二

回归本真之心

世间万物，生生变化，草木枯萎，花叶凋零，本是其原本就已经存在的规律，不因任何外物而改变。然而，世上之人，总是用没来由的标签，虚幻它们，使原本清晰简单的表象盖上了一层不见其底的面纱，然后却反过来说：为什么会是这样子？其实，是自己的想法迷失了原本看待事物的角度，怨不得其他。于是您说：我们把世界看错了，反说它欺骗我们。

这一切都源于浮躁的心理状态，当它麻痹了我们诗意生活的眼睛，浸湿了我们高飞的毛羽，一切的蓝天白云，所有的五彩斑斓都将化为遥远的梦影。而后只能期期艾艾，作怨妇模样。

时序仲秋，群山掩映，我相约几位好友爬山登顶。海拔大约三千多高的山峰，体势陡峭险峻，气势巍峨。与我们同行的有三位游客：老人，壮年，小孩。老人家漫步在山上的石阶，腰间悬着一只古董式的军用水壶，壶身斑斑点点，看来有些年头了，也许是老人年轻的时候参加军队时留下来的。老人家两鬓已花白，但是精神却抖擞的很，气息匀称，不紧不慢地，一步步往上爬。他身旁的一壮一少，紧跟其后。

路上时不时出现层层叠叠，多得不见其尽头的石阶。它们的出现一点点的将我和几个好友的耐心消磨殆尽，感觉自己只有一口气息尚存，但是下一秒却要用这口气分给余下的几千节石阶，顿时脑袋缺氧，心中的懊恼、身体上的极度疲倦，甚至有种想要往下跳的冲动。同行的伙伴们累得直仰躺在山路边，萎怏怏的。模样像极了被人遗弃路边的抹布。与此同时，另外一组，老人和他的儿孙们，也在爬着。那壮年的状况与我们无异，累得坐在路边歇脚，气喘不停。老人家却气定神闲地站在旁边，目光看着远处的风景，遗世独立，风骨依旧。小孩子则站在老人家身边，欢快地手舞足蹈。同样的路途，不同的心境和体验。老人家爬是一份心情，是岁月的沉淀；孩子爬的是童真乐趣；而我们，却是为了爬山而爬。只将心和注意力放在那看似遥不可及的石阶上，心浮气躁，全然忘了爬山途中的乐趣和感悟。被外界所谓的标志和固定的视角所束缚。其实，只有一小段路程就要到达，而我们却没有察觉。等到我们爬上山时，心中却是愤愤不平，抱怨石阶修葺的太过连续和直通，让我们误会还有很久才能到达。其实不然，是我们自己看事物的角度选错。若将对面的山作为参照物，你会很清晰明白地了解到：原来不是石阶欺骗了我们，而是我们选错了山峰的参照物。因为石梯的长度从来都那样，不曾改变！何不用孩子的眼睛来看这个世界，简单点，不要那么多心理负担，回归本真。不要到了暮年之时才有这番领悟，那时，你已错过路上的很多风景！

  人生茫茫，却又匆匆。孰能在最佳的时机，领略到您发自心中寄于飞鸟的这些感悟，那便是最幸者。我是这千千万万中的一个。籍由您的相遇篇，你我亦如是，在一个不经意的午后相遇。但是，这种心灵上的沟通相遇却是永恒。人生由各个不同形式的相遇组成，将它变得不平凡的确是相遇之后的分离和循环往复。因为它会让我们更加的珍惜你所拥有的——不论是青春美好的爱情，还是人生道路上的知己好友。回归本真，用颗童心看看这个世界：路上的行人很多，相遇在继续，分别也在继续，但是路总是通向未来，支配的是那颗跳动不止的心！

(作者单位：衡阳师范学院中文系)

岁月安好否?

——致挚友

邱宗珍

1

昨日晚在自习室呆到八九点,本料想着将手中的《泰戈尔谈人生》读完,我便可以去吃个晚饭以解肠胃之忧,不曾想到泰戈尔文章实在太美,以至于我这个"吃货"肚子挨着饿,精神上却受着来自异国印度哲人的洗礼,内心无比丰盈而满足。这是何等的安宁!这是何等的幸福!如今遍地的所谓"哈佛幸福课",也只不过是借着哈佛大学塔尔教授所开创"幸福课"盲目跟风的商业噱头,哪能有真正的教义?或者说,教义本身就是一种认知误区,要得到内心的淡然安宁,非得泰戈尔般的文字才有这番魔幻功效。

我们的日子,慢慢地增长累积;我们的容颜,渐渐地褪华老去。曾经不可一世的青涩岁月与那曾经奋不顾身的感伤情愫好像过了一个坎儿,跌跌撞撞后变成了另一幅截然不同的模样,而似乎,我们都变成了少年时梦想的那个样子——二十四五岁,依旧青春,似乎还怀揣着某个梦。

可变动不定的现实让我们不安失措,纷繁芜杂的信息盘踞在我们的脑海中,堵塞修行的道路;那些我们曾经蔑视的生存技巧终于成为我们谋生的手段,我们默然地运用着,内心木然沉重而不自知,于是很多人感慨我们终于成为过去的自己讨厌的那种人;然而不幸的是,纵使我们抛弃那些曾经被认为比天还大的坚持,我们的成长速度还是及不上父母亲双鬓白发的增长速度,爸爸妈妈似乎在一夜间老了,而日后的每一次关注都会让时光遽然停住,那速度的冲击力便在我们内心深处激荡起无言的感伤……

正因为如此，我才问你，岁月安好否？

2

河的此岸暗自叹息：

"我相信，一切欢乐都在对岸。"

河的彼岸一声长叹：

"也许，幸福尽在对岸。"

——泰戈尔《错觉》选自《泰戈尔谈人生》之《众生相》

河的此岸叹息：欢乐在对岸。我看着书中的插图，不禁轻轻一笑，过后突然严肃起来。《众生相》中此岸与彼岸的叹息，指涉的就是我们这些人吧。小故事读起来自然轻而易举，而当我们真正面临凡世苦痛的时候，这种朝向辽远对岸的消极情绪便会肆意增长。

我们无法真正做到内心的安宁澄明，狂躁的秋风扫起地面上的落叶，也掀起我们内心不安躁动的心绪，就在落叶飘地的那个瞬间，我们中间的凡世窜出那只曾经诱惑悉多的金鹿，以同样的方式引诱我们奔跑，却始终不让我们逮住。于是，我们只得像河那样地叹息。

可叹息只能让心境颓然，就像绽放在河岸边林木间的一朵朵曼陀罗花一样，衍伸出一个个凄美绝伦却又殊途同归的爱情故事，此番哀婉自怜的处境，心境怎能澄净安好？

3

心灵的灯，

在寂静中光明，

在热闹中熄灭。

——冰心《繁星》节选自《冰心代表作：寄小读者》

中国古代自有"君子慎独"，更有"淡泊以明志，宁静以致远"，不知你的心是否真正安静下来,面对芜杂世俗的时候能够得心应手,泰然自若?前几月的我是没有做到的,怎么说呢?因为工作,我终日奔波在新老校区的公交车上,在面对具体事务的时候根本做不到淡然如许,而是狂躁不安,脑海中浮想着这样那种的坏事情,然而那些事情都没有发生,这是多么可悲的自我折磨!

唯有学会慎独、学会宁静,我才能坦然面对学习工作上的种种琐碎吧。幸运的是,在茫茫书海中,我竟找寻到泰戈尔的文字,这文字传递给我的感觉犹如冰心笔下春天的早晨,那"融冶的风,飘扬的衣袖,静悄的心情"。

提到冰心,你还记不记得我们当时做高考卷时常引用的那首小诗:"成功的花,人们只惊慕她现时的明艳!然而当初她的芽儿,浸透了奋斗的泪泉,洒遍了牺牲的血雨。"那时年少的我们,做着天大的梦,备着天大的决心,以为不远处有个天大的舞台。多美的梦呵,多执着的心!

4

"世俗生活中,心灵过度的满足,不会给人带来好处。那种情形下,浪费大量物质,只有少量欢愉,时间在张罗中消耗,几乎没有享受的机会。"

"但过一种苦修般的生活,就能发现,些许欢愉无异于极大的欢愉,并非只有欢愉使人感到幸福。要想使心灵的视觉、触觉、听觉和思维能力处于活跃敏锐的状态,要想使充分接受一切可得之物的能力常年健旺,就应该强迫自己远离奢华。我一直记得歌德的一句话,这句话听起来简单,但意味深长:你应与淡泊相伴。"

——泰戈尔《远离奢华》选自《泰戈尔谈人生》

杨绛在《一百岁感言》中直言,人生最曼妙的风景,竟是内心的淡定与从容。很有意思的是,有的人怀疑这不是杨绛所写,我不禁笑着想:这种人过得多不开心。任这般文字由谁所写,能给我们带来诗意满足的文字,其出自谁手目前并没多大的探讨必要。你觉得呢?

记得我们曾经探讨过人生寿命这个话题，我说我不喜欢活太久，因为不想朋友们都离去最后只剩下我一人；你说你希望自己能够长命百岁，因为你想送走所有的朋友后再离开这个世界。我想，是因为你想一个人承受别离的哀戚，是因为你想一个人承受人面桃花物是人非的寂寥，我是如此自私，你是何等的无私。

　　泰戈尔说："我们的一生和一生的悲欢，也不过是一瞬间的事儿。我们觉得非常漫长非常显赫的东西，也只消在人世的水桶里抬头那一会儿工夫，就像瞬息的梦一样，变得微不足道了。"是啊，在精神时间里，再长的时光都只一瞬，再短的流年也可以成永恒。在一瞬与永恒之间，我们不应让过度奢华的生活麻木触觉视觉听觉嗅觉的神经，我们的心灵应与淡泊相伴。这种淡泊，和你最喜欢的那本书《菜根谭》中所说"性定菜根香"是同一道理吧。

5

　　一百年后读我诗歌的读者，你是谁呀？

　　我不能送你这儿富饶的春天的一朵花，也不能送给你那儿云彩的一缕金晖。

　　打开你的门，举目远望吧。

　　从你百花盛开的花园里，采撷一百年前消逝了的鲜花的芳香回忆吧。

　　在你内心的欢乐中，愿你感觉到一个春天的早晨歌吟的鲜活的欢乐，把它喜悦的声音，传过整整一百年。

　　　　　　——泰戈尔《一百年之后》，选自《泰戈尔谈人生》

　　亲爱的朋友，这封信里我加入许多《泰戈尔谈人生》中的原话，缘由是我期盼你能和我一样，通过这些曼妙的文字进入温柔宁静的文学之乡，感受其内在散发出的那种岁月静好的气息，让心灵在这样温热气息的陪伴下安然熟睡。

　　"一百年后读我诗歌的读者，你是谁呀？"就像是朋友的轻声叩问，这位伟大的诗人谦逊地和他的每一位读者交谈，我很庆幸自己是其中之一，我真切地期盼你能加入我们。期盼你告知我你手捧《泰戈尔谈人生》时充盈而安的心境，我会在一个冬日暖阳普照的早晨，桌上放有《泰戈尔谈人生》和刚泡好的咖啡，坐在书桌旁，静静地阅读你写给我的文字。

　　秋凉。
　　祝安。

(作者单位：江西师范大学文学院)

泰戈尔之于我的三重境界

贡子君

这世间，存在着许多路。脚下的路，心中的路。

失去双脚的人，用心走着每一条用脚无法触碰的路；失去信念的人，丢掉了灵魂，只剩一副躯壳浮在路上，看不到前方。

而你我，正走在哪条路上呢？

我固然没有失去双脚，却丢失了灵魂。

在路上，失魂的我，只是走着，走着，看不清未来和过去。迷失之际，路边的一株野草，也可以成为我倾诉求助的对象。可它又是那样的单薄与脆弱啊，我只能闭上眼睛，蜷起身子，忍受抽搐般的心痛。时间久了，路的四周飘起薄雾，悠扬的歌声环绕而至，随之而来的，还有泰戈尔细细的低语。同行路上，他始终用神秘而伟大的笑，教会我，闭上眼睛，用心聆听，听听这喧嚣世界里最初的本真。当我合起双眸，均匀的呼吸，内心的世界仿佛静止了，所有的一切都沉淀了。

他之于我的三重境界，每一重的背后，都衍生出无尽的智慧与力量。而那些智慧，正是隐藏在我内心深处的呐喊。

幻梦儿时，追念童年

我是一个偏爱旅行的人，总幻想着离开家，去找寻自己，真正的自己。

或许每一场旅行的意义，都在于迷失自己后，收获生命的真谛。然而，每当夜幕降临，独自行走在黄昏路上的旅人，匆匆的脚步，都要归向心中的寓所。

这座寓所，对于长大后的我，由曾经的熟知依赖，变成现在这般冷漠淡然。我如何还能期待，回归当初的本真。此刻，泰戈尔引我来到柠檬树下，用他浅浅的笑，唤起了一个男孩尖锐的歌声，那歌声所指，便是心中的寓所，家的方向。我的心被歌声洞悉，感受到了久违的温暖。渐渐地，四周透出光明，照亮了回家的路，就连我的身体也仿佛回到了孩童时代。我知道，这是泰戈尔要我做一场梦，一场追忆童年的梦。于是，我加快了脚步，伴随着喘息声，穿过了厚厚的丛林，回到了家。儿时的玩伴，他们依然是年少清纯的模样，正如我记忆中的那般天真可爱。于是，我们像从前一样，汇集在无边无际的世界的海边，用沙子堆出我们理想的国度。我们弄沙，没有采珠人那么明确的功利性，只是忘乎所以的玩着，闹着。以枯枝为戏，以贝壳为餐，以落叶为舟，以露点为珠。这场梦很美，美到无痛无伤。

泰戈尔，把我从怀疑贪婪的成人世界，带回了儿时的梦幻王国。让我在迷失的路上，找到家的方向。

听见爱情，相信爱情

我从未遇见爱情，因此不曾受伤，却也无助迷茫。

或许没有经历过爱情的我，把一切想得太简单，太梦幻。以至于面对现实，失去了勇气。失去了爱的勇气，也失去了恨的勇气。我常常想，如果哪天遇到了对的人，我是足够勇敢地去表达真实的自我，还是一味的伪装，迁就，为了爱情放下尊严。看过了身边那么多的悲欢离合，我心中对爱的憧憬，也掺染了一缕墨色，回不去当初的纯白。我甚至有些许恐惧与不安，站在十字路口，不知向左向右。期许着一位智者，指引方向。

泰戈尔用他宽厚的手掌，握紧笔端，写下关于爱情的诗篇。我一字一句，品味着，体会着一点一滴带给我内心的触动。原来那里也有海枯石烂，也会灯火阑珊；原来世界上最远的距离，就在你我之间；原来任何被人艳羡的爱情，都有它回归平淡的一刻。不过，真正的爱恋平淡过后，迎来的不是消亡，而是升华。今生今世的爱，升华为永恒，永远被人信仰，敬重。而我，面对爱情，只需真诚。便不再惧怕世界上最远的距离，即使是鱼与飞鸟的距离。

其实，人与人之间的距离，都来自心底。若我站在你的面前，你却扣上心扉，叫我如何说爱你；若我们身处地球的两端，彼此心里涌着不断的回忆，叫我如何不爱你。爱情的魔力，就是可以将世界上最遥远的距离，化为零距离。

泰戈尔的身旁，总有络绎不绝的人群经过。他深爱着每一个人，用心聆听着他们的哭泣和欢声，注望着，深思着。而今，我也成为其中的一员。端坐于他的面前，侧耳倾听。听他用细腻的笔触与心意，写下的最美篇章。他让我听见爱情，相信爱情，让我深刻地懂得，爱情是一潭挣扎的蓝藻，会美丽也会忧伤。

静待寂灭，无限自由

一直以来，我都随遇而安的活着。生活在一个平静祥和的国度，不必担心世界末日，也不用为了战争东奔西跑。因此对于生命的理解与认知，只停留在生与死的层面。然而一次次成长的经历，告诫平凡的我，不要甘于平庸。此后，就像许多人一样，我开始在生活中感悟生命，追寻生命的真谛，直至遇见了泰戈尔。他写下关于生命的诗篇，久久涤荡我的心灵。他总是那样肆意悠然地品味生命的佳酿，在侧耳倾听间，静享时光之河的流淌。不似我们，对于生命的真谛，活了一世，寻了一世。或许我们总在追寻，却忘了当下的美好。何不沉浸在波光涟漪的时间之河里，乘着林木的绿荫，吹着怡然的微风呢？我的生命就这样被一句句动情的诗歌感化，成了他虔诚的信徒，不论在现实的悲愤中，还是在生活的喜悦里。

在这之前，我不曾洞悉，有一种生命，生来如同璀璨的夏日之花，不凋不败，妖冶如火；死时如同静美的秋日落叶，不盛不乱，姿态如烟。这样诗意的生命，生的美丽，逝的坚毅，让我无时无刻不在贪恋着。只有用心摆渡自己的生命，静待寂灭，才能收获无限自由。这一切的一切，都归因于泰戈尔剥露的生命的意义。倘若现在有人问我，到底何为生命的真谛？我必然只是微笑，不语。

听过冬雪夏蝉，尝过离合悲欢，一路走来，不管留下了什么，总有什么留不住。然而，人生本就是一场旅途，行走在途中的人们，从不在身后留下多余的忧伤，因为比死亡更真实的是他们活在这个世上。在一段失意的时光里，因为与泰戈尔的相遇，我才能收获凤凰涅槃般的自己。如今，走在未知的路上，我停下了脚步，收起苍白的目光，找回丢失的灵魂与信念，准备重新起航。

再一次前行，我褪去了恐惧与迷茫，鼓起肩上的力量。

醒在梦中，畅游无虑的童年时光。

走在路上，倾听美丽的风景与爱情。

亲历生活，感悟生命的魅力与真谛。

泰戈尔之于我的三重境界，让我重拾曾经迷失的生活，爱上了此刻的美好时光，不负我的青春模样。

(作者单位：河北师范大学文学院)

海上飞燕

黄 莹

14岁，那是美丽梦想可以肆意绽放的时光，虽然有着年少的懵懂但也杂糅了饱满的生命激情。这个年龄段的人们，可以安静地坐在教室里汲取知识的养分，又可以欢快地奔跑在操场挥洒运动的汗水。第一次见到园园就是在她14岁的年纪，可是这是个不能奔跑的女孩。

大学的时候参加了学校的支教社，每周三都会去农村小学支教，闲暇之余也会格外的关注孩子教育的问题，一次偶然的聊天，让我知晓了离学校不远处一个女孩的故事，小学、中学离她家近在咫尺，她却无法入学。很快我就将萌发去见见她的念头付诸行动，园园家位于学校附近的小社区，周围都是清一色的平房，穿过一个黑漆漆的类似通道的一个房间，在里屋我见到了她，一个大眼睛的美丽女孩，独自坐在空间狭窄黑暗的小屋里，却依然微笑着看着我。软骨病让这个不幸的女孩不能站立，不能行走，更谈不上奔跑了。我曾详细地问过园园母亲关于孩子的病情，可是母亲也无法确切知道最根本的病因，她们去过很多医院，看过很多医生，有的说是后天婴幼儿的激光危害（在她出生几个月时用激光消除过腿上一个血管瘤），有的说是父母亲的基因问题，先天性的。可是不管是何种说法，结果都是一样的，园园在11个月大的时候，也就是正常孩子跃跃欲试开始走路时，她却再也不能正常的站立了。

如果爱

倘若说首次的相见，更多的是对孩子病情和家庭的了解，那么接下来的接触则让我更进一步地认识了这个小女孩。虽然那时的她已是花季少女，可是少了和同龄人在学校的相伴学习，她的世界是单纯狭小的，和她聊天的时候，我常常被她天真无瑕的想法所触动。周末的时候，我就如约来园园家里，来教教她读书写字。开始的时候，有些犯难不知道挑选怎样的教材来教授她，依旧记得她略带着得意的神色告诉我，"姐姐我现在基本会一些常见字了呢"。我大为吃惊，原来在过去的日子里，女孩天天在家，一坐就是一整天，与一台很破旧的电视为伴。圆圆告诉我，她在看电视时，看到下面的字幕时就刻意注意那些字的写法，然后自己就强迫着记忆下来了。知道她有了这样的基础，我想到了带她读一些篇章不长的美丽诗歌，那时候我把自己最为心爱的泰戈尔诗集带给了她。我们相约每周读诗认字，交流感悟。当我下次去的时候，她正捧着《新月集》痴迷地看起来，见到我来之后，就迫不及待地和我分享她读到的内容，"姐姐……姐姐，你说在《金色花》里出现的孩童是小男孩还是小女孩啊？"我笑笑逗她说，是你这样可爱的小姑娘，她的脸色立刻飞出了几朵红晕，少女的娇羞和欢愉在园园的脸色蔓延开来……

在不断地学习过程中，越来越感受到这本好书带给她的改变。每次我推开她的家门，她就会开始大声的读起诗来，有段时间她特别钟爱《新月集》的《海边》，

"小孩子们会集在这无边无际的世界的海边。
……
他们拿沙来建筑房屋，拿空贝壳来做游戏。
他们把落叶编成了船，微笑地把他们放到广大的深海上。
小孩子们在这世界的海边，做着他们的游戏。"

园园问我："姐姐你去过海边么？我的腿不好，我连离家最近的大马路都没有去过几回呢，海是不是深蓝色的啊？海边的沙滩是不是很美丽啊？"看着

孩子一脸好奇的脸庞，这一连串的问题让我回答起来多了一些伤感的情绪，我的内心在纠结，怕把这海景描述得很美又让孩子徒增未见的遗憾。懂事的小姑娘似乎明白了我的心思。她连说："姐姐你给我描述得仔细些嘛，这样我可以想象，就像自己也去过一样。"多好的姑娘啊，想象是一种神奇的力量，能够让你真的去用心体会到另一种美丽。当我读到泰戈尔的诗歌时候，自己也会惊叹于泰戈尔竟然能够写出那样富有童趣的诗歌，心里住着一个纯真小孩的人才能这般吧！如果生命中需要这样的想象，这种想象带给这个女孩暖暖的希望和爱，那我愿意陪着她走进泰戈尔笔下爱的海洋，走进自己心中追寻的爱的海洋。

因为爱

每次在往返她家的路上，我的内心里常会思索着一个问题，诧异园园这些年是如何度过只能坐在床上而不能行走的生活。随着不断的深入了解，我发现园园是一个聪慧的女孩，她会自己绣东西，没有丝线了，就用自己的头发，在看了她绣的作品后，我更加感动不已，那些多是积极温馨的字眼，比如健康，快乐，幸福。可见这个孩子是多么期盼这些她心中憧憬的状态。以前上学的时候，老师常常举例张海迪的身残志坚，来鼓励我们这些健全人更应该努力上进。这回我也将这个励志的故事说给园园听，她说，自己很想上学，很想学文化知识，很想成为像张海迪一样优秀的人。那时我能做的只是每周抽空去教她认读拼音，教她更多的汉字，带她欣赏一个个文字组合成诗歌，文章的魅力。园园开始更加认真地去读诗，开始有意识地去和我分享诗歌中她心有感触的地方，每次聊过都会让我加深了一层确定，确定这个女孩心中蕴藏着柔软与坚强并存的力量。

我知道她深深地爱着她的母亲，她经常读着新月集中的《开始》，问着自己从哪儿来，问过自己的母亲，她笃定的目光，加上欢快的语速，像唱出童谣一般，"我妈妈也是把我搂在怀里说，我的宝贝……"我点点头，我相信天下的妈妈都是一样的。由于她身体的残疾，这个女孩从小就特别依恋自己的母亲，她的母亲是纺织厂的工人，工作很辛苦，每天早上7点到晚上9点或者晚上7点到第二天9点去上班，而父亲已在针织厂下岗了，现如今打着零工补贴家用,可以想象本来就不富裕的家庭再加上女儿的病痛,真是雪上加霜,度日艰难。有一日,我在讲到《英雄》,刚开始还大声的朗读着,渐渐地小丫头低下头不做声了,我心里一阵纳闷,小心翼翼地问道:"园园,这首诗歌不喜欢么?"她抬起头来,又坚定地点点头,连声说:"我喜欢,喜欢……只是,我……我觉着自己不是妈妈的英雄,都是妈妈一直保护着我,照顾着我。"懂事的园园越来越能体会到诗歌中的情感,也慢慢学会了将诗歌中的情谊感悟推想到现实。一时间我竟然有些语塞,但我告诉她,"你也是妈妈的英雄,可以保护妈妈,仔细想一想,你也可以写点东西"。回校的路上,脑袋里一遍遍闪过这首诗歌

> 妈妈,让我们想象我们正在旅行,经过一个陌生而危险的国土
> ……
> 你害怕了,想道——我不知道我们到了什么地方了。
> 我对你说道:"妈妈,不要害怕。"
> ……
> 我向你喊道,不要害怕,妈妈,有我在这里。
> ……
> 我说道:"妈妈,你瞧我的。"

见到她已是下一周了,她已然没了那天的忧伤,开心地举着一张泛黄的旧纸嚷着:"姐姐我写了一点东西呢!"短短的几行字,一笔一画,工工整整,有些还注上了拼音,旁边还在留白处写下了字的意思(那是她通过查字典标注的字义),看得出来这几行话花费了她不少的时间。园园写道,"今天我和姐姐学习了《英雄》,我觉得自己不是妈妈的英雄,但是我想保护妈妈,我的腿不方便不能出门,我想变成一只小狗,在家好好看门,在夜晚的时候也卧在家中,守在妈妈身边,如果有坏人来了,我就大声地叫,把坏人吓跑,我爱妈妈!"看完这朴实的叙述,我不禁落泪了,也陷入了沉思,在我自己的成长过程中,从来就理所应当的将妈妈当作大英雄,将自己的家当作一个避风港,而一个比我小的女孩在遭受了一次次医疗失败,一次次入学失败中依然没有丧失信心,因为心中有爱,她看上去就像一个折翼小天使一般,让人又怜又爱。

海上飞燕

所以爱

  时间久了就会觉得不仅我是她的老师，她在某些方面也成了我的心灵老师。上学期间常会遇到一些烦闷的事情，四肢健全的我们总是有着许多自怨自艾，也时常被一些莫名的烦恼打乱生活正常的节奏，就像一个个音符不安分地在五线谱上跳动着。相信很多朋友和我一样，从来没有因为自己是个健全的人，能够接受教育而感到过格外的喜悦或者感激，反而觉得这些都渺小到理所当然，许多东西我们得到的太容易，反而不知道珍惜与守护。而我们所认为理所当然的，也许在一些特殊的朋友心中正是可望而不可即的梦想！

  有一次我讲到了新月集里的《玩具》，园园告诉我一件事情，她曾有一个亲戚买来给她听歌解闷的MP3，但是邻居家有个小朋友一次来她家之后，把这个她很珍爱的物品拿走了，园园说当时她因为病情侧转不了身体，但她通过屋里的一面镜子看到背后发生的事情。可是善良的她假装不知道，并没有揭开那个小孩的偷窃行径。我问她后悔吗，她告诉我不后悔，因为那个小朋友经常来她家玩，陪她说话，园园怕说出来那个小朋友就不会再来了。还有一次，社区送了几本童话书给园园，正逢我去给她上课，她说："姐姐，你是不是每周三给农村的孩子上课吗？你帮我把这些书也读给那些孩子们听，希望他们能喜欢这些故事。"现在每当回想这些小事都会感觉心酸，这么善良的女孩在自己忍受病痛时还能想到别人，这真的足以让许多人惭愧了。当我每次读到《孩童的世界》一文，都会想到园园，都会想到她透明的善良心灵，"我愿我能在我孩童的世界之心里，占一角清净地。"园园把自己的爱心无私地展露出来，以最美的形式来诠释爱的真谛。

  时间荏苒，大学毕业后，我来到了北京继续求学，但距离阻隔不了我和圆圆的沟通与交流，我能在每个温馨的节日里都收到她给我发来的短信，空闲之余我也给她打个电话，聊聊现状，总不忘问问她还在不在读诗。勤学的她一直在读泰戈尔的诗篇，除了《新月集》之外，她又开始读泰戈尔的《飞鸟集》《流萤集》，我知道她喜欢泰戈尔的诗歌，因为他们都怀有真善美的信念，现实中一些磨难或者波折，阻挡不了生命的欢笑。我想，无论是毕业之后的三年，还是五年，甚至更远的未来，我都不会忘记这段时光，我和一个女孩，一起读诗的日子，享受着那精神的美感从纸张穿透到现实的力量……

后记：

  写到这里本该是结尾了，我却舍不得停笔……写出园园和我的故事，是我们的读诗交流契合了这次的征文主题，更重要的是希望能有更多的人看到这个坚强女孩的故事，在诗歌的陪伴下，在不懈的学习中依然笑对人生。园园虽不能站立和奔跑，在我看来她却是一只可以自由飞翔的燕子，飞在她期待看到的大海上。我想，这是泰戈尔诗歌的魅力，也是精神带给人们最真挚的感动与慰藉。

(作者单位：中国社科院民族文学所)

草之梦

马娜娜

我们热爱这个世界时，才真正活在这个世界上。

——题记

永远难忘记，是泰戈尔给予我对生命的热爱与追逐。

直到小学毕业，我一直是棵疯长的草。一个彻彻底底的农村野丫头，田间地头，河间坡上总有我驰骋的脚步。我爱我的村子，它是无穷大的宇宙，可以满足我任何的想象和天马行空。村子里的人虽然都很穷，但却相亲相爱，即使一碗汤，也要分给好几家。那时我最爱做的事就是捧着弥足珍贵的泰戈尔文集，站在山顶，大声咆哮着"爱是亘古长明的灯塔，它定睛望着风暴却兀不为动，爱就是充实了的生命，正如盛满了酒的酒杯。"

小学在村子的中央，离我家大约有一里多路，每天早上五点半我们就要起床，集合最近几家的小孩一同赶路，那时的天总是黑得很，父母总会叮嘱我们要互相照顾。早饭和午饭都在学校吃，是我们自己带的玉米粒上交到学校，学校再据此分给我们二两或一斤的饭票。于是我们的早午饭便成了万年不变的玉米汤，当然还有我们自己带的菜。可能那汤是百家玉米相融的结果，再加上我们总是换菜吃，我们都吃得不亦乐乎。

在那个小学没有优差生，我们不懂，老师也不分。老师总是把我们分组，互助学习。我们的老师很少，甚至是一个老师教两个年级。

教室也不够，一二年级就在一个教室的左右边。老师也相当不拘一格，有时地里的活多了，就停我们的课给他帮忙，我们乐意极了，因为我们都觉得那是在玩，而爱玩是我们的天性。哪天天气好了，老师就会带我们上山玩，或让我们在操场上学习。老师就像我们的邻家大伯或大娘，我们都不怕他们，彼此如家人般相亲相爱。放学后我们总是成群结队的摘果子，摸小鱼，玩各种自创的游戏。这样的环境让我不知天高地厚，着实肆意的撒泼般的生活了好几年，直到小学毕业。

后来，我到了镇上的中学，也仿佛一棵刚刚长好的小草遇到了暴雪。刚到学校，我就被一个女孩指着我的头发笑，她还拉别的人来看。后来，我知道她们是在嘲笑我将夹子在头上夹了一圈，可村里的小伙伴都说挺好看的啊！我还以为她们是在羡慕我。

慢慢地，我发现我似乎与周围的环境不是那么和谐，村里一起来的小伙伴都分到别班了，我第一次感到了孤独，我每天的课外时间就是趴在六楼的栏杆漫无目的地远望。班里的小伙伴都不愿和我玩，他们说我又土又野，我不知道什么叫土什么叫野，我只知道我似乎真的很不好。我似乎明白了泰戈尔说的那句："人总是要犯错误、受挫折、伤脑筋的"。

我不敢跟家里人说，那时父母为挣些钱，地里的收入太少了，并照顾我和只比我大一届的哥哥，也搬到了镇里。我们一家四口挤在每月租金二十五元的一间房里。父母每天早出晚归，去附近做一些搬运什么的零活。看到他们很累很累的样子，我心疼极了，不敢说也不愿说了，我想只要每天都能躺在家人的身边就够了，就算所有的人不喜欢我，他们也不会离开我。每当想到这，我的心里就暖暖的，充满了斗志与希望。当然，我也不敢给哥哥说，哥哥是个暴脾气，他会找我同学打架的。"鸟儿愿为一朵云，云儿愿为一只鸟。"可能这就是泰戈尔关于爱的定义吧，爱别人就极愿意站在爱对方的角度思考做事。我爱我的爸爸、妈妈、哥哥，他们一定都希望我开开心心的，所以我要开开心心的。

我努力地融入同学，努力地学习，努力地帮家里人分担家务。努力践行着泰戈尔的箴言："静止便是死亡，只有运动才能敲开永生的大门。"开始，我的成绩很差，尤其是英语。但我相信只要认真，一切都会做好的，我能做的就是默默地默默地努力努力再努力。终于，在初三的下半学期我冲进了学校前三，之前我的成绩总在三十多名。别人都说我是黑马，我只想到一个词——厚积薄发，当然背景是家人给予的满满的感动和泰戈尔思想的引导。后来我以全校第三名的成绩考入了重点高中的重点班。当然，我的人缘在我的努力下，也好了起来。因为经常帮妈妈做饭做家务，租房附近的人也总夸我懂事，经常送我一些旧衣服什么的，我很高兴，穿这些旧衣服，我不会有负担，我可以随意地活动而不用担心弄坏衣服。

到了高中，我学习更加努力了，也更加吃力了，重点班的群英荟萃，使我显得笨得一塌糊涂。我隐约地意识到我这棵浴雪重生的草再也不是先前的那棵草了，它似乎变成了一棵庞大的笨重的树的种子，连发芽也那么难。我加班加点，午休不敢睡，饭后不敢玩，成绩也只是在中流。每每在黑暗的操场奔跑，我都好想哭，但我不能。泰戈尔说："在光明中高举，在死的阴影里把它收起。和你的星星一同放进夜的宝盒，早晨，让它在礼拜声中开放的鲜花丛里找到它自己。"我要坚强，再痛苦，也要让梦想启航。

直到半年后，选择了文科，终于，这棵树还是发芽了，尽管它的前奏是那么的长，那么的让人痛苦辛酸。儿时的天马行空造就了我不错的想象力，我的语文一直是强项，在文科我的总成绩保持在全校前十。当然，这保持的背后，依旧是那么拼命，我没别人聪明，笨就要更努力。我总是起得最早，睡得最晚，我缺的总是时间，甚至有几次我都偷偷藏在教室里不回宿舍的学习，直到被老师狠狠地批评了一顿。我也明白，重要的不是学习时间的长短而是效率，但是即将到来的高考如滚滚涛浪扑打得我喘不过气来，我害怕极了，我不想让父母失望，更不想让自己失望。水深火热的学习伴随着神经的衰弱，伴随着疯狂的激情，伴随着躁动的憧憬。我已记不清有多少次背着背着哭了，学着学着哭了，然后哭着背着哭着学着。但我永远不会放弃，因为我有泰戈尔，有他那句"阴影戴上她的面幕，秘密地，温顺地，用她的沉默的爱的脚步，跟在'光'后边。"始终萦绕耳边。

最终我还是结束了高考，不管怎样，过去过不去的都会过去。虽是差强人意的成绩，但也是我拼尽全力的结果。我想过复读，但不能给家里添负担了，这时的哥哥已辍学结婚生子，爸妈的担子够重了。我想上了大学，我就会自立，就会坚强，就会像一棵树般的活着。只要自己不放弃，不失望，朝着泰戈尔给予的灯塔——"我希望你照自己的意思去理解自己，不要小看自己，被别人的意见引入歧途"，不停地走，就永远会活得精彩，就会"让生命有如夏花之绚烂"。

如今的我，大学将近毕业，远离了青春的彷徨，不再浮华，不再躁动，不再盲目。但我的心灵依旧闪射着理想之光，我会让他永远明亮，来驱逐未来的暮霭。我终于懂得，是树是草并不重要，即便你是一棵草，只要以树的姿态存活，那么你也就真的成了一棵树。一棵真真正正的树，一棵可以为家人和自己遮风避雨的树，一棵可以向着梦想坚定走下去的树，一棵始终带着野草灵魂的树。

"我的存在，是一个永久的惊奇，而这，就是人生。"

(作者单位：河南大学文学院)

黑暗里来的执灯人

——读泰戈尔故事诗集有感

许 磊

讲个故事吧，讲个故事吧，黑暗中，席位早已备好，灯火也取来了，现在等着你的入座了；讲个故事吧，讲个故事吧，我渴望你的故事，我把你当做智者，先知；讲个故事吧，讲个故事吧，我的灵魂听到了，你的脚步声，你的心跳声，把你积年累月的传说，留在我的心底吧。黑夜更加的浓黑，全世界的寂静化成一潭死水，全世界的喧哗沉到了死水里，这黑夜是黑色的海洋，可怕的沉默消逝了流进来的奔腾河水，微波不起。茫茫的黑夜需要什么？是泛着波纹的小船，还有船上的灯火，最好有星星和月亮，而我们呢，将成排地坐在蒲团上，静待灯火的临近，当你来了，请让我接下你的木桨，在我们的黑夜，需要这柄木桨，而灯，留在船上吧，你走的时候要用，只要你把灯火靠近，靠近，点燃这盏，这盏迫不及待的灯，进来吧，讲个故事吧，故事应该开始了。

故事开始了，哦，我在说的故事或许你已听过，在祖父的手掌，在父亲的背上，这没关系，我说的不是自己的故事，它们都是我听来的，只不过写在笔记本上，但我不会署自己的名字，可是谁写的呢，哦，我本不是絮絮叨叨的老人，还是听这些故事，我听来的故事。初升的太阳会唤醒人的睡眠，把昏昏的男女，醉了的山丘，懒散的云雾都唤醒，"喂！世人们，谁是醒了的？"孤独的长者以佛陀的名义在布施，在一座富饶的古城，女人睁开绛红的笑眼，投去自己的金耳环，商人献出了箱底的珠宝，而长者不在意这布施，他要献给佛陀无上的布施。他苦苦寻找，在人海的献礼珍宝不是最珍贵的，唯有衣衫褴褛妇人的出现，布施了御寒蔽体的破布衫，这是无上的布施。献给佛陀的是最大的善，善事之所成，在于善心，捧着一颗无上的善心，所做的事，即使微不足道，甚至背道相驰，也是善的。佛陀求善，以众生的善种福，奉献出的善，如果是出自心的，心中的善是不会空的，奉献出的善，如果是出自手的，手中的善容易丢失。

　　一盏灯闪闪烁烁，吞吞吐吐，它跳跃着，在没有风的时候也这样，这是你带来的灯，它还想说些什么。我们的身份，来自哪里？老人、孩子是年龄告诉我的，男人女人是性别的差异，丈夫妻子是爱情的关系，还有家庭、王国，当有些时候，你改变了什么，或者想着自己改变了什么，又会怎样呢？国王本是国王，该是王国最尊贵的人，僧侣本是僧侣，该是有些时候去乞食，如果国王看不惯了，让僧侣做了国王，自己去乞食也是可以的，可是乞食的国王依旧是国王，僧侣不过是国王的靴子，等待国王知道了什么，再把自己穿回去，这就是国王的代理，僧侣命令国王，做乞丐的代理——国王原是卑微的托钵人，尽国王的职责，你做国王要像没有国土的平民。生而为人，都有很多的故事，就在我们的背后，我们觉察不到，那是家庭、亲人、友人，他们的背后呢？同情是把自己想成别人，感激是把自己借给别人，生存的时间，谁不是从长河里取出的一瓢，注入自己的皮囊，等到囊破的那一天，也是时间归流的时候。生命，尚且不是属于自己，我们该拿什么来偿还虚度的奢靡和无知，只有夏花，以最美的姿态迎接最美的时间，归之以秋叶，把身体沉入大地。

　　火红的灯，照得黑夜发颤了，在漆黑清冷的夜，是这微弱的光明和一丝一缕的温暖，让故事继续着，看见了说故事的人，知道了声音的方向。有一朵白莲，盛开在夏季过去的一个夜晚，严霜和枯荷与之相伴，在有些刺骨的池水里，它摇摇荡荡地盛开了，这是朵献给佛陀的白莲。国王和长者有心于白莲，要把它买下，亲自献于佛陀的脚下。长者最早出的一两金子，国王要买十两，相争着价格越来越高，可是卖花人走了，走到佛光普照的林中，白莲已放在佛陀的脚边，纯净的白莲，不是借来献佛的，它就是宁静清澈的佛光，是有着佛性的使者。卖花人对着佛祖慌忙说出自己的心愿，只要你脚下的灰尘一点，这是尘世最值得念想的金子。

　　金子，在珠宝商人那里不能变成粮食，刀枪，在将军那里拯救不了灾民，土地，在地主那里生不出荒年的谷物，大灾荒的面前，还有谁，是可以承担起重责的。佛陀也悲戚了，有一个人站了出来，谦恭而坚决地诉说了愿望——无能的比丘尼，会负责，救济灾民供应粮米。没有金子，没有刀枪，没有土地，比丘尼揽下了重担，而这个卑微的、无能的女人会做什么？她说，她只有个乞食的钵盂，全靠你们慈悲的赐予，饥饿的大地，谷仓已经树立，就在你们的家里，取之不尽的钵盂，将分散给灾荒的田野，那里会再现生命的生机。一个人与一座城，有着怎样千丝万缕的关系，没有了人，是空城，没有了城，人难独活，商人也是这座城的子民，背弃了人，终究落荒而逃，将军也是这座城的子民，丢下了人，一堆破铜烂铁将腐烂地底，地主也是这座城的子民，离开了人，肥沃的田野会弃之为没有人烟的荒原，真爱需要勇气，勇气来源于善，秉持着一颗善心，裹挟着一囊勇气，联结了城里的人民，城不在，众志成城，无能的蝼蚁可以决堤，万千的人可以把心都举起，流水不腐户枢不蠹，善念是生存的活水流向前方。

  智慧的老人，你口干了吗？可是你的精神还这么好，说了那么多的话，讲的这些故事都是熟悉的，生动的，可是，黑夜还没有褪去呢，你说那里有光明，在黑暗里，她是母亲，母亲要睡了，孩子不必害怕，把这灯火接着，用手去感受它的光明和温暖，如若还是害怕，索性让它一直地亮着，这灯火虽是微弱，也足以点燃这黑暗了，当你们看到黑暗的火苗，也是黎明将要来到，那是黑暗的母亲产下的孩子，所以每一天都是新的，新的青山和云雾的薄衫，新的流水和摇荡的芦苇，新的晨曦和歌唱的黄鹂，新的善也在孕育着，像是今夜绽放的白莲，幽香使人迷醉使人沉睡，佛陀也沉睡了，当世界的喧嚣归之为静了，当静之深了，如深潭，老人也倦了，船夫的桨早已备好，船上的灯依然亮着，在寂寂的黑夜的海上，灯火阑珊了。

  回去的路上，尽头是一点光亮，这是执灯人留下的，在我们的心上点起来的。

(作者单位：福州大学)

泰戈尔为媒

欧阳德彬

我等待着,守望着,直到你的倩影飘过夜的露台,才怀着一颗充实的心离去。

——泰戈尔

深秋时节,紫薇的红叶缀满枝头,她带着阳光和花朵的气息闯进我的生命。初次见她,是在午后图书馆三楼的走道。回忆起秋天,她无疑是最美的际遇。她当时手里握着的,正是泰戈尔的《飞鸟集》,跟我案头的是同一版本。她羞怯地问"师兄,给我讲讲泰戈尔好吗?"我接过那本诗集,随手一翻,却是那首《生如夏花》,"生如夏花之绚烂,死如秋叶之静美"。我凝望着她漆黑的瞳仁,嘴角的笑窝,已怦然心动,身不由己。我表面上不动声色,心中却泪光闪烁。那一刻,仿佛受到命运的召唤,我的眼中,我的心里,只有她。在那之前我并不认识她,她说她认识我,三年前就见过,那时她读大一,我正备考研究生。三年,莫非是个约定的期限?美好的相遇需要等待三年,美丽的果实需要孕育三年。正如泰戈尔在《刹那集》中所说"有一天,你突然闯进我因初恋而焦急震颤的心灵,带来新的奇迹。你的清风里满载着已从人类语言中消失的古老的爱的传奇"。

大学毕业后数年蹉跎,重返校园,心无杂念,读书写字,也算是浪子回头。我不再四处游荡,而是安居斗室,坐在宿舍阳台的椅子上,面对自己。也许被爱情深深伤过,许多年来心灰意冷,许多小径独自踏过,许多月夜默然徘徊。夜色中偶尔也做爱情的幽梦,醒来时空余幻灭的悲哀。年近而立,过了生如夏花的年纪，最初的爱情，也成了孤帆远影。此时蒙受爱神的青睐，哪能不倍加珍惜？

秋天之前，我住在校外的研究生公寓，距离食堂较远，常去楼下的麦当劳吃早餐。一个夏日的早晨，我往常一样坐在靠着玻璃墙的位置看书，安静地盯着玻璃外来来往往的旅人。同一张椅子，同一本书，同样的姿态，日子就这样。可那天我的手指不小心碰倒了杯子，深褐色的咖啡洒了一桌，流到地板上，空气中弥散着淡香和苦涩。这小小的偶然让我眼睛酸涩，舌尖僵硬，心灵战栗，这是我单调的日子里唯一的插曲。我意识到这是一个迹象，依然从桌上点点滴滴流到地板上的咖啡，不过是我心中漾起的波纹。我桌旁对面的椅子，空了许久，不知道以后会有谁坐在上面，举起杯子碰碰我的杯子，微笑着说声干杯，说我不再是孤单的，今天起的每一个日子，都有她陪我。可是，这样一个姑娘并不存在，至少那时候还没有。

初秋，终于可以搬到校内宿舍。搬家的车已在楼下等候，我主意已定又犹豫不决，就像一个即将远行的人，克制不了自己想再看一眼居住的房间，用过的物品。那是一间充满了单身汉颓废气息的学生宿舍，衣服散乱地堆在墙角的箱子上，书桌旁边竖着啤酒瓶，满床底的鞋子。书籍总是参差不齐，有的放在枕下，有的垫了桌角，墙壁也发霉了，熄灯之后便陷入无止境的黑暗，一片鸿蒙初开的混沌。在这个房间里，我做了很多不切实际的白日梦。有一次，我竟然梦到自己透过木窗棂看见自己坐在桌旁发呆，窗外下着北方的大雪。那场梦积雪一样惨白，还没做完我就惊醒了，没有什么比自己看见自己更令我恐惧，那应该是灵魂摆脱肉身之后的事情。两天前我就开始收拾东西了，最多的还是书。这一年，孤单的时候只有它们不离不弃。

我离开那个禁闭自己的房间。一年多来，我把自己关在里面，阅读或者写作，深居简出，远离人群，自娱自乐。我回头望一眼黄漆剥落的木门，离开那个房间就像脱掉一件紧绷的外套，感到自由的兴奋，又有一丝惋惜。我需要继续把自己关起来，只是换了个房间。我的世界无限小又无限大，不需要多少人理解。如果哪个人可以让我走出房间，畅谈一番，那必是我生命中重要的人。

第二次见面，我们相约去看三年一遇的红月。登上校园最高建筑的峰顶，凝望夜空，找不到月痕，只有夜色茫茫。如茵的乌云把天空环抱了。到了月食的时辰，乌云变得粉红，飘满天空。除了朝霞和晚霞，我还是第一次见到粉红色的云。那云，没有滚滚风雷，安详静谧，如同她的裙边。楼顶已聚集了喧嚣的一群，有的在架设相机，有的支起望远镜，期待自然奇观。

可是，天上的云，迟迟不散，不耐烦的人们开始渐次离去，把空寂还给楼顶。乌云遮蔽了三年一遇的红月，这可不是遗憾。我知道，深秋的夜晚，和我一起倚着栏杆等待红月的姑娘，一生一遇。人走楼空，天空更加寂寥，身边有她，足以对抗茫茫黑夜。我们并排走在荔枝林的青石小径上，许久没说一句话。微茫的路灯光洒在她黑亮的长发上，她时不时整理一下额前整齐的刘海。彼此都受了爱情的召唤似的，手自然而然地牵在了一起。没有所谓的谁追谁，有的只是自然的吸引，不由自主的倾心，不可抗拒的依恋，如同奈何桥边的允诺，三生石上的宿命。紫荆花开时节，我曾在泰戈尔《飞鸟集》的扉页上匆匆写下"每一位师兄的心中都有一个师妹的梦；每一个北方男子心里都有一个南方姑娘的梦"，没想到一语成谶，春华秋实。

第三次见面，听她在学校琴房弹琵琶。她柔软的指尖轻扣琵琶，多少离恨别情，回荡在我心底幽暗的洞穴中。除了她的琴声，没有什么能让我重返童年，摘一捧虎耳草，送给她，采一束野百合，打扮她。我停住脚步，伫立良久，倾听时光的吟唱。她是否怀抱琵琶，日夜守望，期待我走向她的足音？

这南国的校园，一年四季总是绿的，好像时光都静止了，没有北方四季轮回的苍茫。绿是一个迷宫，走啊走，永远走不到头，让人在绿中迷了方向，但是和她一起走在校园里的时候，一切庸常的图景变得美丽可爱，自己仿佛在温柔乡里重获新生。湖边的风景很美，湖水也清澈。菠萝蜜树正在树杈上展现它碧绿硕大的果实，散沫花树已经过了花期，悄然默立，枝头结满黑豆一样的种子。湖边最多的是荔枝树，蔚然成林。荔枝树贴着地面分叉，有个细瘦的男生坐在树杈上看书，边看边发出尖细的笑声。深秋的风依然有些热，这样的风不会让绿叶变黄，只能在湖面漾波。湖里生着褐绿的水草，飘飘洒洒，长胡子一样。一条通红的观赏鱼停在水草间，只有小巧的副鳍轻轻扇动，猛地一跳跃出水面，原来是旁边的女生向湖里投了一小块面包。

我曾为唱不好一首歌懊恼，后来发现，最喜欢的音乐竟然是自己打字的声音。那种抑扬顿挫，时快时慢的哒哒声，用手指丈量时光。打起字来没有老式钟表的节奏感，却迸发出欢乐活泼的音符。迷醉于大学校园里一间安静的宿舍,窗帘低垂,台灯洒下柔光,指尖奏响键盘。这简单的键盘,是一架吟唱生命乐章的瑶琴,为数不多的按键,排列组合,幻化无穷,建构大千世界。表面看来,生活单调,却蕴含田园牧歌式的幸福,敲下一个个字,在纸上沃土里埋下一粒粒种子。这些天最想打的字,是一封绵长的情书。

心境抑郁的时候,习惯了沿文山湖绕圈。先民逐水草而居放牧羊群,我则沿湖散步放牧自己。有时也去田径场走走,那是一处能仰望天空的地方。天空幻出猛兽奇鬼,变化莫测。风中徘徊的燕子,或许掠过王谢堂前。周围高树葳蕤,枝桠交叠,鸟雀躲在里面呢喃。仰望与倾听,心中便多了谦卑自安。图书馆五楼有一座悬空的天桥,它就那样悬在半空,自在又从容。天晴的时候,它享受着南方银白的烈阳。下雨的时候则是一桥烟雨,让人追梦江南。那本泰戈尔《飞鸟集》,常置案头,每次诵读,眼前总会浮现她的倩影。她是诗中全部的爱与美,书中走出的颜如玉。读书累了的时候,就去天桥上凭栏远望墨绿的山和舒卷的云。在独处的时刻,她会偶然到来,然后羞怯地问"师兄,给我讲讲泰戈尔好吗?"

(作者单位:深圳大学文学院)

孩子的诗

陈艺敏

如果说，诗歌是大人们写出来的，那么，泰戈尔的《新月集》就像是部孩子写给你的诗。诗集中把孩子们脑海里画面，娓娓道来，栩栩如生。远远看去，仿佛一个正抬着头看着月亮发呆的男孩。每个天真的孩子都是天使，诗集中的孩子也一样。泰戈尔通过对孩子们性格、神态、动作、思想的描写。为我们展现了一幅天真无邪的画面。《新月集》是泰戈尔的第一本散文诗，那优美的诗句感动着一个又一个曾经拥有天真美好童年的人们。正因为这样，泰戈尔也由此被人们称为"儿童诗人"。

"只要孩子愿意，他此刻便可飞上天去。"泰戈尔在诗里这样写道。在他看来，孩子们是轻盈的，他们因为爱留在了我们的身边。与卡尔维诺《看不见的城市》中轻盈的城市不同，孩子们的轻盈并非虚无缥缈，他们真真切切的存在于我们身边，可以这么认为，孩子们是因为纯洁无瑕而轻盈。正是因为这种纯洁是我们现实生活便可以体会的，于是我们能更容易地领悟泰戈尔想要表达的诗意世界。他诗意的世界看似如梦一般神秘，其实稍微睁开眼睛，我们就能发现这个世界就在我们的身旁。由这个方面，也将《新月集》带向了一个新的艺术境界。

孩子的世界永远离不开母亲。围绕着童真，泰戈尔又在诗中讴歌着母爱。诗中天真的孩子问母亲自己是从哪儿来的，母亲这样告诉他："你曾被我当作心愿藏在我的心里，我的宝贝。"是的，每个孩子都是母亲的一个心愿，她愿你成长，愿你快乐，愿你有朝一日云游远方归来。泰戈尔《新月集》诗中母亲的形象大部分都没有具体的表现出来，常常都是由孩子天真烂漫的问题引出。用这样的表现形式，读者通过诗中孩子的话去想象这是一位怎样的母亲，最后具象出的形象是自己母亲的样子，读者也由此与诗歌产生共鸣。《新月集》中童真与母爱的表达是相辅相成的，母亲的呵护给予了童真更好的表达基础。同时歌颂母爱与童真也使《新月集》别具一格，对后世诗人影响也是巨大的。

孩子的想象就是诗人的想象，他们对世界充满着好奇与幻想。孩子们可以看着天空发呆，似乎他们看见的彩虹是一座延伸到雨里的桥，他们看见的云是一群随风而牧的羊，他们看见的月牙是一条渡向远方的船。诗人通过自己大胆的幻想描绘着孩子们脑海中的世界，这样的幻想使诗歌充满了色彩，充实了诗中孩子们的形象。并且，没有人会指出这样的幻想是在故弄玄虚，因为有谁能保证童年的自己不曾有过这样的幻想。读《新月集》让我们重新开始学会了幻想，让整日埋头手机屏幕下的你，缓缓地抬起了头，仰望那片依旧湛蓝的天空。

而这并非只是孩子的诗，这是母与子的《新月集》。即体现了母爱，从母亲眼中看见了孩子，体现出他们的天真与纯洁。妈妈要抓住"偷睡眠者"，是谁偷走了她孩子的睡眠，让她的孩子不安分与休息，展现出孩子的活泼与闹腾。而母亲为了让孩子入睡而煞费苦心，这便是母爱的体现。又为什么说这是母与子的诗？因为母亲与孩子本是一体，孩子在远方，或许星空，或许是宇宙的另一端，听到母亲的心愿，而来到了母亲身边。"你曾被我当作心愿藏在心里；你曾存在我孩童时代的泥娃娃身上；你曾和我们的家庭守护神一同受到祀奉；你曾活在我所有的希望和爱情里。"你从那轮新月上走下，孩子，你被什么指引来到我身边，成为我的一部分。泰戈尔从母亲的角度写出了孩子们是无罪的，母亲爱孩子并不因为他好，只是因为他是母亲的小小孩子。他人只是嫉妒孩子而给他加上了罪名，审判官也不可去惩戒他。

读完泰戈尔的《新月集》，你仿佛想起了童年里出现的某个人，这是一张模糊的脸，并不是特指哪个人，但他的的确确出现在你的童年里。这也是《新月集》另一个伟大之处，它勾起了你的思绪，勾起了你的童年。在一种漫无目的的回忆中，你似乎回到了那段银白色的时光：在河边嬉戏着，无忧无虑的做梦，你告诉你的母亲你要当那船夫，无拘无束，夜晚归来时你可以陪伴在母亲身旁；你愿当一名勇敢的水手，划船到对岸，而后成为一名英雄，披荆斩棘，带领母亲找寻到仙人的世界，嬉戏游玩于云与波里，你是星星，母亲当那月亮。你愿如同父亲成为一个著作家，能够写写画画而母亲不再因你浪费父亲的稿纸而责骂你，你愿成为一个小大人。你又在漫山遍野的花海中奔跑着，抑或是在某个地方玩捉迷藏而屏吸着。烟气氤氲，在一阵回忆中你又回到了现实，合上诗集才想起，那张模糊的脸其实就是自己。

《新月集》的诗歌，看起来像是一个个零散的故事，但前后对照，如果把它们串在脑海里，构成的却是一幅完整的美丽画卷。上帝创造了自然，泰戈尔把对自然的爱也融入了自己的诗集之中。细细品味他的诗，你可以看见飘荡在碧波中的小船，一朵朵盛开的金色花，萧萧的竹林里闪闪发光的萤火虫，阴天艳阳天，仿佛诗里自然的一切都是那么的美好。泰戈尔看似对自然景观的轻描淡写，却让读者有身临其境之感，这显示出了他的大师风范。一切的艺术来源于生活。正是泰戈尔有着对自然的爱，对美好生活的热爱才能写出这样优美的诗集。或许也正是因为这一点，泰戈尔收到诺贝尔文学奖的青睐。

我曾看过一个小故事：在一个阳光和煦的下午，一位50多岁的男人，坐在一棵芒果树下为一群孩子读者诗歌。这时，远处走来一位邮差，将一封电报递到他手上，他漫不经心地将电报塞入口袋。"电报上说，您获得了诺贝尔文学奖。"邮差打断他。"谢谢，"他说，"不过，我现在最重要的事是给孩子们朗诵诗歌。""先生，恐怕您以后再也没有时间给他们朗诵诗歌了。"他叹了一口气："是啊，从此我再也得不到片刻宁静了。"那位树下读诗的男子便是泰戈尔。与《新月集》的诗句一样，他追求一种淡泊而宁静的生活，然后往往事与愿违。从他获得诺奖那一刻起，便注定了他将告别如诗歌般的生活。如果你再次打开《新月集》，慢慢地读它，或许你会看见，一个拿着诗集为孩子朗读着的男人，他的身后，是一片芒果树下的天堂。

(作者单位：福州大学至诚学院)

流星划过，我遇见了泰戈尔

孙 珍

月亮，将沾满着你的圣灵气息的星星遍撒于地，你的精神自由任凭挥洒，四下弥漫又不可限制，那里面有你的个性和人格，你的脾气，你的感受和知觉，你的所有的一切都存于记忆的经典中。在我低头拾捡的时候，有一颗流星划过，幸运的我，幸运地，与你——伟大的智者——泰戈尔，相遇了。

在静谧的夜光下，小石泉旁，静坐，与你相对，开始了一场穿越时空的交谈，心与心的交接，属于你和我的。

我始终不敢那般随意地张口，尽管我的心是那么的渴望与你合唱一曲。哪怕只是几句。任凭我使劲地挣扎，也发不出一丁点称得上是声音的话语。我的脚尖不小心触碰到你的双脚，瞬间，数不清的小鹿在跳舞，毫无节奏地，我的心宫荡漾。聪慧的你似乎马上就感觉到我此刻的欣喜、不安、惶恐、尴尬的叠加，轻轻地，你不朽的双眼望着我，仿佛在抚摸着我。这是何等的激动，我一定是在做梦，我想。我的心消融在你抚摸下的无边的欢乐谷中，发出一种无法言说的词调。或许是你善意的爱抚缓解了我的紧张，渐渐地，抛开了羞涩，摆脱了恐慌，我紧闭的双唇终于发出了声响，轻轻地询问：那只在夏天飞过你窗前的飞鸟，如今它又飞往了何方？你微微一笑，抬头仰望这静谧的夜空，回答到：亲爱的朋友啊，曾经在无数个孤独的黄昏里，沐浴着雾和雨，我在我心的孤寂里，早已感觉到它的叹息了，那叹息声如同它第一次飞在我的窗前时发出的那样，在秋天的黄叶陪伴下，因为没有什么可唱的，只剩叹息了。每当这个时刻，忧思都在我的心里平静下去，正如黄昏在寂静的林中，静静地听着它的叹息声，莫名的，我就在想，也许飞鸟它一直在这里，在我的窗前，在我的心里，不曾离去；也许，它又与"世界"一道，如同一个过路人似的，停留了一会，向我点点头又飞过去了，此刻应该不记得我了。我自己啊，面对这样的永恒的疑问，甚至不能回答，给予正解的也许是永恒的沉默。我望着你，若有所思，你的回答落在了我的心间。像那溪水在低吟，在静听着的松林间缠绕，我想，我是能够感受到你话语之后的心情，就像在太多无名的日子里，那些无名的感触，攀缘在我的心头上，正像那绿色的苔藓，攀援在老树的周身，这只是一种自然的状态，是一种顺其自然的以思考的方式得以存在，剩余的那些不能给予正解的，化作了淡淡的忧伤。

我尝试着慢慢地讲述着自己："在我的生命里，始终有那些可爱的人在引导着我，陪伴着我，正如引导着但丁通向光明之路的维吉尔一样，他们伟大的心闪射出了朝阳的光芒，恰似在黎明的积雪里竖立的孤峰。我一直在想，对他们，我应该怎样表达我内心真诚的敬重与谢意？"你笑而不语，轻轻地，将手指向夜空："在群星里，会有那么几颗星星指导着你的生命穿过不可知的黑暗，而你言及的那些引导者，便是那几颗最绚丽的星辰，他们就像那云朵，把水倒在河的水杯里，他们自己却藏在远山之中；他们更像是秋日的云朵，空空地并不载着雨水，但是却会在成熟的稻田的上空，偷偷地关注着你的充实；她们就像埋在地下的树根，使树枝产生了果实，但却并不要求什么报酬。少女呀，你的淳朴，如湖水之碧，倘若你要向这些引导你的人表达你的敬意与感激，我想，或许，你的纯洁的简朴的沉默和对所爱之物、所爱之事的锲而不舍的努力便是最好的选择。"话音刚落，你又是同样的笑，在看着我，你的笑好像是田园里的花，美极了。等不及我回答，你又说："不妨就像雨点对茉莉花微语的那样吧：把他们永久地留在你的心里。"你的话像颤动的树叶，触动了我的心，像一个婴儿的手指，我想，你说的应该是和我想的那样的。这种想法上的契合让我快乐。

然而，我的欢乐戛然而止，似乎是想到了什么，莫名的陷入了沉默，不知为何，我骤然如此深沉，或许是这夜空过于寂静，在寂静的日子里，人总是不小心就陷入沉思的泥潭里。抬起头，我的双眸触碰到你的慧眼，终于，我开了口："或许，我想说，当我面对你如此光辉的智者，渴望你能倾听我内心的疑惑，可以帮我解开，如果可以的话。"依旧，你的脸上还是那般可爱的笑，轻轻地点着头，我把这当作你应允的暗示。"请允许我说出我心里的困惑，它一直缠绕着我：我生活的世界里，我应该没有看错，我总能看见人们黑暗的欲望在伸出爪牙，虚伪在血液里自由地流淌，你知道，当人是兽时，他比兽还坏，多想一刀斩断那些黑色欲望的恶爪、切断充斥着虚伪血液的脉搏，然而我的力量太小，武器过于单薄，无力攻击，无力拼搏，所有的这些总在压迫着我，我的灵魂似乎在油锅里熬煎。"你慈爱的神情突然间沉重了起来，不过几秒钟之后你又开始恢复你的可爱的笑意，这些在你的眉宇间清晰地留下了踪迹，你依旧用平和的口吻诉说："我们人类的欲望，一直都是在把彩虹的颜色，借给了那只不过是云雾的人生，你要相信，虚伪永远不能够凭借它生长在权力中而变成真实，一旦'真实'的含义被误解，轻重被倒置，那就成了'不真实'。那些以为财富和权力胜过世界上一切的人，把他们的钱财聚敛他们自己的宝库中，当昏睡一觉醒来后，他们会发现在自己的宝库里，他们自己做了囚人；那些以为无敌的权力会征服他人、征服世界的能得到无碍的自由的人，没日没夜在用烈火重锤打造一条用心铸造的锁链，一旦等锁链的坚固完善工作将近，他们会发现这条锁链困住的是他们自己。所以，别让你的心像不宁的风那样彷徨悲叹，要知道清晨一定会来，黑暗也会消隐。在你的心里，不，更准确地说，在整个人世间，总有那么一个地方，人们的心是无畏的，头也能抬得高昂，在那个地方，智识是自由的，话都从真实的深处开始说起的，每个人不懈的努力会向着'完美'伸臂；在那里，理智的清泉不会沉没在积习的荒漠之中；在那里，人类的种种黑色的欲念，烦人透顶的诈伪与空虚，将不再有任何的机会以任何的形式来迷蒙他人的心眼，也无法那般沉重尖锐又残忍地焚灼人心。所以，请务必要保持你的纯洁之心忍耐下去，你一定要相信，黑暗总会退去，光明迟早会到来。"你的一番话让我醍醐灌顶，豁然开朗，我的心随着你的话语在闪耀，我的思想在你的话语的滋润下以她自己正确的方式生长枝叶掠过我的心上，痒痒的，甚至，我都能听见她的鼓翼呼吸的声音了。你的智慧的话语就是那甘露在滋润着嫩芽，我的心在歌唱，就像那盛开的花朵，刹那间，心与思想的花朵更加的坚定、真实而光亮。

此刻，天空微亮，我正准备开口与你分享另一个话题，然而，从不可知的天空里带信来的使者突然降临，她们是来接你继续向前赶路的，我措手不及，我知道你会离我而去，慌张地抑制住分离的悲伤，我转向你："今晚与你的谈话我由衷的欢畅，而你的即将离去真让我难受异常，今晚的相遇，让我永生难忘，你所给的指导教诲是一碗碗心灵鸡汤，对你的敬仰感激我无法言说，只能借弥尔顿献给莎士比亚的诗文——自你无价之书的天际里/获取深刻感人的神谕诗行/然后你却夺走我们的幻想/让我们变成有太多思索的大理石——来向你致敬。"你露出依旧那样可爱的微笑，轻轻地发出声响："总有一天，我要在别的世界的晨光里对你歌唱：我以前在地球的光里，在人的爱里，已经见过你了。"说完，乘坐时光机，挥挥手，你走了。此刻，天已亮。

(作者单位：黑龙江大学)

原是你暮歌中的归鸟

吴文倩

南风习习，却没有心上人。有几刻曾让我明白，只是触摸到了你的清新的字字珠玑，却未曾登门谋面。我记不清哪天的哪一句话竟让我远远地看到了你，清风却能够把人寻找，我要吟咏你的新诗。我就是你百年后的读者。

在心儿的遥远之滨，仿佛有一位落寞的鸟儿，与你同歌同唱。在心灵的异域，被抛弃的爱遭长期流浪。多少古老的话，多少失掉的歌，多少心灵的长叹，多少含羞的笑容，多少温情的语音，多少爱情的甜言蜜语。

再一次的素馨花开，昨日的"我已爱过"既成绿叶上的故事，仿佛是百年前你对我的约定：送我这儿富饶的春天的一朵花，这儿彩云的一缕金晖，这儿秀峰上的一片轻纱，我是你的受宠爱的少女，可别娇惯了我！

怀着爱意的鸟儿停在森林里，我不知道她叫什么，来自哪里，可是我敢向你肯定她和我一样是和阳光嬉戏的贪玩鬼，于是我总觉得她是谁家走丢了的孩子。藤儿睡着了，可风儿醒着呢，不然是谁在荡秋千呢？

思念是自黄昏就响起的淅沥的雨声，夏日里梦一般徜徉的湿风，夜雾悒湿的幽暗里囚禁着我的痴迷；满腹的痛楚，泪眼盈盈，夜晚你可曾答应赠我花环？在这座孤屋里，我徘徊着，不知是出还是进，只管那心中永盼的笛子吹出呜咽的泪浣。我是你受委屈的姑娘呦。

我岂敢走近人群，又任他们对我说三道四呢？我只敢坐到你的膝上，对你慢慢的悄悄地讲我的伤心话，如果不将这童心的痛楚说出来才是该被人指责的呀！而我又深知温柔的心也会有过失。

我早已打算在黄昏出走了，挽起金色的衣襟，涉足这曾经令我情窦初开的朱木拿河，河水啊，你尽管欢畅，为何这般啼哭？我怀着颤抖的声音告诉你，灵魂里的忧郁就是我新婚的面纱，而我是你黧黑而忧伤的新妇啊！我是你的孤女，又怎会将你看作是外人呢？我只愿躲在你的背后，在藤蔓的枝叶间和芳草花丛里，与小鹿玩起童年的游戏。

不要急于追问，我这半醒的婴儿在黎明的微光里看见了你，于是微笑而又睡去，我又知道些什么呢？我只是希望世界上的某个漂泊者能够为我驻足，只需要一朵花开的时间，静听你回忆的足音，你跋涉了一条叫做人生之旅的路，坐在络绎不绝的旅人的哀泣和欢乐的旁边，注望着，深思着。

昼夜之花，落下那爱恨交织的花瓣，于黄昏竟也成熟为一颗金果！在这喧嚣的丛中，你只管静静地开放好了，或许沉默是痛的，但思想的确是由她喂养长大的，我的心，万不可扬起尘土。对于光鲜，你接触了，可能就夭折了，远离了，也就占有了。你的哲思缠绕着我，我要问起你自己的名字。

把一切都当做是还没有名字的新生的孩子吧！一切的疑问原本都可以绽放成一朵花，只要你爱天上的繁星。拿着星之灯走过风雨飘摇的旅程，风一更，雨一更，微语一程。

"最喜小儿无赖，西头卧剥莲蓬"这其中洋溢的孩提的率真总是能不经意的打动着喜爱诗歌的心灵，而天真无邪，烂漫简单，调皮却又赋予想象的童趣在你的歌咏中更有一番的澄净，明澈，舒朗。哪里有一首歌飘到这里，我披散着长发一路采花而来，清泉从梦中苏醒，开始欣赏自己的梦，率真来自原始而本能的表达却也令人破涕而笑，无邪的儿童捉迷藏，而我就藏在那朵金色花瓣里，悄悄地绽放：

"你到哪里去了？"

"我可不告诉你。"

行到水穷处，坐看云起时。我不再追问你属于谁，不求从你这儿得福，不怨从你这儿受辱，不怀疑亦不笃信，只是从你那里受教：我相信你的爱。爱是本能，但更是勇敢，爱的痛苦可能环绕一生，像汹涌的大海似的唱着；而爱的快乐却像鸟儿们在花林里唱着，这爱又是永恒的，正如阳光从不怀疑我心头的冬天将是春天的花朵。我在你爱的诗篇中甘之以醇：

世界面对它所爱的人，摘下它奇大无比的面具；

随后它变得小如一首情歌，小似一个永恒之吻。

我们在梦里曾以为我们互不相识，

苏醒了才知道我们是彼此相爱的。

陌生的面纱不知不觉的垂落了，原你早已是我们的知音，你有一个中国名字，中国这里有着一个你的名字！竺旦震，我以兴奋，亲切，敬畏的口吻呼唤你与中国友谊的记忆。你表达了中印之间真挚的关怀，一首《射向中国的武力之箭》谴责了日本军国主义的凶残本性和礼敬佛陀的虚伪，你抱病在加尔各答的义演，呼吁印度人民向中国人民提供物质帮助，这份浓似同胞的慰问与强烈的人道主义精神永远有力而光芒的刻在中印两国友好建交之碑上，永不磨灭。

很喜欢你随兴而作的赠诗，"认不出你，亲爱的，你用陌生的语言蒙着面孔，远远地望去，好似，一座云雾缭绕的秀峰"，这首你写给梅兰芳的诗，虽有中印两国语言不通上的障碍，但这却并没有影响到在朦朦胧胧之中的美感，陌生的云峰，远望着，模糊的恰似朵朵硕大而圆润的花瓣。

蔚蓝的天空与苍翠的森林之间吹过一阵喟叹的清风，带来了你的无奈与惆怅。人间四月芳飞天自是一片温婉，然那河畔的金柳却只得苦闷的作别着西天的云彩，你明白这对中国的才子与佳人不适眷侣，而是知音。于是不禁感叹你的良语：你的完美，是一笔债，我终生偿还，以专一的爱。

印度人民爱你，因为你是他们的圣人，你的不拒绝生命；中国人民爱你，因为你不仅是卓越的天才诗人，还是憎恨黑暗，争取光明的伟大的印度人民的杰出代表；世界爱你，因为你是沃土中长出来的灯心草，开出了一颗硕大的淳朴和浪漫主义之花，结出了拥有深沉意蕴与崇高目标之果，而世人只是你的福音的受惠者；文学爱你，原是因你来自于理想，请允许我爱称你为罗宾——万物的太阳，东方人的第一位诺贝尔文学奖的获得者。

诗的完美往往在痛苦和令人捉摸不定的感觉中得以实现，最终又归于合十膜拜之中：

"像一群思乡的鹤鸟，日夜飞向他们的山巢，在我向你合十膜拜之中，让我全部的生命,启程回到它永久的故乡"

夕阳默默,心有所属。我恍然得知自己原是你暮歌中的一只归鸟,在人生悠远的边陲,揉进了无限的纯真与痴爱,而这些就是你——泰戈尔,摁在我眉心处的幸福。

(作者单位:河北师范大学文学院)

花韵墨迹

——读泰戈尔随想

舒泠箫

孩子的话最接近真理，因为他们刚从上帝那儿来。

说到泰戈尔，便一定要说说我的成长。

我喜欢读书，尤其是中外古典文学，在豆蔻年华时，书造就和奠定了我的思想深度和思考方式。但在外国文学中，相较于托尔斯泰、叔本华和尼采，泰戈尔的文字，一定是至今为止我读到的最特别的。

第一次读泰戈尔，可以说是被逼迫的，那的确不是什么愉快的经历。

初中的语文老师，是一个严厉却又感性的人。当她把一本《新月集·飞鸟集》摆在我面前时，我依稀记得那纯白的硬硬的封面，封面上似乎确凿有一些浅色的纹路，摩挲起来有些凹凸不平，却又顺手的舒服。

老师让我们拿出荧光笔，勾画着需要背诵批注的篇幅，结果却是绝大部分的都标记了。还记得当时我很无奈，想着干脆把不用背的标出来算了。

上课讲泰戈尔时，一向严肃的老师嘴角也会勾起笑容，眼角的皱纹都显得柔和了些。我们低头做着笔记，听她带着梦幻的声音，讲着《纸船》《对岸》和《家庭》。回了家，我们将研读泰戈尔当成一项作业来做。细细品读完，只觉得泰戈尔的文字很美很童真很有哲理，却也仅此而已。

但泰戈尔决不允许我这般浅尝辄止。

再一次拿起他的作品，是在几年后了。

在书店闲逛，不知怎么的目光便停留在一个昏黄封面的书前，烫金的大字写着《吉檀迦利》，我知道这是泰戈尔的作品，或许是硬质封面上粗糙的暗纹太过美丽，如沉淀的咖啡，如皱褶的树皮，它让我蓦然想起数年前似乎也曾有过一本。

在书柜间翻找，猛然抽出那一本封面依然纯白的回忆，曾经批注的幼稚字体和带着氤氲气息的墨迹，让我忍不住再一次翻开。在泰戈尔的字里行间与找寻着最初的本真，就像翻着一本儿时泛旧的日记，一份仓促的青春。

再看泰戈尔，心下喟然。

泰戈尔的作品，是如诗一般的语言穿过晨间的薄雾，如歌一般的辙痕跨过黄昏的静谧，如水一般的朴素穿过永恒的光阴。

他所创造的，是一个美丽剔透的水晶球，透过它我可以看到一个善良质朴的世界，是那样的和平静谧，绚烂而又静美，那里春风沉醉，绿草如茵。已无法再用语言去形容，只能让沉默洗净灵魂，让感动与安宁像苔藓攀缘老树周身一般攀缘在我的心中。

那如梦如幻的世界绝不是空想，恰恰是如今空虚浮躁的我们与喧嚣的尘世所应保留的。我们忙着筑建人生，却忘记了渐渐崩塌瓦解的内心，而泰戈尔总能使我们重拾儿时的梦，唤醒那打量全世界的好奇，重温朝饮木兰之坠露，夕餐秋菊之落英的诗意。

看着郑振铎的译者自序，我深以为然。泰戈尔的作品，未尝没有几首儿童看得懂的诗歌，却也绝非是为儿童所做的，而是为我们这些自以为成熟的人，给我们充满怀疑与贪望的现实，带来一些秀嫩天真的儿童之心。

可惜并不是所有人都懂得他的深意与苦心。

岁月悠悠，随着年龄的增长和时间的流逝，大人们变得世故老练，懂得察言观色，人情往来，以为这就是所谓的成熟了，所谓的融入社会了。殊不知，真正的成熟是经历千山万水后的返璞归真，方寸灵台间的半亩方田，天光云影，是心底间的朴实与真诚，是对世间万物的感激与满足。一切存在的和所拥有的都是值得感激欢欣。因为你能感知你的存在，明白生活的不易，总能对他人宽容同情。

泰戈尔就是这样的人，他是既充满童真也成熟深沉，他把智慧与极乐播撒给世人。他有着孩子般天真的话语、孩子般纯净的心灵。

成长后的我，再看泰戈尔，才发现自己是真正成长了，真正读懂他了。我喜欢泰戈尔和他所带来的一切，泰戈尔虽已早早逝去，但它们又像静静地躺在我的骨血里，就像使我的核心与最原始的远祖一脉相传，不打扰我却支持着我，在我死的时候再死一次。

在泰戈尔的墨迹间，我追逐红花绿草，与最美好的心境。泰戈尔在我心中，他伴随我并教会我真正的成长，使我已然融入了那个世界，走到山麓星星，流岚雾霭中去，走到熹微的晨光和霓虹中去，走到那遥远的新月之国去。

(作者单位：深大附中国际部)

魅而不惑的泰戈尔宗

——泰戈尔宗教哲学的美善及其虚幻

张 涛

泰戈尔优美隽永的诗歌、散文达到了人类对"美善"的文学创造力的一个新巅峰。他的作品，从文字到思想，从皮肉到骨髓，无不散发着友好、美善、纯净、真挚的气息，同时闪烁着他独特、明亮、厚沃的哲思智慧。然而，泰戈尔这些文学作品艺术魅力的形成，不同于其他诗人作者来源于灵光一闪或简单的对现实生活经历的艺术加工，泰戈尔文学之花的根系很大部分得益于其丰沃营养的宗教哲学滋养。他的文学往往浸满哲思，如同汪洋大海里漫上一座碧绿的小岛，文学正是他宗教哲学上的小岛；他的哲思往往借助于优美动人而又极具力量的文学语言，就像深海里穿梭的鲸鱼，哲学海洋需要强有力的鲸鱼去体现和表达。事实上，如同泰戈尔一样，尼采用咒语般的《查拉图斯特拉如是说》来表达他的超人哲学，萨特、卡夫卡等人创作的存在主义小说采取的结合法是一致的。

泰戈尔出生于印度教家庭，但他并非是一名传统的教徒。他说，人们通常认为凡是宗教都应有自己的教义和经典，有膜拜的神明或教主，有固定的组织和戒律，有各种宗教礼仪以及神职人员和节日等。如果按照这些观念来衡量，他不能被称为宗教徒。"我的宗教在本质上是一个诗人的宗教，我和宗教的接触是通过无形的途径获得。我的宗教生活和我的诗人生活一样，经历过相同的神秘的发展道路，然后两者又神秘地结合在一起"。1926年，泰戈尔在印度达卡大学发表了《一个艺术家的宗教》演说，1930年，行将古稀的泰戈尔又在英国牛津大学发表了《人的宗教》的演说，可以说，这两次演说集中反映了泰戈尔本人宗教哲学思想，也是他一生追求真理的回顾。泰戈尔

魅而不惑的泰戈尔宗

"人的宗教"植根于光辉灿烂的印度古代梵学而有所独创和发展，所以它又异于传统意义上"梵"的精神，我们可以把泰戈尔的宗教哲学精神用"泰戈尔宗"来表示使用。

泰戈尔宗及其文学，重在构建和表现一个完美和谐的宇宙世界，这个世界的最高本体是一种精神实体，称之为"梵"，梵是宇宙的本源和基础，世界万物都是它的显现或创造物。

"梵就是树木、种子和幼芽，
梵就是花朵、果实和树荫，
梵就是太阳、光明和被光明照亮的东西。
梵无处不在，
世界上的男女都是梵的形象。"

宇宙是梵的宇宙，人也是梵的延展和孳乳，人和宇宙的关系本质上是平等、相爱、相容、和谐的，并且天地自然万物之间皆存在一种天然的亲缘关系或亲缘感情，物即我，我即物。这就是泰戈尔宗一切文学外衣下的真正内涵。不难想象，笃信如此"梵我同一"的宗教观，配合其善感万物之精的敏锐的诗人的眼睛，泰翁能够创造出大量优美细腻饱含哲思的文学作品并不是偶然的。泰翁笔下"诗人的宗教"、"人的宗教"，实则是诗意宗教或美善宗教，或理想宗教。

泰戈尔的文学成就举世瞩目，获得诺奖即是对他文学美学成就的世俗肯定。百余年来，泰戈尔的文学作品感动和震撼了无数的读者，可是，泰翁当年设想的要在人类社会建立和推广一种新型宗教，即"人的宗教"却并没有获得成功的推广和响应，那么，既然人们肯定和赞赏，也十分憧憬泰翁笔下的精神世界和美善和谐，为什么不皈依这样一种宗教哲学呢？为什么泰戈尔宗随着泰翁的溘然长逝而逐渐销声匿迹了？为什么人们留下并珍藏泰戈尔的诗歌散文，但同时捐弃了他的"艺术家的宗教"？

泰戈尔的文学作品拥有极大的文学艺术性和感染力，尤其是他短小精悍的诗歌散文，最能体现其精神气质。读他的诗歌散文，犹如观赏一件令人心旷神怡的精美艺术品，可以陶陶然醉乎其间，而蕴含其中的哲理更能带给我们别样的恍悟和感动，所以，泰翁的文字首先带给人的是一种扑面而来的浓郁和恰如其分的美感，其次才是美深处的一些东西，而且，正是因为其文文艺美过于突出，所以掩盖了其他方面的光芒，同时，受到美感的同化，本来客观的哲理在他的诗歌里也作为美的事物的一部分出现，哲理也披上了美的外衣，所以，其作品的美感最终达到了顶峰，哲思作为美的一隅成为了读者关注的次要。

另外，作者作为一个杰出的诗人，一个追求真理的哲人，他的文字总是自然、稳重，娓娓道来，不事煽动，不事妖惑，超脱于人言世目之外，体现了他宽容无争的宗教精神。我们可以合理猜想，凭借泰翁的文字功底和对传统梵学的独特理解，如若将他的作品向教义和更强的宗教性改动，相信一支新教会如春笋般崭露头角，然而泰戈尔并不想做宗教领袖。魅而不惑的泰戈尔宗赢得了世界的尊重。

那么泰戈尔本人是如何践行他的宗教呢？泰戈尔本人是一名诗人、艺术家，哲人，他从小就接受文学和宗教哲学的熏陶，擅长创作和抒情，并且泰戈尔家族家实硕硕，其本人可以整日流连于田园山庄望树思梵，而不必"苦其心志，劳其体肤，空乏其身"为生计而劳走奔波，所以，泰戈尔心目中理想的"艺术家的宗教"不可能成为一个普遍的宗教，这是由我们这个现实世界的现实情况决定的。

此外，还有最重要的一点，就是泰戈尔宗以"梵"为中心的宇宙精神以及宇宙与人完美和谐的关系过于美善，也过于理想，所以它作为一种宗教过于形而上，如同缥缈梦幻的天外仙山，可望而不可即，普通人虽然心欲之，而实不可躬身行之。这不得不让人回想起古希腊时期柏拉图"创建"的理想国，其实泰戈尔的宗教理想和柏拉图的理想国有异曲同工之处，它们作为一种理想，一种意识，一种人类思想的又一创新和进步是有其积极意义的，然而它的积极意义仅限于它是一种理想，一种虚幻，一种期望中的美，指向人类思想发展的新方向。

泰戈尔宗虽然是一种虚幻的美善，然而它并不是虚假的；它虽是人类精神文化的意识财富，然而对现实世界的物质财富具有极其巨大的哺乳功能，尤其对于现代社会人们的普遍焦虑、精神危机，更是有直接的现实意义。诚如以上所言"它的积极意义仅限于它是一种理想，一种虚幻，一种期望中的美"，泰戈尔宗正如一片木片，可以恰如其分地填入我们社会这个缺失理想、美、信念、思考的大拼图中。

泰戈尔说，"人既是有限又是无限"，在人类生命进化的长途旅行中，时至今日，似乎已经在人身上达到终点，一切稳定而成熟：我们的肉体趋于完美地适应我们生活的环境，我们肉体性质的品格每天都在想方设法满足我们的物质欲。但我们常常担忧自己有限的智力和体力，当那个临界最终到达，那个目标最终实现，我们会自此衰退而不是更加进步。如果把"人"和"人欲"作为人类的终点，人类寂灭的命运也必定早早到来。因此尼采说"人是一个可被超越的动物"，超越软弱怯懦的人而成为"酒神"和"超人"，那是一种俯视人类的不屑，和对进化的执着追求！泰戈尔给出了他的"人的突破"，人既是有限又是无限，人类本身可以不必抛弃自己有限的肉体而去追求无限的宇宙精神。所谓"梵"自由地充斥在整个宇宙当中，一花一世界，无不是梵的形象，并且人并不是孤立存在的，人的本质与周围环境的本质乃是一体，人应该时时怀着慈悲之心和爱心去与宇宙互动交流，从而获得真理，如此才能迈向无限。

泰戈尔宗不是一种严格宗教思想，而是对自由宇宙的向善理解和解释。泰戈尔从古典印度中走来，吸取了印度古代先哲的思想精华，并有机会同古时候的"仙者"一样，长期隐居山林，在亲近自然中发现人与宇宙之间神秘的关系，他的创作主题实际上主要是"天人之际"的和谐。同时，泰戈尔宗文学以其极强的文艺美占据了世界文学上的极高地位，并最终作为"美善"、"和谐"的代名词享誉世界。虽然泰戈尔宗是"诗人的宗教"、"艺术家的宗教"、"人的宗教"，它的美善是一种近乎虚幻的抽象物，但是我们仍然不能否认其在探索人类幸福和宇宙真理的杰出贡献。

我们过去总是徘徊在泰戈尔宗的文学表象周围，被其独特的优美隽永的文字深深陶醉，而较少去挖掘泰戈尔的宗教哲学，这样做无疑是不可能彻底领略其全部思想精华的。所以对于泰戈尔宗的发掘，我们依然任重而道远。

(作者单位：山东师范大学文院汉语言专业)

慈父泰戈尔

覃小林

印度很大，世界很小。

泰戈尔无处不在。

从初二算起，我们应该是相识二十年了。彼岸的你还好么？二十年里，我慢慢懂得了很多，今天想向你说说。金牛和摩羯的相遇或许总是需要时间来磨合的。虽然很早就接触你认识你，但是明白你懂得你却又在很久之后。

因为同学枫树的关系我一直很仰视你，常用带着光环的双眼关注着你的一切，全然不顾外界的冷眼与我自己内心真实的感受。男生给我起外号叫泰戈尔，和我一样欣赏你的周穆也总是有意无意地叫你老泰。我那时的目的本是希望更多的人和我一样喜欢你；不过话说回来，我连自己都不是很了解你，怎么可能有那么大的说服力让别人也一样尊敬和爱戴你呢。真的是很抱歉啊。

我一直都不喜欢你的诗，虽然在文学价值上你作品中最精华的一部分，或许正因为那是你的天才涌动的地方，我才如此排斥。读你的诗时总是分不清真情和技巧，结果道行肤浅的我，买椟还珠：知道怎样写才可以哄别人开心点中别人的情感穴，自己却始终不为所动。为文造情，却从未因情生文。知道这些，你或许会对我很失望吧。好多时候我可以感觉到，却改变不了。所以在很长一段时间里，我很苦恼，不知究竟该如何才能为自己的文章渲染出你独有的温暖的悲悯的底色。曾有同学说我的文风可以看到明显感受到受你影响的痕迹，但却又有一种说不出的矫情。或许经历多了，才可以找到那种温暖的感觉。盖棺论定，后人对你的评价中有个"社会活动家"的荣耀。好像就在这里我找到了出口：爱国、有责任感，总是和人民站在一起。对个

慈父泰戈尔

人名利看得很淡,有些时候会有小孩子式的冲动。我前一阵子总是在揣摩你那时候写信给英国女王放弃爵位的心境,却总是揣摩不出来,与你相比,我还是个俗人。

后来读到了你的散文,我最喜欢你的散文,很真诚,但又不失精细,好多我以为是神来之笔的文字其实有着很深邃的文化沉积,好多的景物描写都不是虚笔。就是从你的文章里,我开始知道恒河来自湿婆的长发,摸足礼是印度对极为尊贵客人的礼节。最重要的是因为你的散文真实,有种不经意的雕琢。虽然后来的我看到好多散文的结尾很粗糙,有拼凑的嫌疑,好多散文只有几句话还可以,其余的就是为了衬托着几句话硬加上去的,你那本精选集,也不过如此。《鸦片,射向中国的死亡之箭》,我看到了一个正直的你。其实你不适合从政的,一点也不,虽然很有良知,但是英国人的暴行在你的生花妙笔之下却变得很有诗意,尽管你本意是想谴责他们的,但是让我看了之后就是这种效果,抑或说你太善良了,写不出刻薄的话来?

《云使》一向作为你的名篇而著称于世,我读了之后只是感觉像是你向哪位古诗人致敬的随笔,神游天外却线索杂乱。你真的不太适合写散文,尤其是那种结构严谨的散文。阅读了许多中国小品和日本随笔之后我不得不这样说你。手边你的散文里我最喜欢的就是你的书札,可能是闻名太早了,应邀的约稿写得总是过于穿凿。书信就不同,尤其是你给侄女的信写的就特别美,通篇没有什么哲理和华美的句子,却自有股动人的魅力。还有你回忆童年的篇章《悠悠往事》就像是踏着月光的行板,舒缓,优美,别是一番滋味在心头,那时才到了炉火纯青的境界。你是地主却怜恤手下的佃户,他们也一样爱戴和尊敬你。那种和谐的感觉让我想到了天人合一。很欣赏你温厚又出其不意的幽默感,一点也不卖弄,但却可以让人读过之后有会心的微笑。尽管好多时候感觉你散文有句无篇,但是那些包孕哲理的句子却耐人咀嚼。印度的哲学和中国的很不同。除去书中讲述的一大堆道理之外,我个人感觉特别的绵密和深邃,而且很空灵。他们好多的恋人之间的歌曲都别有味道,经得起推敲。

我最喜欢你的《新月集》,在我眼中自然比《吉檀迦利》要好得多。那个虽然虔诚的叶芝说都拥有罕见的美,但是我真的不能理解。宗教味太浓了,尽管一看就是大手笔,纵横天地间自由打破时空界限。我还是喜欢你给逝去的女儿写的那个小集子，里面有太多的美好回忆。真诚、动情、稚拙古朴。难得有人可以把孩子的视角还原得那么彻底，拥有大师的表现技巧和孩童的赤子之心完美结合，我到现在只看到了这一个。后来感到真的是因为你的原因读你的书的，就是这个《新月集》，高中时候班级里作诗朗诵，我读你那个《告别》几次都要流出眼泪。你真是个好父亲，我要是你女儿，我的死能成就一个这样的作品，我也瞑目了——我常这样傻傻地想。

后来拜读了你的小说，我就不明白后人为什么对你的诗的评价比小说高，你的小说写得诗情画意的，人性形态描写自有一种诗美这不假，你的小说结构简单线索单一也不错。但我还是认为你是小说家，你的小说全然打破了人与自然之间、人与人之间的界限，体现出一种罕见的浑融之美，这个怎么就没有人给予足够的评价呢？尤其是那个《戈拉》，好多句子让我恨不得背下来。我特别喜欢戈拉，也很喜欢毕诺业，罗丽妲就更是我向往成为的女人类型。在妇女地位极为低下的印度，你却把最完美人物的类型留给了女人，我这才真正体会到了你的善良和公正。你的小说似乎运用印度传统的表现手法很少：看东方文学史的时候，听说古印度史诗很喜欢夸张，而且重复描写也很多，这点在你的文字中并不明显。反倒经常可以看到西方常见的心理描写，可单是说心理描写你又有和西方不同的地方，和景物有机的融合在了一起，好多时候根本分不出是在描写景物还是在叙述心情。在这点上，诗人小说家有着绝对的得天独厚的优势。戈拉虽然是作为一个民族斗士的形象出现在其中，但是他的感情描写却格外的出彩。总是让人有所预感，却又逮不出明显的痕迹。里面其他人物的描写也很有意思，尤其是阿纳什，记得你曾经说，戈拉的话倒是没有几个人可以全懂，他的倒可以，可阿纳什偏偏又喜欢攻击谩骂别人。读完了之后我不禁拍案叫绝，其实你反映社会的能力与触及到启蒙者的悲哀的深度，其实和鲁迅、屠格涅夫是可以比肩的，只是你个性温厚，不善于用太多冷色调的语言进行描述。我最喜欢的是你的小说《喀布尔人》，读完我曾为你文中洋溢的温情与父爱而泪流满面。也就是从那时起，我把你当成了理想中的父亲。你不是蜘蛛，没想过要织什么网。可一度，我还是被你罩上了。

你的名字是太阳。我更觉得你像皎洁静谧的月亮。

后来读的书多了才发觉你作为一个人的另一面，你很迂腐，总是不会见风使舵，所以总是被误解。虽然是个文化的两栖动物，但是更多的时候你会觉得调和乏力，左支右绌。在你的文章中总是可以清晰地看到你的矛盾，虽然你可以暂时的得到一个立足点，可时间长了，就必须重新调和。

你的家境不错，遭受的磨难好多只是来自于自然，显赫的家庭地位让你可以很乐观地面对生活。我开始的时候很看重这点，但是后来想，这是很多人或者说一个团队的结晶才有你，你是你们家族的精华。这么想想，就忽然觉得你很遥远，遥远得那么高不可攀。怎么学你？还没等我开始于自然的规律对话的时候，难测的人心就已经将我推向深渊。你太纯粹了，难怪曾有人说你的读者只能是未经世事的青年。

或许就是因为现实的你太强大了，才会在理想中把你当作神一样置之高阁，就像古典文学课上老师讲的那样：曹操是现实的强者，他在游仙诗中却很依赖神；曹植是现实的弱者，他在游仙诗中却有很强的自我意识。你大概也是这样吧。现实中太受尊重了，所以才体现自己的亚人格。后来你的文字让我渐渐明白，你也有缺点，你也会被琐事困扰，你爱上了你的五嫂却不能表白，一生遗憾却无怨无悔。你会对现实的社会妥协。不管现实如何抨击种姓制度你还是会把女儿嫁给贵族。来到中国的时候，你险些被人利用，虽然历史给你贴上了成功的标签，但是你的身上也发生了许多不开心的事情。徐志摩或许是无意的，但是却将你和众人隔绝。好多人对你不够友好，而《齐德拉》虽然是你的得意之作，但我认为在国难深重的中国，上演这个舞台剧，是真的不合时宜。明白你很喜欢中国，其实中印两国文化有很多相通之处，都苦难深重，都坚韧不拔。因为你，我迷上了印度。选择了东方文学研究的路。导师说，构建一个哲学观，一定要进得来出得去才可以，对你，我似乎可以做到了。

很长一段时间我觉得是你桎梏了我，所以就有意远离你。其实你没什么错。过了很久，我静下心来，发觉还是很感激你。毕竟成长中一个很重要的阶段，曾经有你。

印度很大，世界很小。

泰戈尔无处不在。

(作者单位：广东中山市)

合家欢

谢玫玫

  这年，青青 26 岁，半年前才脱离父母的怀抱，嫁给相恋三年的男朋友。婚后，俩新人商量事情，丈夫说以后要接母亲来住，青青坚决不让。因为青青觉得，家婆入住后自己也许不能像现在这样向丈夫撒娇淘气，而且要承担家务活儿；甚至万一家婆和丈夫连成一气，哪儿还有自己立足的份儿。她知道这些理由都是莫须有，只好说些冠冕堂皇的话表示坚持不同意。丈夫拗不过青青，只好作罢。

  由于丈夫的工作忙，有时得加班到深夜才能回家，青青便不得不自己打发闲暇时间。这日，夏夜里凉风习习，一轮明月高悬在空中，皎洁透白，青青坐在书桌前读泰戈尔的《新月集》。书本对泰戈尔的介绍简短，但诗歌却以清新明媚的风格吸引了青青。诗歌像散文，又像随笔，简单却富有韵律，还充满了诗意的哲思。诗人常在诗里写孩子、呼唤妈妈，这种亲子间的温情使青青感动。比如，"妈妈，我真的觉得那群花朵是在地下的学校里上学。""妈妈，你要秋天的雨点一般大的珍珠么？"……青青情不自禁想起母亲，从小她很疼爱自己，却不溺爱：以前，她带着青青去学唱歌、英语，吃美味的食物；见青青骄傲时便严厉地提醒，见青青失落时便循循善诱地开导；母亲以温柔坚韧的性格教会了青青大方懂礼。如今，青青即使嫁人了，也还常往娘家跑，一是她怕母亲孤单，二是她也有些许家务事得请教母亲。

  青青流连于自己与母亲的记忆时，丈夫打了电话回来，称还需要再过一会儿才能回家，顺便提醒青青不久前婆婆带来一些自家做的小吃，让她放冰箱里，不然得坏了。青青道声好，起身把那袋红薯干之类的包好，眼见着又亮又白的冬瓜糖，青青忍不住拿起来吃了一块，唇齿见甜蜜的滋味让她觉得很惬意，于是她连续吃了好几块才肯收手。想着，"这婆婆还真能干。"

青青的婆婆是个农村人，生育了一儿一女，几年前老伴就去世了。她本来看着儿子有出息了，在城里买了房还讨了媳妇，想跟过来一起住，可是儿媳嫌弃自己不让来。婆婆也没说什么，便自己仍旧住在老屋里。婆婆的反应确是有点出乎青青的意料，她没想到婆婆那么轻易就同意了。这让青青矛盾起来，她有时会心软一阵子，可是一想到婆婆的生活习性和自己的估计格格不入，她就硬起了心肠。这时，看着诗集，青青心里有点无所适从。"妈妈，让我们想象，你待在家里，我到异邦去旅行。"这句话，仿佛就是从丈夫口里说出来的，现在的丈夫对于母亲而言，就像在旅行，不知归期是哪天。

青青从所见和丈夫的口述中得知：婆婆身居农村，跟公公一辈子面朝黄土背朝天，辛辛苦苦拉扯大了两个孩子后，这时公公却未能享天伦就突然因病去世了。后来儿女都外出打工，如今婆婆便独居在老屋。青青想起自己每次跟丈夫回去，婆婆都像孩子似的咧开嘴露出大大的笑脸，屋前屋后地忙碌，给儿子儿媳端吃的端喝的。她嘴上不说，可心里是盼着跟儿子住在一起的。这从她每回送青青和儿子走的时候，都要看着车开出很远还不肯回去体现出来。

可是青青有时见到婆婆端着汤的手指指甲甲又青又黑，大拇指几乎要伸进汤里，她就不想吃了；婆婆再三热情催促，青青只好搪塞着硬着头皮喝下几口。婆婆心里还老想着抱孙子，每回见到青青都会打趣道何时生宝宝啊。还有婆婆不善言辞，却总喜欢凑到青青跟前，让青青跟她说话……这些都让挑剔的青青不能忍受。由此，一想到要住在一起，她心里就一直打退堂鼓。

青青翻到下一篇：同情。"如果我只是一只绿色的小鹦鹉，而不是你的小孩，亲爱的妈妈，你要把我紧紧地锁住，怕我飞走么？""怎样的一个不知感恩的贱鸟呀！整夜地尽在咬它的链子"。青青顿时觉得烦躁不安，丈夫回到家里，青青便抛开《新月集》跟他说笑。

可是第二天，青青还是想起了那些纯真的诗句"妈妈，你的孩子真傻！她是那么可笑地不懂得事！""妈妈，我真想现在不做功课了。我整个早晨都在念书呢。"这里有青青跟母亲相处的温馨瞬间，自然也有丈夫跟婆婆相处的慈爱的瞬间。自己爱母亲，丈夫也爱他的母亲。丈夫的母亲曾经整日整日地待在菜地里，冬种萝卜夏种姜，一斤一斤地卖出瓜果蔬菜才能凑足儿女们读书生活的费用。她坚忍、勤劳，辛劳大半辈子培育了一双儿女，如今也确实该得到回报了。

青青迷惑了。在丈夫眼里，青青虽是个独生女，可她的娇气却是善意而淘气的，源于青青性格的单纯。青青有时感觉社会的复杂，总是迷离着双眼，难以适应。也难怪她那么喜欢《新月集》里那些孩子似的喃喃之语，她显然还未完全脱去孩子的稚气。

日子继续，丈夫经常晚归导致青青时常独自在家。有时候青青睡着了，丈夫才带着浓浓的酒味回家。突然走进来的丈夫，偶尔也会把青青吓得大叫起来。青青开始苦恼，继而发脾气，要求丈夫早回。一次，青青打电话给正在陪着领导和客户应酬的丈夫，要求他立即回家，丈夫在酒桌上碍不下面子，不肯答应。于是青青一次次地给丈夫去了电话又挂掉，频繁的手机铃声自然也影响了丈夫的应酬。不过伤夫一万自损八千，青青也元气大伤地在家哭闹。丈夫脱身后急忙地往家里赶回来时，青青也已经哭了大半个小时了。最后，青青筋疲力尽泪眼婆娑地睡在沙发上，丈夫赶回来，直言以后请青青批准了再去应酬。

青青不是不讲理，她知道作为家里顶梁柱的丈夫需要应酬，所以她不会不批准，可经常难过。有时候她跟朋友诉苦，得来的安慰却不起作用。青青觉得很郁闷，与婆婆的相互接纳不容易，丈夫的晚归也无解，更别提工作中也有磕磕碰碰。为什么世上无解的问题那么多？

此时的青青像落水的小孩，再次读起了《新月集》。这里依然有孩子的天真、母亲的宽容，但更多的是诗人的一颗赤诚的心。青青也算是个真诚的人，此时，她发现，原来赤诚不是因为不受苦不受难，而是饱受过摧残，却能依旧真诚的心才是真正的赤子之心。泰戈尔之所以成为泰戈尔，是因为他感受国家民族的苦难却依旧能热爱自己生长的那片土地和人民。他总是以纯真和美好注入诗文，触及读者心灵的柔软，由此才能称为民族的良心吧。

青青明白了，生活应是一杯美酒，因各种杂质的掺和加之岁月的洗练才能成其芳香醇厚。而这杂质就包括了母慈子孝、婆爱媳敬。她又想起了自己独居在农村的婆婆，据说当初公公的病来得突然，一年不到就夺去了他的生命，留下婆婆一人。那句"树欲静而风不止，子欲养而亲不待"浮现在青青的脑海里。于是青青着急地叫丈夫着手接婆婆来一起住,丈夫有感于青青的变化,却也高兴地照做。

这青青就是我,如今,婆婆已住进来了,因着她的谦让,我也谦让起来。情况并没有如我之前所想的那样糟,一家三口也算其乐融融。

是夜,我再翻开《新月集》,第一篇是"家庭",里面写道:母亲们的心和夜晚的灯,还有年轻轻的生命,他们满心欢乐,却浑然不知这样的欢乐对于世界的价值。我也不知道我们三人的家庭欢乐对于世界的价值;但却知道,这是一个儿子对母亲的价值,和一个儿媳对婆婆的价值。

(作者单位:广西图书馆借阅部)

泰戈尔眼中的世界

谢志鹏

　　一缕气宇轩昂的阳光如约而至，穿过了窗帘和玻璃，嚣张跋扈地照亮了黎明的苏醒。睁开双眼，这个世界，在向你说早安。泰戈尔来到窗前，看到世界如一个个历经沧桑的路人，停留了一会，向他点点头，又走了过去。

　　晨光破晓，那空中依稀残留的云迹提醒着人们，那确实存在过的黎明与黑暗。一阵风吹来，树叶的飒飒声，像轻轻的思念，在泰戈尔的心里欢悦地微语着。秋天的清晨，空气中夹杂着一丝薄凉。轻拾一片落叶，那清晰的脉络，便是生命的写意，在秋日的黎明里飞舞，又似乎暗含人生的真谛。它路过春的妩媚，夏的繁华，最后纷飞于秋的沉寂。如此安静，却包含着生命的力量！泰戈尔在秋的身影中看到了它的包容与丰盈，怀揣着一份期许，看生命繁花似锦。

　　午后，骄阳溢暖，光芒随着他的脚步，在树叶的罅隙间欢呼跳跃。秋风徐来，微微抖动的枝桠，片刻洒下满天飞舞的枯叶蝶，带着岁月的深沉。秋天的景物，以不同的色彩相互勾勒，收敛了浮躁与喧嚣，多了一份沉思与静美，如一幅浓墨重彩的画卷，包含了季节的浓烈，也彰显着秋天的成熟与厚重。

　　橘黄色的夕阳，沉浸在复古的天空，像一个心事重重的画家一般，涂抹了西边的黄昏。夕阳的影子摇曳了许久，凄凉寂寞，将余晖散尽后，最终还是拖着血红的裙摆跳下了地平线。泰戈尔向世界挥了挥手，刚欲离去，却看到了黑夜的淡漠与疏离，深邃的眼眸，透漏着令人心惊的孤独和倔强。那仿佛是正义与和平对罪恶与战争无情的审判，像是印度人民在反帝反殖民运动中那份不屈不挠的斗争精神。

夜幕降临,灯光徐起,似乎是为了一场浪漫而美丽的奔赴。入夜三分,是依稀淡薄的星辰,月亮一点点的爬升,伴随着清辉静静流泻,微漠的黄昏残留一弯冰轮,寥落的星辰浸渍在夜的胸怀。遥远的月光点亮了起风的夜晚,那些被风声划过的地方,都落满了缄默的沧桑,泰老选择一处安逸的窗边,静静聆听,这一抹临秋而居的夜。一只小鸟飞落在他窗前,高歌一曲后,又飞向了夜的怀抱。仿佛是世界在踌躇之心的琴弦上跑过去,奏出了忧郁的乐声。或许注定有一种感伤,只能在深夜幽幽的角落次第盛开……

说不出口的对白只好停靠在了恣意的笔尖,再一次落在洁白的纸张,你可听见,在时光的深处,有着匆匆的脚步,也有着苍老的等待,蹉跎的岁月是不以为然,还是不知所措,让人早已写不尽那些季节里的离别与叹息,停留在心头的思绪,如同一只只惆怅离去的飞鸟,总会给每一段故事增添太多的陌生与风景,在一次次的欢聚中,落下了故事的帷幕,来不及说再见,于是那些散落在记忆里的碎片便串成珍珠项链,挂在岁月的卷帘,熠熠生辉。留在泰戈尔的《飞鸟集》里。

在泰戈尔的眼中,天空的黄昏像一盏破旧的灯,微风中的树叶像思绪的断片,鸟儿的鸣唱是晨曦来自大地的回音。我们也要学会给心灵留下一片空间,让自己内心深处的情感有自己的安放之处,像一朵花一样,开得惊天动地,无意间倾城了自己的岁月。能够在杂草和岩石的缝隙里,开出一朵生命的清欢。即使败时,也犹如一首婉转动听的离歌。谁能说那不是一种灵魂深刻得到极致的表白,如同泰戈尔之言,使生如夏花之绚烂,死如秋叶之静美。

(作者单位:河南科技学院)

泰戈尔在我心中

——人生如渡

祖 文

都说人生如梦，人生如戏，人生如棋，泰戈尔的诗集《渡》却告诉你我人生如渡，渡自己亦渡他人，此岸世界，彼岸花开。人生并非苦海，慈航其中，日月星辰，星汉灿烂，有时会孤立无援，颦眉蹙额，凄凄凉凉，愁云满布，努力穿行过黑暗之夜，晨歌响起，迎来的将是旭日东升，艳阳高照。

生命紧握双拳而来，一如白纸，人生旅途的起始，就如春日的太阳破云而出，花朵盛开，长笛吹奏，佛号钟声，香客云集。身临大洋，海风习习，我在找寻着摆渡的人，渡我过去，去那天之尽头，看那彼岸风光。

等候，翘首，夜晚将近，暮色苍茫，已是黄昏。突然瞧见一个人影，凝望着我，于是喊你"带我渡河"，就这样，张起歌谣之帆，风与水相互激荡，我松链起锚，借着星光出航，小心翼翼。

夏夜的黑暗使我心惶惶。风行水上，阵雨来临，在黑暗背后，"走着看不见的来者"，更让"我的心战战兢兢"，为此我的眼眸彻夜未合，抢渡争渡，却"迷失在梦的山洞里"。雨过气清，抬头凝视已是满天繁星在低语呢喃，我侧耳细听，周身似乎都沐浴在歌声里，头顶一弯新月似一盏明亮灯塔，引领我乘长风破万里浪，我在等待前面的汹涌波涛，浪花接天。

月黑风高，波滚浪叠，我的海上旅行注定漫长而悲伤。

终于，子夜来临，风暴骤起，我的一夜扁舟行旅在风口浪尖。新月弯弯，繁星闪闪，在夜的悸动里，"在我的生存的痛苦深处"，倍觉孤独无助，我深感海的浩渺无垠，惊心动魄，却依旧"傲慢地挣扎着反抗你的潮流"。一路风波，一路急行，早就筋疲力尽，力不从心，命悬一线，人生也已是秋天，尽管如此，哪怕"光芒黯淡、花朵凋零"、"钟声归于沉寂，小船变得空空"、"篷帆猝然落下，彼岸讯息杳无"，我依然决心向前航行。我不应被黑暗的风暴打败，相反，我要借着繁星的点点光亮，砸破黑夜的脚镣，冲破夜的深沉与风的怒吼，怀抱"寂寞生涯的诗琴"，率性放达地轻驾一叶小舟，虽困难重重，历经艰险，终于"在黑夜触及边缘的地方"、"在光明惊动黑暗的地方"、"在波浪把亲吻从此岸送到彼岸的地方"，我遇到了些许光亮，惊异、兴奋不已。

舍舟登岸，曙光乍现，白天已在眼前，彼岸花已经盛开，"我的心屈身礼拜"，虔诚地感谢我的主救我于万劫不复的水上之途。我深知，即便包袱重千斤，落于人后，人生"也不是已经毁了完了"；即便会有什么"突然的收获或是意外的痛苦"，依旧歌声唱响，微笑依然，于"黑夜繁星之歌里找回人生的咏叹叠句"。歌声是船，这船载着我度过人生的坎坷荆棘，低浪高潮，进入休憩的港湾。一路的繁星陪伴，一路的浪涛随行，想来虽心仍有余悸，但这却是"幸福的疼痛"，美好的体验，将终生不能忘怀。

人生如渡，我在为自我的灵魂摆渡，这是一段艰辛而漫长的历程，一路风波险恶，云谲波诡。作为流浪者，我书剑飘零，独身一人，会路遇无数渡者，千帆竞发，或为名，或为利，而我却在享受旅程，恪守清贫，"深刻意识到我那要饭的碗"。一路行旅奔波，发现与我相似者大有人在，于是，我有了志同道合的朋友，收获了矢志不渝的爱情。

有"一代诗哲"之称的泰戈尔，散文诗集《渡》哲理丰厚，韵味无穷。每一次解读似乎更显深奥，每一次接近似乎离得很远，每一次把握似乎流失甚多。这是一部经典，经典是不朽的，百年后我依旧拜读着你的诗，愿千遍万遍。

(作者单位：安徽大学文学院)

金色花

李勤余

年华似水,初心却总是容易被遗忘在生活的角落。

望向窗外,沉沉的黑夜,翻开泰戈尔的诗集,如同触碰到普鲁斯特笔下的小点心,往事潮水般袭来,纠缠在一起。

一

泰戈尔的诗歌,是语文课本上的常客。而学习诗歌,自然也是按部就班。本雅明认为现代艺术是机械复制的产物,事实上孩子们正在成为机器上的一个个零件。于彼时的我而言,程式化的教授也已是常态。朗诵诗歌,弄懂隐喻,解释用意,于是大功告成。

只是,这样是否真正领略到了文学之美?我无瑕考虑这样的问题。在繁忙的课程安排下,如何让同学们提高一些成绩,也许才是更重要的吧。

诗歌的题目是《金色花》。写作这首诗歌时,泰戈尔已人到中年,并且遭遇了生活中的不幸,痛失爱妻与孩子。然而泰戈尔却满怀着对世间的爱,创作出了一系列诗歌,是为《新月集》……我如同一台录音机,播放着录音。为何一位遭受如此厄运的中年人,没有写下一句怨言,而留下了爱的语句?一念至此,心中不由得颤动。

在我的设想中,同学们怕是不怎么喜欢诗歌。他们喜爱的娱乐方式繁多至极。在这样快节奏的生活中,还需要诗歌吗?我在自己心中打上了叉。也许,学生会对泰戈尔不屑一顾,谁知道呢?

金色花

"假如我变成了一朵金色花,只是为了好玩,长在那棵树的高枝上,笑嘻嘻地在风中摇摆,又在新生的树叶上跳舞,妈妈,你会认识我吗?"响亮清脆的朗读声在耳畔环绕。抬眼望去,课堂里的同学们流露出的是陶醉的神色。一双双渴求的眼睛紧盯着我,仿佛要将我钉在教室的墙上。我明白,他们盼望着我的讲解。泰戈尔的赤诚、童真打动了所有人的心。

我的额头上似乎渗出了汗水,那种灼热的感觉,如今依然能够清楚地感受到。曾几何时,我的心灵陷入了麻木的境地。每天忙碌于日常琐事,初当老师的热情似乎早已消耗殆尽。

"老师,这首诗很美!"下课后,学生们将我团团围住。我默默地点头,心中波涛汹涌。同学们齐刷刷地望着我,似乎在等待我的回应。我张开了嘴,却半响说不出话来。这些天真的目光刺痛了我,也将我唤醒。

"我们把世界看错了,反说它欺骗了我们。"泰戈尔的诗句又回荡在耳畔。我们的世界并没有失去赤子之心。

金色花,绽放在生命中的每个角落。

二

"囚人,告诉我,谁把你捆起来的?"

"是我的主人,"囚人说,"我以为我的财富与权力胜过世界上一切的人,我把我的国王的钱财聚敛在自己的宝库里。"

眼前,泰戈尔的诗句沁入心扉。我从不愿意被束缚,我的"金色花",也散落在生命的各个角落。过去的点点滴滴又浮现在眼前。

那应该是一个寻常的傍晚,我和好朋友们在路边的小卖部前喝着汽水。我想要看清朋友们的面容,可是他们的样貌模糊,无论如何努力辨认,都归于徒劳。然而我能感受到他们的微笑,一股难以抑制的快乐的气息弥漫在空气中。那不过是5毛钱的汽水,口感糟糕,可是却似乎有一种特别的味道,长久地留在了记忆中。我们望着马路上车来车往,行人匆匆走过,似乎说着些什么无关紧要的话。那条路,怎么也望不到尽头。

为什么会想起那个傍晚?再普通不过的一个傍晚,那时的我,绝不会觉得其中有什么可以留恋的地方。

泰戈尔在《园丁集》中，写过这样一个疯子。他疯狂地寻找点金石，孤独地徘徊在海滩上。直到有一天，一个乡下孩子跑过来问道，"告诉我，你是在哪儿找到那系在你腰间的金链子的？"疯子大吃一惊，走上回头路，重新去找寻失掉了的宝贝。因为他已经形成了一种习惯，捡起石子，碰一碰链子，然后又把石子掷掉，也不看看是否已经发生变化。疯子就是这样的找到了而又失掉了点金石。

泰戈尔从没有丢失他的点金石。他并没有用点金石创造财富，而是给予自己丰富的精神世界与平和安详的生活态度。我们，却常常忘记了，自己也拥有着生活的点金石。无数个平凡的生活瞬间，正如那个寻常的傍晚，同样是我们生活中宝贵的财富。

泰戈尔，默默地呼唤着我们，提醒我们留意身边的风景。

金色花，绽放在生命中的每个角落。

三

夜更深，世界的喧嚣已经远去。现在的我，已经不再是一位中学教师，而是一名苦读中的研究生。书桌上，堆满了书籍，竟让自己有点摊不开手。"这又何苦呢？"耳边似乎又想起了各种熟悉的声音。校长坐在面前，语重心长，"现在的工作稳定，待遇也不错，何必呢？"是啊，谁又能否定呢？

我习惯在阳台上极目远眺，虽然周围高楼林立，却总是希望能看到彼岸的风景。

"我心绪不宁。我渴望遥远的事物。

我心不在焉，热望着抚摸那昏暗的远方的边缘。

啊，伟大的远方，啊，您那笛子的热烈的呼唤呀！"

父母担忧的表情浮现在眼前。我能听见，他们隐藏在心中的叹息。我的心中一紧，究竟做的对不对呢？

考研的那天，要赶往几十公里外的考场。从床上一跃而起，天还未亮。蹑手蹑脚，抓起书包，走向门口。一抬头，父母早就坐在桌边。"给你做了点吃的，快吃吧。"我无言以对，默默地站在那里。父母微笑的脸庞，定格在眼前。

"为了怕失掉你,我把你紧紧地搂在胸前。是什么魔术把这世界的宝贝引到我这纤小的手臂里来呢?"父亲骑着车送年幼的我上学时,宽厚的后背;母亲拉着手教懵懂的我识字时,温柔的笑脸……一幕幕如走马灯般,在面前高速闪过。

金色花,绽放在生命中的每个角落。

四

当泰戈尔行走在大地上之时,尼采对人类充满了绝望,非理性思潮席卷着人间。上世纪初的世界笼罩在彷徨不安的气氛中,而泰戈尔为世界吹来一阵清新的风。如今,文学形式愈加出新出奇,传统价值观受着前所未有的质疑。泰戈尔会如何回应他们呢?

"美丽的女人啊,你能以你眼睛的一个流盼,掠尽诗人竖琴上弹奏的歌曲的全部财富!

然而你对诗人的歌颂却充耳不闻,因此我就来歌颂你。

你能使世界上最骄傲的人拜倒在你的脚下。

然而你选以崇拜的,却是你所爱的无名的人,因此我就崇拜你。

你那完美的手臂的触摸爱抚,将使帝王的尊荣增加光辉,

然而你却用以扫除尘土,清洁你朴实无华的家,因此我就满心敬爱你。"

世界不断在改变,然而总有一些不朽始终存在。泰戈尔的作品从不会拒人于千里之外,直抒胸臆的言语时刻触动着我们的心灵。当纷繁的生活迷住了我们的双眼,我们应该遵循朴实无华的生活道路,去寻找我们生命中的"金色花"。读一读泰戈尔吧,你的心将会得到平静与安宁。

"一百年后读者我的诗篇的读者啊,你是谁呢?"

(作者单位:华东师范大学比较文学与世界文学专业)

泰戈尔在歌唱

王方慧

我们能看懂年轮的秘密，也能知晓化石中的生命，却对自己一无所知。我们是"人"，是万物的灵长、智慧的化身，然而我们只能认识大千世界，无法涉足自己的心。当夜晚悄悄来临，我们告别了白日的盛宴，回到各自的小屋，面对镜子里另一个自己，陷入了深深的孤独与绝望。于是，我们扑倒在地上，等待清晨的第一束阳光。

（一）我们要"人的全部"

泰戈尔吟起了简短的歌：

"你愿意给我什么，我就拿什么。我别无所求。"
"是的，是的，知足的乞丐啊，我了解你，你所要的其实是那人的全部。"
"如果你给我一朵飘荡的落花，我将把它戴在我心上。"
"但如果那花里带着刺呢？"
"我会忍受的。"
"是的，是的，知足的乞丐啊，我了解你，你所要的其实是那人的全部。"

——（泰戈尔《园丁集》）

我们听到了泰戈尔的歌声，我们恍然大悟，原来我们只要"人的全部"。

我们彼此相识。在相聚的时光里，我们是彼此出色的舞伴，我们出席华丽的假面舞会，身着昂贵的精致礼服，随着多瑙河悠扬的旋律，划出芭蕾最优雅的舞步。我们笑，我们唱，自以为这是人生的全部，殊不知面具下还有一副憔悴的面孔。

曲终人散，我们放下花簪挽起的蓬发，镜子面前的自己是一个舞场归来的妓女。镜前人，她爱生活，但也厌恶生活，"生活对于她是一串习惯的桎梏"(曹禺《日出》)。

我们每个人都计划展示最杰出的自己，试图做个舞会的皇后来赢得人生，却不料在镜子面前输了个一干二净。那个真实的自己在镜中抓着头发咆哮，她想死，却不甘心，嘶喊着咒骂着"人生这场卑鄙的骗局"(海明威《永别了，武器》)。

（二）永不相交的"爱"

谁来可怜这些疯狂的人，谁来给他们"人的全部"，让他们有勇气走完剩下的路。泰戈尔在夜灯下继续唱着歌：

> 我想把我内心最深处的话说给你听，但我不敢，因为我怕你笑话我。
> 所以我一边嘲笑着自己，一边开玩笑似的打破了自己的秘密。
> 我抢先把自己的痛苦看轻，因为我害怕你会那样做。
> 我想把真话告诉你，我一定要跟你说；但我不敢，因为我怕你会不相信。
> 所以我把它们装扮成了假话，说的是跟我的心思相悖的反话。
> 我抢先使自己的痛苦显得荒诞无稽，因为我害怕你会那样做。
> 我想用我所有的最珍贵的话来跟你交谈……(泰戈尔《园丁集》)

我们听到了泰戈尔的歌声，原来得不到"人的全部"并不会使我们痛苦，我们难过的是没有人安慰我们，在我们得不到"人的全部"的时候。

我们是否从来都孤苦无依？我们是否从来都无人爱惜？当星星升起的时

候,我仰着头大声呼喊。我多希望群星中能闪出一个人影来,对着我微笑。然而我只听到了同样的提问,也许那只是我的回声:我们是否从来都孤苦无依?我们是否从来都无人爱惜?我笑了,不再辨认它的发出者,我激动的眼泪跃出了眼眶,在脸颊上形成了两条蜿蜒的小溪。我狂呼着,我感谢这提问,我对着太阳艰难地挤出了三个字:"我爱你",接着我向着月亮大喊:"我爱你,让我来爱你!"月亮笑了笑转向了地球的另一边。

"天空虽然怀抱着大地新娘,但一直相距遥远。"(泰戈尔《萤火集》)

泰戈尔轻轻地摇了摇头。我一直都爱着你,而且我也相信你爱着我,为什么我们的爱是两条永不相交的平行线,为什么我们相爱却总见不到彼此的容颜,是什么隔在了我们中间。是那个自我在作祟。我们虽然同叫做"人",却有着不同的代号,有着彼此不同的生活轨迹,我们是一个集体的前提是我们各自独立,我是我,是和你不一样的我,你永远不会成为我,因为你永远读不懂我。我们是相爱,可孤独是我们一生的法定伴侣,不能够挣脱。

泰戈尔停下了歌声,凝望着深邃的夜,熄灭了蜡烛的火苗。

(三) 神秘的临点

"在夜晚抚触白昼边缘的地方,我曾遇见你;就在那儿,光明惊吓黑暗,使它变为黎明,而层层波浪把亲吻送到了彼岸。" (泰戈尔《渡口集》)

临点,那是一个临点,在白昼与夜晚接触的地方,在生与死碰撞的地方。如果将世间矛盾的两方看做是两条相反的射线,那临点就是两条射线共同的顶点,泰戈尔就做坐在那个顶点上,不过他没有面朝矛盾的任何一方,而是像个法官,把目光转向了第三方,沉思着,沉思着……

那个临点是人类所知世界之外的区域,是从时间裂缝中流出的空间,那里是一片轻柔的黑,是一片宁静的虚无,你在一片奇玄中闭上了眼睛,温热的气流将你缓缓举起,你躺在那里,幽幽地旋转,坠入了无限的神秘。时间在那里停滞,你的生命在那时永恒,清幽的香气躺在你的身边,像是点点萤火虫。这类似死亡,但还有生命体征,你得到了永生。

当你再次睁开眼时,你依然站在临点,但目光已偏向了一方,美好、温暖的一方。以这样的姿态,你又唱起了新的歌谣。但是泰戈尔,在你目光所极之处,疮痍还在发炎。你告诉我:"佛会救赎它。"于是把我引入佛的境地。

(四)佛境之美

"我的路途漫漫,需要很长的时间。

我乘坐第一道晨光的车辇出发,一直在大千世界的荒原里跋涉,在许多星球留下了我的足迹。

那里你自己最近的路途是最远的,那创作最简朴的曲调所需要的训练是最繁杂的。

为了来到他自家的门前,那旅人不得不去挨家挨户地敲陌生人家的门;为了抵达道路尽头那藏得最深的圣殿,我们不得不走遍外面的大千世界。

我曾极目远眺,最后闭上眼睛,说:原来你在这里!

……"(泰戈尔《吉檀迦利》)

就这样我们踏上了寻佛之路,我们试图走遍了世界的每一个角落,看遍红红绿绿的男男女女。当我们完成了对尘世的探索,却没有见到你的莲花。我们流泪了,原来我们心中只装了个自我,我们是无神论者。

我们羡慕佛的信徒。在佛的世界里,自我不再为个人所独有,佛住在每个信徒心中,成为所有人共同的自我。就这样,他们的爱找到了共鸣。而我们这些可怜人,还在苦苦挣扎。

我们哭了,眼泪汇成了决堤的洪流。我们悲伤,但泪水不是悲伤的代言人,它是幸福的热浪。因为就在那一刻,我们成了彼此痛苦的分担者,悲伤已不是一个人的事,但这一切却不是因爱而生。

天,还是阴天,生命注定由孤独组成,痛苦是我们永远的伙伴。我们心中有爱,我们夜夜想着爱,但它已无法治愈我们心口的旧疮,它只是"一种止痛药,治标不治本,唯有死才标本兼治"(转引自李炜《碎心曲》)。泰戈尔,难道生命只有终结才有永生?请你继续歌唱吧!

（五）无神论者的救赎

"谁都不会永生，我的兄弟，什么都不能持久。记着这话，你就会心情愉快。

我们的生命不是一份陈旧的负担，我们的道路不是一段漫长的旅程。

那独一无二的诗人不必唱年代久远的歌曲。

花朵凋谢而死掉，但戴过这花的人不必永远为它哀悼。

我的兄弟，记着这话，你就会心情愉快。

……

我们没有时间去抓住一样东西，然后压碎它，再把它扔进尘土。

时间急匆匆地远去了，把梦藏进了他们的裙子。

人生苦短，挤出来给爱情的只有数日。

如果不是因为有工作和苦役，人生会长得无穷无尽。

我的兄弟，记着这话，你就会心情愉快。

美对于我们来说是甜蜜的，因为它跟我们的生命一起，跳着同样欢乐的曲调。

美对于我们来说是珍贵的，因为我们永远不会有时间去完善它。

在永恒的天国里，一切都是做了的，而且是做成的。

可是，大地将生出幻想的花朵，而死亡将是它们永远保鲜。

我的兄弟，记着这话，你就会心情愉快。"（泰戈尔《园丁集》）

别再想了，静止的时间只会让人觉得空虚，而空虚，它不是天使，它最擅长腐蚀人的精神，让人在颓废中自取灭亡。不要想着用自我终结来逃避痛苦。自杀是不被原谅的，因为是自杀者亲手解开了自己与生命的联系。空想无益，还是回到生活中去吧，它的确还是原样，但要知："生活并没有为我们准备多少快乐，我们必须把快乐从眼下的生活中揪出。"（转引自李炜《碎心曲》）不要再想着与众不同，平庸才是快乐的源泉。回归到真实的生活中去吧，不要再纠缠这杂乱无章的问题了，继续着你的盛装，跳你的芭蕾吧，生活本来就是一种重复，就让它如河水一样静静流走，你只是时间的过客，无须留下一点痕迹。就这样，即使得不到爱的安慰，你也不会伤悲。

死亡，离我们从不遥远，它会带给我们持久的感动，"我们无法体验死亡，但可以经常体验这种感动，即在死的念想、家人的死以及所有爱的人的死之中加以体验 (三岛由纪夫《禁色》)。"死对于死者本身来说是一种结束，对于活着的人来说是一种救赎。在死亡的阴影下，最无聊的生活也具有了意义。我们要活着，好好地活着……

（六）默默地生活

"我奔跑着，像一头麝香鹿，浑身散发着香气，奔跑在森林的阴影里。

这夜晚是五月中旬的夜晚，这微风是南方的微风。

我迷了路，我乱走着；我寻找着那得不到的，我得到了那不想找的。

那从我心里跳着舞的蹦出来的，是我自己的欲望的形象。

闪光的幻想一闪而过。

我企图紧紧地抓住它，但它挣脱了，把我引入了歧途。"（泰戈尔《园丁集》）

泰戈尔还没有停下他的歌，一个"歧途"将问题引向了玄而又玄，人生本来就是一个无解的谜。"我们的最爱永远都不存在，我们仅仅将幻影当做我们的最爱 (荷尔德林《至大自然》)。"幻影，你可以说它是精神的安慰，也可以说它是一个错，但它已足够，就让我们永远想着它，爱着它，默默地生活……

黎明只是黑白接吻的一瞬间，我们的世界永远没有黎明，但我们却拥有白天。泰戈尔你这深夜里想着白天的人，也许你并不快乐，也许你只有悲伤，但你还记着你会有白天，那你就是个幸福人。你的歌声不能让我们得到黎明，但送给了我们白天这份礼物，它虽然不能治愈我的悲愁，但让我们知道在很久以前有一个和我一样一度伤心绝望的人，这就已经足够。难过时有知其痛者陪伴，再难，也能挨到白天，而白天已是一片阳光灿烂。

(作者单位：内蒙古大学)

我与泰戈尔超越时空的对话

——探讨《飞鸟集》的现实意义

于永生

当我们在重重的钢筋水泥构筑的堡垒中,为无休止的学业和工作而忙碌,当每个人戴上厚厚的面具,掩藏起我们的真诚和爱,当我们的思维开始机械化,缺乏对生命的思考时,捧读《飞鸟集》,有醍醐灌顶的感觉。

生命是什么?您说它是永恒的,它是自由的,它是绚烂的。

我说,生命是一个奇迹。当时间不断地流逝,世界不断地变化……生命是一种历程。

只有当我们的思想更加成熟,才能以从容的心面对这个纷繁的世界。当心灵如水般平静清亮,生命如夏花般灿烂之时,精神世界才会真正的丰满,就如您所说的一样。

"我相信你的爱。"您如是说。

《飞鸟集》是您的作品,325段短小有趣的珍珠般的箴言让我们重新开始体会人生,感受身旁这个纷繁复杂的世界。

"我曾经受苦过,失望过,领略过死亡的滋味,因而我十分高兴生活在这个伟大的世界里。"苦难,失望,死亡,这些让人惧怕的字眼被您重新诠释,被我们不断唾骂为肮脏、腐败、悲伤的世界被您称之为伟大,存在便是真理,"我们把世界误读了,倒说世界欺骗我们。"

当我们麻木的无视清晨第一缕阳光透过窗户的时候,您说:"世界在清晨便敞开它光明的心房了。出来吧,我的心,带着你的深情去和它相会。"

当我们懊恼今天为什么下暴雨而我没带伞的时候,您说:"雨点亲吻大地,低声说道,我们是你怀乡思家的孩子,妈妈,现在从天上回到你身边来了。"

当我们黄昏时候向着绚烂的天空发呆，思绪不知所措的时候，您说："在我看来，黄昏的天空，好比一扇窗子，一盏点亮的灯，灯下的一次等待。"

当我们深夜被突然而至的暴风骤雨、疾雷闪电惊醒的时候，您说："午夜的风风雨雨，像个高高大大的儿童，在不合时宜的黑暗中醒来，开始玩耍和高声喊叫。"

光明和黑暗的对立，天空与大海的对话，流水和泥沙的嬉戏，飞鸟和彩云的赞美，繁星不与流萤计较，海鸥与海涛的相遇，这些好像与我们的现实生活毫无联系的事物，被您用童话般神奇的笔尖留在世人的脑海里。您自嘲般地对待自己的思想，"胆怯的思想，别见我害怕，我是一个诗人啊。"

爱不需要过多的言语，是信任，是付出，是美好，是单纯，是理解。"你微微笑着，对我默默无言；可我觉得，我为此情此景，已经等待很久了。"爱情是会失去，这倒是事实，但是我们不能因为这个理由就不去为之付出，"啊，世界，我死的时候，请你在沉默之中替我留下一句话，我已经爱过了。"这个爱很复杂，可以是男女之爱，亲人之爱，人与自然之间难分难舍的爱，"我们热爱这个世界时，才真正活在这个世界上。"

您赞美世间的美好，又用这些美好来讽刺人们的无知、灵魂的匮乏和世俗的丑恶，"人成了野兽时，比野兽还不如。"，您的笔尖下什么事物都有思想，都会表达，"烟向天空吹嘘，灰向大地夸口，都说它们是火的兄弟。"您崇尚真实，真实的生活才是有意义的生活，"我的主啊，让我真实的生活吧，如此则死亡之于我，也将成为真实的。"

自然是纯洁的。《飞鸟集》中除了有明亮的清晨，温柔的黑夜，还有孤独的黄昏，飘摇的风雪。我们站在人类这一边，脑中灌满了忧思和寂寞。"我们看错了世界，反而说它欺骗了我们。"您在诗中这样说。您是一个诗人。自由活在遥远的彼端，被束缚的灵魂浸透忧伤与孤独。不完满的过去和背叛是您挣不开的枷锁。纵使您智慧超群，看清万物本身，终抵不过一场处心积虑的猜疑与指控。当夏天的气息漫延至每一个角落，几只飞鸟掠过，骨骼作响，开始歌唱。渐渐的有什么东西苏醒。诗人的风，穿越海洋和森林，找寻它自己的歌声。

您是一个诗人，诗人爱着世界。即使这个"世界"仍存在着阴暗、自私、欲望、背叛与肮脏。即使只有小小的飞鸟肯为他停留，歌唱着"我爱你"，却已经足够让您虔诚地瞻仰整个世界，深信不疑。一如您曾说的"我相信你的爱。"

读您的《飞鸟集》，不同于读那些阳光中带着忧伤和彷徨的青春故事，也有别于读华丽中透着沧桑的古老爱情。您的文字有一种独特的清新，读这些小诗就像在暴雨后初夏的早晨，推开窗户，看到一个淡泊明亮清风吹拂的早晨。

三百余首清丽的小诗，取材不外乎小草、流萤、落叶、飞鸟、山水、河流……然而，您将自然世界中的一切拟人化，并赋予它们灵性。世界是人性化的，自然也是人性化的，您因这种人性化而整理思想的碎片，这也便是"思想掠过我的心头，仿佛群群野鸭飞过天空，我听到了他们振翅高飞的声音"的意蕴所在。

《飞鸟集》带给我感受最多的是一种对生活的热爱、对爱的思索。包括母亲对孩子永存的亲情、朋友之间真挚的友情、人与自然间难以言喻的感情……都是用简短的几行字对爱做着隽永的诠释，美好又浪漫，深沉又伟大。在您眼中，世界需要爱，人生更需要爱，正如您在《飞鸟集》中所写的一样："我相信你的爱，就让这句话作为我最后的话。"

谈您的作品，人们总能感受到一种振奋人心和进取奋斗的精神鼓舞。您的诗所包含的思想内容是多方面的，但是，其中包含的精深博大的人生哲理启示，则是您的诗的主要特征。在您的诗歌创作中，您以一颗赤子之心，讴歌的是对人民的真挚的爱，抒发出对整个大自然、整个人类，以及整个宇宙间的美好事物的赞颂。您的诗像珍珠一般闪耀着深邃的哲理光芒，不仅唤起对大自然、对人类，对世界上一切美好事物的爱心，而且也启示着人们如何执著于现实人生的理想追求，让整个人生充满欢乐与光明。

品读《飞鸟集》，是一种享受美的过程，如一杯香茗，散发着缕缕热气，如烟如雾，仿佛置身美好的幻想世界。一切都活脱脱的，栩栩如生的展现在眼前。这里是一片净土，翻阅着您的文字，心中顿时豁然开朗。您用自己独特的语言魅力装饰着这片土地，点缀着这个世界，清新的风格和朦胧的哲学思想更为它添了几分神韵。

一点一滴的生活都是美好的。让我们一起乐观的面对生活，永远不要丧失信心和爱，新的一天都像一个初生的婴儿一样。我们要热爱这个世界，热爱生活，热爱身边的事物和人，坦然而充满自信的迎接每一天的到来。

(作者单位：山东省东营市利津县凤凰城街道中心学校)

老林里的灯

张 希

灯火漫漫，在墨叶的清香笼罩整片密林的深夜里，竟透着微微的光亮，伴着一份好奇缓缓向里走去，一把藤木制成的摇椅，一个还冒着白雾的烟斗，几只羽毛笔，零乱地散落在桌角，一杯与林融为一体的茶，茶香不再，却有淡淡的花香。究竟是被醇香迷醉？还是这点点光火的好奇引来？我竟一时犯起了迷糊，答案或许已不再紧要，只想能再举一杯茶一饮而尽，感受杯底的余温，享受快感和灵感迸发的曼妙时刻，畅快地在纸上驰骋飞舞。

那个熟悉的爱情诗人：世界上最遥远的距离不是生与死。成为凄美爱情的绝唱，我只是静静地坐在阳光烤晒过的沙发上，看了看停驻在屋檐上的鸟儿，心生迷惑：它是迷了路？还是在找寻它生命的另一半？那个慷慨的爱国诗人用凄美的词语倾泻出对英殖民地的痛恨与热血，我想起抗日战争胜利时，新中国成立时的壮美激昂，不曾经历却能共同感受。大喜大悲不过是一滴眼泪化为青烟的片刻，却能震荡千年的浮尘。

在爱情的世界里，不只有缠绵的甜蜜，还有折磨的苦涩，这饱尝苦痛的时间远远多于温馨的时刻，你该如何抉择？放弃还是坚持。在战争的世界里，不只有鲜血的挥洒，还有凯旋的骄傲，三五人的队伍，破烂的铠甲，无法夺走他们身上闪烁的英雄勋章。悲伤褪去，重新挽起臂膀，拿着旗帜向未来奔去，剪短痛苦的枷锁，打破混沌的阴暗，重新拾起希望的种子。

看似悲伤的文字里，透着钢铁的气息与意志；梵文的语言里，有对民族美好的寄托与憧憬。他亲自把诗文译成英语，不只是传播故事、文明、历史，更重要的是放大一种直击人性心灵的声音，在那样的时代，它太过渺小、脆弱，稍有不慎便粉身碎骨，纵使如此"要留清白在人间"的承诺不会放弃。

和谐、自由或为心灵的归属，当一切归于平静，内心的挣扎蜕变为前行的力量。时光老去，但生命的温度在燃烧沸腾，化成一把烈火，鼓起反击的号角。他在等待什么，一个机会？一次宣言？一次演讲？一个舞台？一串串问号是多愁的忧郁，沉默的低调，卑微的阔步……他等待的是胜利的消息与欢腾，民族独立解放的宣言，摆脱殖民地压迫的高昂呐喊。

在生命的长河中，人类作为重要的一部分，经历过战争、安逸，相互交织着发展。而在其中我们学会了探索与思考，在对未知的世界里多了一份冷静，辩证地分析变化着的世界。

我迟迟不忍离开，像陶先生心向桃花源般，我找到了那个神秘的地方，却不知该如何停留，也不知该如何向人们诉说。只听见一个声音在回荡：那就跟随风的方向，因为风始终吹响着老林的深处，那里有着幸福、光明、自由、平等……

后记：

本想用"孤灯"来定为文章的题目，后想略有不妥，孤独不是他的特质，而是一个独立人的生活常态，只不过孤独的界限存在着断裂：抱怨和不满四处喷溅，欲望化为泡沫产生的情感，"孤独"变得不再唯一，而是习以为常的你我他。

(作者单位：河北师范大学文学院)

触摸生命中的你

霰忠欣

"瀑布歌唱道：我得到自由时，便有了歌声了。"

短短的诗行，寄居在了无数人的心上，像黑暗中点点的星辰，无声地，发着唯美的光，向着那陌生的大漠、荒原前行，那些不怎么惊艳的个体却组成了一幅生命的画卷，画卷上只有那几行文字，莫大的留白给了我们人生的慰藉，寻得：光明、自由、永恒。

向往诗歌，歌唱诗歌，赞美诗歌，一生都在诗歌中完成，诗歌成了他生命的轨道，泰戈尔，我熟悉的泰戈尔，便是在这样的轨道上选择奔跑。

无论过去，还是现在，我的脑海中，泰戈尔一直是一个勇敢的战士，他独自行走在世界的各个角落，在每一个地方，都留下了问候，记载了感动。

每一个人，都有独自前行时的恐惧，面对恐惧，我们有时会选择奔跑，有时会选择停下来休息，身上背负着重重的行李，温暖的光还不曾到来，沉寂的黑在夜晚中无限延伸，好像吐出数不尽的网将你牢牢缠绕，没有观众，内心无比荒凉，此时，你从远方缓缓地走来，身后带着微弱的光，没有丝毫的预兆，甚至像是个不经意间飞过的萤火，你只给了我一页的诗：生命有如度过一重大海，我们相遇在同一条窄船里。

我在这荒凉中看着你慢慢离去的背影，好想看一片画中的山，我慢慢挣脱束缚，解下满身绳索，抬头时，已望见远处的灯火，心中写下：脚下的路崎岖蜿蜒，经过的路边荒草会在某一个下午，宁静安详地等待，期待着你驶过时留下的高贵痕迹，即使荒草已在等待中覆盖了满面尘埃，它渴望的，仍是内心的光明。

（一）在死亡中舞蹈

"要是白日已尽，要是鸟儿不再歌唱，要是风已疲倦飘扬，那么，请拉下那黑暗的幔幕，覆在我的身上，就像你在薄暮时用睡眠的柔被裹住了大地，又轻轻地合上了那睡莲的花瓣。"

读到这句诗时，整个世界变得前所未有的安详，我的桌上有一棵小树，已经生长了很久了，在此之前，从来没有想过，未来它该何去何从，更不敢这样让自己直面死亡，甚至希望永远都不要将这两个字写入自己的字典中，正如我们看到的，生死离别时，无论是用白色渲染的黑色，还是那幽深的洞穴，都令我们感到深深地恐惧，但是，此时此刻，却觉得死亡如此柔和，仿佛只是对老去的一点点缀。

泰戈尔在书写内心对死亡的感受时，有一种无限的宽容，他的世界里，死亡便是自然地交替，正如疲倦时应该休息一样的简单，正如合并花瓣时那样的单纯，是一种怎样的胸怀，才会留下这样静美的文字，使得他即使面对人生的终结也会如此豁达，如此平静。

我想，也许是生命赋予每个人的意义不同吧，人的一生，面临着各种各样的选择，泰戈尔将自己的一生奉献给了人类，个人而言，他只是个单纯的生命体，对世界而言，他是灵魂的指引者，正是他将自己放在世界的高度，才会如此超脱的面对死亡，面对一切未知。

在生命的长河里，他尽情地书写，乐观地宽容，无限地赋予，停止了颤抖，停止了沮丧，停止了哭泣，他让我们看到死亡黑暗中，那在聚光灯下永恒的舞蹈者。

（二）在精神中奔跑

"世界在踌躇之心的琴弦上跑过去，奏出忧郁的乐声。"

你是一棵天地间自由伸展的大树，扎根大地，触摸着天空的影子。喜欢你在天地间洒脱不羁地奔跑，灵魂的自由带着你翱翔，一切也如此的真切，你不是印象里白胡子的老者，而是一个坚持奔跑的少年，在你的轨道上，以优雅而又尊严的姿态结束着每一次跨越,像越过一道道山,一条条河,一个个走向未来的关隘。经过一次次探险,留下一次次征程,我们看到那些天马行空的思想汇聚在一个悬崖之上,那里不是断崖,而是瀑布之源,你就如此奔腾着,带着甘冽清泉靠近我们。

我看到你独自奔跑在沙漠,荒原,大江,高山,看到你在牛群间趋行,还有那在古老的民族中留下的简短诗行,听着你对他们的叹息,你还遇见了围着方布头巾的少女,你打破静波里的沉寂,走过黄昏,傍晚时街头回应着暖黄色的光,光是温暖的,你面对着它,心上写下了那些奇妙的文字,那些长短不一的琴弦,今晚奏出了悲伤还是欢喜的曲子呢?

你是个梦中想象的疯子,骨子里透着自由的气息,走近时,令人觉得酣畅淋漓,或许这便是那种未见之缘,隔着时空,我一步步走向你,你也慢慢地走向我,有时,我觉得我们是息息相通的。

其实,不止是我,当你在中华大地留下行走的足迹时,多少人,也与你走近了,不论是同时代见你的、未见你的,还是不同时代无法见你的,我们都汇集在一座桥上,这座桥由你筑起,坚不可摧,我们在此相聚,我们在此升起自由的明灯,狭小的人世间里,吹起了希望的风。

(三)在生命中涅槃

"在我的生命中,所有难听的、不协调的、都融化成一片美妙的谐音——我展开崇拜的两翼,有如一支飞度海洋的欢乐之鸟。"

自然界中有很多种声音,它们有着自己的特点,好像大海中游动着的千姿百态的鱼,但它们却是存在于一片共同的海域中,这个地方是它们的栖息地,是一个永远的归宿,或许,游动时会遭遇无数的艰险,遇到更大一点的危险,甚至会葬身海底,但这却是它最好的选择啊!

泰戈尔,用岁月雕琢下那些深深浅浅的文字,它们像大大小小的金子,洒落在沙子中,在海边嬉戏的孩子,可能会在某一刻拾起那露出的光芒,但是,那光泽绝对不是强烈的、刺目的,那些意外,像是黑夜中悄然飘过的细香,这份甜美会永远留存,存进生命的金字塔。

生命的金字塔里面铸满了勇敢,泰戈尔将自己的一生献给了诗歌,也献给了无数反侵略的国家与人民，一个执笔的写者，却用最简陋的武器做着最重要的反抗，我不知道有多少人，会因你的诗行而重新拾起曾经的信念，也不知道有多少人，在陷入绝望时，是怎样因你的奔走而回归存在的生命，那桀骜不驯的猎人也会因你的声音而放下手中的猎枪，那些罪恶，那些血腥，也会像泡沫一般在阳光下慢慢消失。

曾经，也有过很多幻想，凝望着白色的世界，看着远方的畅想，凸显在迷蒙的苍茫中，无声的世界将我的所有颠覆，现实中，太多的美丽不堪重负，我在寻找一个支点，在寻找一个希望，最终，在诗歌中，在你的诗行里，寻到了。

你说，让我拥抱悲痛，像抚摸天鹅的绒毛，于是，我站在树的顶端，放飞了叶子编织成的希望，渐染了霞光，留下醉了的旅人，你说，让我面对破碎，像品一杯浓浓的茶，于是，半夜寂静独歌时，书写下平静的文字，它们飘进了梦中，相信这些故事会有一个美好的结局，你说，让我遇见离别时，像听一首缓缓地曲子，无奈的结局不是为了让你悲痛哀悼，而是学会做一个沉默地看客，此时，瞳孔里不是黑到深夜的沉重，而是晶莹的，不会放弃的希望，伴着自由的羽翼，会飞往光明。

诗因你崇高的生命而不朽，生命因你不朽的诗而伟大。看到你时，我想起了舒婷写下的这几句话，当你把诗融进生命的深度，你便在时间的广度上实现了永恒。

前方仍是未知，但是此时的未知中却多了份幸福感，它就是我们的希冀，我们的梦想，我们心灵深处存在着的永恒，正是这些未知，我们才会去对它期待，这时，一切一切都变得十分美好，曾经的伤口也会愈合，曾经的叹息也变为拥抱鲜花的微笑。

我们，将会一直前行，因为，你说：生如夏花之绚烂，死如秋叶之静美。

(作者单位：山东师范大学文学院)

附录一 2014 泰戈尔在我心中有奖征文比赛获奖名单

特等奖 2 名

万世的旅人	纪　悦
寄泰戈尔	张利伟

一等奖 5 名

光明海上的颂歌	陈秋宁
泰戈尔在我心中——我的大学与缪斯之旅	孙凤玲
花香袭人	蓝永庄
与神对话——我的自问自答之旅	朱一鼎
泰戈尔在我心中——父亲的诗	唐小林

二等奖 10 名

灵魂师尊泰戈尔	彝鑫(王林)
追梦·南归的小候鸟	方孟姣
與天壤而同久，共三光而永光——讀泰翁詩作有感	张执中
一尾竹笛	武淑冉
水芙蓉梦里的高贵囚徒	张西芳
圣地尼克坦之梦	王伟均
云使——作为诗人的泰戈尔	张亦芘
火鸟	丁一凡

我的黄金时代	陈　烁
飞鸟——记一次西藏之行	张洪超

优秀奖 20 名

泰戈尔在我心中——对话集	李采薇
关于泰戈尔诗中几组意象的组合的想象	陈淑仪
为你再读一首诗	林巧思
正如夏花烂漫时	王惠璇
天边的星星	贺可熙
生命与泰戈尔	卢雄海
泰戈尔在我心中——漫步人生路	薛　冰
守护	赵　卫
走过沉沉阴雨	许梦琪
心弦上不逝的诗人	孔　颖
问梵	邓　倩
《飞鸟集》给予我的生活智慧	张爱玲
泰戈尔的思念	王梦圆
致榕树	邓　艳
为你盛开的心莲	张家欣
不忘初心，方可抵达爱的彼岸	孙晓玲
飞鸟的小调	唐海伦
爱的使者：我心中的泰戈尔和冰心	黄思齐
泰戈尔在我心中——与你相遇在素锦年华	芮小婷
泰戈尔与我——以诗歌之名缅怀	徐　青

入围奖 30 名

泰戈尔在我心中——奏响生命的那抹湛蓝	洪佳雯
金色花的故事	李溪月
生死时速	朱徐也
溪流淙淙　我心飞扬	王　慧

附录一　2014 泰戈尔在我心中有奖征文比赛获奖名单

寻光集-——给泰戈尔，我亲爱的外祖父	王乾宇
泰戈尔在我心中——追寻用音乐和旅程建构起"爱与美"的史诗	康富强
来自婆罗多洲的访客	贺　颖
泰戈尔在我心中——亲爱的世界，谢谢你未曾因我的怀疑而凋谢	冯　欣
遇见泰戈尔	李矫婷
泰戈尔与我——不谢之莲	胡云怡
柑橘地里的"诗者"	向云霞
泰戈尔在我心中	丁逸雯
以诗的方式对话、倾听——泰戈尔在我心中	刘　静
未来艺术家——孩子们与泰戈尔小说	林　馨
爱的"真形"	邓青卓
泰戈尔在我心中——《吉檀迦利》中的泰戈尔	谢勇征
给你一朵三叶草	康　健
遥远有多远	孙　超
泰戈尔与我——寄以诗歌给一位智者	胡启文
泰戈尔在我心中——初恋这件小事	张呈敏
自由之后，才有歌唱	苑梦月
诗意的温暖	孙婷婷
这一次，请听我为你唱歌——献给我心中的泰戈尔	李　硕
泰戈尔在我心中	陈佩云
你是命运对我的恩赐	李婷婷
盛开在心中的莲	荣慧洁
泰戈尔落在中国的心——"新月"洒下的清新世界	张依萍
乌云背后的幸福线——以结构主义浅析《喀布尔人》	陈颖婧
心灵烟火——致罗宾德拉纳德·泰戈尔	栗俊俊
一生以繁星寻你	姜婉莹

评委特别推荐稿 33 名

寻找泰戈尔	谭心怡
发现泰戈尔：西方与东方的相遇	沐钰（刘燕）

北极星将会发光——诗意流年　　　　　　　　　　　　　　　秦建鸿
泰戈尔在我心中　　　　　　　　　　　　　　　　　　　　　郑昭昕
黄昏后　　　　　　　　　　　　　　　　　　　　　　　　　黄　靖
中国在泰戈尔心中　　　　　　　　　　　　　　　　　　　　颜智婷
永恒旅客的漂泊之歌——读泰戈尔《飞鸟集》有感　　　　　　詹青青
泰戈尔在我心中　　　　　　　　　　　　　　　　　　　　　王伟力
泰戈尔：一半是女人，一半是梦　　　　　　　　　　　　　　刘婉秋
读泰戈尔诗集之感　　　　　　　　　　　　　　　　　　　　马晓敏
你——我心中的泰戈尔　　　　　　　　　　　　　　　　　　邱　宁
论文学翻译中的创造性——以冰心译本《吉檀迦利》为例　　　陈婵敏
寄语泰戈尔　　　　　　　　　　　　　　　　　　　　　　　郭美辉
岁月安好否？——致挚友　　　　　　　　　　　　　　　　　邱宗珍
泰戈尔之于我的三重境界　　　　　　　　　　　　　　　　　贡子君
海上飞燕　　　　　　　　　　　　　　　　　　　　　　　　黄　莹
草之梦　　　　　　　　　　　　　　　　　　　　　　　　　马娜娜
黑暗里来的执灯人——读泰戈尔故事诗集有感　　　　　　　　许　磊
泰戈尔为媒　　　　　　　　　　　　　　　　　　　　　　　欧阳德彬
孩子的诗　　　　　　　　　　　　　　　　　　　　　　　　陈艺敏
流星划过，我遇见了泰戈尔　　　　　　　　　　　　　　　　孙　珍
原是你暮歌中的归鸟　　　　　　　　　　　　　　　　　　　吴文倩
花韵墨迹——读泰戈尔随想　　　　　　　　　　　　　　　　舒泠箫
魅而不惑的泰戈尔宗——泰戈尔宗教哲学的美善及其虚幻　　　张　涛
慈父泰戈尔　　　　　　　　　　　　　　　　　　　　　　　覃小林
合家欢　　　　　　　　　　　　　　　　　　　　　　　　　谢玫玫
泰戈尔眼中的世界　　　　　　　　　　　　　　　　　　　　谢志鹏
泰戈尔在我心中——人生如渡　　　　　　　　　　　　　　　祖　文
金色花　　　　　　　　　　　　　　　　　　　　　　　　　李勤余
泰戈尔在歌唱　　　　　　　　　　　　　　　　　　　　　　王方慧
我与泰戈尔超越时空的对话——探讨《飞鸟集》的现实意义　　于永生
老林里的灯　　　　　　　　　　　　　　　　　　　　　　　张　希

触摸生命中的你	霰忠欣

评委嘉许稿 50 名

三三的飞鸟	赵　静
泰戈尔在我心中——加尔各答的阳光	骆耀军
心中的泰戈尔	屈国杰
我心中的泰戈尔	江　姝
泰戈尔在我心中——读懂"斧头与树"，读懂爱的意义	郭恒志
泰戈尔在我心中——感谢你，充盈我的心灵	张　洋
生命里的"那颗星"	苏　萌
菡萏初开——泰戈尔在我心中	王晶枝
守梦	苏雅晶
上不了锁的心	陈山红
不必等	魏彩云
写故事的诗人	梁欣欣
我亦回报以歌	于　汇
泰戈尔，在我心中	聂姗姗
泰戈尔在我心中	温宇新
点燃大地之灯	缪君妍
阿红	林　星
它静悄悄地来过	钱雨涵
一份礼物——纪念那百年前的"园丁"泰戈尔	陈　芸
他说他叫泰戈尔	陈　迪
生如冬雪，长如夏花	高　龙
飞翔的天空	尤　笴
泰戈尔在我心中——泰戈尔在自然中注入的爱	刘明艳
泰戈尔在我心中——寻找童心	俞　海
佛之孤独——《飞鸟集》印象	张　宝
世界以痛吻我，我要报之以歌	徐燕霞
泰戈尔在我心中——我读《吉檀迦利》	刘小凤

虹，在那不远的远方	幸　鑫
一起做自由的飞鸟	苏艺菁
用灵魂歌唱的诗人	卢　意
似珍珠闪耀的诗篇·如孩子纯洁的爱心——读泰戈尔《新月集》有感	王东明
开出秋日的绚烂	李雅娟
泰戈尔笔下的女性形象解读	郭蔚臻
当世界以痛吻我	郑娇娇
泰戈尔在我心中——一路有你伴我成长	杨　碱
至善孝子泰戈尔	邢宇诗
朝圣者之歌——《吉檀迦利》	王风范
泰戈尔短篇小说读后感	程　伟
一只飞鸟	赵梦银
与神书	张江南
梵我合一	韩江雪
灵魂深处的绽放	刘　畅
"荷重的跛脚者"——泰戈尔在我心中	赵　坤
泰戈尔在我心中——重拾往日的洒脱	田雨璇
泰戈尔在我心中——撑起心中的绿洲	陈爱华
漫漫文学路——我与《飞鸟集》	高杨平
花之愿——《女乞丐》新番	何青璘
泰戈尔在我心中——活在纯真的文字里	王艺君
寻梦者	卢颖钦
信仰与情感——读完《戈拉》后	李晶晶

优秀组织奖 2 名

王春景（河北师范大学）

吕景芳（福州大学）

附录二　杭州与泰戈尔有缘

释光泉

（杭州佛学院院长）

各位领导，各位获奖嘉宾，各位朋友：

杭州，一向被称为"东南佛国"。杭州佛教直接从海上来自天竺印度。据《灵隐寺志》载："东晋咸和三年，竺僧慧理游至武林，见飞来峰而叹曰：'此为天竺灵鹫峰小岭，不知何代飞来？'"于是，"飞来峰"的故事不胫而走，名闻天下。

在杭州有天竺山，从下天竺到中天竺、上天竺，有历代大大小小的许多佛寺。在这众多佛寺中，或废弃，或更名，唯独灵隐寺佛光永照。

杭州和泰戈尔的缘分始于1924年。这是中印文化交流史上值得永远记住的年份。泰戈尔在这一年实现了他筹备多年的中国之旅。杭州，是泰戈尔访华的第二站。4月14日中午，泰戈尔一行乘火车从上海抵达杭州，下榻新落成的西湖饭店，分别入住82、85、88号房间。4月15日，泰戈尔在戏剧大师梅兰芳等的陪同下，畅游西湖各大名胜，自然包括灵隐寺。这一天，随行人员向泰戈尔讲述"飞来峰"的故事，他听得津津有味。飞来峰上下遍布五代以来的佛教石窟造像，多达三百多尊。当看到其中两尊来自印度的佛教大师的雕像时，泰戈尔触景生情，深有感触地说："我想这两个大师，初来的时候，见到这样湖山，也感想到自然界是到处一样，但是他的本意，不是来赏玩湖山，是传导相互的爱，因此印度文化有很多到中国了，如同中国几个大师到印度去。"他说自己这次来也要像历史上的这两位大师一样，要把爱的精神传播到中国，以促进世界的和平。他还告诉身边的中国人，在当前，中印两国人民更应该共同努力，把一切污秽的历史和痕迹都排除净尽，去找出一

条中印交通的运河。这运河的交通，是沟通人类的爱，而没有别的利益关系。听者闻之无不动容。(孙学宜：《泰戈尔：中国之旅》)

4月16日下午，应浙江省教育会邀请，泰戈尔发表演讲，听者达三千多人，后来者几无立足之地。17日，泰戈尔一行从杭州回上海。火车在徐志摩家乡硖石镇小停。车站竟"观者如堵，各校学生数百人齐奏歌乐，群向行礼。"车窗外，有人抱着徐志摩的儿子往里看，有人告诉泰戈尔这是徐志摩的儿子。泰戈尔十分高兴，马上亲切地用自己长长的白胡子抚弄着小儿的嘴唇。诗人与孩子表现出的那种天真无邪令观者心动。(王统照：《今晚抵京之太戈尔》)

1924年的来访，泰戈尔给杭州留下了深刻的记忆。杭州人为了保留这份记忆，在西湖饭店泰戈尔住过的房间，挂着泰戈尔的素描像，以志永远的纪念。

随着时光流逝，泰戈尔在中国播下的友谊，非但没有淡薄，反而变得越来越浓郁芳香。在中国，继纪念泰戈尔诞辰150周年的一系列活动之后，又以各种方式庆祝泰戈尔获诺贝尔文学奖100周年。我们杭州佛学院作为联合发起单位，参加"泰戈尔在我心中"征文比赛，深感荣光。

杭州佛学院成立于1998年，今年是建院15周年。我们的发展目标是将它建成一所水平一流的综合性佛教大学。学院已经和泰国、日本等国建立联系，非常希望和佛教的诞生地印度进行交流合作。深圳大学印度研究中心及时伸出援手，愿意为杭州佛学院和印度相关机构的交流发挥桥梁作用。

今年5月，杭州佛学院和深圳大学印度研究中心联合成立了"中印文化交流研究中心"，并签订了一个《合作协议》。协议中的一个重要条款就是合作办好"泰戈尔在我心中"征文比赛，纪念泰戈尔获诺贝尔文学奖100周年。

这次征文比赛，参与者十分广泛、踊跃，有广大中小学师生和大学生，还有硕士生、博士生和大学教授。评委会按照评比规则，评出了获奖名次。从获奖作品看，水平非常高，令人十分鼓舞。由于参赛者众多，有限的获奖名额不足以悉数囊括所有优秀作品。经编委会商议，决定将获奖征文以外的部分优秀作品，以"编委特别推荐作品"的名义，一同收入这本"泰戈尔在我心中"征文获奖作品集——《泰戈尔落在中国的心》。这样，就能部分解决优秀作品多、获奖名额少的矛盾。

在这里，我代表杭州佛学院感谢全体参赛者，感谢全体评委。我们一起为中印文化交流事业做了一件有意义的事情。泰戈尔曾经说："轻舟荡漾在西湖中，凭着船沿，悠然望见山顶的尖塔。"他感到自己就像"中国画中的隐士，感到一种悠游的欢乐。"泰戈尔还不无遗憾地说："西湖山水秀丽，可惜不能在山麓觅一间小室，欣赏朝夕不同的湖光和山色。"(魏凤江：《我的老师泰戈尔》)

我在这里向大家宣布：杭州天竺山麓有一座佛寺，名叫"中印庵"。我们决定将由杭州佛学院和深圳大学印度研究中心合办的"中印文化交流中心"设在中印庵里，把泰戈尔写的佛诗和画像挂在中印庵的墙上，把这本《泰戈尔落在中国的心》陈列在庵中，让他每天都能看到杭州的湖光山色，看见他落在中国的心已经开花结果。

谢谢大家！

(这是光泉院长于 2013 年 10 月 26 日在深圳大学举办的"泰戈尔在我心中"征文比赛颁奖大会上的书面发言，征得本人同意收入书中。)

附录三　相信你的爱

——泰戈尔征文评阅感言

秦建鸿

（上海大同学院教授）

我们呼唤传统文化复兴，我们呼唤构建核心价值观，打造盛世中华新形象。在这样的时代感召下，适逢习近平主席2014年9月访问印度开启中印友好新里程。"2014年泰戈尔在我心中征文比赛"受到热烈追捧，征文井喷盛况空前。

作为本次征文比赛评委，我有幸拜读1173篇征文，深受感动。感动百年后的中国读者，领悟泰戈尔并延伸了泰戈尔的精神；感动中印两个文明古国文化的交融相照；感动人类灵魂栖息地的文学，恒久的魅力。

整个阅读评审过程，泰戈尔仿佛就在身边，一起为中国好文章喝彩。这里没有喧嚣与骚动，更没有物欲横流纸醉金迷，有的是纯粹精神的高峰享受。卡玛乌拉说："当物质不能转化为精神享受时毫无意义。"的确如此，"泰戈尔在我心中"就是一种幸福指数，我们陶醉于此。

千篇征文，篇篇好文章。今天的读者与泰戈尔共同探讨人类永恒的三大命题：人与社会，人与自然，人与自身的关系。

泰戈尔用他无私的奉献拥抱社会，"我们的生命是天赋的，我们唯有献出生命才能得到生命。"

那么多的读者以他们的亲身经历，用他们真实的情感，将泰戈尔的精神融化在他们的故事里，叙述着亲情、友情和爱情，驱散世俗的偏见。

征文第 260 篇作者这样写道：

"世界以痛吻我，我要报之以歌。泰戈尔的诗串起了我和她的生命，在那些煎熬的岁月里洒下缕缕阳光，照亮了这个故事……世界在她身上到处落下痛的伤痕，我对着她，仿佛看见这个瘦弱的身躯，一路高歌，用歌声作回答，记忆里不常笑的脸上，笑颜尽开。"

同样征文第 414 篇作者也叙述着他的故事：那一年，父亲抛下他们一家落荒而逃，面对困境，堂叔赠送的《飞鸟集》就像一缕阳光照亮黑暗中一切。

"……而今，当痛苦犹如潮水一般退去，我看到了这个世界兵荒马乱的表象之下温暖朴实的核心。苦难面前，我们不能埋怨，不能崩溃，不能自弃，而是要用坚硬的外表包裹着钢水一样奔腾火热的内心，然后像钢铁一般地活下去。此刻，我终于能够笑着默念当年堂叔写在《飞鸟集》扉页上那句尘霜满面的箴言：世界以痛吻我，我却报之以歌。"

泰戈尔仁慈的胸怀，与我们传统的儒学一脉相承，"己所不欲勿施于人"，孔子对其学生说，一个"恕"字一生足矣。宽宏博大才能美美与共，天下大同。

泰戈尔又将爱注入大自然，呈现万物和谐之美。人与天地万物息息相关，就如老子的"道法自然"，顺其自然，显示人与自然"各美所美，美其之美"的灵犀相通。

泰戈尔笔下一山一水，一草一木，都有不同凡响的美意。泰戈尔用人类情感激活了自然的美，自然之美又安抚人类不安的灵魂。于是大自然与人类血脉相通，芳香飘忽沁入心脾。

征文第 504 篇，作者如是赞誉感慨泰戈尔的自然美学观：

"且放下千头万绪的学习和工作，纷繁复杂的生活，来一次与大师对话的超时空精神之旅：'她曾经住在破损的石阶伸到水面的池塘边。多少个夜晚，她曾凝视过那因竹叶摇曳而变得使人眩晕的溶溶月色；多少个雨季，她嗅到从嫩秧田里飘来的湿润的泥土的清香……'每读到此，我就会想起我们这个地球上人类遗弃的——自然。"

我们逐渐领悟了自然才是人类生命的本源。

泰戈尔又以敏睿的哲思敲响我们自身的警钟。泰戈尔的作品蕴含佛学的智慧，充满禅趣。佛教从印度传入中国，流经千年。人世间因缘相续生生息息，缘于其中，意味无穷，悟性在脚下。

> "前面是平静的大海，
> 把它放下船去吧，舵手，
> 你们将是永远的伙伴，
> 把它抱在膝上。
> 在无穷的道路上，
> 北极星将会发光。"

泰戈尔的不朽之歌，告诫他自己也告诫我们，放下烦恼与纠结，守住坚定的信念，点亮感悟之光。人与自身的关系就是一种修身养性的境界，"在那里心灵是受你的指引，走向那不断放宽的思想与行为——进入那自由的天国。"

征文第114篇作者从泰戈尔诗篇感悟人生，人生如渡为自己的灵魂修炼启航：

"……歌声是船，这船载着我渡过人生的坎坷荆棘，低浪高潮，进入休憩的港湾。一路的繁星陪伴，一路的浪涛随行，想来虽心仍有余悸，但却是'幸福的疼痛'，美好的体验，将终生不能忘怀。人生如渡，我在为自我的灵魂摆渡，享受旅程，恪守清贫"。

人生的感悟就如马斯洛所云，是一种自我实现的高峰体验和享受，征文第436篇作者正是用"黄金时代"喻意泰戈尔关于自身的救赎。

"……这是我的黄金时代，诗意的、有爱有生气的黄金时代，嗯，这也是我心中的泰戈尔创造的时代。我开始语重心长地诵读，读着读着，想到泰戈尔书写这段话的过去与他停笔后的将来，厚重的生命再度焕发出无限的光彩。"

世间一切既简单又深邃,明智者乐在其中,修性而提升生命的境界。

时间收获我们想要的果实,穿过百年的时空隧道,泰戈尔落在中国的好文章里,泰戈尔更落在我们的心里。感谢泰戈尔征文活动,感谢组委会给我一次洗礼,感悟泰戈尔的精神搭着我们时代的脉搏跳动,沐浴泰戈尔的唯美,滋润生命焕发活力。

"我相信你的爱,

让这句话做我最后的话。"

2015 年 2 月 1 日

后 记

2013年10月26日，深圳大学印度研究中心、北京大学东方文学研究中心、杭州佛学院以及中央编译出版社，在深圳大学国际会议厅联合举办2013"泰戈尔在我心中"有奖征文比赛颁奖典礼暨《泰戈尔落在中国的心——2013"泰戈尔在我心中"有奖征文比赛获奖作品集》首发式，获得圆满成功。2013年11月，深圳大学印度研究中心主任郁龙余教授、北京大学外国语学院亚非系主任魏丽明教授，以及杭州佛学院院长助理华梵法师等携带《泰戈尔落在中国的心》一书，共赴印度新德里出席庆祝泰戈尔获诺贝尔文学将100周年纪念活动闭幕式和"泰戈尔跨文化交流的遗产"学术研讨会。2013"泰戈尔在我心中"有奖征文比赛的成功举办，让我们体会到了当代年轻人对泰戈尔的"情深意浓"，同时也让印度朋友们真切地感受到泰戈尔在中国的魅力。

2014年5月7日，深圳大学印度研究中心、北京大学东方文学研究中心、杭州佛学院、《新教育》再一次联合发出2014"泰戈尔在我心中"有奖征文比赛启事。9月18日，习近平主席在印度发表题为《携手追寻民族复兴之梦》的重要演讲，他说："泰戈尔的《吉檀迦利》、《飞鸟集》、《园丁集》、《新月集》等诗集我都读过，许多诗句让我记忆犹新。他写道，'如果你因为失去了太阳而流泪，那么你也失去了群星'，'当我们是大为谦卑的时候，便是我们最接近伟大的时候'，'错误经不起失败，但真理却不怕失败'，'我们把世界看错了，反说它欺骗我们'，'生如夏花之灿烂，死如秋叶之静美'，等等，这些优美又充满哲理的诗句给了我很深的人生启迪。"习主席的演讲给我们的征文比赛以巨大的鼓舞。

后 记

2013年，我们一共收到216篇应征稿，这是一个不小的数量。我们曾预计今年的应征稿会有所增加。然而，让我们始料未及的是，今年的应征稿件竟然出现井喷现象，一共收到来自全国各地参赛作品共计1178篇，是去年的五倍多！为了确保征文比赛的有序进行，从截止日期开始，我们便投入到严密的整理统计工作中。首先对每一份应征稿电子版进行编号，并制作《参赛作品信息一览表》，把作者、篇名、联系方式、编号等登记起来。为了避免遗漏或重复，我们将收到的所有纸质版稿件信息与电子版一一核实对应，发现漏缺电子版又有联系方式的，都逐一发邮件要求补寄电子版以便统一评审。根据最终的来稿统计，今年应征稿的分布如下：河北师范大学393篇，福州大学221篇，山东潍坊学院70篇，郑州大学59篇，福建师范大学56篇，华东师范大学附属周浦中学48篇，山东师范大学41篇，深圳大学32篇，惠州学院30篇，衡阳师范学院选送21篇优秀作品（注：该校文学院为响应本次征文比赛，特别组织了首届"泰戈尔在我心中"有奖征文比赛，一共有182篇文章参与评选，经过初评、复评及终评三轮严格选评，最终评选出21篇优秀作品寄来参赛，并附寄来详细的征文比赛活动总结），北京第二外国语大学18篇，陕西宝鸡文理学院15篇，浙江越秀外国语学院17篇，苏州大学15篇，天津师范大学12篇，汕头大学11篇，北京大学、安徽大学各10篇，盐城师范学院、华东师范大学、河南大学各8篇，暨南大学7篇，四川大学、天津外国语大学各5篇，肇庆学院5篇，中山大学、重庆西南大学、海南师范大学、武汉大学、西安外国语大学、上海外国语大学、山西大同学院、北京语言大学、河南科技大学各3篇，江西师范大学、青岛大学、青岛科技大学、澳门科技大学、新疆大学、黑龙江大学、华南师范大学、华中师范大学、西南大学、华中师范大学、南京大学、华南师范大学、安庆师范学院、山东省东营市利津县凤凰城街道中心学校各2篇，吉林师范大学、鲁东大学、喀什师范学院、内蒙古大学、江汉大学、江苏省南通市崇川区学田新村内高师附小、荆楚理工学院、湖北医药学院、湖南科技学院、广西图书馆、广州松田职业学院、贵州大学、贵州民族大学、桂林电子科技大学等各1篇。

与去年应征稿分布情况相类似，投稿积极的单位，或是有热心的好老师或是有积极性的好同学。如：河北师范大学的王春景老师、福州大学的吕景芳老师、衡阳师范学院中文系蒋芳书记和常生良副书记、郑州大学的马强老师、北二外的刘燕老师、天津师范大学的孟昭毅教授、华东师范大学的陈建华教授、盐城师范学院的唐蕾老师，华东师范大学附属周浦中学的戴玉珍、冯就宜老师，浙江越秀外国语学院刘红英老师以及潍坊学院的李红梅老师、卞弈龙同学等等。大专院校的来稿依旧是本次比赛的主流。不同的是，今年中学生的投稿积极性高涨，我们收到的年龄最小的应征者是一名初一的学生。除此之外，还有来自各行各业的"散户"们。在整理稿件时，我们很欣慰地发现山东师范大学的同学，除了按要求寄来电子版稿件外，还寄来了字迹工整漂亮的手写稿。

秉承2013年征文比赛公平、公正、公开的评审原则，参加评审的稿件除了保留编号，其他如作者姓名、单位、联系方式等等信息一并去掉。匿名评审稿最终装订成册，为五大本，2693页，6公斤。完成以上工作后，有老师问我"是不是很有成就感啊？"说实话，乍一看到这么超巨量的应征稿，心里是欣喜的，但接下来与其说成就感，不如说是前所未有的沉甸甸的压力和强大的责任感。我们担负着的是1178位应征者的信任和无限期许，出不得半点差池。正如郁龙余教授所说，"我们不能把好事办坏了，一定要把好事办得好上加好。"我想，当我们的二十位评委收到这五大本，2693页，6公斤的匿名评审稿时，除了对数量和重量的震惊之外，更多的是一份责任啊。要在一千多份稿件中评选出150篇优秀文章，并进行排名，实属相当不易。在此，我们要向各位辛勤付出的评委们深表敬意！在这里，要特别感谢深圳大学文学院中文系主任黄金鹏教授，他克服期末事忙的困难，在第一时间里将评选表填好发来。被乐黛云老师喻为"只问耕耘，不问收获"的北京大学中文系主任陈跃红教授，在以小时来安排工作的大忙时节，千方百计挤出时间按时完成评审工作。

虽然有太多好文章，但是我们的原则是不要更好只要最好，评出真正的"中国好文章"。为了提高评审的信度和效度，我们根据评委发来的二十份有效评选结果，采用三种统计方法相结合的办法，即得票数、评委加权分(应用专业数据统计软件SPSS，即每篇文章在不同评委的排名权值)以及相似度分析(应用专业查重软件大雅相似度分析，即坚持作品的原创性，相似度40%以上的文章不作为评奖对象，相似度20%—30%之间的文章，视引用情况而定，相似度影响文章的最终排名)，最终确定排名和获奖名单。综合排名第1、

2名为特等奖，第3—7名为一等奖，第8—17名为二等奖，第18—37名为优秀奖，第38—67名为入围奖，第68—100名为"评委特别推荐稿"。第1—100名的文章将收入2014"泰戈尔在我心中"有奖征文比赛获奖作品集《泰戈尔落在中国的心》。由于今年应征稿数超巨，我们根据这一实际情况，增加了一项"评委嘉许稿"，共50名，即排名在第101—150名的文章。这五十篇文章不收入获奖作品集，但其篇名和作者将刊于书中，以资鼓励。

在这次评选过程中，我们也有一些遗憾，借此机会提醒各位应征者。在我们的征文启事中，已经明确要求字数需在4000字以内。可惜，有不少文章却超出了这个规定范围。对此，我们不得不忍痛舍弃。需要一提的是，今年最大的一个遗憾就是四川大学谭心怡同学所写的诗歌《寻找泰戈尔》。其评委投票数和加权分总成绩排名第一，相似度仅为2.83%，原创性很高。可惜的是，文章总字数为4695，超过了规定范围。俗话说"没有规矩不能成方圆"，我们秉持着公平、公正的比赛原则，未让文章参与评奖。但是为了让大家有机会分享这篇好文章，我们将它作为"评委特别推荐稿"的第一篇收入书中。还有另外一篇超过规定字数的"好文章"是刘燕的《发现泰戈尔：西方与东方的相遇》我们也作为"评委特别推荐稿"收入书中。秦建鸿老师今年是评委之一，虽然她的作品《北极星将会发光——诗意流年》也得到了评委们的一致认可，但是"裁判员不可同时为参赛队员"也是规矩之一，因此，她的文章也只能纳入"评委特别推荐稿"的行列了。

这样，2014《泰戈尔落在中国的心》一共收入100篇"好文章"，其中"获奖作品"67篇，"评委特别推荐稿"33篇，以此作为2014"中印友好交流年"的生动见证。

享有"诗人外交家"之誉的李肇星先生，为本书作序，让我们深深感到了一位泰戈尔老粉丝的真情与期盼。

王 璧
2015年2月1日

2014年"泰戈尔在我心中"

有奖征文比赛启事

2013年,深圳大学印度研究中心会同北京大学、尼赫鲁大学等高校的相关机构,联合举行"泰戈尔在我心中"有奖征文比赛,获得圆满成功。获奖作品集《泰戈尔落在中国的心》已由中国著名出版机构中央编译出版社出版,受到社会一致好评。

2014年,是中印友好交流年。我们应广大读者和泰戈尔爱好者的要求,举办2014年"泰戈尔在我心中"有奖征文比赛。本次比赛得到深圳《晶报》大力支持。

一、**时间**:2014年5月—2014年10月(截稿日期:2014年10月31日,以当地邮戳为准。)

二、**对象**:一切泰戈尔作品喜爱者。

三、**语言**:中文。

四、**文体**:不限。

五、**字数**:4000字以内。

六、**主题**:泰戈尔在我心中(选题范围包括:泰戈尔作品读后感、泰戈尔与中国、泰戈尔与我、泰戈尔和中国学院、泰戈尔的文化观、泰戈尔与诺贝尔文学奖、泰戈尔与中国新文学、泰戈尔与中国作家、泰戈尔与东方文学、泰戈尔与印度文学、我读《泰戈尔落在中国的心》,等等)

七、**写作要求**:

①必须原创;②可以自拟副标题;③紧扣主题,内容新颖,思想深刻,情感真挚,结构合理,语言地道、优美、流畅,标点符号使用规范。

八、奖励办法：

特等奖 2 名，每人奖励人民币 5000 元；

一等奖 5 名，每人奖励人民币 1000 元；

二等奖 10 名，每人奖励人民币 500 元；

优秀奖 20 名，每人奖励人民币 300 元；

入围奖 30 名，赠送《泰戈尔作品鉴赏辞典》(上海辞书出版社) 一部；

优秀组织奖 2 名，每组织单位奖励人民币 5000 元。

九、投稿方式：

参赛作品须在参赛时间内邮寄到：

1. 深圳大学印度研究中心 (广东省深圳市南海大道 3688 号深圳大学师范学院办公楼 A521 室，邮编 518060)

联系人：王璧老师，电话：0755—26557020；并发送电子文档至 szucis@szu.edu.cn。

2.《新教育》编辑部 (上海市杨浦区政立路 1585 弄 27 号《新教育》编辑部，邮编 200434)，联系人：吴延甲，电话：021—65914331

十、评奖时间：2014 年 11 月

十一、颁奖时间：2015 年 (具体时间待定)

十二、证书及出版：所有获奖文章均颁发获奖证书；获奖文章结集后交由中国著名出版社出版，赠送每位投稿参赛入围者及赛事活动的组织者。

联合举办：

深圳大学印度研究中心

北京大学东方文学研究中心

杭州佛学院

《新教育》

"泰戈尔在我心中"有奖征文比赛组委会
二〇一四年五月七日

Letter of Invitation
2014 "Tagore in My Heart" Essay Contest

2013 "Tagore in My Heart" Essay Contest jointly held by Centre for Indian Studies, SZU, Peking University, Jawaharlal Nehru University and some other universities and institutes was a complete success. The collection of the prize-winning essays, *A Heart of Rabindranath Tagore Left in China* was published by the famous Chinesess press the Central Compilation & Translation Press. This contest has been well-received by the public.

2014 is the "Year of China-India Friendly Exchange". At the request of the readers and Tagore enthusiasts, we decided to hold 2014 "Tagore in My Heart" Essay Contest. This year's contest has also received a great support from *Daily Sunshine*, a Shenzhen-based newspaper.

1. Duration: May 2014—Oct. 2014 (Deadline is subject to the local postmarks before Oct. 31, 2014).

2. Contributor: All enthusiasts of Tagore's works.

3. Language: Chinese.

4. Type of Writing: unlimited

5. The number of characters is limited to 4,000

6. Theme: Tagore in My Heart (Range of topics involves reactions or reflections to Tagore's works, Tagore and China, Tagore and I, Tagore and Visva-Bharati Cheena-Bhavana at Santiniketan, Tagore's views of culture, Tagore and Tan Yun-shan, Tagore and the Nobel Prize in literature, Tagore and the Chinese neo-literature, Tagore and the Chinese writers, Tagore and the eastern literature, Tagore and Indian

literature, reflections on *A Heart of Rabindranath Tagore Left in China*, etc.)

7.Writing Requirements: ①all entries must be original; ②the subtitle can be self-made by the writers; ③all entries should be written to the subject, novel in content, profound in thought, sincere in feelings, reasonable in structure, beautiful in language and correct use of punctuation.

8.Rewards:

2 Special Awards: each will win RMB 5,000

5 First Prizes: each will win RMB 1,000

10 Second Prizes: each will win RMB 500

20 Honorable Mentions: each will win RMB 300

30 Finalist Awards: each will win an *Appreciation Dictionary of Rabindranath Tagore's Works* published by Shanghai Lexicographical Publishing House.

2 Excellent Organizers: each will win RMB 5,000 (Pre-tax)

9.Contribution:

All essays should be sent out before deadline to

1 szucis@szu.edu.cn, or posted to Centre for Indian Studies, Shenzhen University, Nanhai Avenue 3688, Nanshan District, Shenzhen, China, 518060.

Contact: Wang Bi   Tel: 0755—26557020

2 Editorial Department of *New Education*, Alley 27, Zhengli Road 1585, Yangpu District, Shanghai, 200434)

Contact: Wu Yanjia   Tel: 021—65914331

10.Time of Rating: Nov. 2014

11.Time of Awarding: Nov. 2014

12.Certificate of Award & Publication: Each prize winner will be granted a Certificate of Award.All prize winning essays will be collected in a special book for this contest and published by a famous Chinese press. Each prize winner will have an above-mentioned book.

Jointly Sponsored by:

Centre for Indian Studies, Shenzhen University

Eastern Literature Research Center, Peking University
Hangzhou Buddhist Academy
New Education

  Organizing Committee of "Tagore in My Heart" Essay Contest
                May 7,2014

图书在版编目（CIP）数据

泰戈尔落在中国的心.2014/郁龙余，魏丽明主编．
—北京：中央编译出版社，2015.4

ISBN 978-7-5117-2637-7

Ⅰ.①泰…　Ⅱ.①郁…　②魏…　Ⅲ.①泰戈尔,R.(1861~2014)-
人物研究-文集　Ⅳ.①K833.525.6-53

中国版本图书馆CIP数据核字(2015)第078877号

泰戈尔落在中国的心.2014

出 版 人：	刘明清
责任编辑：	邓　彤
责任印制：	尹　珺
出版发行：	中央编译出版社
地　　址：	北京西城区车公庄大街乙5号鸿儒大厦B座（100044）
电　　话：	（010）52612345（总编室）　　（010）52612352（编辑室）
	（010）52612316（发行部）　　（010）52612317（网络销售）
	（010）52612346（馆配部）　　（010）55626985（读者服务部）
传　　真：	（010）66515838
经　　销：	全国新华书店
印　　刷：	北京时捷印刷有限公司
开　　本：	787毫米×1092毫米　1/16
字　　数：	519千字
印　　张：	33
版　　次：	2015年4月第1版第1次印刷
定　　价：	120.00元

网　　址：	www.cctphome.com	邮　箱：	cctp@cctphome.com	
新浪微博：	@中央编译出版社	微　信：	中央编译出版社（ID：cctphome）	
淘宝店铺：	中央编译出版社直销店（http://shop108367160.taobao.com）　　（010）52612349			

本社常年法律顾问：北京市吴栾赵阎律师事务所律师　闫军　梁勤
凡有印装质量问题，本社负责调换。电话：（010）55626985